公羊義疏

四部備要

經部

上海中華書局據南菁書院續經解本校刊

桐鄉 陸費逵總勘
杭縣 高時顯 吳汝霖輯校
杭縣 丁輔之監造

公羊義疏五十八

南菁書院

句容陳立卓人著

襄十三年盡十九年

十有三年春公至自晉

夏取詩

詩者何邾婁之邑也【疏】葉鈔本釋文云取詩二傳作鄁舊疏云正本皆作邿字有作詩者誤校勘記云詩唐石經諸本同齊氏召南云公羊經傳作詩漢地理志東平國亢父詩亭故詩國亦是同公羊非誤也按水經注濟水篇亢父縣有詩亭春秋之詩國也與公羊同說文邑部邿附庸國在東平亢父邿亭从邑寺聲杜云邿小國也任城亢父縣有邿亭大事表云今亢父縣在濟甯州南五十里邿城在州東南一統志邿城在濟甯州東南阮氏元鐘鼎款識有邿亭鼎曷爲不繫乎邾婁諱亟也【注】諱背蕭魚之會亟【疏】注諱背至會亟〇舊疏云正以上十一年蕭魚之會邾婁在其間故如此解

秋九月庚辰楚子審卒

冬城防

十有四年春王正月季孫宿叔老會晉士匄齊人宋人衛人鄭公孫蠆曹人莒人邾婁人滕人薛人杞人小邾婁人會吳于向【注】月者危刺諸侯委任大夫交會彊夷臣日以强三年之後君若贅旒然

【疏】杜云叔老聲伯子齊人宋人衛人左傳謂齊崔杼宋華閱仲江衛北宮結稱人者杜云往會惰慢不攝故貶稱人是也蠆釋文云二傳作蠆春秋異文箋云公孫蠆字子蟜說文訓蟜為蟲即字思名子蟜當名蠆不名蠆矣公羊作公孫蠆蓋段音字說文噧从口蠆省聲公羊不省杜云向鄭地沈氏欽韓云此當為吳地方輿紀要向城在鳳陽府懷遠縣東北四十五里○注月者至旒然○通義云內未有並使以會者今一會而二大夫出專恣益甚故特危月之穀梁疏云范雖不注或以二卿遠會蠻夷危之故月兼從何氏說也三年之後君若贅旒然者即下十六年大夫盟傳諸侯皆在是其言大夫盟何信在大夫也何言乎信在大夫偏刺天下之大夫也曷為偏刺天下之大夫君若贅旒然是也釋文作綴流一本作贅旒校勘記云穀梁疏引此亦作贅浦鏜云二誤三從穀梁疏校按綴正字贅段借也

二月乙未朔日有食之【注】是後衛侯為彊臣所逐出奔溴梁之盟信在大夫【疏】包氏慎言云春二月其朔日經為乙未書日食据曆則月之二日○注是後至大夫○舊疏云彊臣謂孫甯矣案衛侯出奔見下溴梁之盟見下十六年五行志下之下襄公十四年二月乙未朔日有食之董仲舒劉向以為後衛大夫孫甯共

逐獻公立孫剽劉歆以爲前年十二月二日宋燕分董劉說與何大同惟未及溴梁盟

夏四月叔孫豹會晉荀偃齊人宋人衛北宮結鄭公孫蠆曹人莒人邾婁人滕人薛人杞人小邾婁人伐秦【疏】舊疏云舊本作荀偃若作荀罃者誤校勘記云諸本同唐石經缺

己未衛侯衎出奔齊【注】日者爲孫氏甯氏所逐後甯氏復納之者同當相起故獨日也不書孫甯逐君者舉君絕爲重見逐說在二十七年【疏】包氏愼言云四月書己未月之二十七日左氏穀梁作衛侯出奔齊杜注不書名從告此舊疏云舉君絕爲重者謂書衎之名見齊當絕不合爲諸侯知公羊本有衎字矣春秋異文箋云謹案禮記曰諸侯失地名左氏傳曰定姜曰告亡而己無告無罪則諸侯之策當書衛侯名爲得左穀或脫名字差繆略云云左氏無衎字則陸氏所見穀梁與公羊同也惠氏棟左傳補注云不修春秋曰孫林父甯殖出其君仲尼修之曰衛侯衎出奔齊臣逐君不可以訓猶召君也杜注繆諸侯失國名公穀皆有衎字左傳脫也按左疏引釋例云諸侯奔亡皆迫逐而苟危非自出也正義又云曲禮云諸侯失地名失地書名傳無其事禮記之文或據公羊之義不可通於左氏故杜不爲說臧氏壽恭左氏古義云據釋例及正義說則左氏先儒皆取諸侯失地名之例故凡諸侯奔亡皆書名此不名者爲孫甯所逐故不名左傳具有明文杜預滅華古義造爲從告之說顯與傳違正義回護杜說駁難先儒即其說

而細繹傳文則古義猶可得也然此經以書名爲得○注日者至日也○校勘記云鄂本復納之下有出納之三字此脫疏中引注亦有當據以補入按紹熙本亦有出納之三字也諸侯出奔之例大國書月重乖離之禍小國時此日故解之下二十六年衛侯衎復歸于衛書二月甲午書日故此亦書日明相起爲一事也然者下二十七年傳衛甯殖與孫林父逐衛侯而立公孫剽甯殖病將死謂喜曰黜公者非吾意也孫氏爲之我即死汝能固納公乎喜曰諾甯殖死喜立爲大夫使人謂獻公曰黜公者非甯氏也孫氏爲之吾欲納公何如獻公曰子苟欲納我吾請與子盟是出者孫甯納者甯氏出納者同故皆書日以相起也通義云前後奔者多矣或以犯王命畏大國兄弟相篡未有臣逐其君者今衛侯衎見逐于孫甯名理之大變以臣出君則言不順故仍自奔爲文而變例加日以異之不嫌没孫甯之罪者後弒君入戚已顯○注不書至爲重○以桓十六年衛侯朔出奔齊傳衛侯朔何以名絕此與彼同故舊疏云舉君絕爲重者謂書衎之名見其當絕不合爲諸侯也包氏愼言云没孫甯出君之文而以君自出奔錄著其失衆不能自安居民上爲後世守土無與者戒也錢氏大昕答問云衛孫甯出其君而以出奔爲文衎有失國之道也貶衎則嫌於獎剽故先書公孫剽來聘以見義公孫而干正統其罪不可掩也義皆嚴正杜云諸侯之策書孫甯逐衛侯春秋以其自取奔亡之禍故諸侯失國者皆不書逐君之賊也按春秋非輕孫甯之罪惟君臨一國率土皆所制馭不能撫有其衆預討亂賊於未萌因書出奔見絕以國爲重故也○注見逐至七年○即彼經衛侯之弟鱄出奔晉傳云甯殖與孫林父逐衛侯而立公孫剽也孫甯逐君事詳左傳史記大率相同因孫甯強恣亦多衛侯失衆所致也

莒人侵我東鄙

秋楚公子貞帥師伐吳

冬季孫宿會晉士匄宋華閱衛孫林父鄭公孫蠆莒人邾婁人于戚

十有五年春宋公使向戌來聘二月己亥及向戌盟于劉疏包氏慎言云二月書己亥月之十二日左疏引釋例云劉地闕蓋魯城外之近地也

劉夏逆王后于齊

劉夏者何天子之大夫也疏孫氏志祖讀書脞錄云穀梁疏云公羊以劉夏為天子下大夫據此則大夫之上疑脫下字

劉者何邑也疏詩王風丘中有麻云彼留子嗟毛傳留大夫氏惠氏周惕詩說云說文留从丣戶開爲丣丣爲春門戶闔爲丣丣爲秋門則留自从丣丣爲西之省文董逌据此謂不从卯漢人言卯金刀者緯書之附會也許氏以劉爲鎦其轉爲劉以田易刀也董氏又謂漢姓自當爲鎦或爲留豈古文从省留與鎦通耶後世留異文謂糸出留侯何耶左傳士會歸晉其處者爲劉氏而詩言留子則許氏董氏之說未爲據也按周大夫劉氏王季子之後宣十五年左傳注劉康公王季子是也劉夏即劉定公爲康公之子則王風之食采于劉者別是一氏其處秦者則范氏之後與此二者又別也方輿紀要劉聚在河南府偃師縣故緱氏城南十五里

其稱劉何注据宰渠伯糾繫官疏注据宰至繫官○即桓四

年天王使宰渠伯糾來聘是也**以邑氏也**注諸侯入爲天子大夫不得氏國稱本爵故以所受采邑氏稱子所謂采者不得有其土地人民采取其租稅爾禮記王制曰天子三公之田視公侯卿視伯大夫視子男元士視附庸稱子者參見義顧爲天子大夫亦可以見諸侯不生名亦可以見爵亦可以見大夫稱傳曰天子大夫是也不稱劉子而名者禮逆王后當使三公故貶去大夫明非禮也疏注諸侯至稱子○舊疏云知劉夏是諸侯入爲天子大夫者正以卒葬並書卽定四年秋七月劉卷卒葬劉文公是也若直爲大夫者假令書卒不錄其葬卒文三年夏五月王子虎卒經無葬文是也通義云王季子始受采于劉是爲康公其子定公則夏也本之左傳按如彼傳則似非外諸侯矣或者王季子別封於外食采於劉與舊疏云其本國本爵今史文無記不可以指知也按衞武公鄭武公莊公皆以諸侯入爲大夫未識當時何稱也○注所謂至稅爾○禮記禮運云大夫有采以處其子孫又曲禮有宰食力鄭注宰邑士也食力謂民之賦稅經義述聞云宰當爲采謂有采地也采地之租稅民力所共而有采者食之故曰有采食力與上文之數地以對義相近也正義曰宰邑宰也有宰明有采地不知宰卽采之叚借也古字采與宰通爾雅尸宰也卽主事之宰寀官也卽官宰之宰寀亦宰也按禮記疏引鄭注易訟云小國之下大夫采地方一成其定稅三百家故三百戶也一成所以三百家者一成九百夫宮室涂巷

山澤三分去一餘有六百夫地又不易再易通率一家而受二夫之地是定稅三百家也論語憲問篇奪伯氏駢邑三百是大國下大夫亦三百戶天子大夫無文以言也王制云天子之縣內諸侯祿也注選賢置之於位其國之祿如諸侯不得世名之曰采采取其賦稅不得有其地也非始封之采可比若禮運之采始封之采也則書大傳所謂百里諸侯以三十里七十里諸侯以二十里五十里諸侯以十五里子孫雖有罪黜其采地不黜使其子弟賢者守之謂之興滅國繼絕世紀季之酅卽紀之采國滅而采不滅者也入為天子大夫所受之采卽鄭風緇衣之詩所云還予授子之餐兮傳諸侯入為天子大夫受爵祿及此經之劉是也沈氏彤周官祿田考云天子之公食四都孤卿食都中下大夫食縣何以知之曰載師以家邑之田任稍地以小都之田任縣地以大都之田任畺地家邑卽縣注云大夫之采地包乎中下小都卽都注云卿之采地兼乎孤大都卽四都注云公之采地夫公孤卿大夫之采地如是則未封者之所食可例推矣所以例推者何曰小宰聽祿位以禮命明制祿之多寡本以爵等而兼命數也典命云王之三公八命其卿六命其大夫四命及其出封皆加一等是出封之前不以采地有無殊其命數矣命數同者雖爵異而祿亦同故孤卿皆六命則皆食都中下大夫皆四命則皆食縣也邑者其公田之所入有貢於王然兼有山澤林麓之利且子孫世守之若未封者固無地貢而祿僅公田之入亦及身而止則所食雖同而多寡久近未嘗不稍殊也則此劉夏始受采地為下大夫而食縣者與○注禮記至附庸○孟子萬章篇天子之卿受地視侯大夫受地視伯元士受地視子男與王制不同沈氏彤周官祿田考云王制蓋別有所据要非周所定也其曰田者卽孟子之地篇末云方百里者為田九十億畝則未去三之一而已稱田矣或謂皆實田誤也周

公於圻內外之國既各別差其里數而尙存夏殷之制何也曰周制初定豈得盡行苟前代諸國無故增減其地勢必煩擾不安故且因之卽武王分土惟三之義也周以別差諸國之里數圻內視夏商則減圻外則大增何也曰圻外諸國夏殷以來漸相吞併廓地已大周公因更定其制以安其無辜者而又以待封大功德之臣俾錯處其間以藩衛王室故大增若圻內諸國本無權力又象賢而世守者少周公因措更焉以就井田以爲上下之差故減也按周禮大司徒一則云公之地方五百里侯四百里伯三百里子二百里男一百里一則云其食者半其食者參之一食者四之一鄭司農謂公侯等所食租稅則田也田之多者至地之半若圻內諸侯視之恐不足給蓋王制孟子所說均不可通諸周禮也舊疏云公羊之義天子圻內不封諸侯故如此解卽引王制以證之與左氏穀梁之義異又云按王制下云天子之縣內方百里之國九七十里之國二十有一五十里之國六十有三凡九十三國名山大澤不以朌其餘以祿士以爲閒田鄭云大國九者三公之田三爲有致仕者副之爲六也其餘三待封王之子弟次國二十一者卿之田六亦爲有致仕者副之爲十二又三爲三孤之田其餘六亦待封王之子弟小國六十三大夫之田二十七亦爲有致仕者副之爲五十四其餘九亦以待封王之子弟三孤之田不副者以其無職佐公論道爾雖其致仕猶可卽而謀焉以此言之天子圻內九十三國言天子圻內不封諸侯者謂采地以爲國比圻外諸侯田自采取其租稅而已不得取卽有其人民身沒之後子孫不世不得以諸侯難之義或然也○注稱子至是也○舊疏云參讀爲二三之三也言凡諸侯入爲天子大夫所以稱子者三種見義何者正欲顯其爲天子大夫其稱子所以得三見義者一則可以見諸侯不生名故曰子一則可以見其本爵何者是圻外諸侯容

其稱爵雖不得正稱其本爵亦得稱子以見之一則可以見大夫稱故稱曰爵參見義也按王制注云春秋變周之文從殷之質合伯子男爲一則殷爵三等者公侯伯也異畿內謂之子又云周公攝政致太平唯天子畿內不增以祿羣臣不主爲治民正義云周爵雖爲子若作三公則受百里之地若作卿則受七十里之地若作大夫則受五十里之地殷家雖因於夏作畿內之制與夏不同夏若之畿內皆方五十里故鄭注尚書萬國之數云四百國在畿內是皆五十里也又引張逸問殷爵三等公侯伯尚書有微子箕子何是鄭答云微子箕子實是畿內采地之爵非畿外治民之君是也正義又云外土諸侯本爲治民須便民利國故須增益其封周之圻內有百里之國有五十里之國有二十五里之國鄭注小司徒云百里之國凡四都五十里之國凡四縣二十五里之國凡四甸故崔氏云圻內有百里之國有五十里之國有二十五里之國也注言傳曰天子大夫者卽上傳云劉夏者何天子之大夫也是按詩小雅鴻雁云之子于征傳之子侯伯卿士也卽諸侯爲天子大夫者皆稱子也又衛風淇奥傳云重較卿士之車鄭風緇衣傳云緇衣是卿士聽朝之服鄭衛兩武公皆以侯伯入爲天子卿士者也宣王時樊侯申伯亦卿士大雅烝民云仲山甫出祖傳述職也又崧高云生甫及申傳云堯之時姜氏爲四伯掌四岳之祀述諸侯之職於周則有申有齊有許也時召穆公亦以上公作二伯兼卿士韋昭國語注召公康公之後卿士也是也○注不稱至禮也○桓八年祭公來遂逆王后于紀傳云祭公者何天子之三公也注婚禮成於五先納采問名納吉納徵請期然後親迎時王者遣祭公來使魯爲媒可則因用魯往迎之不復成禮疾王者不重妃匹逆天下之母若逆婢妾將謂海內何哉故譏之則何氏謂天子親迎故詩疏引異義公羊說天子至庶人皆親迎所以重婚禮也而此注又

云禮逆王后當使三公與彼注及異義所載公羊家說皆不同未知何義劉氏逢祿解詁箋云禮曰昏禮下達春秋譏不親迎公羊禮戴鄭君之說正也何君祭公逆后之解大義亦同此乃同左氏許君說猶為漢制作諸文使人不辨自明也左氏說諸侯有上大夫復有上卿非也按異義左氏說王者至尊無敵體之義故不親迎使上卿迎之諸侯有故若疾病則使上大夫迎之上卿臨之許慎謹按高祖時皇太子納妃叔孫通制禮以為天子無親迎從左氏義故劉氏如此駁也舊疏云蓋謂有故之時或者何氏之義以為不親迎與又以異義公羊說為章句家說非何氏意皆勉強也又云子是大夫之稱今貶而去之故曰貶去大夫去其正稱明非禮矣通義云天子大夫例字夏名者文連王后君前臣名之義亦通

外逆女不書**疏**通義云見於左傳者莊十八年原注公逆王后于陳宣六年召桓公逆王后于齊經並不書是也

此何以書過我也**注**明魯當共送迎之禮**疏**注明魯至之禮○鄂本迎作逆穀梁傳曰過我故志之也通義云齊姜歸京師不書者我不為媒故

夏齊侯伐我北鄙圍成**注**俱犯蕭魚此不月十二年月者疾始可知**疏**一統志成城在兗州府甯陽縣東北九十里○注俱犯至可知○郎上十二年三月莒人伐我東鄙圍台傳邑不言圍此其言圍何伐而言圍者取邑之辭也注不直言取邑者深恥中國之無信也前九年伐得鄭同盟于戲楚伐鄭不救卒為鄭所背中國以弱蠻荊以強兵革亟作蕭魚之會服鄭最難不務長和親復相貪犯故諱而言因以起之月者加責之然則此與彼同而不月者從上十二年疾始故也舊疏云齊侯圍成亦是取邑之辭但深恥諸夏之無信故言圍以起之蓋齊侯不務長和親復相貪犯背蕭魚

約不月故解之也公救成至遇疏杜云遇魯地

其言至遇何注据季孫宿救台不言所至疏注据季至所至○郎上十二年季孫宿帥師救台遂入運是也不敢進也注兵不敵不敢進也不言止次如公次于郎以刺之者量力不責重民也故與至擕同文封內兵書者爲不進張本疏注兵不至進也○杜云公畏齊不敢至成通義云著畏齊之甚○注不言至同文○校勘記云擕鄂本同閩監毛本擕改巂按釋文作至擕此本載音義同此疏及僖二十六年經傳釋文皆作至巂按紹熙本亦作擕釋文考證云舊巂作擕又似兖反作因兖今据僖二十六年考證舊本或作雋故有似兖一音云不言止次如公次于郎者莊三年公次于郎傳其言次于郎何刺欲救紀而後不能也注惡公既救人辟難道還故書其止次以起之是也蓋彼爲力能救而不救故書次此爲齊強魯弱量力不責故但書其至遇使與至擕同文也至擕文見僖二十六年彼云公追齊師至巂弗及注國內兵不書而舉地者善公齊師去則止不遠勞百姓過復取勝得用兵之節故詳錄之是也繁露竹林云莊王之舍鄭伯有可貴之美晉人不知其善而欲擊之所救已解而挑與之戰此無善善之心而輕用民之意也是以賤之是故戰攻侵伐雖數百起必一二書傷其害所重也春秋惡晉故此不言止次爲怨辭也○注封內至張本○決定八年公斂處父帥師而至經不書日故也

季孫宿叔孫豹帥師城成郛疏差繆略云成公羊作郕春秋異文箋云唐石經公羊𨙸下圍成作成則此

亦當作成通義云齊已取成矣復得城其郛者著宿豹之復成也

秋八月丁巳日有食之 注 是後溴梁之盟信在大夫齊蔡莒吳衛之禍偏滿天下 疏 包氏愼言云八月書丁巳据曆爲七月之二日劉歆以爲五月二日劉孝孫以爲八月朔日長曆以爲八月丙戌朔沈氏欽韓云按隋志劉孝孫推合丁巳朔元志姜岌云七月丁巳朔食失閏大衍同今曆推之是歲七月丁巳朔加時在晝去交分二十六日三千三百九十四分入食限〇注是後至天下〇溴梁盟信在大夫見下十六年傳又二十五年齊崔杼弒其君光又吳子謁伐楚門于巢卒又二十六年衛甯喜弒其君剽二十九年閽弒吳子餘祭三十年蔡世子般弒其君固三十一年莒弒其君密州是齊蔡莒吳衛之禍偏天下也五行志下之下十五年八月丁巳日有食之董仲舒劉向以爲先是雞澤之會諸侯盟又大夫盟後爲溴梁之會諸侯在而大夫獨相與盟君若綴旒不得舉手劉歆以爲五月二日魯趙分

邾婁人伐我南鄙

冬十有一月癸亥晉侯周卒 疏 包氏愼言云十一月書癸亥九月無閏則爲月之十日釋文侯周一本作雕

十有六年春王正月葬晉悼公

三月公會晉侯宋公衛侯鄭伯曹伯莒子邾婁子薛伯杞伯小邾婁

子干湨梁【疏】毛本湨作溴誤釋文作狊云本又作湨杜云湨水出河內軹縣東南至温入河大事表云爾雅梁莫大于湨梁湨梁水隄也湨水源出懷慶府濟源縣西北至温縣入河按郭彼注湨水名梁隄也水經濟水注湨水出原武西北原山勳掌谷俗謂之白澗水引爾雅而云梁水隄也湨水又南注於河一統志湨水自懷慶府濟源縣西南東流經孟縣北又東南入河此舊疏引孫炎注云梁水橋也釋宮云隄謂之梁故云水隄也舊疏又引郭氏音義云湨水出河內軹縣東南至温入河與杜同

戊寅大夫盟

諸侯皆在是其言大夫盟何【注】据葵丘之盟諸侯皆在有大夫不言大夫盟【疏】注据葵至夫盟○葵丘之盟見僖九年舊疏云按彼經傳云不見有大夫之盟文唯僖十五年三月公會齊侯宋公以下盟于牡丘遂次于匡公孫敖帥師及諸侯之大夫救徐然則牡丘之盟即有大夫可知此注云葵丘之盟者誤也宜爲牡丘字矣信在大夫也【注】故書大夫盟不言諸侯之大夫者起信在大夫【疏】穀梁傳諸侯會而曰大夫盟正在大夫也○注故書至大夫○決上三年雞澤之會經云及諸侯之大夫也舊疏云信在大夫也者言其信任在于大夫按信在大夫者謂諸侯無權不能約信唯大夫始信也禮樂征伐自大夫出故信在大夫矣何言乎信在大夫【注】据上三年戊寅不起【疏】注据上至不起○舊疏云卽上三年雞澤之會經云戊寅叔孫豹及諸侯之大夫及陳袁僑盟連言諸侯是其不起之文徧刺天下之大夫也【疏】繁露

竹林云溴梁之盟信在大夫而春秋刺之爲其奪君尊也後漢書馮衍傳顯志賦云執趙武於溴梁兮以晉爲盟主文子晉卿而爲不臣之行春秋書刺之如執然也据左傳時荀偃將中軍也此盟亦荀偃主之也 傳 曷爲偏刺天下之大夫

注 据戊寅不刺之 **疏** 注据戊至刺之○道上三年戊寅文也舊疏云不復言上戊寅者上已言之從可知省文

君若贅旒然 **注** 旒旂旒贅繫屬之辭若今俗名就壻爲贅壻矣以旂旒喻者爲下所執持東西旒者其數名禮記玉藻曰天子旂十有二旒諸侯九卿大夫七士五不言諸侯之大夫者明所刺者非但會上大夫并偏刺天下之大夫不殊內大夫者欲一其文見惡同也至此所以偏刺之者蕭魚之會服鄭最難諸侯勞倦莫肯復出而大夫常行三委于臣而君遂失權大夫故得信在故孔子曰唯器與名不可以假人不重出地者與三年雞澤大夫盟同義 **疏** 釋文贅本又作綴旒本又作流孔氏音義云文選西都賦注引公羊傳曰贅猶綴也疑別本此文之下傳有自釋贅旒之義與僖九年傳震而矜之下復出震之者何云云相似按文選劉越石勸進表有若贅旒注贅猶綴也又褚淵碑文康國祚於綴旒注贅猶綴也皆不以爲公羊傳語蓋西都賦注有衍文或公羊傳下有脫文也陸德明與李善同時陸氏所見本有作綴則傳文不得有是語

矣文選注引感精符云禍賊蜂起君若贅旒本此傳也○注旒旂旒○說文㫃部游旌旗之流也从㫃汓聲旗之游如水之流故得稱流經傳作旒俗字也旗之正幅爲縿旒則屬也周禮節服氏六人維王之大常注王旌十二旒兩兩以縷綴連兩旁三人持之然則旒屬於旗之兩旁十二旒者每旁六旒九旒則兩旁一四一五已下推可知也旒亦曰旓亦作髾見司馬相如大人賦○注贅繫至壻矣○漢書賈誼傳云故秦人家富子壯則出分家貧子壯則出贅注應劭曰出作贅壻也師古曰謂之贅壻言其不當出在妻家亦猶人身體之有疣贅非應所有也史記秦本紀云贅壻賈人臣瓚曰贅謂居窮有子使就其婦家爲贅壻正何氏所謂就壻也又滑稽傳淳于髡者齊之贅壻也索隱曰贅壻女之夫也比於子如人疣贅是餘剩之物也是也謂之繫屬者說文貝部贅以物質錢也从敖貝則與質義同以物繫屬于錢謂之贅因凡繫屬之物皆名贅詩大雅桑柔云具贅卒荒傳贅屬也廣雅釋言贅屬也釋名釋疾病云贅屬也橫生一肉屬著體也廣雅釋言又云贅肬亦以肬屬於肉故亦稱贅孟子梁惠王篇乃屬其耆老書大傳作贅其耆老說苑奉使云梁王贅其羣臣卽屬其羣臣也是贅屬互通釋文本又作綴者魏志太祖紀建安十八年詔曰當此之時若綴旒然是也鄂本名誤民○注以旂至數名○詩商頌長發云爲下國綴旒箋云綴猶結也旒旌旗之垂者也正義引此傳云君若贅旒然言諸侯反繫屬於大夫也旒爲旌旗之垂秋官大行人及考工記說旌旗之事皆云九旒七旒爾雅說旌旗云練旒九是旌旗垂者名爲旒也阮氏元揅經室集云詩受小球大球爲下國綴旒禮及郵表畷注郵表畷謂田畯所以督約百姓于井田之處也引齊魯韓三家詩作爲下國畷郵按球玉磬也以其直懸求然而名之裘古文但作求加衣爲裘猶裘之加衣于毛也立一木爲標志

綴毛物於其上即球也詩之球即裘之段借故以裘爲標志即以表爲標志表者裘衣也柱也標也志也準也明也旗之旒冕之旒

皆以物相聯綴爲名詩之球乃表裘之裘詩之綴旒是言受地於天子爲諸侯之封疆樹之聯綴之裘以定四界也公羊君若贅旒

然言臣專政君不與國事但若委裘於朝宁之上而已故賈誼傳植遺腹朝委裘而天下不亂言遺腹之主甚幼不能立朝但委綴

裘衣于朝而天下不亂即公羊贅旒之義也贅綴音近義相段按何氏意以旒屬於旗爲人所執持猶君屬於臣爲下所執持猶言

太阿倒持之謂阮氏之說非何義也姑存之○注禮記至士五○今玉藻無此文舊疏引稽命徵及含文嘉皆云天子旗九刃十二

旒曳地諸侯七刃九旒齊軫卿大夫五刃七旒齊較士三刃五旒齊首御覽引禮緯注云旗者旌旗也所以別尊卑敘貴賤也廣雅

釋天云天子十二斿至地諸侯九斿至軫卿大夫七斿至軹士三斿至肩按降殺以兩則士當五斿也凡曳地齊軫齊較之屬皆謂

旒之長數其正幅則爾雅釋天惟云旒長尋餘未聞也周禮巾車職王建太常十有二旒則諸侯建旂上公當九旒侯伯七斿子男

五斿孤卿建旜大夫士建物其斿各視其命之數與此及緯文不同蓋周制也○注不言至大夫○舊疏云不言諸侯之大夫有兩

種之義非但起信在大夫明偏刺天下之大夫也左傳荀偃怒且曰諸侯有異志矣使諸大夫盟高厚時諸侯咸在偃擅使諸大夫

盟盟高厚如彼文使者荀偃使也諸大夫聽荀偃命其君雖在蔑視如無故列敘諸侯會於上又書大夫盟於下見時君自失其權

天下大夫皆不臣也穀梁傳溴梁之會諸侯失正矣諸侯會而曰大夫盟正在大夫也諸侯在而不曰諸侯之大夫大夫不臣也左

傳疏引賈服說亦云惡大夫專而君失權也即本公穀爲說漢書五行志云至於襄公晉爲溴梁之會天下大夫皆奪君政亦主偏

刺天下大夫並見君失權也孔疏謂君使之盟非自專也左傳並無君使之文孔臆說也○注不殊至同也○決上三年叔孫豹及諸侯之大夫及陳袁僑盟殊叔孫豹也蓋春秋多爲內諱或責內深見先自詳正此不別明內外同惡也○注至此至信在○校勘記出三委于臣云浦鏜云正誤三從六經正誤校按此本疏引注云而君遂失實權閭監毛本疏無實字又大夫故得信在鄂本在作任此誤蕭魚之會見上十一年大夫常行則上十四年季孫宿叔老會晉士匄以下于向夏叔孫豹會晉荀偃以下伐秦冬季孫宿會晉士匄以下于戚之屬是也○注故孔至假人○成二年左傳云唯器與名不可以假人杜云器車服名爵號史記魯世家史墨對趙簡子曰政在季氏於今四世矣民不知君何以得國是以爲君慎器與名不可以假人後漢書丁鴻傳夫威柄不以放下利器不以假人舊疏以爲家語文家語乃王肅僞書非何所据也○注不重至同義○上三年注云不重出地有諸侯在臣繫君故因上地是也春秋書大夫盟紀其實不書地正大義也

晉人執莒子邾婁子以歸【注】錄以歸者甚惡晉有罪無罪皆當歸京師不得自治之【疏】注錄以至治之○正以僖二十八年晉人執衞侯歸之于京師成十五年晉侯執曹伯歸于京師之屬皆言歸于京師又僖十九年宋人執滕子嬰齊之屬不言所歸此言以歸之故解之舊疏云稱人以執非伯討已是晉之惡矣復言以歸不決於天子又是其惡故其錄以歸者甚惡晉也僖二十八年注云不但欲明諸侯尊貴不得自相治當斷之于天子爾是有無罪皆當歸京師也杜亦云不以歸京師非禮也穀梁疏諸侯不得私相治執人以歸非禮明矣

齊侯伐我北鄙

夏公至自會

五月甲子地震注是時溴梁之盟政在臣下其後叛臣二弑君五楚
滅舒鳩齊侯襲莒乖離出奔兵事最甚疏包氏愼言云經三月有
戊寅五月有甲子据曆
戊寅爲二月之二十八日甲子爲四月之十五日○注是時至最
甚○其後叛臣二者下二十三年晉欒盈復入于晉入于曲沃二
十六年衛孫林父入于戚以叛是也弑君五者二十五年齊崔杼
弑其君光二十六年衛甯喜弑其君剽二十九年閽弑吳子餘祭
三十年蔡世子般弑其君固三十一年莒人弑其君密州是也楚
滅舒鳩者見下二十五年齊侯襲莒者見下二十三年乖離出奔
者見下十七年宋華臣奔陳二十年蔡公子履奔楚陳侯之弟光
奔楚邾婁庶其來奔是也兵事最甚者下齊侯伐我十七年宋伐
陳衛伐曹齊侯伐我圍洮齊高厚伐我圍防十八年齊侯伐我公
會晉侯以下圍齊楚伐鄭十八年衛孫林父伐齊晉士匄侵齊之
屬是也五行志下之上襄公十六年五月甲子地震劉向以爲先
是雞澤之會諸侯盟大夫又盟是歲三月諸侯爲溴梁之會而大
夫獨相與盟五月地震矣其後崔氏專齊欒盈亂晉良霄傾鄭閽
殺吳子專强之象按占經引潛潭巴云地震下謀上又云地動搖
臣子謀上故何氏劉氏
取應大同孔說亦通

叔老會鄭伯晉荀偃衛甯殖宋人伐許疏舊疏云正本作荀偃若有
作荀罃者誤矣校勘記云

唐石經諸本同

秋齊侯伐我北鄙圍成疏差繆略云成公羊作郕按今本左傳作郕彼校勘記云宋本岳本郕作成與石經合

通義云前為宿豹所復今又伐取之

大雩注先是伐許齊侯圍成動民之應

冬叔孫豹如晉

十有七年春王二月庚午邾婁子瞯卒疏校勘記云唐石經原刻三磨改二按左氏穀梁皆二月包氏慎言云二月書庚午月之十五日校勘記又云釋文唐石經瞯作瞷左氏作邾子牼卒九經古義云考工梓人云數目顧脰注云故書顧或作牼鄭司農云牼讀為鬜頭無髮之鬜是牼有瞯音故或作瞯劉昌宗周禮音云牼音苦顏反今左傳音苦耕反非也通義云宣公也

宋人伐陳

夏衛石買帥師伐曹

秋齊侯伐我北鄙圍洮疏左氏穀梁洮作桃杜云弁縣東南有桃墟穀梁莊二十七年公會杞伯姬于洮注洮魯地釋文洮本或作桃水經注瓠子河篇瓠子故瀆又東逕桃城春秋傳曰分曹地自洮以南東傅於濟盡曹地也今鄄城西南五

十里有姚城或謂之洮也應別一地泗水篇泗水出弁縣故城東南桃墟西北左傳昭七年以孟氏成邑與晉而還于桃杜注魯國弁縣東南有桃虛也墟有澤方十五里澤西際阜俗謂之嬀亭山西北連岡四十餘里岡之西際便得泗水之源博物志泗水陪尾蓋斯阜者矣此桃正在魯北竟與齊接壤地有岡巒之險故圍之也方輿紀要桃鄉城在濟甯州東北六十里魯邑齊師伐我圍桃是也漢置桃鄉縣沈氏欽韓云經云北鄙則此乃桃鄉非卞縣之桃墟杜預誤也滕縣東又有桃山故城亦非此桃按當以在弁者爲是

齊高厚帥師伐我北鄙圍防疏左氏脫齊字春秋異文箋云此經接齊侯伐我北鄙圍桃下則高厚爲齊侯分遣之師故不須復繫齊公穀作齊高厚或衍齊字按此自是左氏脫文趙說非也

九月大雩注比年仍見圍不暇恤民之應疏注比年至之應○即上齊侯齊高厚圍成圍洮圍防諸役也

宋華臣出奔陳

冬邾婁人伐我南鄙

十有八年春白狄來

白狄者何夷狄之君也何以不言朝不能朝也疏杜云不言朝不能行朝禮范同

皆取此傳爲說

夏晉人執衛行人石買【疏】穀梁傳稱行人怨接於上也注怨其君而執其使稱行人明使人爾罪在上也按稱人以執是執無罪

秋齊師伐我北鄙【疏】穀梁作齊侯異文箋云左氏傳明云齊侯伐我北鄙則經宜書齊侯左氏及公羊經作齊師或字之譌

冬十月公會晉侯宋公衛侯鄭伯曹伯莒子邾婁子滕子薛伯杞伯小邾婁子同圍齊【疏】通義云特言同者深著齊無道諸侯同心欲圍之錢氏大昕荅問云同圍齊此當指齊都城而言杜据傳塹諸平陰塹防門而守之遂謂所圍者平陰城耳則當書圍齊平陰如圍宋彭城之例矣按左疏引沈氏云君在故稱圍劉炫云按下傳門于雍門又門于揚門州綽門于東閭既圍其三門即是圍事孔疏駁之謂十九年諸侯伐鄭傳稱圍其三門而經不稱圍則攻門非圍也是杜氏亦不以爲實圍齊也杜經注云齊數行不義諸侯同心俱圍之此通義所本

曹伯負芻卒于師【疏】穀梁傳閔之也

楚公子午帥師伐鄭

十有九年春王正月諸侯盟于祝阿【注】下有執不日者善同伐齊故

襄與信辭【疏】左氏穀梁作祝柯杜云祝柯縣今屬濟南郡釋例土地名齊地祝柯濟南郡祝阿縣也左氏莊十三年公會齊侯盟于柯杜注此柯今濟北東阿齊之阿邑猶祝柯今為祝阿是古柯阿通也史記高祖功臣年表祝阿侯索隱曰縣名屬平原水經注河水篇河水右歷柯澤春秋左傳襄二十四年衞孫文子敗公徒于阿澤是也又東北逕東阿縣故城西而東北出濟水篇玉水又西北枕祝阿縣故城東春秋襄十九年諸侯盟于祝阿左傳所謂督揚是也漢與改之曰阿矣晏子春秋內篇雜上景公使晏子為東阿宰音義左傳莊十三年公會齊侯盟于柯杜云齊之阿邑齊威王烹阿大夫即此元和郡縣志東阿縣漢舊縣也春秋時齊之柯地此已名東阿則漢縣承古名又本草經有阿膠阿柯通也按祝阿與東阿不一地東阿即春秋之柯又名阿漢屬東郡今為陽穀縣地祝柯漢屬平原今為長清縣地大事表云今濟南府長清縣豐齊鎮北二里有故祝阿縣是也杜范皆云前年圍齊之諸侯也通義云必復舉諸侯者已異年文無所承也是也○注下有至信辭○下有執即下書晉人執邾婁子是也方同盟即執人嫌不信宜書日故解之此云嘗同伐齊即杜所云齊數行不義諸侯同心圍之也通義云下有執不日者不信在邾婁不在諸侯義亦相足

晉人執邾婁子

公至自伐齊

此同圍齊也何以致伐【注】据諸侯圍許致圍【疏】注据諸至致圍○即僖二十八年諸

侯遂圍許二十九年公至自圍許許是也**未圍齊也**注故致伐起未圍齊則其言圍齊

何抑齊也疏穀梁傳曰非圍而曰圍齊有大焉亦有病焉注齊若無罪諸侯豈得同病之乎又曰非大而足同焉注齊非大國諸侯豈足同共圍之與通義云諸侯會時本謀圍齊故得言圍以抑齊之驕暴左疏引賈云圍齊而致伐以策伐勳也蓋以左傳有圍其三門事故以爲實圍也**曷爲抑齊**注据侵蔡伐楚猶不抑疏注据侵至不抑○卽僖四年公會齊侯以下侵蔡蔡潰遂伐楚是也舊疏云正以楚爲爲彊夷數害諸侯論深淺甚於齊矣猶不抑之故以爲難也

其亟伐也疏上十五年齊侯伐我北鄙圍成十六年春齊侯伐北鄙圍洮又齊高厚伐我北鄙圍防十八年齊師伐我北鄙是也亟伐所以抑之者宣九年取根牟傳根牟者何邾婁之邑也曷爲不繫乎邾婁諱亟也注亟疾也內既諱亟知亟非善辭矣**或曰爲其驕蹇使其世子處乎諸侯之上也**注以下葬略或說是也亟伐者弁數爾加圍者明當從滅死二等奪其爵土疏卽上十一年公會晉侯以下伐鄭時齊世子光在莒子之上也按會盟則主會者爲之此罪齊者蓋世子驕蹇齊又強大晉不得不序之諸侯之上與釋文作憍本或作驕○注以下至是也○卽下文冬葬齊靈公注云不月者抑其父嫌子可得無過故奪臣子恩明光代父從政處諸侯之上不孝也是也舊疏云葬是生者之事故略其父葬得惡其子則知或說近其義也通義云此二者皆齊罪蓋並惡之春秋抑强扶弱王者之心也無道而強不若有道而弱是以進宋襄抑齊靈按孔說是也○注亟伐者弁數爾○舊疏云卽上圍

成圍洮圍防之屬故言弁數爾必如此解者正以宣九年取根牟傳諱亟也注亟疾也屬有小君之喪邾婁子來加禮未期而取其邑故諱不繫邾婁然則彼言亟者皆信大疾故云亟今此直者頻擊伐魯故云亟故解以别彼文据疏中注義則宣九年之亟訓爲疾此亟訓爲數較彼似從末滅矣○注加圍至爵土○舊疏云莊十年傳戰不言伐圍不言戰入不言圍滅不言入書其重者然則用兵之道滅爲最甚入次之圍次之今加言圍輕於滅入二等明不合死但合黜爵土耳包氏慎言云疏以齊侯之亟伐爲上年之圍成圍洮圍防等比之滅入爲輕然一則滅人國者絶罪合死圍從死罪滅二等故奪爵土入滅一等猶當放逐矣

取邾婁田自漷水【疏】杜云漷水出東海合鄉縣西南經魯國至高平湖陸縣入泗說文水部漷水在魯水經注泗水篇漷水出東海合鄉縣西南流入邾婁又逕魯國鄒山東南而西南流左傳所謂繹山詩所謂保有鳧繹是也又西南逕蕃縣故城南又西逕薛縣故城北夏車正奚仲之國也又西至湖陸縣入于泗段云合鄉蕃薛故城皆在今山東滕縣不云在魯邾婁之間徑云泗水在魯者邾婁魯附庸非敵故立文如是一統志漷水源出滕縣東北百里述山西流會諸泉水逕縣南又西會南梁河入運河舊名爲南沙河西南流入泗不與南梁會自漕河東從過其南流乃北出趙溝會南梁以入運河也方輿紀要漷水南流至三河口合於薛河北沙河在縣北十五里西南流合于漷水京相璠云薛縣漷水首受蕃縣西注山陽湖陸薛蕃皆今滕縣地下流今入運河矣

其言自漷水何【注】据齊人取濟西田不言自濟水【疏】通義云据取漷東田不言

自漷水○注据齊至濟水○郎宣元年齊人取濟西田是不言自濟水也以漷爲竟也何言乎以漷爲竟【注】据取邑未嘗道竟界漷移也【注】魯本與邾婁以漷爲竟漷移入邾婁界魯隨而有之諸侯土地本有度數不得隨水隨水有之當坐取邑故云爾【疏】注魯本至有之○穀梁傳曰軋辭也范云軋委曲隨漷水言取邾田之多郎此移入邾界魯隨有之義也左傳疏引賈服亦取公羊爲說曰刺晉偏而魯貪孔疏以傳有晉命歸侵田此田邾先侵魯追令反本何晉偏而魯貪馬氏宗槤左傳補注云左傳正義駁公羊傳非是說文云漷水在魯言魯分邾田以漷水爲竟是也舊疏云漷移而經不書者外異故也則傳每言外異不書者亦据此文也然則漷移爲外異更明漷移入邾婁竟內故不得書於春秋矣○注諸侯至云爾○郎賈服所謂魯貪也

季孫宿如晉

葬曹成公【疏】通義云葬者篡明

夏衞孫林父帥師伐齊

秋七月辛卯齊侯瑗卒【疏】包氏愼言云七月書辛卯月之朔日也釋文瑗于春反一音環二傳作環史記齊世家亦作環說文玉部瑗大孔璧从玉爰聲環璧也从玉睘聲音義並通

晉士匄帥師侵齊至穀聞齊侯卒乃還

還者何善辭也何善爾大其不伐喪也【疏】左傳亦云禮也杜云詳錄所至乃還者善得禮禮記曲禮云禮從宜注事不可常也晉士匄帥師侵齊聞齊侯卒乃還春秋善之正義引皇氏云下二事謂大夫爲君出使之法義或然也禮從宜者謂人臣奉命出使征伐之禮雖奉命出征梱外之事將軍裁之知可而進知難而退前事不可準定貴當從時之宜也然則曲禮之禮卽左傳之禮也杜云禮之常不必待君命是也穀梁說少異彼傳云還者事未畢之辭不伐喪善之也善之則何爲未畢也君不尸小事臣不專大名善則稱君過則稱己則民作讓矣士匄外專君命故非之也然則爲士匄者宜奈何宜墠帷而歸命于介彼疏引廢疾難此云君子不求備於一人士匄不伐喪純善矣何以復責其專大功也鄭釋之曰士匄不伐喪則善矣然於善內則稱君禮仍未備故言乃還不言乃復作未畢之辭還者致辭復者反命劉氏難曰士匄不伐喪而還若夙承君命者然其爲善則稱君不益著乎若俟歸命乎介則處其君於非禮而專大名矣傳之所云不已愼乎按穀梁之義甚迂軍之所處荆棘生焉禮之所以不伐喪者正爲不忍驚擾孝子亂其哀戚若仍駐師其竟奉命之後始引師去彼國君民能得安乎鄭氏注禮正取公羊之說釋廢疾語特故與何爲難耳

此受命乎君而伐齊則何大乎其不伐喪【注】据公子買戍衛不卒戍言戍衛遂公意【疏】注据公至公意○卽僖二十八年公子買戍衛不卒戍刺之傳不卒戍者何不卒戍者內辭也不可使往也不可使往則其言戍衛何遂公意也注使臣子不可使恥深故諱使若往不

卒竟事者明臣不得壅塞君命是也公子買不可使往猶書戍衛遂公意見不得壅塞君命今士匄奉命而出聞喪而反與壅塞同而經大之故据以難

大夫以君命出進退在大夫也注禮兵不從中御外臨事制宜當敵爲師唯義所在士匄聞齊侯卒引師而去恩動孝子之心服諸侯之君是後兵寑數年故起時善之言乃者士匄有難重廢君命之心故見之言至穀者未侵齊也言聞者在竟外舉侵者張本

疏禮聘禮記辭無常孫而說經大夫受命不受辭用公羊莊十九傳文故彼傳下云出竟有可以安社稷利國家者專之可也即進退在大夫義也繁露精華云夫既曰無遂事矣又曰專之可也既曰進退在大夫矣又曰徐行而不反也若相悖然是何謂也曰四者各有所處得其處則皆是也失其處則皆非也春秋固有常義又有應變無遂事者謂平生安甯也專之可也者謂救危除患也進退在大夫者謂將帥用兵也徐行不反者謂不以親害尊以私妨公也〇注兵不至所在〇白虎通三軍篇云大夫將兵出必不御者欲盛其威使士卒一意繫心也故但聞將軍令不聞君命也明進退在大夫也又王者不臣篇不臣將帥用兵者重士衆爲敵國國不可從外治兵不可從內御欲成其威一其令春秋之義兵不稱使明不可臣也淮南子兵略訓云凡國有難君自宮召將詔之曰社稷之命在將軍即今國有難願請子將而應之將軍受命乃令祝史太卜齋宿三日之太廟鑽靈龜卜吉日以受鼓旗君入廟門西面而立將入廟門趨至堂下北面而立主親操鉞持頭受將軍其柄曰從此上至天者將軍制之復操斧

持頭授將軍其柄曰從此下至淵者將軍制之將已受斧鉞答曰國不可從外治也軍不可從中御也二心不可以事君疑志不可以應敵臣既以受制於前矣鼓旗斧鉞之威臣無還請願君亦以垂一言之命於臣也君若不許臣不敢將君若許之臣辭而行乃爪鬋設明衣也鑿凶門而出乘將軍車載旌旗斧鉞說苑指武云將帥受命者將帥入軍吏畢入皆北面再拜稽首受命天子南面而授之鉞東行西面而揖之示弗御也孔叢子問軍禮云故天子命將親潔齊盛服設奠于祖以詔之大將先入軍吏從皆北面再拜稽首而受天子當陽南面命授之節鉞大將受天子乃東向西面揖之示弗御也舊疏引司馬法云閫外之事將軍裁之皆兵不從中御外義也臨事制宜即傳之專進退也唯義所在而已○注士匄至善之○校勘記出恩動二句云閩監本同鄂本毛本心下有義字按解云哀痛其喪是其恩故心恩動孝子之心依禮而行是其義故曰義服諸侯之君也是疏本有義字當據補漢書蕭望之傳春秋晉士匄帥師侵齊聞齊侯卒引師而還君子大其不伐喪以爲恩足以服孝子誼足以動諸侯白虎通誅伐云諸侯有三年之喪有罪且不誅何君子恕己哀孝子之思慕不忍加刑罰春秋曰晉士匄帥師侵齊至穀聞齊侯卒乃旋傳曰大其不伐喪也繁露竹林云春秋之書戰伐也有惡有善也恥伐喪而榮復仇又云春秋曰鄭伐許奚惡於鄭而夷狄之也曰衛侯速卒鄭師侵之是伐喪也伐喪無義故大惡之上二年遂城虎牢傳云曷爲不言取之爲中國諱也曷爲爲中國諱諱伐喪也是其義也云兵寢數年者正以入襄之世無歲無兵此後二十二十一二十二三年內不書侵伐至二十三年齊侯伐衛遂伐晉是見兵事故也舊疏云明年仲孫遬伐邾婁亦是兵而言數年者正以魯與邾婁數相冒犯非齊晉之事義或然也云起時善之者舊疏云士匄此事實依古

禮時莫能然特以爲善故云起時善之○注言乃至見之○宣八年傳乃者何難也今此亦言乃故爲士匄有難重廢命之心也通義云蘇轍曰將在軍君命有所不受有善而專之君上有焉必君命而後可則安用將也劉敞曰穀者齊地也其曰至穀而復稱其義也非齊地則勿復乎曰止師而請之君曰可而後止不可則復之期可而後止臣之事君也凡在國無專焉子之事父也凡在家無專爲臣子之大節也此仍穀梁爲義蓋不伐喪之義時久不知士匄遵行古禮合春秋之義然未得君命故少遲疑經書乃美上匄之臣也○注言至至齊也○上十五年公救成至遇傳其言至遇何不敢進也彼至遇爲未敢進此至穀爲不進義各有主故言未侵齊也○注言聞者在竟外○舊疏云古禮庶人爲君齊衰三月若其入竟即舉而知之何道聞乎故如此解按穀爲齊地似非竟外蓋士匄侵齊即在齊侯瑗卒之月庶人之服恐尚未徧容得諸聞也○注舉侵者張本○以既聞齊侯卒即還無有侵事書侵者道出師所由張本非侵齊無所謂乃還矣

八月丙辰仲孫蔑卒 疏 包氏愼言云辛卯爲七月朔日月之二十六日爲丙辰而經書八月丙辰仲孫蔑卒則辛卯必爲望後之日方可長曆以爲二十九日

齊殺其大夫高厚

鄭殺其大夫公子喜 疏 釋文喜二傳作嘉洪氏頤煊讀書叢錄云按禮記祭義父母愛之喜而勿忘唐石經喜作嘉喜卽嘉字之省古人名字相配嘉字子孔宋有孔父嘉則作嘉字爲是

冬葬齊靈公【注】不月者抑其父嫌子可得無過故奪臣子恩明光代父從政處諸侯之上不孝也【疏】注不月至孝也○卒日葬月大國常例今不月故解之抑其父卽上十八年傳未圍齊則其言圍齊何抑齊也曷爲抑齊爲其亟伐也是也彼傳又曰或曰爲其驕蹇使其世子處乎諸侯之上也然則使其子處諸侯之上亦合抑然子亦不能無過故去其月以奪臣子恩明其子亦不合從父驕蹇致父被惡名爲不孝也不月所以奪恩者以葬生者之事略其父葬不孝著明桓九年傳曰春秋有譏父老子代從政者則未知其在齊與曹與謂此世子光也

城西郛【注】言西郛者据都城錄道東西【疏】杜云魯西郭大事表云汪克寬曰郛乃外城此云西郛實國都外城之西郭而中城爲魯國都之內城可知矣

叔孫豹會晉士匄于柯【疏】杜云魏郡內黃縣東北有柯城大事表云後漢志內黃縣有柯城在今河南彰德府內黃縣境莊十三年公會齊侯盟于柯乃齊阿邑在今山東兖州府陽穀縣東北五十里曰阿城鎭本兩國地高氏地名考混爲一謂地相接者非一統志柯城在彰德府內黃縣東北

城武城【疏】杜云泰山南武城縣大事表云子游爲武城宰卽此在今沂州府費縣西南九十里京相璠云今泰山南武城縣有澹臺子羽冢縣人也周氏柄中四書辨正云史記仲尼列傳曾參南武城人澹臺滅明武城人後人遂疑魯有兩武城而謂子羽爲今費縣之武城曾子則别一武城在今之嘉祥縣按嘉祥縣有南武山上有阿城亦名南武城後人因南山之城遂附會爲曾子所

居此大謬也新序魯人攻鄪曾子辭於鄪君戰國策甘茂亦言曾子處鄪是曾子所居即鄪縣之武城非有二地而史記言南武城者因清河之東武城在魯之北故加南以別之據漢人之稱耳武城漢志作南成後漢志作南城至晉始爲南武城今故城在費縣西南九十里屬兖州府又云漢志越王句踐嘗治琅邪起館臺考春秋時琅邪爲今山東沂州府魯費在沂州府費縣西南七十里武城在縣西南九十里哀八年吳伐魯從武城初武城人或有因於吳境田焉則沂州之地久已爲吳之錯壤越滅吳而有其地且徙治琅邪則與武城密邇閻潛丘謂吳未滅與吳鄰吳既滅與越鄰是也一統志南武城故城在沂州府費縣西南九十里

公羊義疏五十八

公羊義疏五十九

南菁書院

句容陳立卓人著

襄二十年盡二十六年

二十年春王正月辛亥仲孫遬會莒人盟于向疏包氏慎言云正月書辛亥月之二十六日遬唐石經閩本宋本葉鈔本釋文遬字並如是毛本作遬非左氏穀梁作速紹熙本亦作遬

夏六月庚申公會晉侯齊侯宋公衛侯鄭伯曹伯莒子邾婁子滕子薛伯杞伯小邾婁子盟于澶淵疏包氏慎言云六月書庚申月之五日杜云澶淵在頓丘縣南今名繁汙此衛地又近戚田水經注河水篇左會浮水故瀆故瀆上承大河於頓丘縣西北出東逕繁陽故城南故應劭曰縣在繁水之陽張晏曰縣有繁淵春秋襄二十年公與晉侯齊侯盟于澶淵杜預曰在頓丘縣南今名繁淵澶淵即繁淵也亦謂之浮水魏徙大梁趙以中牟易魏故志曰趙南至浮水繁陽即是瀆焉大事表云水經注發明杜氏之說最有根据而後漢書郡國志乃云杼秋故屬梁國有澶淵聚劉昭引左傳襄二十年盟于澶淵以實之南圻志云杼秋故城在今蕭縣西七十里按江南徐州府蕭縣去直隸大名府開州千有餘里後漢志誤也彙纂云繁陽故城在內黃縣東北二十七里古頓丘約略在濬縣之南漢元光三年河水徙頓丘東南流既而決瓠子河今瓠子故城在開州西南三十五里則澶淵當在內黃之南開州之西北也段氏玉裁說文注云頓丘

今直隸大名府清豐縣縣西南二十五里頓丘故城是也澶淵即繁水在彰德府內黃縣縣東二十六里史記廉頗據魏繁陽漢置縣屬魏郡應劭曰在繁水之陽也張晏曰其界爲繁淵按繁與澶疊韻汙與淵雙聲繁陽故城在今內黃縣東北二十七里實衛地而云在宋者蓋以春秋書宋災故而然然未爲宋也趙一清曰春秋有兩澶淵襄二十年二十六年皆衛之澶淵也三十年會于澶淵宋災故許氏說文澶淵水在宋是爲宋地劉昭所引者誤宋爲衛矣一統志澶水在大名府開州西南大河分流也一名繁水一名浮水方輿紀要云德勝城在開州東南五里古澶淵也其後爲德勝渡黃河津要也

秋公至自會

仲孫遬帥師伐邾婁

蔡殺其大夫公子燮疏穀梁作公子濕

蔡公子履出奔楚疏通義云燮之弟懼及故也

陳侯之弟光出奔楚注爲二慶所譖還在二十三年疏釋文光左傳作黃九經古義云說文芡古文光灸古文黃字相似原注白虎通云璜之爲言光也風俗通云黃光光也皇霸引書大傳云黃者光也漢書天文志中道者黃道一曰光道穀梁傳諸侯之弟兄不得以屬通其弟云者親之也親而奔之惡也注惡陳侯也○注爲二至三年○即下二十三年經云陳殺其大夫慶虎及慶寅陳侯之弟光自楚歸于陳注前爲二慶所譖出奔楚人治其罪陳人誅二慶反光故言歸

與此注相足左傳陳慶虎慶寅畏公子黃之偪愬諸楚曰與蔡司馬同謀楚人以爲討公子黃出奔楚下二十三年左傳公子黃愬二慶於楚楚人召之使慶樂往殺之慶氏以陳叛屈建從陳侯圍陳遂殺慶虎慶寅楚人納公子黃君子謂慶氏不義不可肆也是其事也

叔老如齊

冬十月丙辰朔日有食之【注】自溴梁之盟臣恣日甚故比年日食【疏】包氏慎言云冬十月書丙辰朔据曆爲月之三日八九兩月連大亦爲月之二日丙辰係六月朔非十月也五行志劉歆以爲八月秦周分臧氏壽恭以三統術推是年入甲申統一千九十年正月己丑朔大二月己未朔小三月戊子朔大四月戊午朔小五月丁亥朔大六月丁巳朔小七月丙戌朔大八月丙辰朔小也〇注自溴至日食〇五行志下之下二十年十月丙戌朔日有食之〇董仲舒以爲陳慶虎慶寅蔽君之明邾庶其有叛心後庶其以漆閭丘來奔陳殺二慶與何異何以爲溴梁盟後臣恣日甚所致言比年日食者即下二十一年秋九月庚戌朔日有食之冬十月庚辰朔日有食之二十三年癸酉朔日有食之是也按比年日食曆法之常此以爲異者春秋重義不重事凡書日食俱以爲異以示戒比年見則異之甚也不然春秋二百四十年僅三十餘日食哉

季孫宿如宋

二十有一年春王正月公如晉【注】月者溴梁之盟後中國方乖離貪

公獨能與大國 疏 注月者至大國○舊疏云正月朝聘例時故如此解按此與上八年公如晉書正月義同

邾婁庶其以漆閭丘來奔 疏 杜云二邑在高平南平陽縣東北有漆鄉西北有顯閭亭大事表云俱在今兗州府鄒縣定五十年城漆即此水經注泗水篇又南過平陽縣西縣即山陽郡之南平陽縣也世謂之漆鄉應劭十三州記曰漆鄉邾邑也杜預曰平陽東北有漆鄉是也又沂水篇洙水又西南逕南平陽之顯閭亭西邾邑也春秋襄二十一年邾庶其以漆閭丘來奔者十三州記曰山陽南平陽縣又有閭丘鄉從征記曰杜謂顯閭丘也今按漆鄉在縣東北漆鄉東北十里見有閭丘鄉顯閭非也然則顯閭自是別亭馬氏宗槤左傳補注云史記正義云南平陽縣城今兗州鄒縣在兗州東南六十二里按郡國志山陽南平陽有閭丘亭酈元與元凱皆誤以顯閭亭為閭丘亭可以續漢志證之漢書地理志山陽郡南平陽下云孟康曰邾庶其以漆來奔又城漆今漆鄉是續志亦云南平陽有漆亭閭丘亭一統志漆城在兗州府鄒縣西北方輿紀要閭丘在鄒縣南左傳釋文漆一本作浹浹與漆形似蓋誤

邾婁庶其者何邾婁大夫也邾婁無大夫此何以書 注 据快無氏 疏 通義云据盟會恆言邾婁人亦通○注据快無氏○即昭二十七年邾婁快來奔是也舊疏云其無氏即不合書見之義問者見快不書氏知邾婁無大夫既無大夫何以特書庶其故難之

重地也 注 惡受叛臣邑故重而書之不言叛者舉地言奔則魯坐受與庶其叛兩明故省文也 疏 注惡

受至書之○鄂本受下有人字紹熙本亦有當据補通義云惡叛臣竊邑故錄名以見其罪左傳庶其非卿也以地來雖賤必書重地也杜云重地故書其人其人書則惡名彰以懲不義○注不言至文也○正以昭二十一年宋華亥向甯華定自陳入于宋南里以畔之屬言叛故解之爲魯受叛臣邑與受同科魯坐罪也穀梁傳曰以者不以者也注凱曰人臣無專祿以邑叛之道

夏公至自晉

秋晉欒盈出奔楚疏晉世家作欒逞

九月庚戌朔日有食之疏包氏愼言云九月書庚戌朔十月書庚辰朔据曆十月朔爲己卯庚辰其二日也蓋小六月則庚戌爲七月朔矣依曆大九月十月朔亦爲庚辰與經所書悉合十月後三月頻小古曆有三月頻大或亦有三月頻小者五行志下之下二十一年九月庚戌朔日有食之董仲舒以爲晉欒盈將犯君入于曲沃劉歆以爲六月秦晉分

冬十月庚辰朔日有食之疏五行志又云十月庚辰朔日有食之董仲舒以爲宿在軫角楚大國象也後楚屈氏譖殺公子追舒齊慶封脅君亂國劉歆以爲八月秦周分通義云日月同行而有揜食固可以推步得者至於頻月日食古今曆算都無其法而襄公之篇四年再見驪離乖錯謂之記異不亦宜矣元志姜岌云比月而食宜在駁條大衍亦以爲然沈氏欽韓以今曆推之十月已過交限不應頻食姜說是臧氏壽恭左氏古義云比月日食二十四年正義及是年穀梁疏是疑其與今曆不合然据史記十二諸侯年表及漢書五行志所引諸儒舊說是漢儒皆依經立說別無疑詞後儒据今曆疑之傎矣萬充宗黄棃洲閒

答云問曰春秋日食三十六而頻食者二先儒皆謂曰無頻食法王伯厚云衛朴推驗春秋合者三十五惟莊十八年三月古今算不入食限豈二頻食亦入限乎抑史官怠慢當時失記從後追憶疑莫能定遂兩存之春秋因而不削乎答曰襄公二十一二十四兩年俱頻食曆家如姜岌一行皆言無比月頻食之理授時曆亦言其已過交限西曆則言日食之後越五月越六月皆能再食是一年兩食者有之比月而食則斷無是也襄二十一年己酉九月朔交周〇宮〇三度一九三五入食限至十一月朔一宮一十度三一四二不入食限矣二十四年壬子七月朔交周〇宮〇三度一九三五入食限至八月朔交周一宮三度五九四九不入食限矣乃知衛朴得三十五者歟也顧氏棟高一書後云西曆以越九月即能再食者即高閎所稱曆家推步之法一百七十三日日月始一交交則月揜日而爲之食是也時西法未入中國則爲此說者亦不自西曆始矣頻食既斷無此法而春秋所以書何也是時周曆算法已不準推步常遲一月須曆云某月朔應日食到前一月之朔而日食襄二十四年七月朔食之既人所共見魯史既據實書之至後一月不見有食則以周保章氏所頒未敢輕削魯史非精曆算者不能攷正是月之不入食限也則所疑食之微或食于夜而人不見因并存之孔子因而不革漢書本紀所載高祖即位三年及文帝前三年俱於十月十一月晦頻食亦是漢初襲用秦曆法未講致有此謬武帝太初定曆以後則斷無此矣皆据曆法之正斷爲無頻食法者然春秋記異示戒理之所無事之所有仍依孔子藏氏說可也

曹伯來朝

公會晉侯齊侯宋公衛侯鄭伯曹伯莒子邾婁子于商任【疏】杜云商任地闕大事表云今彰德府安陽縣有衛商任地方輿紀要古任城在順德府任縣東南地近商墟故謂之商任按安陽與任縣地不相屬未知孰是

十有一月庚子孔子生【注】時歲在己卯【疏】舊疏云左氏經無此言則公羊師從後記之校勘記云唐石經諸本同釋文作庚子孔子生云傳文上有十月庚辰此亦十月也一本作十一月庚子又本無此句按穀梁傳作庚子孔子生與陸氏本合疏本作十有一月庚子與唐石經同又云按作十月者是也考杜氏長曆十月庚辰小十一月己酉大十一月無庚子庚子乃十月二十一日也齊召南說錢氏大昕養新錄云左氏傳於哀十六年書孔子卒而不書生年公羊云襄公二十一年十一月庚子生穀梁云二十年十月庚子生史記則云二十二年孔子生而無月日攷賈逵注左傳於襄二十一年云此年仲尼生又昭二十四年服注引賈說云仲尼時年三十五是漢儒皆以孔子生在襄二十一年也是年經書十月庚辰朔則十一月無庚子日予以三統術推襄公二十一年十月己卯朔其月二十二日庚子是爲宣尼生之日年從公羊月從穀梁與賈服注左傳亦合自襄二十一年至哀十六年實七十四筭而賈云年七十三者古人以周歲始增年也史記謂生於襄二十二年年七十三則以相距之歲計之杜氏於哀十六年注云魯襄二十二年生至今七十三也則用史記說按今穀梁亦繫庚子孔子生於二十一年未知錢氏所据何本穀梁疏云仲尼以此年生故傳因而錄之世家云二十二年生者馬遷之言與經典不同者非一故與此傳異年

耳不及公羊明與公羊同也通義云陸德明曰庚子孔子生傳文上有十月庚辰朔此亦十月也一本作十有一月庚子今以十月庚辰朔校之舊有十有一月字者誤故定從釋文本傳記此者一分別自後爲所見之世故也包氏愼言公羊曆譜云公羊傳於十一月記孔子生据曆庚子十月之二十二日十二月之二十三日凡十一月也段氏玉裁經韻樓集云公羊襄二十一年十一月庚子孔子生穀梁曰襄二十一年庚辰云云下即云庚子孔子生穀謂生於十月公謂生於十一月互異据釋文公羊與穀梁同上文十月庚辰此亦十月也一本作十一月庚子是公羊有異本今唐石經板本均從異本耳又按徐彥解云左氏無此言則公羊師從後記之玉裁謂公穀識孔子之生猶左氏記孔子之卒然左大書孔子名以記其卒儼然經也公穀曰孔子生不敢書名然則此當爲傳文無疑陸氏云庚子孔子生傳文也又一本無此句可證唐初公羊尙有無此條者自公穀經不別爲書唐石經每年經傳据合之盡一年乃跳起於是經傳不可分經傳不分而庚子孔子生之文儼然一經矣故馬端臨謂公穀二經有孔子生而不知固傳也非經也今世板本冠之以傳字較唐石經爲易明蓋左氏記卒者用魯史之成文公穀記生者見尊聖之微意皆非敢曰真經也宋書符瑞志引推度災曰庚者更也子者滋也聖人制法天下治平趙氏在翰按春春秋者謹誌聖人生卒年月傳詩謹推生日之意應理之理其文殊其指一也讀書脞錄云公羊襄二十一年十有一月庚子孔子生按經文云十月庚辰朔則庚子爲十月二十一日十一月不得有庚子也釋文云庚子孔子生傳文上有十月庚辰此亦十月也据此則古本公羊無十有一月四字有者後人妄增穀梁亦作十月蓋孔子以周之十月夏之正月二十一日生左疏引公羊傳亦有十有一月四字則穎達所据本已誤按陸

氏所謂一本卽舊疏本陸又云又本無此句謂無十有一月句也陸氏本明只有庚子孔子生五字故推上十月庚辰以釋之又本無十有一月句與陸本同段氏謂陸氏此句謂又本無庚子孔子生句誤矣臧氏壽恭云魯史書十月庚辰朔三統以爲八月然則二傳所謂十月庚子三統以爲八月二十一日魯史後三統兩月錢氏以三統之十月當魯史之十月誤〇注時歲在己卯〇舊疏云何氏自有長曆不得以左氏難之校勘記云疏及鄂本閩本同監毛本作乙卯錢大昕云以於三統術是年歲在乙巳乙卯當爲乙巳之訛疏作己卯亦非錢氏養新錄又云魏晉以來推襄公二十一年皆云己酉而何氏乃云乙卯故疏家依違其詞謂何氏別有長曆亦無明文可證今以三統歲術超辰之法計之襄二十一年歲在實沈太歲當在乙巳則何注乙卯必乙巳之譌也自襄二十一年孔子生距漢元年三百四十六歲又自漢興距光武建武元年二百三十歲合五百七十六算正當超四辰故知何所据者超辰古術非別有長曆也左氏襄二十八年歲在星紀歲星與太歲常相應星在星紀則歲當在子而今人以爲丙辰亦差四算然則孔子生年必爲乙巳非乙卯無疑矣又云襄二十八年歲在星紀而淫于元枵正義云三統之曆以庚戌爲上元積十四萬二千六百八十六歲置此歲數以歲星歲數一千七百二十八除之得積終八十二去之歲餘九百九十以一百四十五乘歲餘得十四萬三千五百五十以一百四十四除之得九百九十六爲積次不盡一百二十六爲次餘以十二除之得八十三去之盡是爲此年更發初在星紀也按古法太歲與歲星當相應三統本以丙子爲上元今欲知太歲所在卽以六十去積次不盡三十六爲大餘數起丙子是爲襄二十八年太歲在壬子也以是上推孔子生襄二十一年正當爲乙巳孔沖遠不知古法太歲亦有超辰乃用後漢太

史虞恭說謂三統以庚戌爲上元失之甚矣由襄二十一太歲乙巳上溯隱元年計一百七十算太歲當在乙卯而正義云隱元年歲在家韋則是太歲在甲寅也因莊公二十三年太歲歲星皆在超辰之限歲星既超實沈入鶉首則太歲亦當超乙巳而至丙午故正義云閔元年歲在大梁知太歲在丙辰矣後漢人引緯書以庚申爲酉狩獲麟之歲又以隱公元年爲己未之歲與今人所推同緯書出于東漢其時太歲超辰之法已廢自何劭公鄭康成諸大儒外知之者尟矣徐廣注史記以共和元年爲庚申非太史公本文包氏慎言何氏公羊注春秋年紀異同攷云公羊於襄公二十一年冬十一月記庚子孔子生何氏注云時歲在己卯東漢以後曆皆以襄之二十一年歲在己酉或疑何氏誤記又或疑丣卯篆文相近傳寫誤酉爲卯攷後漢曆志漢安二年尙書邊韶奏言太初曆百四十四歲歲星一超次治曆者不知處之以致不效其時太史令虞恭駁其議云太初元年歲在丁丑上極其元當作庚戌而曰丙子云云是東漢治曆者不取三統超辰之說以太初起元於庚戌也前漢志記太初積年上元至元狩七年卽太初元年四千六百一十七歲自元狩七年上溯獲麟凡三百七十八歲以除上積年不盡四千二百四十一年從庚戌起算以六十除之不盡四十一獲麟歲爲庚寅隱公元年歲爲己丑以下尋襄公二十一年適値己卯然則何氏所据者太初曆與東漢術家異非誤也又攷黃帝術以辛卯起元如以乾鑿度之積年爲其術之積年從辛卯下尋隱公元年爲庚寅襄公二十一年爲庚辰庚辰之與己卯亦止一算之差耳何氏精於圖讖斷非妄造姑援二端以解通經者之疑經義述聞云勵氏滋大曰是年歲在己酉古文卯作丣酉作丣字形相類故何氏誤以己酉爲卯耳錢氏曉徵以三統術超辰之法推之謂是年歲在乙巳謹案杜氏長曆是年歲在己酉

與三統術同大雅文王正義引三統之術魯隱公元年歲在己未與長曆同則襄公二十一年歲在己酉亦同矣然何氏何至不識古文酉字而以為己卯勵說似是而非若以為乙巳之譌則卯巳二字形體聲音俱不相近無緣巳字誤卯何氏精於讖緯讖緯多用殷曆甲寅元續漢志論曰殷曆元用甲寅大衍律議曰緯所据者殷曆也不得以三統術說之也錢說亦未得其實今按漢世說春秋獲麟至漢興年數多寡各異有謂獲麟至漢興二百七十五歲者後漢虞恭等所謂歲在乙未則漢興元年又上二百七十五歲歲在庚申則孔子獲麟是也有謂獲麟至漢興百六十二歲者後漢馮光陳晃之說見續漢志者也今由哀公十四年獲麟歲在庚申上推之七十一年而至襄公二十一年歲在己酉據太初元年丙子殷曆以為甲寅則歲在己酉殷曆當為丁亥與此注不合矣由獲麟至漢興百六十二歲推之漢興元年漢志以為甲午殷曆當為壬申由甲申上推百六十二歲至獲麟歲在庚寅又上推七十一歲至襄公二十一年則歲在己卯故此注曰歲在己卯也蔡邕曆議曰馮光陳晃所据則殷曆元也又曰光晃以考靈曜為本亦見續漢志然則此注謂襄公二十一年歲在己卯始用考靈曜紀年之法續漢志曰考靈曜有甲寅元按甲寅元殷曆也則考靈曜又本於殷曆與通義云周十月夏八月日在壽星之次與斗柄同位先儒言夫子生時帝車南指此日加午之驗也占之金匱式曰六陽臣為六合臨時之方青龍繫日具神勝光天乙登車朱雀翱翔始以龍見終以蛇藏是有德而章無位而王者與解詁曰時歲在己卯於今祿命術得己卯癸酉庚子壬午應四極之位也漢四分曆是歲己酉與何氏不合但四分依命曆序以為庚申歲獲麟而感精符則云獲麟之歲在單閼單閼卯也四分上推太初元年丁丑漢元年乙未三統曆引漢志曰高帝元年歲在大棣名

曰敦牂元封七年歲名困敦並與四分較差一年太史公曆書曰太初元年歲名閼逢攝提格又實甲寅非丁丑矣萬祺遂古七曆殊元同異得失無以辨之今以公羊家學既從何氏仍其舊注存師說焉

二十有二年春王正月公至自會【注】月者危公前疆隨漷有邾婁地又受其叛臣邑而今與魯不於上會月者與日食同月不得復見

【疏】注月者至與魯○正以致例時此月故解之校勘記云前疆隨漷有邾婁地鄂本同閩監毛本疆作彊疏同紹熙本亦作彊按彊疆皆通即上十九年取邾婁田自漷水是也又受其叛臣邑者即上二十一年邾婁庶其以漆閭丘來奔是也而今與魯校勘記云鄂本魯作會此誤按紹熙本亦作會○注不於至復見○校勘記云毛本於誤與鄂本閩監本及疏皆不誤按紹熙本亦作於舊疏云言所以不於上商任會時書月見危者正以與上冬十月庚辰朔日有食之同在十月不得見此義是以於此危

夏四月

秋七月辛酉叔老卒【疏】包氏慎言云七月書辛酉月之十八日

冬公會晉侯齊侯宋公衛侯鄭伯曹伯莒子邾婁子滕子薛伯杞伯小邾婁子于沙隨【疏】左氏經無滕子或闕文此經唐石經諸本同

公至自會

楚殺其大夫公子追舒

二十有三年春王二月癸酉朔日有食之疏包氏慎言云二月書癸酉朔据曆爲月之三日五行志下之下云三十三年二月癸酉朔日有食之董仲舒以爲後衛侯入陳儀甯喜弒其君剽劉歆以爲前年十二月二日宋燕分滅氏壽恭以三統術推前年正月丁未朔大二月丁丑朔小三月丙午朔大四月丙子朔小五月乙巳朔大六月乙亥朔大七月乙巳朔小八月甲戌朔大九月甲辰朔小十月癸酉朔大十一月癸卯朔小十二月壬申朔二日癸酉

三月己巳杞伯匄卒疏包氏慎言云三月書己巳月之三十日

夏邾婁鼻我來奔疏釋文云鼻我二傳作畀我唐左氏石經作卑我九經古義云古鼻畀同音穀梁昭二十七年傳注邾畀我釋文畀必二反本或作鼻漢書武五子傳舜封象於有鼻鄒陽傳封之于有卑服虔曰音畀予之畀也左傳校勘記宋本畀我作卑我石經亦作卑我按釋文凡畀字皆云必利反以音理言之畀在五支鼻在六脂卑字不可代畀音必利反石經始譌而宋本仍之非也按昭二十年左傳曹公孫會自鄸出奔疏兩引作卑漢校官碑卑作畀是隸書畀卽卑也二字形近易譌以音訓之斷爲二字唐初蓋已混故孔疏引作卑也

邾婁鼻我者何邾婁大夫也邾婁無大夫此何以書以近書也注以奔無他義知以治近升平書也所傳聞世見治始起外諸夏錄

大略小大國有大夫小國略稱人所聞之世內諸夏治小如大廩廩近升平故小國有大夫治之漸也見於邾婁者自近始也獨舉一國者時亂實未有大夫治亂不失其實故取足張法而已

【疏】注以奔至書也○舊疏云莊二十四年曹羈出奔之下傳云曹無大夫此何以書賢也何賢乎曹羈三諫不從遂去之故君子以爲得君臣之義也然則曹羈得諫義是以書之上二十一年邾庶其之奔傳云邾婁無大夫此何以書重地也昭五年夏莒牟夷以牟婁及防茲來奔傳云此何以書重地也然則庶其牟夷皆以重地故書悉非常例今此鼻我無三諫之善無盜上之惡直奔而已更無它義而得書見知以治近升平之故也繁露奉本云邾婁庶其鼻我邾婁大夫其於我無以親以近之故乃得顯明按以親之以疑衍庶其之書傳以爲重地非以近書昭二十七年邾婁快來奔傳云邾婁無大夫何此以書以近書也庶其或快之誤○注所傳至稱人○隱元年公子益師卒注於所傳聞之世見治起於衰亂之中用心尚麤觕故內其國而外諸夏先詳內而後治外錄大略小內小惡書外小惡不書大國有大夫小國略稱人內離會書外離會不書是也此爲書小國大夫注故止舉外諸夏略小國略稱人三事也○注所聞至漸也○隱元年注云於所聞之世見治升平內諸夏而外夷狄書外離會小國有大夫正以治小如大故小國有大夫也廩廩者公羊問答云漢書循吏傳此廩廩庶幾德讓君子之遺風矣注師古曰廩廩言有丰采也孝文本紀太史公曰廩廩鄉改正服封禪矣按廩廩蓋猶漸漸耳兩漢時有此語○注見於至始也○校勘記云諸本同昭二十七年疏引作以近治也始爲

治之訛當據正按解云正以地接于魯故先治之也是疏本作治通義云近者所見之世也入所見世治法大備將使遠近大小若一小國始合有大夫但盟會之等載記闕略不得周知故還錄其接我者以見法必取法于邾婁者亦取治自近者始也接孔氏斷自孔子生後爲所見之世與何氏不同按傳聞之世小國略稱人大國有大夫直至所見世小國始有大夫非三世之次孔義恐未然○注獨舉至而已○舊疏云孔子作春秋欲以撥亂世多舉小國悉有大夫則恐文害其理故曰治亂不失其實也今鼻我更無他義而得書見明其張三世之法故曰取足張法而已

謂張治小國大夫法也凡書奔者重乖離之禍故也

葬杞孝公

陳殺其大夫慶虎及慶寅

陳侯之弟光自楚歸于陳注前爲二慶所譖出奔楚楚人治其罪陳人誅二慶反光故言歸宋大夫山譖華元貶此不貶者殺二慶而光歸譖光可知疏注前爲至言歸○事見上二十年歸者出入無惡之文也二十年左傳云陳侯之弟黃出奔楚言非其罪也穀梁注光反稱弟言歸無罪明矣又彼二十年傳云親而奔之惡也注所以惡陳侯○注宋大至可知○卽成十五年宋華元出奔晉宋華元自晉歸于宋宋殺其大夫山注不氏者見殺在華元歸後嫌直自見殺者故貶之明以譖華元故今此殺二慶後光乃歸歸無惡知譖光明矣

晉欒盈復入于晉入于曲沃

曲沃者何晉之邑也疏隱五年左傳注云曲沃晉別封成師之邑在河東聞喜縣漢書地理志河東聞喜縣故曲沃武帝元鼎六年行過改名應劭曰武帝於此聞南越破改曰聞喜今曲沃爲漢彘縣地詩唐風揚之水序昭公分國以封沃卽此

其言入于晉入于曲沃何注据當舉重疏通義云据魚石直言復入于彭城○注据當舉重○正以當直書入于晉也

欒盈將入晉晉人不納由乎曲沃而入也注欒盈本欲入晉簒大夫位晉人不納更入於曲沃得其士衆以入晉國曲沃大夫當坐故復言入簒大夫位例時疏通義云左傳曰齊侯以藩載欒盈及其士納諸曲沃欒盈帥曲沃之甲因魏獻子以晝入絳故曰由乎曲沃而入也傳以此解上者明與魚石但據彭城不入宋者異也○注欒盈至夫位○正以復入者出無惡入有惡之文故知欒盈入晉爲簒也舊疏云不直言入又無叛文故知不簒君位也其惡文不繫於簒君知止欲簒大夫也○注晉人至晉國○晉世家齊莊公微遣欒逞於曲沃以兵隨之齊兵上太行欒逞從曲沃中反襲入絳與左傳同皆無入晉不納事蓋事勢宜然史左或未備也○注曲沃至言入○解經所以不舉重之義也舊疏云曲沃大夫受納有罪之人故云當坐按左傳欒盈夜見胥午而告之注胥午守曲沃大夫又曰伏之而觴曲沃人樂作午言曰今也得欒孺子何如對曰得主而爲之死猶不死也皆歎有泣者爵行又言皆曰得主何貳之有盈出徧拜之是受納有罪事也然曲沃大夫不能

固守城邑致令欒盈得入亦當坐失地罪禮記曲禮云大夫死衆士死制是也欒盈因曲沃甲以襲晉故復書入于曲沃見曲沃大夫罪明也○注篡大夫位倒時○舊疏云正以經書夏故知倒時昭二十一年夏宋華亥向甯華定自陳入于宋南里以畔定十年秋宋樂世心自曹入于蕭之屬皆是也

秋齊侯伐衛遂伐晉

八月叔孫豹帥師救晉次于雍榆疏釋文渝左氏作榆水經注淇水篇淇水又東北流謂之白溝逕雍榆城南春秋襄公二十三年叔孫豹救晉次于雍榆是也國語周語云定王饗之注定王楡也舊音楡本或爲渝是渝楡通也杜云晉地汲郡朝歌縣東有雍城大事表云郡邑志黎陽縣有雍城即古雍榆也故城在今河南衛輝府濬縣西南十八里明一統志雍榆城在大名府濬縣西南四十八里差繆略云兪左氏作榆穀梁作渝按今注疏本及石經公羊亦作渝

曷爲先言救而後言次注据次于聶北救邢疏注据次至救邢○即僖元年齊師宋師曹師次于聶北救邢先言次後言救也

先通君命也注惡其不遂君命而專止次故先通君命言救疏注惡其至言救○通義云救晉者君命也次者進退在豹也先書君命而後錄臣事春秋之教也然救不言次本書次者刺不及事之義因而分別先後又隨事設義云爾穀梁傳言救後次非救也注惡其不遂君命而專止次故先通君命而後言次尊君抑臣之義鄭嗣曰次止也凡先書救而後言次皆非救也僖元年齊師宋師曹師次于聶北救邢此師

本欲止聶北遙為之援爾隨其本意而書故先言次而後言家豹本受君命救晉中道不能故先言救而后言次若鄭伯未見諸侯而曰如會致其本意與何氏義合莊三年左疏引左氏先儒言齊桓君也進止自由故先次後救叔孫臣也先通君命故先救後次按左傳曰禮也疏引賈云禮者言其先救淪次為得禮也止謂先通君命為得禮耳其次而不遂故譏也

己卯仲孫遬卒【疏】包云八月書己卯月之十二日

冬十月乙亥臧孫紇出奔邾婁【疏】包氏慎言云十月書乙亥月之九日閔二年公子慶父出奔莒注內大夫奔例無罪者日有罪者月按左傳臧武仲告曰紇之罪不及不祀臧賈曰是家之禍也非子之過也如彼傳文臧孫為季氏事出奔非得罪於國故為無罪通義云日者有罪也子曰臧武仲以防求為後於魯雖曰不要君吾不信也然彼是出奔後事聖人不必於其出奔時遂罪之穀梁傳其日正臧孫紇之出也則孔氏蓋涉穀梁家說

晉人殺欒盈

曷為不言殺其大夫【注】据篡得大夫之位【疏】注据篡至之位○舊疏云正以夏已入晉冬乃殺之傳又云曷為不言殺其大夫故知篡得大夫之位矣

非其大夫也【注】明非君所置不得為大夫無大夫文而殺之稱人者從討賊辭大其除亂也【疏】注明非至大夫○通義云前得罪出奔位已絕惟以道去國者雖不在位猶從大夫之秩今盈入晉作亂罪重不得復稱故大夫也按何意前

出奔大夫已絕今篡大夫位非君所置故不得爲大夫義自直捷穀梁傳晉人殺欒盈惡之弗有也○注無大至亂也○舊疏云公羊之例大夫自相殺稱人卽文九年晉人殺其大夫先都之屬是今無大夫之文稱人者欲從衛人殺州吁齊人殺無知之屬是討賊之辭也實非篡而作討賊辭者大其除亂也惠氏士奇春秋說云欒范交惡而欒盈亡駟良交爭而良霄死亦與討賊同辭不亦甚乎凡大夫出奔非有君命不得反非君命而反自外入者皆從討賊辭且大夫出奔非大夫矣不得從殺大夫之例雖非弒君賊而欒盈兵乘公門良霄介于襄庫是亦賊也故皆從討賊辭也是也

齊侯襲莒

二十有四年春叔孫豹如晉

仲孫羯帥師侵齊疏校勘記云唐石經諸本同釋文作仲孫偈云本又作褐亦作羯同

夏楚子伐吳

秋七月甲子朔日有食之既注是後楚滅舒鳩齊崔杼衛甯喜弒其君疏五行志下之下二十四年七月甲子朔日有食之既劉歆以爲五月魯趙分臧壽恭推是年正月丙寅朔小二月乙未朔大三月乙丑朔小四月甲午朔大五月甲子朔六月癸巳朔○注是後至其君○舊疏云卽下二十五年楚屈建帥師滅舒鳩二十五年齊崔杼弒其君光二十六年衛甯喜弒其君剽是也

齊崔杼帥師伐莒

大水注前此叔孫豹救晉仲孫羯侵齊此與師衆民怨之所生也疏注前此至生也○校勘記云元本同監毛本此作北皆誤鄂本閩本作比又鄂本無也當據以訂正按紹熙本亦無也字五行志上襄公二十四年秋大水董仲舒以爲先是一年齊伐晉襄使大夫帥師救晉後又侵齊國小兵弱數敵彊大百姓愁怨陰氣盛劉向以爲先是襄慢鄰國是以邾伐其南齊伐其北莒伐其東百姓騷動後又仍犯彊齊也大水饑穀不成其災甚也

八月癸巳朔日有食之注與甲子同疏注與甲子同○五行志下之下八月癸巳朔日有食之董仲舒以爲比食又既象陽將絶夷狄主上國之象也後六君弑楚子梁從諸侯伐鄭滅舒鳩魯往朝之卒主中國伐吳討慶封劉歆以爲六月晉趙分元志大衍云不應頻食在誤條沈氏欽韓以今曆推之立分不叶不應食大衍說是

公會晉侯宋公衛侯鄭伯曹伯莒子邾婁子滕子薛伯杞伯小邾婁子于陳儀疏釋文陳儀二傳作夷儀二十五年同校勘記云閩監毛本皆誤以此釋文爲注鄂本無之此本加圈以別之是也紹熙本同二十五年穀梁傳注夷儀本邢地衛滅邢而爲衛地

冬楚子蔡侯陳侯許男伐鄭

公至自會

陳鍼宜咎出奔楚【疏】釋文本作咸宜咎云云本又鍼其廉反

叔孫豹如京師

大饑【注】有死傷曰大饑無死傷曰饑【疏】注有死至曰饑〇穀梁傳五穀不升爲大饑一穀不升謂之嗛二穀不升謂之饑三穀不升謂之饉四穀不升謂之康五穀不升謂之大饑注侵傷大傷即有死傷義也彼疏引徐邈云有死者曰大饑無死者曰大餓然經無大餓文也繁露隨本消息云會大饑中國之行亡國之跡也舊疏云正以諸經直言饑此加大故也

二十有五年春齊崔杼帥師伐我北鄙

夏五月乙亥齊崔杼弒其君光【疏】包氏慎言云五月書乙亥月之十八日穀梁傳莊公失言淫于崔氏

公會晉侯宋公衞侯鄭伯曹伯莒子邾婁子滕子薛伯杞伯小邾婁子于陳儀【疏】繁露隨本消息云諸夏再會陳儀齊不肯往謂此及上二十四年會陳儀也

六月壬子鄭公孫舍之帥師入陳【注】日者陳鄭俱楚之與國今鄭背楚入陳明中國當憂助鄭以離楚弱陳故爲中國憂錄之【疏】注曰者至錄之〇舊疏云正以公羊之義入例書時傷害多者乃始書月即成七年秋吳入州來隱二年夏五月莒人入向之屬是今此書曰

故解之包氏愼言云六月書壬子月之二十五日也通義云左傳
曰初陳侯會楚子伐鄭當陳隧者井堙木刊鄭人怨之六月鄭子
展子產伐陳宵突陳城遂入之子展命師無入公宮與子產親御
諸門陳侯免擁社使其衆男女別而纍以待于朝子展執縶而見
再拜稽首承飲而進獻子美入數俘而出祝祓社司徒致民司馬
致節司空致地乃還由此言之鄭人之師以直報怨卒定以禮而
不加暴焉大國之善者也故曰春秋之例日入者善也孔氏牽涉
左氏以駁何氏按春秋曰入者何氏解各異隱十年冬十月壬午
齊人鄭人入盛注日者明當憂錄之十一年秋七月壬午公及齊
人入許注日者危錄隱公僖二十七年己巳公子遂入杞注日者
杞屬修禮朝魯不當乃入之故錄責之二十八年晉侯入曹書丙
午注日者善義兵得時入若概以日入爲善則入盛入許之屬何
善之有蓋凡入言日者在例時
與傷害多月外故分別解之也

秋八月己巳諸侯同盟于重丘 注 會盟再出不舉重者起諸侯欲誅
崔杼故詳錄之 疏 包氏愼言云八月無己巳七月之十三日也杜
云重丘齊地大事表云今東昌府聊城縣東北
跨茌平縣界有古重丘爲諸侯盟會處彙纂云濟南府德州亦有
重丘城或云會盟處以經文考之公會諸侯于夷儀同盟于重丘
夷儀爲今北直順德府地去東昌爲近自夷儀涉齊竟當在聊城
水經注河水篇又東逕重丘縣故城西春秋襄二十五年秋同盟
重丘應劭曰安德縣北五十里有重丘鄉故城也按安德在今之
陵縣恐非其地漢志平原郡有重丘縣爲今之霑化則更遠矣方
輿紀要重丘城在東昌府東南五十里跨茌平縣界襄二十五年
同盟于重丘是也又重丘城在濟南府陵縣北五十里按以前說

爲是後說則水經所次也○注會盟至錄之○舊疏云正以文十四年夏公會宋公以下同盟于新城舉盟以爲重不言會于某今會盟並舉故解之僖九年公會宰周公以下于葵丘之下注云會盟一事不舉舉重者時宰周公不與盟也昭十三年平丘之下注云不舉重者起諸侯討棄疾故詳錄之與此同通義云會盟一事不舉重者以異地也重言諸侯者間有異事與祝阿同例据左傳是會晉本合諸侯伐齊以報二十三年之役齊人以莊公說且賂晉侯許之同盟于重丘齊成故也遂受亂賂黨弒君之賊中國之大恥公與有惡焉春秋不言伐齊所以深爲內諱而存中國也重丘之盟稷之會其迹正同於彼目言之於此諱所謂遠世近世異辭解詁箋云諸侯不誅崔杼故重錄之日者偏刺諸侯之不討賊也按孔氏所据左氏說不得以駁何氏欲誅崔杼何氏或別有據蓋誅不成故書日以刺之也

公至自會

衞侯入于陳儀

陳儀者何衞之邑也疏大事表云杜注本邢地衞滅邢而爲衞邑晉懸衞衎失國使衞分之一邑又定九年齊伐晉夷儀爲衞討也則又爲晉地蓋實衞之邊邑與齊晉皆連壤今直隸順德府西南四十里有夷儀城曷爲不言入于衞注据與鄭突入櫟同疏注据與至櫟同○卽桓十五年鄭伯突入于櫟傳櫟者何鄭之邑也曷爲不言鄭注据齊陽生立陳乞家言入于齊今此亦据陽生事爲難故云据與彼同也陽生事見哀六年諼君以弒

也【注】以先言入后言弒也時衛侯爲剽所篡逐不能以義自復詐願居是邑爲剽臣然后候閒伺便使甯喜弒之君子恥其所爲故就爲臣以讓君惡之未得國言入者起詐篡從此始【疏】釋文作以殺音試注同後年放此○注以先至弒也○鄂本后作後下及疏並同先言入謂此後言弒謂下二十六年衛甯喜弒其君剽是也○注時衛至惡之○衛侯見篡逐事見上十四年詐願居是邑爲剽臣何蓋以時情事言之也伺使候閒使甯喜弒之者卽下二十六年衛獻公自夷儀使與甯喜言甯喜許之卽使甯喜弒剽事也繁露隨本消息云衛衎據陳儀而爲讓林父據戚而以畔下云中國之行亡國之跡也故書入以惡之說文言部讓詐也文三年傳此伐楚也其言救江何爲讓也漢書息夫躬傳虛造詐讓之策○注未得至此始○舊疏云欲言小白陽生之屬得國乃言入通義云衎在陳儀蒯聵在戚其未得衛甚明而傳輒以不言入于衛爲難者蓋以衎與蒯聵皆有君衛之道雖偏安一邑春秋皆得入于衛言之何則四境之內尺土莫非衛也昭公之在鄆猶在魯也敬王之居狄泉敬王有周子朝不得有周也是故以戚與陳儀舉者卽不與使有衛之辭也若衎者有國不能自保去國不能自復而謀爲讓於逐我者之子甚足賤惡故從出入有惡之例使與叛臣入邑者同文也何以不名其奔名其歸名則於此可省文因別見罪輕于剽矣義或然也

楚屈建帥師滅舒鳩

鄭公孫蠆帥師伐陳 疏 舊疏云公孫蠆云云亦有本作公孫萬字者校勘記云諸本同唐石經本作公孫蠆口旁後加舊疏云云何焯云萬當蠆字誤按閩監毛本皆脫此疏左氏穀梁作公孫夏夏與蠆音義俱遠定有一譌也

十有二月吳子謁伐楚門于巢卒 疏 釋文謁左氏作遏校勘記云唐石經諸本同唐謁作遏云亦有一本作謁字者作遏則于左氏合而陸氏乃區別之義疏所据之本往往勝於釋文公羊疏非唐人所爲也按謁遏皆曷聲俱無不可不必疏本即勝於陸本詩大雅文王云無遏爾躬釋文遏或作謁易大有象云君子以遏惡揚善釋文遏徐又音謁是音義同也繁露隨本消息云吳在其南而二言入謂此及二十九年閽弑吳子餘祭也彼殺當作弑

門于巢卒者何入門乎巢而卒也入門乎巢而卒者何入巢之門而卒也 注 以先言門後言于巢吳子欲伐楚過巢不假塗卒暴入巢門門者以爲欲犯巢而射殺之君子不怨所不知故與巢得殺之使若吳爲自死文所以彊守禦也書伐者明持兵入門乃得殺之 疏 傳言入巢之門而卒也者以解入門乎巢而卒也○注以先至于巢○舊疏云正以先入其門巢人乃殺故言門于巢卒○注吳子至禦也○穀梁傳曰以伐楚之事門于巢卒也門于巢乃伐楚也諸侯不生名取卒之名加之伐楚之上者見以伐楚卒也其見以伐楚卒何也古者大國過小邑小邑必飾城而請罪禮也吳子謁伐楚至巢入其門門人射吳子有矢創反舍而卒古者

雖有文事必有武備非巢之不飾城而請罪非吳子之自輕也何義與彼同左傳云吳子諸樊之伐楚以報舟師之役門于巢杜云攻巢門也以爲吳子攻巢巢牛臣所殺與此少異穀梁疏引舊解巢楚竟上之小國有表裏之援故先攻之然後楚可得伐以爲楚邑非也徐邈亦云巢偃姓之國是也按何氏責吳不假塗蓋亦以巢爲國易繫辭傳云重門擊柝以待暴客春秋彊守禦猶此義也○巢注書伐至殺之○周禮朝士職凡盜賊軍鄉邑及家人殺之無罪注鄭司農云謂盜賊羣輩若軍共攻盜鄉邑及家人者殺之無罪若今時無故入人室宅廬舍上人車舡牽引人欲犯法者其時格殺之無罪惠氏士奇周禮說云軍謂持兵者也明持兵者可格殺之勿論也漢書龔遂傳渤海盜賊起遂移書屬縣諸持鉏鉤器者皆良民持兵者乃盜賊則漢律亦不持兵者不爲盜也按今律夜無故入人家內主家登時殺死者勿論唐律亦然疏議答曰律開聽殺之文本防侵犯之輩設令舊知姦穢終是法所不容但夜入人家理或難辨縱令知犯亦爲罪人若其殺卽加罪便恐長其侵暴登時許殺理用無疑故此與巢得殺也

吳子謁何以名注据諸侯伐人不名疏注据至不名○穀梁傳曰諸侯不生名疏重發傳者與失國生名異故也

傷而反未至乎舍而卒也注以名卒閒無事知以傷辜死還就張本文伐名知傷而反卒繫巢知未還至舍巢不坐殺復見辜者辜內當以弒君論之辜外當以傷君論之疏唐石經鄂本閩監本同毛本反未誤倒上七年傳鄭伯髡原何以名傷而反未至乎舍而卒也通義云與鄭伯髡原同義舊疏云彼是臣傷其君此異國故復發之○注以名

至伐名○舊疏伐名屬下讀惠棟云伐名二字屬上句蓋名于伐而不名于卒故謂知以傷辜死爲伐名張本疏云伐名知傷而反卒誤讀按穀梁傳云取卒之名加之伐楚之上者見其以伐楚卒穀梁無保辜義亦以經名卒間無事故如此解○注知傷至至舍巢○舊疏云名者卒爵之稱今于伐已名知其見傷而反其卒仍繫巢故知被傷反未至於舍止之處而卒也○注巢不至論之○巢不坐殺郎上注云君子不怨所不知故與巢得殺之也後見辜者對上七年言之故言復也辜內云云者舊疏云正以過國假塗實客之謙謹重門設守主人之恆備今吳人無禮淩暴巢國若不與殺開之衰世諸侯得使縱橫巢無禦備而殺人之君若今舍之又脫漏其罪是以何氏進退目之若以殺論巢君合絕若以傷論貶黜而已按此即穀梁之非巢不飾城而請罪義也然巢君以無坐殺傷理殺吳子者亦非巢君舊疏誤

二十有六年春王二月辛卯衛甯喜弑其君剽【注】甯喜爲衛侯衎弑剽不舉衎弑剽者諼成于喜【疏】包氏慎言云二月書辛卯月之八日史記世家剽作秋繁露隨本消息云中國在其北而齊衛殺其君謂此及上二十五年齊崔杼弑其君光也殺亦弑之誤彼下云中國之行亡國之跡也○注甯喜至于喜○甯喜爲衎弑剽事見下二十七年傳舊疏云喜若爲衎弑剽春秋舉重宜書衎弑今書喜者正由諼成于喜故也是以下二十七年傳甯殖死喜立爲大夫使人謂獻公黜公者非甯氏也孫氏爲之吾欲納公何如是諼成于喜文也按左傳甯子出舍于郊伯國死孫氏夜哭國人召甯子甯子復攻孫氏克之辛卯殺子叔及太子角書曰甯喜弑其君剽言罪之在甯氏也世家謂殤公

使甯喜攻孫林父林父奔晉復求入故衛獻公獻公在齊如晉晉爲伐衛誘與盟衛殤公會晉平公平公執殤公與甯喜而復入衛獻公與公羊左氏義皆不合

衛孫林父入于戚以叛注衎盜國林父未君事衎言叛者林父本逐衎衎入故叛衎得誅之猶定公得誅季氏故正之云爾疏注衎盜至誅之〇舊疏云正以凡言叛者臣盜土之辭故如此解林父逐衎者在十四年左傳書曰入于戚以叛罪孫氏也臣之祿君實有之義則進否則奉身而退專祿以周旋戮也衎出奔已絕故復入爲盜國下書衛侯衎名是也〇注猶定至云爾〇舊疏云昔林父逐衎衎得誅之季氏不逐定公而定公得誅季氏者正以昭公是父父子一體榮辱同之季氏逐昭公故與定公得誅之也知如此者正以定元年霣霜殺菽何氏云周十月夏八月微霜用事未可殺菽者少類爲稼強季氏象也是時定公喜於得位而不念父黜逐之恥反爲淫祀立煬宮故天示以當早誅季氏是也

甲午衛侯衎復歸于衛疏包氏慎言云二月又有甲午月之十一日

此諼君以弑也其言復歸何注据齊陽生至陳乞家時書入于齊不書復歸者入無惡文疏注据齊至復歸〇即哀六年齊陽生入于齊傳景公死而舍立陳乞使人迎陽生于諸其家大夫不得已皆再拜稽首而君之爾是也彼書入故据以難〇注復歸至惡文〇桓十五年傳復歸者出惡歸無惡是

也惡剽也【注】主惡剽衛侯入無惡則剽惡明矣【疏】○注主惡至明矣 正以剽篡不見故於衛侯之入不書入見之非與衎主惡剽也

曷爲惡剽【注】据齊陽生不書歸惡舍【疏】注据齊至惡舍○哀六年傳景公謂陳乞曰吾欲立舍何如陳乞曰所樂乎爲君者欲立之則立之不欲立則不立君如欲立之則臣請立之下又曰陳乞曰夫千乘之主將廢正而立不正必殺正者明舍立不正嫌陽生之篡無罪宜書復歸惡舍故据以難剽

之立於是未有說也【注】凡篡立皆緣親親也剽以公孫立於是位尤非其次故衛人未有說喜由此得成禍故惡以爲戒也篡重不書反惡此者因重不得書故得惡輕亦欲以見重【疏】注凡篡至戒也○疏云正以有繼及舊道故也剽以公孫立於是位若以昭穆言之遠於公子故之尤非其次也昭穆既遠又是賢德是以衛人未有說之者曰按衛世家云共立定公弟秋爲衛君是爲殤公諸侯之子稱公子公子之子稱公孫以服屬至近推之亦當成公之孫故凡非其次也俞氏樾公羊平議云未當作末隸書未末二字溷殽頗廟碑以化未造末造即末造也是其證說當讀如本字乃言說之說非喜說之說也末無也末有說也謂無說也蓋使剽以次當立則其立於是也尤爲有說乃剽則公孫也於昭穆遠矣故曰剽之立於是末有說也俞義亦通○注篡重至見重○即謂不書剽立義也重不得書義具見下傳

然則曷爲不言剽之立【注】据衛人立晉【疏】注据衛人立晉○見隱四年通義云据晉繼弒而立剽逐君而立其事異知非蒙託

始省文故問其義不言剽之立者以惡衛侯也注欲起衛侯失衆出奔故不書剽立剽立無惡則衛侯惡明矣日者起甯氏復納之故出入同文也甯喜弒君而衛侯歸則甯氏納之明矣以歸出奔俱日知出納之者同衛侯歸而孫氏叛孫氏本與甯氏共逐之亦可知也名者起盜國盜國明則復歸爲惡剽出見矣疏注欲起至明矣○正以衛侯失衆出奔故惡之書名見絕也通義云春秋之於衎剽兩無所與故曰衛侯入于陳儀又正甯喜之弒而衎之失德見曰衛侯衎復歸于衛又正孫林父之叛而剽之竊國亦見古者貴戚之卿君有大故反復諫而不聽則易位向使孫甯之謀果以義動爲社稷之大計剽次當立又有令德君子且醇乎惡衎矣明於惡剽之說則爲臣者儆明於惡衎之說則爲君者懼范武子曰衎實與弒故錄日以見之書日○所以知其與弒者言辛卯弒君甲午便歸是待弒而入故得速也○注日者至知之○上十四年書己未衛侯衎出奔注入日者爲孫氏甯氏所逐甯氏復納之出納之者同當相起故獨日也此亦日是出入同文明相起也春秋之例歸與復歸例時此出納日故解之甯喜弒而衛侯歸衛侯歸而孫氏叛亦出納皆由甯孫則與出不與納明矣○注名者至見矣○正以諸侯不生名書名皆絕莊六年衛侯朔入于衛傳何以名絕二十五年衛侯朔卒注不得書葬與盜國同義失衆出奔合絕土地非所有今復入据故坐以盜國罪也書名盜國已明更書復歸見無惡知非爲惡剽出矣

夏晉侯使荀吳來聘

公會晉人鄭良霄宋人曹人于澶淵疏通義云獨鄭見名氏者起本當言晉趙武也左曰趙武不書尊公也此著明大夫不敵君之義也晉之貴卿猶不得敵公則良霄不嫌矣左傳本有作晉侯者左傳校勘記宋本宋殘本淳熙本岳本足利本侯作人不誤石經此處刓缺今依訂正

秋宋公殺其世子痤注痤有罪故平公書葬疏穀梁作世子座同音段借也呂覽長見篇魏公叔座疾惠王往問之畢氏沅云座舊作痤與魏策同据御覽四百四十四又六百三十二兩引皆作座與史記商君傳合今從之〇注痤有至書葬〇春秋之例君殺無罪大夫殺世子一者皆不書葬以明其合絕是以申生無罪不書獻公之葬至昭十一年經云葬宋平公者正以痤有罪故也按繁露隨本消息云宋公殺其世子下云中國之行亡國之跡也似不以痤有罪蓋痤罪克故其罪尚微故不去世子也舊疏又云鄭伯克段于鄢有惡逆去弟痤今若有罪仍言世子者正以段有當國之罪重故如其意貶去其弟仍如國君氏上鄭所以見段之惡逆今痤罪微不足去世子但是合罪之科故得存其葬矣然則痤罪微平公殺之已甚故董生如彼云也

晉人執衛甯喜

此執有罪何以不得爲伯討注据甯喜弑君者稱人而執非伯討

疏注据甯至伯討○正以僖四年傳云稱人而執者非伯討也甯喜弒君賊合執今晉稱人故据以難不以其罪執之也注明不得以爲功當坐執人疏通義云孫林父以戚叛如晉晉黨於孫氏而爲之執喜故曰不以其罪○注明不至執人○正以執不當罪故坐專執也此與宣十一年楚人殺陳夏徵舒文同義異甯喜夏徵舒皆弒君賊法所必討執之皆不合稱人晉執甯喜不以罪則不與其執楚則實與文不與也

八月壬午許男甯卒于楚疏包氏慎言云八月書壬午月之二日

冬楚子蔡侯陳侯伐鄭疏繁露隨本消息云先楚子昭卒之二年與陳蔡伐鄭而大克經傳皆無大克文董生葢以意言也

葬許靈公

公羊義疏五十九

南菁書院

句容陳立卓人著

襄二十七年盡三十一年

二十有七年春齊侯使慶封來聘

夏叔孫豹會晉趙武楚屈建蔡公孫歸生衛石惡陳孔瑗鄭良霄許人曹人于宋疏左氏穀梁孔瑗作孔奐奐瑗聲相近繁露隨本消息云其明年楚屈建會諸夏而張中國謂伐鄭之明年也彼下云楚子昭蓋諸侯可者也

衛殺其大夫甯喜衛侯之弟鱄出奔晉疏穀梁鱄作專省文也鱄字子鮮當作專爲正左氏昭二十年傳乃見鱄設諸焉此二十九年傳云於是使專諸刺僚史記吳世家伍子胥傳刺客傳漢書古今人表吳越春秋新書淮難篇鹽鐵論勇篇並作專諸

衛殺其大夫甯喜則衛侯之弟鱄曷爲出奔晉注据與射姑同疏注据與射姑同○文六年晉殺其大夫陽處父狐射姑出奔狄傳晉殺其大夫陽處父則狐射姑曷爲出奔注据蔡殺其大夫公子燮蔡公子履出奔楚此非同姓恐見及此据與彼同也爲殺甯喜出奔也曷爲爲殺甯喜出

奔注据非同姓疏注据非同姓〇承上注据與射姑同問也衛甯殖與孫林父逐衛侯而立公孫剽甯殖病將死謂喜曰黜公者非吾意也孫氏爲之注黜猶出逐疏衛世家云獻公戒孫文子甯惠子食皆往日旰不召而去射鴻於囿二子從之公不釋射服與之言二子怒如宿孫文子子數侍公飲使師曹歌巧言之卒章師曹又怒公之嘗答三百乃歌之以怒孫文子報獻公文子遂攻出獻公是甯殖雖怨獻公而攻出獻公則孫氏也〇注黜猶出逐〇廣雅釋詁黜去也國語周語王黜翟后注黜廢也說文黑部黜貶下也是年左傳何以黜朱於朝注黜退也我卽死疏校勘記云唐石經諸本同鄂本卽作則按卽猶若也莊三十二年傳寡人卽不起此病言若不起此病也僖三十三年傳爾卽死言爾若死也漢書西南夷傳注卽猶若也是也卽則亦通王莽傳則時成創注則時卽時是也女能固納公乎注固猶必也喜者殖子殖本與孫氏共立剽而孫氏獨得其權故有此言疏注固猶必也〇國策秦策王固不能高注固必也又齊策固不求生也注固必也呂覽本味固不獨又任數云其說固不行高注皆云固猶必也左傳桓五年蔡衛不枝固將先奔亦謂必將先奔也〇注喜者至此言〇衛世家云孫文子甯惠子共立定公弟秋爲衛君是殖與孫氏共立剽也彼又云殤公秋立封孫文子林父於宿又云甯喜與孫林父爭權明孫氏獨得其權故甯與爭也喜曰諾疏上二十年左傳衛甯惠子疾召悼子曰吾得罪於君悔而無及也名藏在諸侯之策曰孫林父甯殖出其君君入則掩之若能掩之則吾子也若不能猶有鬼神吾有餒而已不來

食矣悼子許諾是年左傳又曰右宰穀曰得罪於兩君天下誰畜之悼子曰吾受命於先人不可以貳甯殖死喜立爲大夫使人謂獻公曰黜公者非甯氏也孫氏爲之吾欲納公何如獻公曰子苟納我疏校勘記云唐石經作子苟欲納我諸本脫欲字石經考文提要云宋景德本鄂洋官書本春秋集傳釋義皆作子苟欲納我吾請與子盟注盟者欲堅固喜意疏二十六年左傳子鮮不獲命於敬姒以公命與甯喜言曰苟反政由甯氏祭則寡人蓋卽所欲盟辭也故注謂欲盟固喜意喜曰無所用盟注時喜見獻公多詐欲使公子鱄保之故辭不肯盟曰臣納君義也無用爲盟矣疏經傳釋詞云所語助也無所用盟無用爲盟也昭二十五年傳君無所辱大禮言君無辱大禮也禮記檀弓君無所辱命成二年左傳君無所辱命敢皆同○注時喜至盟矣○左傳又云衞獻公使子鮮爲復辭敬姒強命之對曰君無信臣懼不免明獻公多詐也辭曰臣納君義也云云蓋何氏以意言之請使公子鱄約之注喜素信鱄以爲鱄能保獻公疏注喜素至獻公○左傳又云初獻公使與甯喜言甯喜曰必子鮮在不然必敗故公使子鮮故獻公謂公子鱄曰甯氏將納我吾欲與之盟其言曰無所用盟請使公子鱄約之子固爲我與之約矣疏卽左傳所謂使子鮮爲復也公子鱄辭曰夫負羈縶注縶馬絆也疏注縶馬絆也○釋文羈縶本又作馽成二年左

傳韓厥執縶馬前注縶馬絆也廣雅釋器縶絆也莊子釋文引三蒼云縶絆也詩小雅白駒縶之維之傳縶絆也周頌有客言授之縶箋縶絆也說文馬部馽絆馬从馬口其足引左傳韓厥執馽馬前或从糸執聲作縶莊子馬蹄云連之以羈馽釋文馽司馬向崔本並作緽崔云絆前兩足也羈者廣雅云羈勒也說文羈馬絡頭也或作羈經傳省作羈釋名釋車羈檢也所以檢持制之也執

鈇鑕疏史記范雎傳臣之胸不足當椹質而要不足以待斧鉞即鈇椹質即鑕彼注云椹亞椹也質亞刀也分為二失之禮記中庸不怒而民威於鈇鉞王制賜鈇鉞然後殺鈇者有刃之物鑕則所用以藉者也周禮圉人職射則充椹質杜子春讀為齊人鈇椹之椹圉人所習故使充之言圉人養馬以鈇斬芻乃其職也漢掌畜官斫莝即此爾雅釋器椹謂之榩孫炎曰椹斫木質也詩大雅公劉箋鍛石所以為鍛質蓋質也椹也鑕也一物也其質或以石或以金或以木詩箋云質以石為之後世之砧即其遺制故爾雅釋文椹本或作砧謝惠連詩櫚高砧響發擣衣所用古詩藁砧今何在是也或作碪說文杜下石是也爾雅之椹當以木為之詩殷武方斲是虔箋引雅訓解之云正斲于椹上是也若鈇鑕連稱者當以金為之史記張蒼傳蒼坐法當斬解衣伏質注鑕椹也漢書項籍傳身伏斧質皆是蓋凡藉物者皆可得質名為取其體堅固乃克受斧斤之施故引申之雖木趺柱足皆得此名也玉篇鈇鑕砧也

從君東西南北則是臣僕庶孽之事也注僕從者庶孽衆

賤子猶樹之有孽生疏注僕從者○廣雅釋詁僕使也詩小雅正月并其臣僕箋人之尊卑有十等僕第九臺第十賈子服疑僕亦臣禮也文選注引廣雅云僕謂附著於人○注庶孽至孽生○說文子部孽庶子也漢書吳王濞傳故庶子

悼惠王注孽亦庶也史記呂不韋傳子楚秦諸孫孽索隱非嫡正之子曰孽漢書賈誼傳庶人孽妾注孽庶賤者禮記玉藻公子曰臣孽注孽當為枿孽之誤枿即蘖廣雅釋詁孽餘也後漢書虞延傳注孽伐木更生者也書盤庚若顛木之有由孽是也若夫約言為信則非臣僕庶孽之所敢與也注鱄見獻公多詐不敢保疏注鱄見至敢保○上二十六年左傳子鮮對敬姒曰君無信臣懼不免又右宰穀曰我請使焉而觀之遂見公於夷儀反曰君淹恤在外十二年矣而無憂色亦無寬言猶夫人也若不已死無日矣亦謂其多詐不可保也故又曰子鮮在何益獻公怒曰黜我者非甯氏與孫氏凡在爾注欲以此語迫從令必約之疏校勘記云非甯氏與孫氏唐石經原刻下有也字後磨改重刻刪去故次行九字按紹熙本亦無也字此獻公激之辭也公子鱄不得已而與之約疏通義云左氏述其約言曰苟反政由甯氏祭則寡人已約歸至殺甯喜注獻公歸至國背約殺甯喜疏左傳衛甯喜專公患之公孫免餘請殺之公曰微甯子不及此吾與之言矣事未可知祇成惡名止也對曰臣殺之君勿與知乃與公孫無地公孫臣謀使攻甯氏弗克皆死夏免餘復攻甯氏殺甯喜是獻公但恐不克爾其患之時已背約矣故何氏云然通義云殺甯喜不以討賊之辭者獻公之大夫與里克同義公子鱄挈其妻子而去之注慙恚不能保獻公疏注慙恚至獻公○說文心部慙愧也又恚恨也玉篇恨怒也左傳曰子鮮曰逐我者出納我者死賞罰無章何以沮勸君失其信而國無刑不亦難乎且鱄實使之遂出奔晉

通義云既愧負甯氏又以獻公淫刑無信見幾而去將濟于河攜其妻子注攜猶提也疏校勘記云攜鄂本閩監本同唐石經攜作攜毛本作挈注同係臆改按紹熙本亦作攜○注攜猶提也○廣雅釋詁云攜提也淮南覽冥訓相攜于道注攜引也說文手部攜提也而與之盟注恐乘舟有風波之害己意不得展故將濟豫與之盟曰苟有履衛地食衛粟者昧雉彼視注昧割也時割雉以爲盟猶曰視彼割雉負此盟則如彼矣傳極道此者見獻公無信刺鱄兄爲彊臣所逐既不能救又移心事剽皆爲姦約獻公雖復因喜得反誅之小負未爲大惡而深以自絕所謂守小信而忘大義拘小介而失大忠不爲君漏言者卽漏言當坐殺大夫不得以正葬正葬明喜有罪疏左傳公使止之不可及河又使止之止使者而盟于河託於木門不鄉衛國而坐注怨之深也穀梁傳專喜之徒也專之爲喜之徒何也己雖急納其兄與人之臣謀弒其君是亦弒君者也專其曰弟何也專有是信者君賂不入乎喜而殺喜是君不直乎喜也故出奔晉織絇邯鄲終身不言衛○注昧割也○釋文昧舊音刎亡粉反一音末又音蔑割也按昧無割義釋文音一刎當作昧从末得聲末勿同音荀子彊國云是猶欲壽而刎頸也一切經音義刎古文歾同音義又引字略斷首曰刎刎割也今人猶謂艮刎爲自抹蓋卽歾也亦作刎方言刎離也吳越曰刎陸音亡粉反不

知昧有例義不必有例音也又音未未當作末又音蔑二音皆是也集韻引字林抹摋滅也莊十二年傳側首曰摋又抹昧同音亦得
有劌義○注時劌至彼矣○戰國策齊策云齊衛先君刑馬壓羊盟曰後世有相攻者如此說苑奉使篇齊魯之先君相與刳羊而
約曰後世子孫敢有相攻者令其皐若此皆與此同是盟也而兼詛矣隱十一年左傳鄭伯使卒出豭行出犬雞以詛射潁考叔者
又詩小雅巷伯出此三物以詛爾斯傳三物君以豕臣以犬民以雞蓋詛牲不定惟便所宜孔疏謂詛用一牲故此用雞也○注傳
極至大忠○正以獻公出奔終爲甯納不知鱄不能救也移心事剽背爲姦約未知何指甯氏得罪二君殺不爲過特獻非殺甯之人
故爲小負鱄棄絕大倫硜守小信春秋所不與也新語十一云是以明者可以致遠鄙者可以□近故春秋書衛侯之弟鱄出奔晉
書鱄絕骨肉之親棄大夫之信越先人之境附他人之域窮涉寒饑織屨而食不明之效也而穀梁傳謂專之去合乎春秋彼注引
何君廢疾云甯喜本弒君之家獻公過而殺之小負也專以君之小負自絕非大義也何以合乎春秋鄭釋之曰甯喜雖弒君之家
本專與約納獻公爾公由喜得入己與喜以君臣從事矣春秋撥亂重盟約今獻公背之而殺忠于己者是獻公惡而難親也獻公
既惡而難親專又與喜爲黨懼禍將及君子見幾而作不俟終日微子去紂孔子以爲三仁專之去衛其心若此合于春秋不俟亦宜
乎劉氏逢祿難曰甯喜之殺不去大夫與里克同文惡獻公之盜國非惡其背約也專於獻之未出既不能維持其君臣及其入也
又與喜約共弒剽至喜執殺乃徒執其硜硜之信以暴君兄之過經書出奔以爲是喜之黨而已矣詩曰君子屢盟亂是用長穀梁
子亦云盟詛不及三王春秋繼三王而撥亂豈其重盟約乎既云專爲喜黨又以微子去紂例之擬不於倫莫此爲甚○注不爲至

有罪○文六年傳射姑殺則其稱國以殺何君漏言也君漏言當坐殺無罪大夫故去葬而晉襄書葬者以殺在葬後故也此獻公書葬明甯喜非無罪見殺矣

秋七月辛巳豹及諸侯之大夫盟于宋疏包氏愼言云七月書辛巳月之六日

曷爲再言豹注据盟于首戴不再出公疏注据盟至出公○舊疏云僖五年夏公及齊侯宋公以下會王世子于首戴秋八月諸侯盟于首戴是也

殆諸侯也注殆危也危諸侯故再出豹懼錄之疏注殆危也○禮記大學亦曰殆哉注殆危也論語爲政多見闕殆包曰殆危也說文歺部殆危也

曷爲殆諸侯注据首戴不殆爲衛石惡在是也曰惡人之徒在是矣注衛侯衎不信而使惡臣石惡來故深爲諸侯危懼其將負約爲禍原先見此者衎負鱄殺喜得書葬嫌於義絕可欲起其小負會盟再出不舉重者方再出豹也石惡惡者下出奔是也疏左傳殺甯喜及右宰穀尸諸朝石惡將會宋之盟受命而出衣其尸枕之股而哭之欲斂以往懼不免且曰受命矣乃行是石惡爲甯喜黨與故曰惡人之徒也繁露隨本消息云石惡之徒聚而成羣則不止石惡一人劉氏解詁箋云何以殆諸侯自是晉弱楚强諸侯奔走夷狄也曰者惡楚詐也惡人之徒如蔡公孫歸姓陳孔瑗鄭良霄皆叛臣非止石惡也○注衛侯至禍原○通義云殆者不信之辭獻公

無信又使其惡臣甯喜之黨來見甯孔瑗後亦皆弒君者而諸侯之大夫雜夷楚之使相與結盟反覆無信故爲內危錄之而再言豹也義較備足○注先見至小負○○獻公書葬見下二十九年再書豹殆諸侯以起獻公小負故也○○注會盟至豹也○即文十四年夏公會宋公以下同盟于新城舉盟以爲重不言會于某今此會盟並舉以再書豹故也解詁箋云豹一事而再見者卒名也曰諸侯之大夫先目而後凡也會盟再出不舉重者殆諸侯也通義云會盟一地不舉重者此楚與中國爭伯之始亦危錄之意亦通○注石惡至是也○即下二十八年衛石惡出奔晉是也出奔故知爲甯黨也

冬十有二月乙亥朔日有食之【注】是后闔殺吴子餘祭蔡世子般弒其君莒人弒其君之應【疏】包氏慎言云十二月書乙亥朔据曆爲十一月左氏傳作十一月是也傳云辰在申司曆過也再失閏矣此則左氏之誣閏在前年故此年申戌之月皆乙亥朔若如左氏刪去前閏則爲未酉月之朔非辰在中也姚秦時姜岌作三紀甲子曆亦謂考交分交會應在此月而不爲再失閏譏傳爲違謬長曆曲附左氏而於此年十一月後頓置兩閏更爲無稽竊意古曆經歲皆三百六十五日四分日之一其小餘成日至四年而增爲六十六者爲閏年二十六年小餘已成日至二十七年小餘不滿日法九月朔爲乙亥不應三月頓大於丨一月仍爲乙亥故傳以爲再失閏所謂閏者即新法之閏年別於整年而言也三統誤會傳文而以魯曆爲失閏于前故以傳之十一月爲九月耳即謂時曆失閏則此年之十一月爲十二月如經所書不得係乙亥朔爲十一月既係十一月是傳已增閏於前以正時曆之失杜氏又胡緣於左氏所增之外更增一閏乎又按

律曆志劉歆說云魯曆不正以閏餘一之歲爲蔀首故春秋刺十一月乙亥朔日有食之於是辰在申而司曆以爲在建戌史書建亥又曰襄公二十七年距辛亥百九歲九月乙亥朔是建申之月也魯史書十二月乙亥朔日有食之傳曰冬十一月乙亥朔日有食之於是辰在申司曆過也再失閏矣言時實行以爲十一月也不察其建不考之於天也劉以傳作十一月故云司曆以爲在建戌經作十二月故云史書建亥辛亥僖公五年爲孟統五十三章首故曰距辛亥百九歲也○注是後至之應○即下二十九年閽弒吳子餘祭三十年蔡世子般弒其君固三十一年莒人弒其君密州是也鄂本后作後紹熙本同當据正校勘記云釋文閽殺下音試此二弒字亦當作殺音試因上有釋文故作殺此無釋文故作弒也此五行志下之下二十七年十二月乙亥朔日有食之董仲舒以爲禮義將大絕滅之象也時吳子好勇使刑人守門蔡侯通於世子之妻莒不早立嗣之後閽弒吳子蔡世子般弒其君莒人亦弒其君而庶子爭劉向以爲自二十年至此歲八年閒日食七作禍亂將重起故天仍見戒也後齊崔杼弒君宋殺世子北燕伯出奔鄭大夫自外入而篡位指略如董仲舒

二十有八年春無冰注豹羯爲政之所致疏成元年無冰注云尚書曰舒恆燠若易京房傳曰當寒而溫倒賞也此與彼同○注豹羯至所致○舊疏云偏指豹羯者正以數年以來專見豹羯之事明是時豹羯用事也即上二十三年叔孫豹救晉二十四年叔孫豹如晉仲孫羯侵齊二十七年叔孫豹會晉趙武以下于宋下文秋仲孫羯如晉二十九年仲孫羯會晉荀盈以下城杞之屬是也按成元年指季孫行父專權所致此時不見季孫用事故斥叔仲也五行志中之下襄二十

八年春無冰劉向以爲先是公作三軍有侵陵用武之意於是鄰國不和伐其三鄙被兵十餘年因之以饑饉百姓怨望臣下心離公懼而弛緩不敢行誅罰楚有夷狄行公有從楚心不明善惡之應董仲舒指略同一曰水旱之災寒暑之變天下皆同故曰無冰天下異也襄公時天下諸侯之大夫皆執國權君不能制漸將日甚善惡不明誅罰不行周失之舒秦失之急故周衰無寒歲秦滅無奧年

夏衛石惡出奔晉疏通義云甯喜之黨

邾婁子來朝

秋八月大雩注公方久如楚先是豫賦于民之所致疏注公方至所致○校勘記云鄂本久作欲此誤舊疏云即下十一月公如楚二十九年夏五月公至自楚是也按如疏義似舊疏本作久也五行志中之上二十八年大雩先是比年晉使荀吳齊使慶封來聘是夏邾子來朝襄有炕陽自大之應與何義微別

仲孫羯如晉

冬齊慶封來奔

十有一月公如楚注如楚皆月者危公朝夷狄也疏注如楚至狄也○即此及昭七年三月公如楚是也論語八佾云夷狄之有君不如諸夏之亡也故危之

十有二月甲寅天王崩【注】靈王【疏】包氏慎言云十二月有甲寅月之二十六日

乙未楚子昭卒【注】乙未與甲寅相去四十二日蓋閏月也葬以閏數卒不書閏者正取朞月明朞三年之喪始死得以閏數非死月不得數閏【疏】繁露隨本消息云先楚子昭卒之二年陳蔡伐鄭而大克其明年楚屈建會諸侯而張中國卒之明年諸夏之君朝于楚楚子卷繼之四年而卒其國不爲侵奪而顧隆盛強大中國不出年餘何也楚子昭蓋諸侯可者也天下之疾其君者皆赴愬而乘之兵四五出常以衆擊少以專擊散義之盡也先卒四五年中國內乖齊晉魯衞之兵分守大國襲小諸夏再會陳儀齊不肯往吳在其南而二君弒中國在其北而齊衞殺其君慶封劫君亂國石惡之徒聚而成羣衞衎據陳儀而爲諼林父據戚而以畔宋公殺其世子魯大饑中國之行亡國之跡也何氏無與楚子昭義蓋嚴顏之異也○注乙未至月也○通義云閏何者積月之餘日而附於前月故不更繫月與壬申同例經義述聞云謹按杜氏春秋長曆明年閏八月則是年不當有閏月且長曆是年十二月甲寅爲十一月十七日明年二月癸卯爲二月七日若十二月後有閏月則癸卯當在明年正月不得在二月矣何說非也乙未當爲己未甲寅爲二月十七日則己未當爲二十二日己與乙字形相似故己誤作乙左氏經莊三十二年冬十月己未子般卒公羊穀梁並作乙未乙亦己之誤也按杜氏之曆不可通於何氏若皆改經還就則無不可通之書矣○注葬以至數閏○釋文朞作期云本又作朞哀五年閏月葬齊景公傳閏不書此何以書喪以閏數也喪曷爲以閏數喪數略也注謂喪服大功以下諸喪當以閏

月爲數略猶殺也以月數恩殺故幷閏數大功以下以月計則數
閏故葬亦數月亦計閏也其卒不書閏者三年問云至親以期斷
故取恭也恭三年皆以年計故不數閏也白虎通喪服云三年之
喪不以閏月數何以其言期也期者復其時也大功以下月數故
以閏月除卒在閏者閏爲前月之餘卽繼前月計之非此不數也
通典禮云晉簡文帝崩再周而遇閏博士謝攸孔粲議按左氏春
秋經魯襄二十八年十二月甲寅天王崩乙未楚子昭卒其閒相
去四十二日是則乙未閏月之日也經不書閏月而書十二月明
閏非正宜附正之文其不曰二十九年正月是附前月之證又禮
記曰喪事先遠日則祥除應在閏月尚書左丞劉遵議喪紀之制
歲數者沒閏而三年之喪閏在始末者用舍之論一時有不同惟當
本乎閏之所繫可以明折衷經傳具四時以編年一時無事經書
首月及其有事隨月而載初不書閏者以閏附正月不應時見也
唯魯文六年書閏月不告朔指見告朔之餘無事也又文公元年
閏三月後故傳曰於是閏三月欲審所附此明證設此閏遭喪者
取其周忌應用來年三月旣合喪期大數得周忌定日何休亦以
爲然朝論同之不嫌原其所由在乎閏附前月而不屬後故也始
喪在閏月以附前祥除遇之豈得屬後立閏有定所而施用有彼
此求之理例殊不經通且喪宜從重不貳之道祥用遠日禮之正
典愚謂周忌故當七月二十八日大祥應用閏月晦旣得周忌之
正不失遠日之義禮之遠日誠非出月遇閏而然蓋隨時之變耳
劉遵用閏月祥散騎常侍鄭襲議云中宗肅宗皆以閏崩祥除之
變皆用閏之後月先朝尚爾閏附七月用之何疑荀司徒亦以閏
薨荀家祥亦用閏之後月諸荀名德相繼習於禮學故號爲名宗
議者引周官左氏而非公羊穀梁今按周官左氏傳所書自是閏
月中事閏月長三十日三十日中何得無事不明閏月非附月之

理也議者稱三年之喪二十五月遇閏之年便二十六月三年之喪不應以閏爲月議者稱禮傳終身之哀忌日之謂不惟周年子卯之謂代不用子卯閏月及大月三十日亡至於無閏之年及與小盡都是無忌所以古人用子卯也簡文皇帝七月二十八日崩已未之日今年已未在閏月十日時不用子卯而用二十八日久矣若己未在他月今者不能變改閏附七月己未在閏今者用閏蓋遠日之情也吏部郎中劉耽議以爲喪禮之制周年沒閏者議者以閏非正月故略而不數是以邱明謂之閏三月公羊則曰天無是月由此言之閏無定所隨節而立其名稱則在上月是以卒于閏者則以所附之月爲周至於祥變理不得異豈有始喪則附之於前祥變則別之於後以例推之情所未安且夫禮雖制情亦復因情制禮若情因事伸則古人順而不奪是以每於祥葬咸用遠日斯所以卽順人情因可伸之愚故數年則沒閏喪禮所不嫌附於前月春秋之明義愚謂國祥用閏月晦既合經傳附前之義又得遠日伸情之旨且喪宜從重古今所同詳尋禮例謂此爲允太常丞殷合議謂忌不可遷存終月也祥不必本月尙遠日也謂宜以七月二十八日爲忌閏月晦而祥尙書右丞戴謐議尋博士所上祥事是專用吳商議也商之所言依公羊何氏注及禮之遠日也禮稱三年之喪十三月而小祥二十五月而畢春秋傳曰三年之喪其實二十五月此喪服之大數周月之正文也又云喪以月者數閏以歲者不數閏是爲有閏則十四月而祥二十六月而除月不用喪月之常數所以重周忌之正也夫練祥之節喪禮之大終身之哀忌日之謂喪中遇閏禮不可略周忌之月不可以移故緣情以立制變文而示義也至閏在喪表三年之限已全周忌之正已得何故於此又復延月耶議者据左氏之閏三月公羊無是月穀梁附月餘日以明閏非月數皆應屬前之證按推攷分度隨

以置閏閏月之所在年中無常要當有繫以明其所在三月後謂之閏三月非三月也天無是月非常月也非無此月所在無常也穀梁亦云積分以成月經傳之文先儒舊說並不謂閏是餘日不別月數而以六十日爲一月也三年之喪禮之所重其爲節文不專一制亡在於閏喪者之變祥除之事無復本月應有所附以正所周閏在三月後附在三月喪紀無違順序有節合三傳三禮意也若閏非月數皆屬以前功服葬月何以數之於葬則數於祥則否用舍二義未安也凶事遠日言月中之遠爾若遷一月當是遠月豈遠日之義耶卜葬之遠不出於月卜祥之遠而乃包閏卜同遠異復非所宜也按何休云閏死者數閏以正周月非死月不得數大較蠡同但其年無閏而以乙未爲閏之日考較經傳未之詳耳商採蕁便爲正義不亦謬乎閏在喪中略而不計祥除值閏外而不取重周忌也閏亡無正推以附前喪期不闕順序不悖合禮變也按此議極爲平允宋書禮志庾蔚之議禮正月存親故有忌日之感四時既已變人情亦已衰故有二祥之殺是則祥忌皆以同月爲議而閏亡者明年必無其月不可無其月而不祥忌故必用閏所附之月閏月附正公羊明義故班固以閏九月爲後九月月名既不殊天時亦不異若用閏之後月則春夏承華節候亦舛設有人以閏臘月亡者若用閏後月爲祥忌則祥忌應在後年正月祥涉三載既失周期之義冬亡而春忌又乖致感之本譬人年末三十日亡明年末月小若以去年二十九日親尚存則應用後年正朝爲忌此必不然則閏亡可知也是也通典又引鄭襲難范甯曰以閏三月五日死者當以來年何月祥何月爲忌日答曰謂之閏月者以餘分之日閏益月耳非正月也非正月則吉凶大事皆不可用故天子不以告朔而喪者不敢以閏月死既不數之禮十三月小祥二十五月大祥自當以來年四月小祥明年四月大

祥也所謂忌日者死者之日月耳今以閏月來年無閏月安得有
忌日邪當以後歲閏月五日爲忌是五年再有忌日也難者曰忌
日之感終身之感罔極之恩不離一日今須後閏則三年之忌不
亦遠乎傳稱子卯不樂謂之疾日先儒以爲甲子乙卯誠如是自
宜以日辰爲忌遇之而感耳御史中丞譙王恬議夫閏非正數
故附前月爲稱至於月也豈得爲一以宿度論之閏所附月盡之
夕宵猶見乎又閏之初豈不始魄以玆言之可不謂兩月耶天無
是月正數耳非無此月也若用閏祥則虧二十五月之大斷失周
忌之正典出於祥月非卜遠日之謂正周而除於禮爲允會稽內
史郄愔書云省別書弁諸議具三禮證據誠所未詳恐祥忌異月
於理不安十三月祥二十五畢明文煥然而閏在周內合而不
數者則閏正月遭艱便當以十二月祥於時則未及周年於忌則
時尙平吉若由天無是月故略而不計則凡在五服皆應包閏具
如足下所論若云情重則宜包情輕則宜數是爲制之由情而非
本於曆數苟本乎曆數必天無是月則雖情有輕重而含閏宜一
且齊衰之制遇閏而包降爲大功則數而除天性攸同而包數異
制以月爲斷者數閏以年爲斷者除閏推此而言則除數所由蓋
以所遇爲分斷非本情之所以以後月爲周者故是上之所論以
吉爲忌於理不通故耳云閏在周後者將非其喻至於凶事尙遠
蓋施於卜日祥葬制無定期故不得卽申物情務從其遠若理例
坦然豈得不循成制以過限爲重或謂閏者蓋年中餘分故宜計
其正限以補不足今再周無閏則不補小月之限閏在周後便欲
以六十日爲一月者當以旣已遇閏便宜在盡其月節故也月節
之難足下釋之且節必在閏月之中則合月從節卽復進退致闕
尙書僕射謝安等參詳宜準經典三年之喪十三月而練二十五
月而畢禮之明文祥除必正周月請依禮用七月晦至尊釋除縞

素俯就卽吉按譙王恬鄧愔論皆正范說謬妄謝攸孔粲劉遵鄭襲劉耽殷合皆似理而非也隋書禮儀志牛宏撰儀禮定制之年及期喪不數閏大功以下數之以閏月亡者祥及忌日皆以閏所附之月爲正得其宜矣

二十有九年春王正月公在楚

何言乎公在楚注据成十一年正月公在晉不書疏注据成至不書○卽成十一年秋七月公如晉十一年春王三月公至自晉知正月時公在晉明矣

正月以存君也注正月歲終而復始臣子喜其君父與歲終而復始執贄存之故言在在晉不書在楚書者惡襄公久在夷狄爲臣子危錄之疏鹽鐵論和親篇春秋存君在楚繁露王道云正月公在楚臣子思君無一日無君之義也又云觀乎在楚知臣子之恩穀梁以爲閔公非其義○注正月至存之○類聚引白虎通云書曰五玉三帛二生一死贄至正月朔日乃執而朝賀其君朝賀以正正月何歲首意氣致新欲長相保重本正始也故羣臣執贄而朝賀其君續漢志注引決疑要注云古者朝會皆執贄侯伯執圭子男執璧孤執皮帛卿執羔大夫執雁士執雉漢魏朝依其制正旦大會諸侯執玉璧薦以鹿皮公卿以下所執如古禮古者衣皮故用皮帛爲幣玉以象德璧以稱事不以貨沒禮庶羞不踰牲宴衣不踰祭服輕重之宜也○注在晉至錄之○御覽引考異郵云襄公朝于荆士卒度歲愁悲失時泥雨著溼多霍亂之病蓋亦在危限也成十一年在晉不書昭三十年三十一年三十三年書公在乾侯者彼注云閔公運潰無尺寸之居遠在

乾侯故以存君明臣子當憂納之是也

夏五月公至自楚疏穀梁傳公至自楚喜之也注凱曰遠之蠻國喜得全歸

庚午衛侯衎卒

閽弒吳子餘祭疏此及左傳釋文作閽殺左氏唐石經亦作殺公羊石經及板本作弒穀梁音義亦作弒曲禮正義引左傳亦作殺與石經同段氏玉裁經韻樓集云閽弒吳子餘祭盜弒蔡侯申陸氏皆譌其殺吳子也蔡侯也不曰其君者閽者刑人也盜者賤人也刑人賤人非君所近不使得君其君者於凡弒君者也其爲弒則同故雖刑人賤人未有無君者也經譌殺是與盜殺鄭公子騑公子發公孫輒盜殺衛侯之兄縶盜殺陳夏區夫書法何異也是不亦使於亂臣賊子刑人賤人之賊其君且藉口於春秋不書弒哉豈聖人正名之意哉

閽者何門人也注守門人疏注守門人號○禮記祭統云閽者守門之賤者也又檀弓閽人爲君在弗內焉注閽人守門者也周禮秋官序官閽人注閽人司昏晨以啓閉者說文門部閽常以昏閉門隸也杜云閽守門者穀梁傳閽門者也刑人也注以刑爲閽古者肉刑墨劓臏宮與大辟而五孔子曰三皇設言民不違五帝畫象世順機三王肉刑揆漸加應世黠巧姦僞多疏注以刑爲閽○周禮閽人注又云刑人墨者使守門用掌戮職文彼云墨者使守門刖者使守囿故閽人

云王宮每門四人囿游亦如之是守門守囿皆用刑人謂之閽也左傳莊十九年載鬻拳自刖楚人以爲大閽明諸侯閽人亦用刑人矣○注古者至而五○白虎通五刑云刑所以五何法五行也大辟法水之滅火宮者法土之壅水臏者法金之刻木劓者法木之穿土墨者法火之勝金又云墨者墨其額也劓者劓其鼻也腓者脫其臏也宮者女子淫執置宮中不得出也丈夫淫割去其勢也大辟謂死也書呂刑云墨罰之屬千劓罰之屬千腓罰之屬五百宮罰之屬三百大辟之罰其屬二百五刑之屬三千書序以爲訓夏贖刑蓋夏初制也周禮司刑職墨罪五百劓罪五百宮罪五百刖罪五百殺罪五百較之夏制則重刑多而輕刑少矣舊疏引元命包云墨劓辟之屬各千臏辟之屬五百宮辟之屬三百大辟之屬二百列爲五刑罪次三千與書同惟臏刖異舊疏引鄭駮異義云皋陶改臏爲剕呂刑有剕周改剕爲刖孔子爲春秋採摘古制也說文骨部髕厀耑也脫其髕謂鑽傷其厀耑骨剕者說文足部跀斷足也舊疏云何氏必言古者肉刑者漢文帝感女子之訴怨倉公之罪除肉刑之制故指肉刑爲古矣○注孔子至僞多○舊疏云孝經說文校勘記云鄂本衞作斬誤白虎通五刑云傳曰三皇無文五帝畫象三王明刑應世以五周禮保氏疏以爲鉤命決文三王明刑司圜疏引作肉刑義與此同易繫辭傳上古結繩而治後世聖人易之以書契卽三皇設言民不違也初學記引書傳云唐虞象刑而民不犯漢書武帝紀詔曰昔在唐虞畫象而民不犯白虎通又云五帝畫象者其衣服象五刑也犯墨者幪巾犯劓者以赭著其衣犯髕者以墨蒙其髕處而畫之犯宮者履雜屝犯大辟者布衣無領書鈔引書傳云唐虞象刑犯墨者蒙皁巾犯劓者赭其衣犯髕者以墨蒙其髕處而畫之犯大辟者衣無領白帖引書傳又云唐虞之象刑上刑赭衣不純中刑雜屨下刑

墨幪以居州里而人恥是也舊疏引唐傳云唐虞之象刑上刑赭衣不純注純緣也時人尚德義犯刑者但易之衣服自爲大恥中刑雜屨屨履也又曰下刑墨幪之巾也使不得冠飾周禮罷民亦然蓋弁注文引之又曰上刑易三中刑易二下刑易一輕重之差以居州里而民恥之亦書傳語御覽引慎子云有虞氏之誅以幪巾當墨以草纓當劓以菲屨當刖以艾韠當宮以布衣無領當大辟周禮疏引孝經緯云上罪墨幪赭衣雜屨中罪赭衣雜屨下罪雜屨而已所說大同小異皆以唐虞象刑也故周禮司圜注弗使冠飾者著墨幪若古之象刑與是也荀子正論古無肉刑而有象刑漢書刑法志禹承堯舜之後自以德衰而制肉刑湯武順而行之以俗薄於唐虞也違與機韻加與多韻舊疏云三皇之時天下醇粹其若設言民無違者是以不勞制刑故曰三皇設言民無違也五帝之時黎庶已薄故設象刑以示其恥當世之人順而從之疾如機矣故曰五帝畫象世順機也畫猶設也三王之時劣薄已甚故作肉刑以威恐之言三王必爲重刑者正揆度其世以漸欲加而重之故曰揆漸加也當時之人應其時世而爲黠巧作姦僞者彌多于本用此之故須爲重刑也疑皆宋均注語故云云云之說備在孝經疏蓋孝經注也

刑人則曷爲謂之闇注据非刑人名刑人非其人也注以刑人爲闇非其人故變盜言闇

疏注以刑至言闇○穀梁傳曰寺人也不稱名姓闇不得齊於人禮記祭統云古者不使刑人守門故曰以刑人爲闇非其人也舊疏刑人弒君正合書盜哀四年盜殺蔡侯申下傳云弒君賤者窮諸人此其稱盜以弒何賤乎賤者也賤乎賤者孰謂謂罪人也是其刑人弒君正合稱盜之文按此稱闇者戒人君以刑人爲闇故變盜言闇繁露順命云皆絕首肉之屬離人倫謂之

閽盜而已無名姓號氏於天地之間至賤乎賤者也是也惠氏春秋說云不稱盜而稱閽何也周禮墨者使守門劓者使守關宮者使守內刖者使守囿髡者使守積皆刑人爲守門謂之閽左傳謂吳人伐越獲俘焉以爲閽明非刑人乃俘囚安知其非諜也故春秋備書之以爲戒云俞氏樾公羊平議云弟子問曷爲謂之閽則當曉以書閽之故按二十三年傳曷爲不言殺其大夫非其大夫也非其人與非其大夫文法一律義亦當同文十六年傳賤者窮諸人則此刑人正宜書人不書人而書閽者以非其人也非其人謂非吳人也左傳吳人伐越獲俘焉以爲閽使守舟則此刑人乃越人若書曰吳人弒其君失其實矣又在吳國非自外來不得從邾婁人戕鄫子之例故如其實書之曰閽且因以爲人主近刑人之戒何氏誤據哀四年傳而於非其人句不得其解按何意以刑人人非其人謂刑人非一可爲閽之人也故特書閽示戒足答弟子之問不必如非其大夫一例解也獲俘語出左傳未知公羊同否非士不得稱人以弒穀梁所謂不得齊諸人者也何解正合傳意

君子不近刑人近刑人則輕死之道也

注刑人不自賴而用作閽由之出入卒爲所殺故以爲戒不言其君者公家不畜士庶不友放之遠地欲去聽所之故不繫國不繫國故不言其君

疏校勘記唐石經原刻無則字後磨改增之繁露王道云閽弒吳子餘祭見刑人之不可近鹽鐵論周秦云古者君子不近刑人刑人非人也身放殖而辱後世故無賢不肖莫不恥焉公羊問答云君子不近刑人而周禮墨者使守門何也曰祭統云閽者守門之賤者也古者不使刑人守門注謂夏殷時然則春秋用四代之禮不獨用周禮故不同

通義亦云祭統注以為夏殷時若然墨者使守門周公制禮如是但王政與世隆汙情變黠偽則防姦遠患之道益密故春秋因此事而著不近刑人之戒亦變周從殷之一端焉按曲禮刑人不在君側注為怨恨為害也春秋傳曰近刑人則輕死之道也漢書蕭望之傳自武帝遊宴後庭故用宦者非國舊制又違古不近刑人之義又後漢書曹節傳吳使刑人身遭其禍是也〇注刑人至為戒〇舊疏以不自賴猶言不自重穀梁傳禮君不使無恥不近刑人不狎敵不邇怨賤人非所貴也貴人非所刑也刑人非所近也舉至賤而加之吳子吳子近刑人也闔弒吳子餘祭仇之也用以為闔由之出入是狎敵邇怨也故著為戒〇注不言至其君〇曲禮疏引白虎通云古者刑殘之人公家不畜大夫不養士遇之路不與語放諸境埆不毛之地與禽獸為伍禮記王制云是故公家不畜刑人大夫弗養士遇之塗弗與言也屏之四方唯其所之不及以政示弗故生也注屏猶放去也已施刑則放之棄之役賦不與亦不授之以田困乏又無賙恤也虞書曰五流為宅五宅三居是也周則墨者使守門劓者使守關宮者使守內刖者使守囿髡者使守積是周禮說與春秋禮今文家殊也穀梁傳不稱其君闔不得君其君也不言其君故不繫國稱吳闔也正以不齊諸人絕君臣之義故也

仲孫羯會晉荀盈齊高止宋華定衛世叔齊鄭公孫段曹人莒人邾婁人滕人薛人小邾婁人城杞【注】書者杞時微舍能成王者後【疏】舊疏云左氏經世叔齊作太叔儀今本左氏大亦作世與公穀同左氏經莒人下脫邾人二字左傳晉平公杞出也故合諸侯之大

夫以城杞〇注書者至者後〇穀梁傳古者天子封諸侯其地足以容其民其民足以滿城以自守也杞危而不能自守故諸侯之大夫相帥以城之此變之正也注諸侯微弱政由大夫大夫能同恤災危故曰變之正何氏不曰大夫義或同也

晉侯使士鞅來聘

杞子來盟注貶稱子者微弱不能自城危社稷宗廟當坐善諸侯城之復貶者諸侯自閔而城之非杞能以善道致諸侯疏注貶稱至諸侯〇僖二十七年杞子來朝注杞稱子者起其無禮不備正以杞本公春秋新周故宋黜杞爲小國稱伯莊二十七年書杞伯來朝是也今稱子以其危弱不能自城危宗社當坐故貶從子也春秋伯子男一也得爲貶者爵位雖同名號究異故僖二十三年注聖人子孫有誅無絕故貶不失爵也彼亦以爲徐莒所脅故以其一等貶之稱杞子卒也

吳子使札來聘

吳無君無大夫此何以有君有大夫注据向之會稱國疏注据向之會稱國〇卽上十四年季孫宿叔老會晉士匄以下會吳于向是也賢季子也何賢乎季子注据聘不足賢而使賢有君有大夫荆人來聘是也疏注据聘至是也〇莊二十三年書荆人來聘是也讓國也其讓國奈何謁也餘祭也夷昧也與季子同母者四

注與幷也幷季子四人疏史記刺客傳光之父曰諸樊諸樊弟三人次曰餘祭次曰夷昧次曰季子札諸樊即謁季子弱而才兄弟皆愛之同欲立之以爲君疏刺客傳諸樊知季子札賢而不立大子以次傳弟欲卒致國季子札謁曰今若是迮而與季子國注迮起也倉卒意疏注迮起也倉卒意○說文辵部迮迮起也孟子公孫丑篇今人乍見孺子乍亦倉卒意季子猶不受也請無與子而與弟弟兄迭爲君注迭猶更也疏注迭猶更也○小爾雅廣詁迭更也太元文陰陽迭循注迭更也廣雅釋詁迭代也易說卦傳迭用剛柔注迭遞也代遞皆更義也而致國乎季子皆曰諾疏吳越春秋一季札賢壽夢欲立之季札讓曰禮有舊制奈何廢前王之禮而行父子之禮乎壽夢乃命諸樊曰我欲傳國季札爾無忘寡人之言諸樊曰周之太王知西伯之聖廢長立少王之道興今欲授國季札臣誠耕于野王曰昔周行之德加于四海今汝於區區之國荆蠻之鄉奚能成天子之業乎且今子不忘前人之言必授國以次及乎季札諸樊曰敢不如命較此及史記爲詳授位季札之意蓋起於壽夢成於諸樊也故吳世家云季札賢而壽夢欲立之季札讓不可乃立長子諸樊攝行事當國是也故諸爲君者皆輕死爲勇疏吳越春秋諸樊驕恣輕慢鬼神仰天求死將死命弟餘祭曰必以國及季札舊疏云或輕其死或爲勇事即餘祭不遠刑人謁爲巢門所殺是也飲食必祝注祝因祭祝也論語曰雖疏食菜羹瓜祭是也疏注祝因至是也○論語鄉黨文校勘記云古論語作瓜祭

魯論語作必祭何氏今文之學當引作必祭又曰何氏於尚書多用伏生之學於論語不可必其用魯也臧氏鏞堂拜經日記云古論雖蔬食菜羹瓜祭必齊如也魯論雖疏食菜羹必祭必齊如也公羊傳注引瓜祭按何邵公止通今學不當引古論即兼通古學義當全引必不從瓜祭而止此蓋用魯論必祭之文以證傳中飲食必祝疏家不能詳其所出後人誤據今本論語改之按臧說是也李氏惇羣經識小云必字从八弋篆文作𠁁與爪相近而誤飲食必祭者周禮大祝辨九祭一曰命祭二曰衍祭三曰炮祭四曰周祭五曰振祭六曰擩祭七曰絕祭八曰繚祭九曰共祭皆言祭食之禮皆出少許置之籩豆之間或上豆或醬湇之間然玉藻云唯水漿不祭注水漿非盛物此引論語疏食菜羹至微至薄亦祭明凡飲食必祭也禮運云後聖有作然後修火之利所為祭始為飲食之人不忘本故也雜記孔子言少施氏食我以禮吾祭作而辭曰疏食不足祭也蓋主人謙辭論衡祭意篇南史顧憲之傳皆引此為孔子語

曰天苟有吳國注猶曰天誠欲有吳國當與賢弟疏注猶曰至賢弟〇舊疏云言天誠有吳不滅我當將國與賢弟也

尚速有悔於予身注尚猶努力速疾也悔咎予我也欲急致國于季子意疏說苑至公云吳王壽夢有四子長曰謁次曰夷昧次曰季札號曰延陵季子最賢三兄皆知之於是王壽夢死謁以位讓季子季子終不肯當謁乃為約曰季子賢使國及季子則吳可以興乃兄弟相繼飲食必祝曰使吾早死令國及季子與此大同舊疏云成十七年左傳晉士燮祈死何氏膏肓云休以為人生有三命有壽命以保度有隨命以督行有遭命以擿暴未聞死可祈也若周公之隆天不出妖地不出孽陰陽和調災害不生武王有疾周

公植璧秉圭願以身代武王疾愈周公不夭由此言之死不可請偶自天祿欲盡矣非果死今左氏以爲果死因著其事以爲信然於義左氏爲短今此謁等亦自祈死而得難左氏者公羊此事直言謁等愛其友弟致國無由精誠之至而願蚤卒遂忘死不可祈之義如周公代死子路請禱之類豈言謁等祈得死乎而謁及餘祭之死或入巢之門或閽人所殺抑亦事非天眷也豈如左氏以果死爲信然故得難之按舊疏通達融洽○注尚猶努力○說文八部尚曾也庶幾也詩王風兎爰云尚無爲箋云尚庶幾也漢書敘傳尚粤其幾注尚庶幾也願也皆與努力義近○注速疾也○周禮考工記無以爲蹙速也注速疾也禮記檀弓豈若速反而虞○乎注速疾也爾雅釋詁寁速也郭云速亦疾也呂覽辯士云弱不相害故遬大注遬疾也遬爲速之籀文見說文亦訓疾○注悔咎予我也○賈子客經云悔者凶也凶咎義同爾雅釋詁予我也白虎通號篇予亦我也予訓我者余之借也

故謁也死餘祭也立〔注〕故迭爲君〔疏〕在上二十五年

餘祭也死夷昧也立〔疏〕餘祭死見上

夷昧也死則國宜之季子者也季子使而亡焉〔疏〕舊疏云在昭十五年史記刺客傳諸樊既死傳餘祭餘祭死傳夷昧夷昧死當傳季札季子札逃不肯立吳越春秋一餘昧立四年卒欲傳位季札季札讓逃去曰吾不受位明矣昔前君有命已附子臧之義潔身請行仰高履尚惟仁是處富貴之於我如秋風之過爾遂逃歸延陵通義云不在曰亡按史記諸書皆謂季札逃亡此云使而亡下云使而反蓋託使而亡爾

僚者長庶也即之〔注〕緣兄弟相繼而即位所以不書僚簒者緣季子之心惡以己之是揚兄

之非故為之諱所以起至而君之疏通義云即之即位也○注緣兄至即位○昭二十七年左傳我王嗣也彼疏引服云僚者夷昧之庶兄用公羊為說也經義雜記云左傳二十七年杜注光吳王諸樊長子也故曰我王嗣疏引服云夷昧生光而廢之僚者夷昧之庶兄夷昧卒僚代立故光曰我王嗣也按吳世家吳越春秋王僚使公子光傳何注公羊皆以光為諸樊子此杜所据也春秋正義及史記集解並引世本云夷昧生光此服所据也春秋正義又曰班固云司馬遷采世本為史記而今之世本與遷言不同世本多誤不足据故杜以史記為正言王嗣者言己是世嫡之長孫也考諸樊兄弟四人最後王者夷昧則光云我王嗣似當為夷昧子然史記云光父先立公羊傳云從先君之命則國宜之季子不從先君之命則我宜立則為王嗣者又宜是諸樊之子史記以餘昧之子為僚服虔以僚為夷昧之庶兄或据史記譏服氏亂父子之序然考公羊傳云謁也餘祭也夷昧也與季子同母者四後云僚者長庶也即之然則謁等四人同嫡母所生僚年長於四人但庶妾所生耳與服之義正合故何注云緣兄弟相繼而即位所以不書僚篡者緣季子之心惡以己之是揚兄之非故為之諱是何氏亦以僚為季子兄也又季子曰爾殺吾兄吾又殺爾是父子兄弟相殺則季子口中明以僚為兄矣故何注亦云兄弟相殺者謂闔廬為季子殺僚是也按以光而弑僚是以子殺父矣今季子為僚報仇而殺光是父又殺子也故云弑父子相殺服氏既依世本又据公羊不得以為非也又按說苑至公云謁死餘祭立餘祭死夷昧立夷昧死次及季子季子時使行不在庶兄僚曰我亦兄也乃自立為吳王季子使還復事如故又云季子曰爾殺吾兄吾受爾國則吾與爾為共篡也爾殺吾兄吾又殺汝則是昆弟父子相殺無已時也亦以僚為季子兄惠氏

棟左傳補注云司馬採世本爲史記然亦有旁采諸國之書不與世本左傳合者今以左傳證之服氏之說是也襄三十一年傳吳屈狐庸曰若天所啓其在今嗣君乎有吳國者必此君之子孫實終之注云嗣君謂夷昧則光是夷昧之子審矣如光爲諸樊之子則左傳宜曰我亦王嗣也不當僅以王嗣爲言光卽諸樊之嗣子僚亦夷昧之長嗣旣不兄終弟及則兄死子傳亦其常耳僚之立未爲不可光何不平之有故當以公羊爲正○注所以至君之○說苑政理云揚人之惡者是謂小人也禮記中庸云隱惡而揚善季子不欲揚君兄之惡故春秋緣賢者之心而爲之諱也僚得爲篡者季子不立光爲嫡子光當立也

季子使而反至而君之爾注不爲讓國者僚已得國無讓也疏○注不爲至讓也○校勘記鄂本無讓也作無所讓此誤世家謂餘昧卒欲授弟季札季札讓逃去此傳似謂先時因使而逃蓋如魯季友如陳通乎季子之私行也同

闔廬曰先君之所以不與子國而與弟者凡爲季子故也疏舊疏云三君皆然故言凡二者非一之辭

將從先君之命與則國宜之季子者也如不從先君之命與則我宜立者也僚惡得爲君乎疏校勘記云唐石經鄂本同閩監本爲改焉按釋文作僚焉云於虞反本又作惡音烏蓋據此所改繁露玉英云非其位不受之先君而自卽之春秋危之吳王僚是也史記刺客傳公子光曰使以兄弟次耶季子必當立必以子乎則光眞嫡嗣當立吳越春秋又曰光曰札之賢也將卒傳付嫡長以及乎札矣及札爲使亡在諸侯未還餘昧卒國空有立者嫡長也嫡長之後卽光之身也今僚何以代立乎

於是使專諸

刺僚注闔廬謂之長子光專諸膳宰僚者炙魚因進魚而刺之疏注闔廬至子光○何氏以光爲謁子與史記杜氏同說苑至公云謁子光曰以吾父之意則國當歸季子以繼嗣之法則我適也當代之僚何爲也亦以光爲謁子○注專諸至刺之○舊疏云吳語文昭二十七年左傳云鱄設諸寘劍於魚中以進史記注引服虔云全魚炙也吳世家光伏甲士於窟室而謁王僚飲王僚使兵陳於道自王宮至光之家門階戶席皆王僚之親也人夾持鈹公子光詳爲足疾入於窟室使專諸置匕首於炙魚之中以進食手匕首刺王僚鈹交于匈遂弒王僚刺客傳使專諸置匕首魚炙之腹中而進之既至王前專諸擘魚因以匕首刺王僚王僚立死吳越春秋又云專諸曰凡欲殺人者必前求其所好吳王僚何好光曰好味專諸曰何味取甘光曰好嗜魚之炙也專諸乃去太湖學炙魚光具酒請僚使專諸置魚腸劍炙魚中進之既至王僚前專諸乃擘炙魚因推匕首立戟交軹倚專諸胸胸斷臆開匕首如故以刺王僚貫甲達背說文口部嗜欲喜之也者蓋嗜之借孟子告子者秦人之炙亦作者炙者說文肉部炙肉也从肉在火上詩小雅瓠葉傳炕火曰炙蓋以火炕魚食之也

而致國乎季子疏說苑篇名至公又云刺僚殺之以位讓季子吳越春秋季札使還至吳闔閭以位讓季札

季子不受曰爾弒吾君疏校勘記云唐石經鄂本同閩監毛本弒改殺按釋文作爾殺吾君云申志反注殺僚同蓋此據所改注中則諸本皆作殺僚紹熙本亦作弒

吾受爾國是吾與爾爲篡也爾殺吾兄吾又殺爾是父子兄弟相殺終身無已也注兄弟相殺者謂闔廬爲季子殺

僚【疏】經義述聞云家大人曰父子兄弟非一人不得言終身也身字蓋因下終身不入吳國而行終無已者終竟也竟無已時也檀弓曰爾責於人終無已夫莊子則陽篇其可喜也竟無已呂覽知度篇是耳目人終無已也文義悉與此同昭二十七年疏引此已衍身字則不始於唐石經矣新序節士篇亦作終身無已後人据誤本公羊增身字也○注兄弟至殺僚○何意以僚為季子庶兄光為札弒僚是兄弟相殺去之延陵【注】延陵吳下邑禮公子無去國之義故不越竟【疏】注延陵吳下邑○下三十一年左傳延州來季子其果立乎左疏引服虔云延延延陵也州來邑名季子讓王位升延陵為大夫食邑州來傳家通言之吳世家季札封於延陵故號曰延陵季子漢書地理志會稽郡毗陵季札所居師古曰舊延陵漢改之越絕書毗陵故為延陵吳季子所居又云毗陵上湖中冢者延陵季子冢也去縣七十里上湖通上洲季子冢古名延陵墟○注禮公至越竟○繁露玉英難紀季曰春秋之法大夫不得用地○又注曰公公子無去國之義莊九年注公子無去國道臣異國異故白虎通五行云親屬臣諫不相去法木枝葉不相離也終身不入吳國【注】不入吳朝既不忍討闔廬義不可留事【疏】說苑至公又云卒去之延陵終身不入吳○注不入吳朝○舊疏云延延陵者竟內之邑而言不入吳國故以朝廷解之○注既不至留事○校勘記鄂本無可字此衍按有可字亦通紹熙本亦有可字昭二十七年左傳季子至曰苟先君無廢祀民人無廢主社稷有奉國家無傾乃吾君也吾誰敢怨哀死事生以待天命非我生亂立者從之吳越春秋語同郎不忍討意也漢書蕭望之傳則下走當歸延陵之皐張晏曰吳公子札食邑延陵薄吳王之行棄國而耕於皐澤故

君子以其不受爲義以其不殺爲仁注故大其能去以其不以貧賤苟止故推二事與之疏說苑又云君子以其不殺爲仁以其不取國爲義夫不以國私身捐千乘而不恨弃尊位而無忿可以庶幾矣繁露精華云春秋之聽獄也必本其事而原其志志邪者不待成首惡者罪特重本直者其論輕是故魯季子追慶父而吳季子釋闔廬罪同異論其本殊也俱弑君或誅或不誅聽訟折獄可無審耶故折獄而是也理益明教益行折獄而非也闇理迷衆與教相妨教政之本也獄政之末也其事異域其用一也不可不以相順故君子重之也通義云推季子之心本以光正當立假令夷昧死季子受之比其卽世亦必歸國於光故光既自立因而不討也慶父無可立道魯季子處之以義闔廬有可立道吳季子處之以仁賢季子則吳何以有君有大夫注据其本不賢其君以季子爲臣則宜有君者也注方以季子賢許使有臣有大夫故宜有君疏校勘記云浦鏜云十二年疏引作則國宜有君者也唐石經缺以上下字數之當無國字按無國字亦通○注方以至有君○穀梁傳吳其稱子何也善使延陵季子故進之也身賢賢也使賢亦賢也延陵季子之賢尊君也注以季子之賢吳子得進稱子是尊君也札者何吳季子之名也春秋賢者不名此何以名許夷狄者不壹而足也注故降字稱名疏舊疏云壹而足者卽莊二十五年陳侯使女叔來聘是也女叔字此稱名故注云降字稱名也經義雜記云嘗讀宋儒胡安國春秋傳至吳子使札來聘未嘗不歎胡氏之謬也杜

注左傳云不稱公子其禮未通於上國正義引釋例曰吳晚通上
國故其君臣朝會不同於例亦猶楚之初始也又公羊傳春秋賢
者不名此何以名許夷狄者不壹而足也穀梁傳其名成尊於上
也范云札名者成吳之尊稱直稱吳則不得有大夫是三傳皆無
稱名爲貶之說唐獨孤及曰以季子之閎通博物慕義無窮而使
當壽夢之眷命接餘昧之絕統必能光啓周道以伯荆蠻則大業
用康多難不作闔廬安能謀諸窟室專諸何所施其匕首乃全身
不顧其業專讓不奪其志所去者忠所存者節善自牧矣謂先君
何吳之覆亡君實階禍獨孤之言本非知季子者然尙未傅會聖
人之經胡氏之論豈因此加刻與惟明王世貞有言曰彼見乎吳
之俗狠戾而好戰日尋干戈而僚以貪愎躁勇之性光以狡悍忍
詬之資左右焉其人目睨而齒挈蓋未嘗一日而忘乎王位也札
欲以禮息鬭而不能以義割恩而不忍其身之不恤而何有於國
故熟計而舍之非得已也札聽樂而辨六國之興衰獨不知吳之
將亡而嘿無一救乎彼不欲以其身殉鴟夷也可謂燭照當日之
情勢矣而嗟乎季子何人者卽以其聘於列國事觀之見叔孫穆子
而慮其不得死說晏平仲而告之以免難之法與子產交而憂鄭
之將敗其聞孫文子之鐘爲之懼禍而不敢止說叔向而恐其好直
以離禍是其於萍蹤偶合之人尙爲之深思遠慮惓惓不忘如是
而況於宗社乎是故吳之興亡季子必籌之熟慮之深矣特時勢
流轉有非人力所能挽者與其以身殉之躬受篡弒之禍而不能
有所濟孰若見幾而作全身潔己之爲愈哉闔廬使專諸刺僚而
致國於季子季子曰爾殺吾君吾受爾國是吾與爾爲篡也爾殺
吾兄吾又殺爾是父子兄弟相殺終身無已也季子之志至是而
始白然當其初讓之時已見之明決矣非固讓以全小節而罔念
國家之大禍也唐蕭定云易曰知幾其神乎季子之見可謂知幾

矣季子之明可謂知進退存亡而不失其正者嗚呼其知季子也哉季子者所賢也曷爲不足乎季子許人臣者必使臣許人子者必使子也注緣臣子尊榮莫不欲與君父共之字季子則遠其君夷狄常例離君父辭故不足隆父子之親厚君臣之義季子讓在殺僚後豫於此賢之者移諱于闔廬不可以見讓故復因聘起其事疏注緣臣至之義○校勘記云何校本十二年疏引作故不足乎季子所以隆父子之親也與今本異通義云必使臣必使子者必使全其爲臣子之道當札君父之世並未得有君有大夫今爲季子足與之則非臣子尊榮欲與君父共之之意故仍未許辭同諸夏此春秋以忠教孝也是也宣十三年夏五月壬申曹伯壽卒注日者公子喜時父也緣臣子尊榮莫不欲與君父共之故知錄之所以養孝子之志許人子者必使父也義與此同○注孝子至見讓○殺僚事在昭二十七年彼注云不書闔廬弒其君者爲季子諱明○季子不忍父子兄弟自相殺讓國闔廬欲其享之故爲沒其罪也是移諱闔廬其讓不見不得於彼賢也○注故復至其事○正以聘者喜接內辭亦因其可褒褒之也通義云讓國事在昭公時豫賢之於此者吳能修禮義來聘因其可賢而賢之所以得起其讓者迄春秋吳大夫皆不得以名見足知札特書名爲賢故矣

秋九月葬衞獻公

齊高止出奔北燕【疏】穀梁傳其曰北燕從史文也注南燕姞姓在鄭衞之間北燕姬姓在晉之北史曰北燕据時然故不改也史記燕召公世家召公奭與周同姓姓姬氏周武王之滅紂封召公於北燕索隱今幽州薊縣故城是也宋衷曰有南燕故云北燕

冬仲孫羯如晉

三十年春王正月楚子使薳頗來聘【注】月者公數如晉希見答今見聘故喜錄之【疏】釋文頗一本作跛二傳作薳罷顧氏炎武廣韻正罷古音婆易中孚六三或鼓或罷或泣或歌王肅音皮徐邈音扶波反按罷音皮皮音婆凡經傳中罷倦之罷罷體之罷皆讀婆儀禮鄉飲酒禮飲酒罷劉音皮禮記少儀師役曰罷注罷之言罷勞也春秋傳曰師還曰疲此可見罷倦之罷罷休之罷同爲一音矣春秋襄三十年楚子使薳罷來聘昭六年楚薳罷帥師伐楚公羊並作薳頗頗音皮左傳襄十五年公子罷戎罷音皮二十三年牢成御襄罷師罷音皮三十年皆自朝布路而罷罷皮買反又扶波反○注月者至錄之○舊疏云文當言如晉是若有作如楚字者誤也按上三年四年八年十二年二十一年皆書公如晉是數如晉也公五如晉惟八年晉侯使士匄來聘十二年晉侯使士彭來聘二十九年晉侯使士鞅來聘來答者三聘是希見答也今二十八年公如楚三十年即報聘故喜錄之也通義云聘例時此月者與公如楚同意莊文之篇楚再來聘皆取其敬慕中國至是公親往朝楚使大夫報聘而已陵轢諸夏之甚故爲諸夏危錄之按於如楚已月危之彼既來聘皆屬修好無爲復危也

夏四月蔡世子般弑其君固【注】不日者深爲中國隱痛有子弑父之禍故不忍言其日【疏】注不日至其日○決文元年楚世子商臣弑其君髡書丁未日故也穀梁傳其不日子奪父政是謂夷之疏引何氏廢疾云蔡世子般弑其君固不日謂之夷楚世子商臣弑君何反書日耶鄭釋之曰商臣弑父日之嫌夷狄無禮罪輕也今蔡中國而又弑父故不日之若夷狄不足責然公羊有若不疾乃疾之推以況此則無怪然劉氏逢祿難曰若夷蔡般不夷許止當日蔡弑與日楚弑同文而異許不日今異蔡於楚以明內外之辨反同許于楚以明文實之例何君明辨晳矣傳略弑父之爲夷而僅以不日夷其奪政至許買之日弑則以爲正卒於例亂矣經義述聞亦云楚夷狄也夷狄不足責便不日則楚商臣弑其君當不日矣此說之不可通者也按穀梁此傳自亂其例無可解說公羊不忍之義詞嚴義正故子般卒書日子赤卒不書日以所聞世恩王父少殺所傳聞世恩高祖曾祖又少殺故于般殺不去日見隱子卒去日傳曰不忍言也亦其例也通義云弑君例不日者失德也般之罪惡不待貶絕固無爲父之道報于宮中以亡其身故去日見亦有罪也太史公曰爲人君父而不通于春秋之義者必蒙首惡之名若蔡景公所以爲鑒也此猶牽涉左氏傳說幾與稱君君無道稱臣臣之罪同一僨矣

五月甲午宋災伯姬卒【注】伯姬守禮含悲極思之所生外災例時此日者爲伯姬卒日【疏】包氏慎言云五月有甲午月之五日左氏經伯姬上有宋字趙氏坦異文箋云左氏傳亦云宋伯姬且下注叔弓如宋葬宋共姬有宋字則此云宋災宋伯姬卒所以繫伯姬于宋著魯女之嫁于宋者也有宋字爲是按趙

說是也水經注睢水東逕相縣故城南宋共公之所都也國府園中猶有伯姬黃堂基斯堂即伯姬燒死處方輿紀要相城在宿州西北九十里○注伯姬至所生○漢書翼奉傳極陰生陽反爲大旱甚則有火災春秋宋伯姬是矣師古曰伯姬幽居守寡既久而遇火災極陰生陽也五行志上三十年宋災董仲舒以爲伯姬如宋五年宋共公卒伯姬憂居守節三十餘年又憂傷國家之患禍積陰生陽故火生災也劉向以爲先是宋公聽讒而殺太子痤應火不炎上之罰也與董何義殊○注外災至卒日○外災例時則莊十一年秋宋大水莊二十年夏齊大災上九年春宋火是也此日故解之昭九年夏四月陳火書月者彼注云月者閔之昭十八年夏五月壬午宋衛陳鄭災書日者四國同日災非常故也此日者爲伯姬卒日以內女卒例日故也莊四年三月紀伯姬卒不日者彼年夏六月乙丑齊侯葬紀伯姬注卒不日葬日者嘗本宜葬之故移恩錄文於葬也莊二十九年冬十二月紀叔姬卒亦不日亦於三十年八月癸亥葬紀叔姬日也

天王殺其弟年夫 注 王者得專殺書者惡失親親也未三年不去王者方惡不思慕而殺弟不與子行也不從直稱君者學重也莒殺意恢以失子行錄設但殺弟不能書是也不爲諱者年夫有罪 疏

釋文年夫音佞二傳作佞夫古年佞同部段借大戴禮公冠篇成王冠祝雍曰使王近于民遠於年說苑修文篇作使王近於民遠於佞九經古義云古佞讀爲壬故晉語輿人誦云佞之見佞果喪其田佞與田協是讀爲年殊不知年讀爲甯田讀爲陳故詩信南

山昇我尸賓壽考萬年然公羊不作人壬而作年何也詩甫田云倬彼甫田歲取十千我取其陳食我農人自古有年是陳讀爲田年讀如字○注王者至親也○舊疏云諸侯之義不得專殺大夫若大夫有罪而殺之者皆惡于專殺是以書見今此天王也殺自得專殺若殺大夫宜不書之書者以其殺母弟失親親故惡而書也杜云稱弟以惡王殘骨肉彼傳言罪在王也穀梁傳君無忍親之義天子諸侯所親者唯長子母弟耳天王殺其弟佞夫甚之也○注未三年至行也○親校勘記云鄂本閩本同監毛本去誤王紹熙本亦作去上二十八年十二月天王崩至此年五月是未三年也文九年傳踰年矣何以謂之未君即位矣而未稱王也未稱王何以知其即位以諸侯之踰年即位亦知天子之踰年即位也以天子三年然後稱王亦知諸侯於其封內三年稱子也則靈王崩以未三年景王正當思慕不合稱王此不去王明不與其爲子也昭二十二年景王崩二十三年書稱天王居于狄泉者彼傳云此未三年其稱天王何著有天子也注時庶孽並篡天子失位徙居微弱甚故急著正其號明天下當救其難而事之是也○注不從至重也○僖五年傳曷爲直稱晉侯以殺殺世子母弟直稱君者甚之也注甚之者甚惡殺親親也春秋公子貴於先君唯世子與母弟以今君錄親親也今舍國體直稱君知以親親責之是直稱君者也舊疏云殺世子母弟皆直稱君者甚之也今經云天王殺其弟年夫甯知非直稱爵之例而知天王乃是不與子行者○正以在父服之內不思思慕反殺先君之子以此爲重故知義然○注以莒殺至是也○昭十四年莒殺其公子意恢注莒無大夫書殺公子者未踰年而殺其君之子不孝尤甚故重而錄之稱氏者明君之子是也設但殺弟不能書者舊疏云正以莒殺意恢以在喪內故書責之知天王殺弟若不在喪則不書矣諸侯之義不得專殺而言莒殺意

恢在喪內乃書者正以意恢莒子之弟不爲大夫故也按莒無大夫在喪外故不書者非許其得專殺也知意恢雖公子在喪外亦不書因以在喪內失子行特錄其不孝也舊疏殊未了○注不爲至有罪○舊疏云春秋之義雖言黜周王魯乃實天子服內殺弟是至甚惡何故不爲尊者諱因年夫有罪則王者之惡稍輕是以春秋不復諱矣按左傳是僭括欲立王子佞夫佞夫弗知尹言多等殺佞夫故傳曰罪在王然廢立何事僭括至與師圍蔿逐其大夫謂謀起於括則可謂佞夫全弗知無是理也故何氏以爲有罪景王不能善處在五大夫之殺則天王不能無過也

王子瑕奔晉【注】稱王子者惡天子重失親親【疏】注稱王至親親○舊疏云正以文元年天王使叔服來會葬注云叔服王子虎也不繫王者不以親疏錄也今此王子瑕言王子者正惡天王重失親親也按凡稱王子猶公子貴於先君也致令出奔故惡失親親

秋七月叔弓如宋葬宋共姬【疏】穀梁經作葬共姬脫宋字也文六年疏引異義公羊說云襄三十年葬宋共姬譏公不自行也按禮記疏引異義諸侯夫人喪公羊說卿弔君自會葬左氏說諸侯夫人喪士弔士會葬文襄之伯士弔大夫會葬叔弓如宋葬宋共姬上卿行過厚非禮也許愼謹按公羊說同盟諸侯薨君會葬其夫人薨又會葬是其不違國政而常在路鄭駁之云按禮君與夫人尊同故聘禮卿聘君因聘夫人凶時會弔重於相哀愍略於相尊敬故使可降一等士弔大夫會葬禮之正也周禮諸侯之邦交歲相問也殷相聘也世相朝也無異姓同姓親疏之數云夫人喪士會葬說者致之非傳義也按何氏無譏

公不自行之語其嚴顏舊說與諸侯夫人薨君自會葬何氏亦無此義

外夫人不書葬此何以書隱之也何隱爾宋災伯姬卒焉注說在下也疏穀梁傳外夫人不書葬此其言葬何也吾女也卒災故隱而葬之也按此外夫人專謂魯女嫁為夫人者也若其不然卒亦不書矣

其稱謚何注据葬紀伯姬不言謚疏注据葬至言謚○莊四年齊侯葬紀伯姬是也按紀伯姬不言謚蓋紀已滅直為齊侯所葬未必有謚故紀叔姬卒葬時亦無謚非必謚宋伯姬為賢紀伯姬紀叔姬無謚即不賢也舊疏謂紀伯姬不言謚者不賢又葬紀叔姬不云謚蓋以劣於宋伯姬皆失之泥

賢也疏穀梁傳婦人以貞為行者也伯姬之婦道盡矣詳其事賢伯姬也經義雜記云考伯姬之卒公穀皆以為賢胡安國因左傳云女而不婦遂以伯姬為非此本審傳文也按傳云甲午宋大災宋伯姬卒待姆也是左氏雖未稱其賢而待姆也三字已明著其賢之實矣下引君子之言是於傳文外兼載一說然審其詞義亦有褒而無貶曰君子謂共姬女而不婦女待人婦義事也謂共姬已嫁為婦似可從宜行事矣而猶謹守其女子之道傳母不在宵不下堂是婦人而為女子之行者也朱子詩集傳葛覃曰可見其已貴而能勤已富而能儉已長而敬不弛於師傅已嫁而孝不衰於父母此皆德之厚而人所難也余於宋共姬亦可見其已嫁而猶謹守女教是婦人所難也通義云於紀伯姬但隱之而已於宋共姬又加賢焉故錄其謚也共姬之謚從共公者也蓋得正也詩起二南二南起關雎而大雅稱文王曰刑于寡妻至于兄弟以御于家邦蓋文王之所以風化天下者本自正夫婦始夫婦不正然後貞女失所淫俗流行極十五國

之勢乃至陳靈公之世株林刺於上澤陂月出風於下浸淫百餘年間小人不復知有廉恥君子不復知有美刺而詩教遂亡詩亡於陳靈公春秋之所爲懼而作也故上本文王之教隱桓之際首正妃匹於內女賢不肖必謹而別之觀鄫季姬之淫佚則數年之間婦喪其躬夫虧其體仇及奕世子孫見戕此春秋之所以爲戒亦株林之意也觀宋伯姬之貞信遭患難而不失其度年踰閑居而不易其節故能生致三國之媵沒動諸侯之哀此春秋之所以爲勸亦漢廣行露之意也左氏顧詭託君子之言譏其女而不婦始猶漸於末世流俗之見者與趙氏坦宋伯姬論云春秋宋伯姬卒左氏傳曰君子謂宋共姬女而不婦女待人婦義事也左氏之說非也婦人之有姆所以防非禮相舉動一旦失之則進退或無所措其能免於非議乎事起倉卒皇然出走此里巷所不爲而謂魯公之女宋室之婦竟輕遠而爲之乎且所謂義者審其輕重之謂也伯姬之心固以禮爲重而以避去爲輕禮之所在即義之所在而謂舍禮而取義乎或曰婦人非傅姆不下堂者經也火迫矣不待姆而遠避者權也左氏所謂婦義事者舍經而行權也然自古所謂權者舍小節以全大節非所謂舍大以全小也婦人之大節其在守禮乎抑在避害乎況伯姬嫠婦也則亦安於禮而已矣何權之足貴楚王之將嫁季芈也季芈曰所以爲女子遠丈夫也鍾建負我矣以妻鍾建伯姬之見固有出於季芈之上者而謂不待傅姆而行乎楚昭王嘗與貞姜約曰召則以符其後水大至王使召失持符貞姜曰符未至不可去貞姜獨非婦人乎何以非符不行卒歿漸臺能識貞姜之所守者可與言伯姬矣公穀得之按新序一云是以詩正關雎而春秋褒伯姬也淮南泰族訓宋伯姬坐燒而死春秋大之取其不踰禮而行也繁露王道云觀乎宋伯姬知貞婦之信列女傳貞順篇春秋詳錄其事爲賢伯姬以爲婦

人以貞爲行者也伯姬之婦道盡矣是皆以伯姬爲賢也何賢爾宋災伯姬存焉有司復曰火至矣請出伯姬曰不可【疏】左疏引服云不書大非災火及人伯姬坐而待之耳用此傳爲說惟左氏謂人火曰火天火曰災公羊謂大者曰災小者曰火爲異耳吾聞之也婦人夜出【注】謂有事宗廟不見傅母不下堂【注】禮后夫人必有傅母所以輔正其行衛其身也選老大夫爲傅選老大夫妻爲母【疏】繁露王道云宋伯姬曰婦人夜出傅母不在不下堂此春秋之救文以質也釋文傅母本又作姆同唐石經諸本同作母○注禮后至身也○漢書張敞傳禮君母出門則乘輜軿下堂則從傅母又荀爽女誡云聖人制禮以隔陰陽七歲之男王母不抱七歲之女王父不持親非父母不與同車親非兄弟不與同筵非禮不動非義不行是故宋伯姬遭火不下堂知必爲災傅母不來遂成於灰春秋書之以爲高也詩周南葛覃云言告師氏傳師女師也古者女師教以婦德婦言婦容婦功彼謂教女之師在公宮宗室不隨行者其禮記內則云女子十年不出姆教婉娩聽從又齊風南山箋云文姜與姪娣及傅姆同處蓋隨女同行者矣是知后夫人必有傅母其實傅母亦兼女師之職也故杜云姆女師○注選老至爲母○舊疏云春秋說文作時王之禮公羊問答云漢時亦有此制東方朔傳昭平君日驕醉殺王傅如淳曰禮有傅姆說者又曰傅者老大夫也漢使中行說傅翁主也師古曰傅母是也白虎通嫁娶篇婦人所以有師者學事人之道也詩曰言告師氏言告言歸昏禮經曰教于公宮三月婦人學一時足以成矣與君有緦麻之親者教于公宮三月與君無親者各教於宗廟宗

婦之室國君取大夫之妾士之妻老而無子而明於婦道者祿之使教宗室五屬之女至於宗子之室學事人也女必有傅母何尊之也春秋傳曰傅至矣姆未至禮昏禮注云姆婦人年四十無子出而不復嫁能以婦道教人者若今時乳母矣然則傅與姆不同蓋大夫士之家女師不隨行后夫人位尊或與女師之外別選老大夫爲傅大夫妻爲姆與傅至矣母未至也逮乎火而死注故賢而錄其說疏穀梁傳取卒之日加之災上者見以災卒也其見以災卒奈何伯姬之舍失火左右曰夫人少辟火乎伯姬曰婦人之義傅母不在宵不下堂左右又曰夫人少辟火乎伯姬曰婦人之義保母不在宵不下堂遂逮乎火而死舊疏云逮乎火而死者爲火所逮環而死也水經注睢水篇相縣園中有伯姬黃堂基堂夜被火左右曰夫人少避伯姬曰婦人之義保傅不具夜不下堂遂逮火而死城西有伯姬冢○注故賢而錄其說○校勘記云鄂本說作謚此誤按紹熙本亦作謚

鄭良霄出奔許自許入于鄭鄭人殺良霄疏穀梁傳不言大夫惡之也通義云與欒盈同義惠氏士奇春秋說云欒盈者欒書之孫弒君賊也積不善者必有餘殃欒書幸免于戮而欒氏之族終滅於晉目之曰賊誰謂非宜良霄汰侈未聞逆蹟故其死也子產襚之枕之股而哭之又殯而葬之明非賊也亦從討賊辭者辭窮則同春秋固有辭同而事異者按惠說非是春秋弒君之賊不復見欒書不見於厲公弒後已示誅絕欒盈良霄出奔大夫已絕自者有力之文欒盈由曲沃入晉良霄挾許力入鄭皆亂也故從討賊辭無二義也

冬十月葬蔡景公

賊未討何以書葬君子辭也注君子爲中國諱使若加弒月者弒父比髡原恥尤重故足諱辭疏注君子至加弒○正以凡加弒者雖賊未討亦書葬昭十九年許世子止弒其君買下書葬許悼公傳賊未討何以書葬不成于弒也又曰止進藥而藥殺曷爲加弒焉爾譏子道之不盡也此亦書葬與彼加弒同正緣爲中國諱故也○注月者至諱辭○即上七年鄭伯髡原如會未見諸侯丙戌卒于操傳弒也孰弒之其大夫弒之曷爲不言其大夫弒之爲中國諱也八年夏葬鄭僖公傳賊未討何以書葬爲中國諱也注不月者本實當去葬責臣子故不足也彼髡原爲大夫所弒因鄭伯欲與中國故春秋爲中國諱猶責不足其文故不月此子弒父比髡原中國恥尤重是以足其諱辭備書時月也通義云怨蔡人不敢討君之適嗣又臣民之心莫不欲諱其國惡使若般弒爲疑獄者故緣情量力不過責也許世子之罪隱春秋責之以深蔡般之罪顯春秋治之以恕蓋以教天下後世之聽獄者莫非中庸之道也以君子辭爲恕蔡臣子辭與何氏異

晉人齊人宋人衛人鄭人曹人莒人邾婁人滕人薛人杞人小邾婁人會于澶淵宋災故疏校勘記云唐石經諸本同鄂本脫莒人二字

宋災故者何諸侯會于澶淵凡爲宋災故也會未有言其所爲者

此言其所爲何錄伯姬也注重錄伯姬之賢爲諸侯所閔憂疏注重錄至閔憂○校勘記云閩監毛本同鄂本閔作同此誤穀梁傳澶淵之會中國不侵伐夷狄夷狄不入中國無侵伐八年善之也晉趙武楚屈建之力也疏引徐邈云晉趙武楚屈建感伯姬之節故爲之息兵諸侯相聚注聚斂也相聚斂財物疏注聚斂至財物○周禮大宗伯云以禬禮哀圍敗注同盟者會財貨以更其所喪春秋襄三十年冬會于澶淵宋烖故是其類又大行人云致禬以補諸侯之烖注致禬凶禮之弔禮禬禮也補諸侯烖者若春秋澶淵之會謀歸宋財而更宋之所喪注更復也如今俗名解浣衣復之爲更衣疏穀梁傳亦曰更宋之所喪財也○注更復至更衣○廣雅釋言云更償也史記平準書不足以更之集解更償也檀弓云請庚之注庚償也謂諸侯償宋之所喪也何訓爲復亦即償義故范云償其所喪財周禮馬質云以其物更鄭司農云更猶償也司弓矢云凡亡矢者弗用則弗庚鄭注庚償也用而棄之則不償釋名釋天云庚更也月令注庚之言更也庚更義同曰死者不可復生爾財復矣注復者如故時諸侯其償復其所喪此大事也曷爲使微者注据詳錄所爲故卿也疏左氏傳以爲晉趙武等也卿則其稱人何貶曷爲貶注据善事也疏注据善事也○穀梁傳不言災故則無以見其善也是善事也卿不得憂諸侯也注時雖各諸侯使之恩賞實從卿發故貶起其事明大夫之義得

憂內不得憂外所以抑臣道也宋憂內并貶者非救危亡禁作福也【疏】注時雖至其事○校勘記云鄂本各作名此誤繁露亦云人夫盟于澶淵刺大夫之專政也舊疏云若恩從君發而使人夫行之雖非其正罪不至貶也○注明大至道也○舊疏云在禮家施不及國而言得憂內者謂救危亡之時助君憂內不謂自專行之以此言之若助君憂內以救危之時雖恩發大夫不合譏解詁箋云諸侯使大夫歸宋財善事也書晉趙武以下會于澶淵歸粟于宋可矣且叔弓如宋葬宋共姬魯大夫未有不在會者則經當書叔弓會晉趙武以下于澶淵歸粟于宋曷爲諱內而盡貶天下之大夫且變歸粟之文曰宋災故時祭般以子弒父臣弒君而諸侯不知討賊民彝泯而天倫滅矣區區歸粟之義曷足善乎傳宜云會未有言其所爲者此言所爲何不討賊也此大事也曷爲使微者卿也卿則其稱人何偏刺天下之大夫也不書內大夫諱之也按三傳皆止言歸宋財是否歸粟無所取證唯左傳有諱魯大夫語公穀皆未及魯與弔而不與會亦無不可春秋可討者事甚多其圖小忘大者亦多譏不勝譏奚必責此澶淵一會劉氏之義本之宋儒胡安國不信注並不信傳直欲於三傳外造一劉氏傳未免逞肊改作矣○注宋憂至福也○舊疏云言宋雖遭災未至於滅而恩發大夫外求鄰國近於作福是以貶之通義云大夫交會久矣唯此一事錄其所爲尤見專福之實故特貶之宋向戌併貶者亦偏刺之義按書洪範云惟辟作福公羊疏引鄭注此君抑臣之言也作福專爵賞也又云臣之有作福作威玉食其害于而家凶于而國鄭注害于汝家禍在室凶于女國亂下民是大夫在本國且不得作福作威至憂諸侯僭越甚矣故尤抑之也

三十有一年春王正月

夏六月辛巳公薨于楚宮【注】公朝楚好其宮歸而作之故名之云爾作不書者見者不復見【疏】包氏愼言云辛巳爲月之二十八日○注公朝至云爾○左傳公作楚宮注適楚好其宮歸而作之用何義也傳又曰穆叔曰大誓云民之所欲天必從之君欲楚也夫故作其宮若不復適楚必死是宮也六月辛巳公薨于楚宮○注作不至復見○哀三年傳文彼經云桓宮僖宮災傳此皆毀廟也其言災何復立也曷爲不言其復立春秋見者不復見也注謂內所改作也哀自立之善惡獨在哀故得省文是凡內所改作於其重者一見之而已其輕處不復見之僖桓宮哀所作還災於哀故於災時一書此楚宮作于襄旋薨于楚宮經特書楚宮於薨時故其作又可省也舊疏云成六年立武宮昭十五年有事于武宮亦內所改作而重見者正以成公立之至昭乃有事立之祭之者異故不得從省文也

秋九月癸巳子野卒【疏】包氏愼言云九月書癸巳爲月之十二日左傳次于季氏秋九月癸巳卒毀也後漢書周舉傳問曰言事者多云昔周公攝天子事及薨成王欲以公禮葬之天爲動變及更葬以天子之禮天即有反風之應北鄉侯親爲天子而葬以王禮故數有災異宜加尊諡列於昭穆舉對曰昔周公有請命之應隆太平之功故皇天動威以彰聖德北鄉侯本非正統姦臣所立立不踰歲年號未改皇天不祐大命夭昏春秋王子猛不稱崩魯子野不書葬今北鄉侯無他功德以王禮葬之于事已崇不宜稱諡災告之來弗由此也通典禮云後漢安帝崩立北鄉侯未踰年薨以王禮葬於春秋何義也何休答曰春秋未踰

年魯君子野卒降成君從子從大夫禮宜也

己亥仲孫羯卒疏包氏愼言云九月書己亥爲月之十八日

冬十月滕子來會葬注此書者與叔服同義疏注此書至同義○文九年天王使叔服來會葬傳其言來會葬何會葬禮也注常事書者文公不肖諸侯莫肯會之故書天子之厚以起諸侯之薄則此蓋亦昭公不肖諸侯莫肯會之故書滕子之厚以起諸侯之薄知昭公不肖者左傳云穆叔曰且是人也居喪而不哀在感而有嘉容是謂不度又曰比及葬三易衰衰衽如故衰於是昭公十九年矣猶有童心君子是以知其不能終也舊疏謂襄公不肖非

癸酉葬我君襄公疏包氏愼言云十月書癸亥月之二十二日

十有一月莒人弒其君密州注莒子納去疾及展立莒子廢之展因國人攻莒子殺之去疾奔齊稱人以弒者莒無大夫密州爲君惡民所賤故稱國以弒之疏注莒子至奔齊○左傳莒犁比公生去疾及展輿既立展輿又廢之犁比公虐國人患之十一月展輿因國人以攻莒子弒之乃立去疾奔齊齊出也是其事也注犁比莒子密州之號○注稱人至弒之○莒無大夫見莊二十七年傳○知密州爲君惡民所賤者卽左傳云犁比公虐是也又曰書曰莒人弒其君買朱鉏言罪之在也注罪在鉏也又云不稱弒者主名君無道也是也杜又云買朱鉏密州之字按買卽密之轉音朱鉏卽州之合音之轉非名字同異也段玉裁

云與密州音相同左傳經自作買朱鉏疑
後人以公穀之經易此見左傳校勘記

公羊義疏六十

南菁書院
句容陳立卓人著

昭元年盡五年

春秋公羊經傳解詁昭公第九疏校勘記唐石經昭公第十卷九魯世家襄公卒其九月太子卒魯人立齊歸之子裯為君是為昭公徐廣曰裯一作袑索隱系本作裯左傳釋文昭公名裯襄公子母齊歸按杜氏釋例史記十二諸侯年表漢書古今人表律曆志並作裯諡法威儀恭明曰昭

元年春王正月公即位疏穀梁傳繼正即位正也疏重發傳者嫌繼子野非正故明之

叔孫豹會晉趙武楚公子圍齊國酌宋向戌衛石惡陳公子招蔡公孫歸生鄭軒虎許人曹人于漷注戌惡皆與君同名不正之者正之當貶貶之嫌觸大惡方譏二名為諱義當正亦可知疏唐石經諸本同舊疏云齊國酌亦有作國弱者釋文國酌二傳作國弱蓋後人或以二傳改公羊也古酌弱同部得相段借石惡左氏穀梁作齊惡校勘記齊召南云二傳作齊惡是也石惡已於襄二十八年出奔晉矣按釋文不云二傳作齊惡是公羊古本與二傳同孫志祖說按此下舊疏云下七年秋衛侯惡卒十年冬宋公戌卒知向戌齊惡皆與君同名也知疏本作齊惡矣釋文軒虎舊音罕二傳作罕

虎按罕虎子展子子罕孫孫以王父字爲氏罕軒皆从干聲古通左氏昭四年傳渾罕韓非子外儲說左下作渾軒是也釋文漷音
郭又音號左氏作號穀梁作郭按蔡邕郭有道碑其先出自有周王季之穆有號叔者實有懿德文王咨焉建國命氏或謂之郭漷
从郭聲或傳寫異惠棟云郭號字古通虞號作虞郭逸周書王會解郭叔掌爲天子菉幣焉注郭叔號叔文王弟戰國策秦策臣恐
王之如郭君注古文言號也是也杜云號鄭地其古東號與〇注戌惡至大惡〇禮記曲禮云卒哭乃諱注生者不相辟名衞侯名
惡大夫有石惡疏云按魯襄公二十八年衞石惡出奔晉二十九年衞侯衎卒衞侯惡乃即位與石惡不相干熊氏云石字誤當云
大夫有名惡知者昭七年衞侯惡卒穀梁傳鄉曰衞齊侯今曰衞侯惡此何爲君臣同名也君子不奪人名不奪人親之所名重其
所以來也是則與君同名小惡不正之嫌弱大惡故也故曲禮疏又云君臣同名則春秋不譏是也然曲禮又云不敢與世子同名注
辟僭效也故不得無惡彼注又云其先之生則亦不改若臣先名君後名或亦不改穀梁所云是也故雜記云與君之諱同則稱字
若先生與世子同名或亦當然舊疏云君臣者父子之倫甯有同名之理今二子與君同名乃是不可之甚春秋不正之者若正之
當去其氏或貶稱人若其去氏嫌如宋督宋山齊無知之屬若其稱人嫌如襄三十年澶淵之大夫有作福之大惡由茲進退不得
正之然則君臣同名不爲大惡者正以名者父之所置己父未必爲今君之臣己或先世子而生君子既孤禮有不更名之義是以
春秋謂之小惡以此言之知無駭入極之屬自是大惡故去其氏俠卒翬溺會齊師之屬未命大夫正合無氏須辟嫌故按翬去公
子係貶舊疏誤〇注方譏至可知〇定六年季孫斯仲孫忌帥師圍運傳此仲孫何忌也曷爲謂之仲孫忌譏二名二名非禮也注

春秋定哀之間文致太平欲見王者治定無所復爲譏唯有二名故譏之此春秋之制也何意以所見世二名小惡尚譏君臣同名亦小惡義當正可從不言可知之例所以申明上注正之之義也言方者譏二名在定哀之世昭爲太平之首尚未合譏故曰方也舊疏云蓋欲析而言之未當孔子之身故也是也

此陳侯之弟招也何以不稱弟注据八年稱弟疏○注据八年稱弟即下八年書陳侯之弟招殺陳世子偃師是也貶曷爲貶注据八年殺偃師猶不貶疏注据八至不貶○即八年稱弟不貶稱公子故也爲殺世子偃師貶曰陳侯之弟招殺陳世子偃師大夫相殺稱人此其稱名氏以殺何注難八年事疏舊疏云先舉八年經文然後難之也大夫相殺稱人文十六年宋人弑其君處臼下師解故此弟子取而難之言將自是弑君也注明其欲弑君故令與弑君而立者同文孔瑗弑君本謀在招疏通義云招殺世子而立公子留致哀公自縊故云爾舊疏云世子者君之副貳今而殺之明其從是以後有弑君之心故稱其名氏不作兩下相殺辭矣○注明其至同文○決莊二十二年陳人殺其公子御寇稱人也彼注云書者殺君之子重也彼非世子故人仍從大夫相殺稱人招殺世子春秋之例殺世子者與君同罪故與文十四年齊公子商人弑其君舍文同矣爲其先有無君之心即可階成弑君之禍故與弑君同文也舊疏云宣十五年王札子殺召伯毛伯亦大夫相殺不稱人以殺者彼注云大夫相殺不稱人者正

之諸侯大夫顧弒君重故降稱人王者至尊不得顧是也蓋以諸侯大夫專殺大夫彼諸侯與大夫同人臣耳恐卽自是弒君故絕之稱人○天子與大夫尊卑殊絕不虞有此故不必顧也○注孔瑗至在招○陳杞世家云初哀公娶鄭長姬生悼大子師少姬生偃二嬖妾長妾生留少妾生勝留有寵哀公哀公屬之其弟司徒招哀公病三月招殺悼大子立留爲太子哀公怒欲誅招招發兵圍守哀公哀公自經殺左傳大同唯以偃師爲一人是皆以弒君者招而此言孔瑗弒君者蓋別有所據是以下八年經楚師滅陳殺陳孔瑗九年陳火傳云滅人之國執人之罪人殺人之賊卽謂孔瑗也明孔瑗爲弒君之賊楚人但知罪其下手不知原謀自招廑放之于越而已舊疏云經不書孔瑗弒君者本爲招弒當舉招爲重也但始有討不成爲弒陳侯溺卒者但自卒耳然史記左傳皆言哀公縊則成爲弒矣公羊亦言殺人之賊蓋亦以哀公遇弒也舊疏又云本謀在招招當爲首楚人所以不殺招者蓋楚失其意或陳招歸罪於孔瑗是以但罪孔瑗而招但罪其殺世子之愆遂免弒君之咎春秋體其事故於殺世子經書其名氏矣按以司馬昭歸罪成濟事律之則舊疏之說信而可從

今將爾詞曷爲與親弒者同君親無將將而必誅焉【疏】莊三十二年傳公子牙今將爾辭曷爲與親弒者同君親無將將而誅焉注親謂父母文與彼同然則曷爲不於其弒焉貶【注】据未弒也【疏】通義云据貶必於其重者○注据未弒也○舊疏云据今仍未弒而已貶去其弟曷爲不於殺世子時貶之乎以親者弒然後其罪惡甚【疏】通義云故特著其爲同母弟下八年穀梁傳鄉曰陳公子招今曰陳侯之弟招何也曰盡其親所以惡招也兩下相殺不志乎春秋此其志何也世

子云者唯君之貳也云可以重之存焉志之也諸侯之尊兄弟不得以屬通其弟云者親之也親而殺之惡也注惡招又云盡其親謂既稱公子又稱弟招先君之公子今君之母弟二稱並見故爲盡其親也舊疏云傳言此者欲道八年之時罪惡大甚不假貶絕也

春秋不待貶絕而罪惡見者不貶絕以見罪惡也注招殺偃師是也疏通義云目言春秋者亦一經之通例若招殺世子商臣弒父皆所謂不待貶絕者也莊氏存與春秋正辭云凡書外弒君殺君世子叛人之類舊疏亦云解之而言春秋者欲道上下通例如此不爲此文是也

貶絕然後罪惡見者貶絕以見罪惡也注招稱公子及楚人討夏徵舒貶皆是也疏通義云其貶絕然後罪惡見者有二類一者義隱若楚莊王晉郤缺之屬一者事隱若夫人氏仲遂之屬○注招稱至是也○招稱公子卽此文不稱弟是楚人討夏徵舒卽宣十一年楚人殺陳夏徵舒彼傳云此楚子也其稱人何貶曷爲貶不與外討也是也莊氏存與云內弒君殺子諱不見則貶絕以見其與乎故也及凡言貶絕者皆是

今招之罪已重矣曷爲復貶乎此注据棄疾不豫貶疏注据棄疾不豫貶○鄂本紹熙本棄作弃下十三年楚公子棄疾弒公子比傳言將自是爲君也注故使與弒君而立者同文明棄疾亦弒君而下十一年書楚公子棄疾帥師圍蔡與常稱同無貶文故据以難按棄疾弒公子比其罪已明無庸豫書招殺偃師特將有弒君重罪未見故不得於彼貶而復豫貶於此也

著招之有罪也何著乎招之有罪注据棄疾不著言楚之託乎討招以滅

陳也【注】起楚託討招以滅陳意也所以起之者八年先言滅後言執託討招不明故豫貶於此明楚先以正罪討招乃滅陳也【疏】陳杞世家云楚靈王聞陳亂乃殺陳使者使公子弃疾發兵伐陳陳君留奔鄭九月楚圍陳十一月滅陳下八年左傳公子招公子過殺悼太子偃師而立公子留哀公縊干徵師赴于楚且告有立君公子勝愬之于楚注以招過殺偃師告愬也又曰陳公子招歸罪於公子過而殺之楚公子弃疾帥師奉孫吳圍陳冬十一月滅陳明楚因勝愬討招因之滅陳也○注起楚至意也○通義云陳以招之故君死國滅卒乃歸惡孔瑗公子過而招幸免于戮其殺世子之罪已見亡陳滅之爲罪首尙未見故春秋甚惡招重於此貶著之也○注所以至陳也○下八年楚師滅陳執公子招放之于越是先言滅後言執託討招意不明故於此起之彼文所以先言滅者彼注云託意不先書者本懷滅心楚本有利陳之心與莊王之討徵舒迹同心異故如其意先書滅也而又託辭於討招故見招之罪於此也舊疏云若其託討宜先執後滅又云宣十一年楚人殺陳夏徵舒丁亥楚子入陳先書討賊乃言入陳者莊王討賊之後始有利陳國之意故後書入也

三月取運【疏】校勘記云唐石經諸本同或作二月誤大事表云此爲東鄆莒魯所爭者在今沂州府沂水縣北有古鄆城文十二年季孫行父城諸及鄆此時鄆蓋屬魯後入莒爲莒邑成九年楚子重圍莒遂入鄆卽此鄆也至此年季孫宿伐莒取鄆自是鄆常爲魯有晉趙文子請於楚曰莒魯爭鄆爲日久矣蓋謂此也二傳運作鄆

運者何內之邑也【疏】齊氏召南考證云鄆邑有二一在西界昭公居鄆是也一在東界與莒相接先儒謂是莒之附庸魯時時與莒爭襄十二年季孫宿救臺遂入鄆與此取鄆是也公羊於後文叔弓帥師疆運田亦曰與莒爲竟据此則運本魯邑時服時叛服則屬魯叛則屬莒故二國爭也其言取之何【注】据自魯之有不聽也【注】不聽者叛也不言叛者爲內諱故書取以起之不先以文德來之而便以兵取之當與外取邑同罪故書取月者爲內喜得之【疏】注不聽者叛也○廣雅釋詁聽從也國語周語民是以聽注聽從也國策西周策寡人請以國聽注聽從也周書周祝被之以刑民始聽注聽順也不聽爲不從不順故爲叛也○注不言至起之○成二年叔孫僑如率師圍棘傳棘者何汶陽之不服邑也其言圍之何不聽也注不聽者叛也不言叛者爲內諱故書圍以起之不先以文德來之而便以兵圍之當與圍外邑同罪故言圍也此與彼同也彼注又云得曰取不得曰圍○注月者至得之○舊疏云正以僖三十一年春取濟西田不書月故知此月者以其是內之叛邑喜討得之故也彼注云以不月與取運異知非內叛邑故言取是也

夏秦伯之弟鍼出奔晉

秦無大夫【疏】文十二年秦伯使遂來聘傳秦無大夫此何以書賢繆公也是彼以賢繆公故書其大夫明秦無大夫也

此何以書仕諸晉也【注】爲仕之於晉書曷爲仕諸晉【注】据國地足

以祿之【疏】○公子無去國之義故以仕諸晉爲難○注據國至祿之○禮記禮運云諸侯有國以處其子孫又云是謂制度

注言今不然也春秋昭元年秦伯之弟鍼出奔晉刺其有千乘之國不能容其母弟【疏】諸侯子孫封爲卿大夫若其有大功德其子孫亦有采地故左傳云官有世功則有官族邑亦如之是處其子孫彼上云天子有田以處其子孫王制天子之田方千里公侯田方百里伯七十里子男五十里明有地足以祿之也

有千乘之國【注】十井爲一乘公侯封方百里凡千乘伯四百九十乘子男二百五十乘時秦侯伐自廣大

故曰千乘【疏】注十井至千乘○禮記疏引異義云天子萬乘諸侯千乘大夫百乘坊記云制國不過千乘家富不過百乘注古者方十里其中六十四井出兵車一乘此兵賦之法也成國之賦千乘彼疏引司馬法云成方十里出革車一乘司馬法又云甸方八里出長轂一乘鄭注小司徒云若通溝洫之地則爲十里除溝洫不過八里然以小司徒計之四井爲邑四邑爲丘四丘爲甸甸六十四井出長轂一乘與何義殊論語學而道千乘之國注引包曰千乘之國百里之國也古者井田方里爲井十井爲乘百里之國適千乘也每十井爲一乘是方一里者十爲一乘則方一里者百爲十乘開方之法方百里者一爲方十里者百每方十里者一爲方一里者百則其賦十乘方十里者百則其賦千乘地與乘數適相當也包氏說論語爲魯論今文說故與何氏同伯四百七十乘子男二百五十乘依王制伯七十里子男五十里計之也車一乘士十人故孟子盡心云革車三百兩虎賁三千人詩魯頌閟宮公車千乘公徒三萬謂士十人徒二十人也劉氏逢祿春秋議禮云提封萬井車賦千乘其大數也三分去一定受田六萬

夫則六千井也十井八十家賦長轂一乘則實賦六百乘以魯頌曰司馬法言之每乘三十人則徒萬八千人不足二軍故穀梁傳曰古者諸侯一軍何休云諸侯一師義或然也○注時秦至千乘○舊疏云正以此稱伯故也○而不能容其母弟故君子謂之出奔也【注】弟賢當任用之不肖當安處之乃仕之他國與逐之無異故云爾【疏】繁露觀德云出外者衆以母弟出獨大惡之爲其亡母背骨肉也漢書杜鄴傳昔秦伯有千乘之國而不能容其母弟春秋亦書而譏焉論語泰伯云君子篤於親則民興於仁戴氏望注云春秋書秦伯之弟鍼出奔晉譏其有千乘之國不能容其母弟鍼穀梁傳諸侯之尊弟兄不得以屬通其弟云者親之也親而奔之惡也通義云鍼有寵於桓公景公忌之使出仕于晉方責秦伯不能容其母弟欲加奔文故特以名見此與莒慶爲譏逆女特書同例○注弟賢至云爾○正以古卿大夫賢者世官不賢者世祿王侯子弟亦有大功德者則世其族否則賜之邑食其終身禮運所謂有田以處其子孫是也劉氏逢祿公羊議禮云經所謂譏世卿者謂公卿大夫及賓內諸侯之適子當先試之以士賢然後漸進之曷嘗曰爲公卿之子孫雖有賢者亦當遏絕之以開草野之路乎且功臣賢士之子孫繼世不能象賢而有采以代耕使得收其宗族保其祭祀五世勿斬厚風俗存紀綱之要道孰過於此今秦伯不然故書出奔以貶之爲與出奔無異也

六月丁巳邾婁子華卒【疏】包氏慎言云六月有丁巳據曆七月之十一日五月之十日六月無丁巳也

晉荀吳帥師敗狄于大原【疏】左氏經作大鹵杜云大鹵大原晉陽縣彼傳亦作大原云晉中行穆子敗無終

及羣狄于大原注即大鹵也初學記引春秋地名晉大鹵大原大夏大墟晉陽大原大康六名其實一也左傳云羣狄大事記云即所云衆狄也蓋白狄宣十一年郤缺求成于衆狄以攜赤狄之黨遂滅潞氏是後役於晉從晉伐秦中間爲秦所誘而有交剛之敗其禍遂息閱四十二年復帥無終以伐晉無終今直隸薊州在大原東北二千餘里且會與晉和羣狄敢爲煽搆爲患邊鄙宣其啓晉雄心而有肥鼓之滅也水經注汾水篇東南流過晉陽縣東晉水從縣東南流注之太原郡治晉陽城秦莊襄王三年立尚書所謂既修太原者也春秋說題辭曰高平曰太原原端也平而有度廣雅曰大鹵大原也釋名曰地不生物曰鹵穀梁傳曰中國曰大原夷狄曰大鹵尚書大傳曰東原底平大而高平者謂之大原郡取稱焉按漢書地理志太原郡治晉陽爲今太原交城縣地

此大鹵也曷爲謂之大原注据讀言大原也疏舊疏云古史文及夷狄之人皆謂之大原故難之○注据讀言大原也○舊疏云時公羊子亦讀言大原也通義云古文春秋經作大鹵公羊師以今說讀之謂大原故弟子難之按說文鹵鹹地東方謂之斥西方謂之鹵史記河渠書漑澤鹵之地索隱澤一作舃本或作斥呂氏春秋樂成篇終古斥鹵漢書溝洫志千古舃鹵蓋其地鹹鹵故名大鹵也段注說文云太史公曰山東食海鹽山西食鹽鹵然對文則分析散文則不拘

地物從中國注以中國形名言之所以曉中國教殊俗也疏舊疏云言所以今經與師讀皆言大原者正以地與諸物之名皆須從諸夏名之故也○注以中至俗也○舊疏云謂諸夏之稱皆從地之形勢爲名此地形勢高大而廣平故謂之大原本史及夷狄皆謂之大鹵而今經與師讀必謂之大原者正以曉中國之大教有殊俗

之義故也春秋異文箋云左氏經作大鹵從古史文左氏傳及公穀經傳俱作大原從中國稱義既不同故字異邑人名

從主人注邑人名自夷狄所名也不若地物有形名可得正故從

夷狄辭言之疏穀梁傳號從中國名從主人舊疏云此主人謂夷狄也言大原人道云之時從其夷狄皆謂之大鹵故注云邑人名自夷狄所名也按襄五年會于善稻穀梁傳吳謂善伊謂稻緩下五年敗莒師于濆泉穀梁傳狄人謂賁泉失台又謂越名於越吳名句吳莒密州爲買朱鉏吳子乘爲壽夢皆邑人名爲夷狄所自名故也〇注不若至言之〇通義云此言大鹵者從狄邑名之大原者從其地形廣平名之也然何義以邑名與地別蓋夷狄自名不必拘形勢言也

原者何上平曰原下平曰隰注分別之者地勢各有所生原宜粟隰宜麥當教民所宜因以制貢賦疏書堯典云疇若予上下草木鳥獸史記注引馬注云上謂原下謂隰爾雅釋地云廣平曰原御覽引舍人云廣平謂土廣而平左傳疏引李巡云廣平謂土地寬博而平正也大雅公劉箋云廣平曰原周禮大司徒注又作高平曰原離騷注亦作高平曰原疑爾雅本有作高平曰原者說文作邍云高平之野人所登水經注汾水篇引春秋說題辭曰高平曰大原又引書大傳曰大而高平者謂之大原是也此作上平與諸家高平義合釋地又云下者曰隰郭注引此傳下平曰隰詩疏引李巡云下者謂下濕之地隰濕也說文阜部隰阪下濕也按釋地又云下濕曰隰詩疏引李巡云下濕謂土地窊下常沮洳名爲隰也一切經音義引爾雅舊注云隰濕墊也專指沮洳漸濕者言此則凡下而平者皆曰隰故爾雅下者曰濕句連陂者曰阪言陂陀

不平曰坂其下而平者則曰濕也故郭引此句證彼郝氏懿行義疏云濕當爲隰字之誤是也故許書亦增一阪字其義明矣御覽引說題辭云下濕曰隰隰者濕也下而澤也釋名釋地云廣平曰原原元也如元氣廣大也下濕曰隰隰蟄也蟄濕意也與爾雅同地○注分別至貢賦○禮記月令孟春之月善相丘陵阪險原隰土地所宜五穀所殖孝經庶人章分地之利疏引鄭注云分別五土視其高下初學記引鄭注又云若高田宜黍稷下田宜稻麥邱陵阪險宜種棗栗說苑復恩篇下田洿邪得穀百車蟹堁者宜禾又尊賢篇蟹堁者宜禾洿邪者百車又辨物篇山川汙澤陵陸丘阜五土之宜聖人就其勢因其便不失其性高者黍中者稷下者秔蒲葦菅蒯之用不乏麻麥黍粱亦不盡山林禽獸川澤魚鼈滋殖王者京師四通而致之與此皆大同小異粟即粱俗所謂小米是也宜高地故云書禹貢云咸則三壤成賦中邦故云因以制貢賦也

秋莒去疾自齊入于莒莒展出奔吳【注】主書去疾者重篡也莒無大夫書展者起與去疾爭篡當國出奔言自齊者當坐有力也皆不氏者當國也不從莒無大夫去氏者莒殺意恢稱公子篡重不嫌本不當氏【疏】左氏作展輿彼釋文本無輿字與公羊同云一本作莒展輿穀梁亦無輿字○注主書至篡也○通義云莒去疾者當國辭入者篡辭展之罪重矣而去疾不免爲篡者著去疾之不正也按左傳云莒犂比公既立展輿又廢之明去疾之立不正故坐篡○注莒無至爭篡○莒無大夫莊二十七年傳文通義云謂之莒展者猶陳佗之例也踰年之君而不與成君之稱

爲弑其君絶之也既絶之則展罪已顯故於其弑也從莒無大夫常文啖趙之徒自不守踰年稱公之法誤以曹羈莒展與鄭忽比類反疑經無惡展之文而斥左氏記莒事爲失實其妄至此按何義以經書莒展與莒慶曹羈同文嫌是大夫故云起與去疾爭篡明莒展莒君也惟何氏但坐展篡不舉弑君重蓋不信左傳也○注當國至力也○舊疏云襄三十一年莒人弑其君密州今言去疾之入入者出入惡之文而又不氏故知出時爲當國也既是當國正合書入入而言自齊者刺齊有力也其出奔不書者春秋之義微者不兩書按襄三十一年左傳去疾奔齊齊出也本年左傳云公子召去疾于齊秋齊公子鉏納去疾明齊有力也故當坐○注皆不至國也○隱元年鄭伯克段于鄢之下傳云何以不稱弟當國也注欲當國爲之君故如其意使如國君氏莊九年齊小白入年齊無知隱四年衛州吁皆然此去疾展俱不書公子公當國文矣○注不從至當氏○下十四年冬莒殺其公子意恢知亦當夫彼書公子者彼注云未踰年而殺其君之子不孝尤甚故重而錄之稱氏者明君之子然則彼意恢事重故變無大夫之例稱氏此邪庶並篡亦重故去氏以起其當國不嫌本不當氏明其末貶之時亦合稱氏也蓋小國無大夫名氏例不見假有見者名氏亦不具如莒慶曹羈之屬今莒展莒去疾亦然故辨之明彼稱公子別有所起此去氏非從小國大夫常例實爲當國去氏使其惡逆見也如莒慶文同義異也通義云有罪不月者不成之爲君故亦不得用諸侯奔例矣左傳展輿吳出也故奔吳徐邈云不爲內外所與也不成君故但書名見穀梁疏

叔弓帥師疆運田

彊運田者何與莒爲竟也注彊竟也與莒是正竟界若言城中丘注彊竟至竟界○穀梁傳彊之爲言猶竟也注爲之境界周禮疏大宗伯大封之禮合衆也注正封疆溝塗之固所以合聚其民又大卜注卜大封謂竟界侵削卜以兵征之若叔弓帥師疆運田是正竟界用師也○注若言城中丘○隱七年夏城中丘傳何以書以重書也注以功重故書也當稍稍補完之至令大崩弛壞敗然後發衆城之猥苦百姓空虛國家故言城明其功重與始作城無異然則此亦以重書蓋責魯不早正疆界至今兩國搆衅後始爲此與師動衆勞民不恤與始取無異也與莒爲竟則曷爲帥師而往注据非侵伐畏莒也注畏莒有賊臣亂子而與師與之正竟刺魯微弱失操煩擾百姓疏注畏莒至百姓○舊疏云襄三十一年莒人弒其君密州是爲賊臣二子爭篡是爲亂子魯人見其賊亂恐其轉侵是以與兵與之正竟賊亂之人自救無暇焉能轉侵故云微弱失操煩擾百姓也解詁箋云西運魯齊同壤東運莒魯同壤上年莒殺密州魯不討亂而取運故諱不言伐莒而加月以起之是時去疾與展爭篡魯又不討而疆運故變文加帥師以起之傳畏莒也諱辭與莊九年浚洙傳畏齊也同例此不言曷爲畏莒也辭不討賊也乃省文魯兵不以義動而以利起故諱使若非從莒取也傳云內邑順經諱文解詁俱失之按劉說非是魯君失政彊臣執柄傳云畏莒微弱已甚安能責其討莒春秋無義戰無非利動何獨責之於此詳繹傳意但責其微弱爾若以周禮證之則帥師以彊運田正臨事而懼無爲譏也

葬邾婁悼公**疏**通義云所見之世邾婁始書葬

冬十有一月己酉楚子卷卒**疏**包氏慎言云十一月書己酉月之十五日校勘記云唐石經諸本同釋文子卷左氏作麇解云左氏作麇字二傳本亦有作麇者卷麇一聲之轉故文異按左氏哀二年傳羅無勇麇之釋文麇丘隕反卷古亦音袞王制一命卷是也袞與隕音正同故錢氏大昕答問云卷麇聲相近也通義云左傳曰楚公子圍將聘於鄭未出竟聞王有疾而還入問王疾縊而殺之葬王于郟謂之郟敖韓非子亦稱春秋記曰王子圍因入問病以其冠纓絞王而殺之遂自立也然則卷之卒非實卒矣春秋不言弒者為內諱也前此伯國惟齊懿公弒君自立文公未之朝也今楚夷狄之國公子圍親弒君之賊而昭公屈節往朝內恥之大者故略其實沒其文所以扶中國存天理微乎旨乎

楚公子比出奔晉**注**辟內難也**疏**注辟內難也○舊疏云正以更無他事於君薨之際出奔故知止應辟內難按左傳辟公子圍之難也左氏經文有說楚字者

二年春晉侯使韓起來聘

夏叔弓如晉

秋鄭殺其大夫公孫黑

冬公如晉至河乃復

其言至河乃復何注据公如晉次于乾侯而還言至自乾侯不言至乾侯乃復疏注据公至乃復○卽下二十八年春公如晉次于乾侯二十九年春公至自乾侯是也不敢進也注乃難辭也時聞晉欲執之不敢往君子榮見與恥見距故諱使若至河河水有難而反疏注乃難辭也○○宣八年傳文○注時聞至敢往○○通義云昭公之篇屢言至乃復蓋皆季氏爲之使公不得志於晉穀梁傳曰公如晉而不得入季孫宿如晉而得入惡季孫宿也此最得其實左氏壹以爲晉人辭公者魯史順季氏之飾辭耳是行經書於冬而左傳在秋安知非卽史官欲飾成公復爲晉辭弔喪故移公行期以就少姜卒之月日耶范云公凡四如晉季氏訴公於晉侯使不見公公懼不利於己故公託至河有疾而反以殺恥也十二年傳曰季氏不使遂乎晉與此傳互文以見義與何氏合惟公羊無託疾之義○注君子至而反○舊疏云若如川之滿不可游也然按文七年傳諸侯不可使與公盟注爲諸侯所薄賤不見序故深諱爲不可知之辭襄二年公至自晉注不別盟得意者成公比失意如晉公獨得容盟得意亦可知是則榮見與恥見距之義也故爲諱決成十六年不見公不恥之爲公幼也故也

季孫宿如晉疏穀梁傳惡季孫宿是也

三年春王正月丁未滕子泉卒疏包氏愼言云四月書丁未月之十日校勘記云諸本同唐石經初刻作原後磨改爲泉解云左氏穀梁作原字按古原泉義同音通說文灥水泉本也从灥出厂下篆文从泉公羊作泉係去厂字也

夏叔弓如滕

五月葬滕成公【注】月者襄公上葬諸侯莫肯加禮獨滕子來會葬故恩錄之明公當自行不當遣大夫失禮尤重以責內【疏】月者至錄之○穀梁疏引作月者上葬襄公是也卒月葬時小國常例此書月故解之葬襄公獨滕子來會葬者卽襄三十一年夏公薨于楚宮冬十月滕子來會葬癸酉葬我君襄公不見別國諸侯會葬文也當恩錄之故也○注明公至責內○襄公舊疏云公羊之義鄰國諸侯及鄰國夫人喪皆公自會葬故異義公羊說云襄公三十年叔弓如宋葬共姬譏公不自行是也然則凡乎諸侯之葬公猶自行況其加禮於己者乎故言失禮尤重以責內也通義云諸侯之喪士弔大夫送葬正也時唯畏齊晉大國閒有使卿行者屬襄公之喪滕君親來雖爲失禮然無施不報今亦加禮特使卿會其葬譬得輕重之宜月者順內恩錄之也按異義所載蓋公羊先師說何氏無此義故叔弓如宋葬共姬何注無譏公不自行語此爲滕子來會葬視較諸國爲厚昭公亦宜報稱故云公當自行以責內也

秋小邾婁子來朝

八月大雩【注】先是公季孫宿比如晉【疏】注先是至如晉○卽上二年公如晉季孫宿如晉是也五行志中之上昭公三年八月大雩劉歆以爲昭公卽位年十九矣猶有童心居喪不哀炕陽失衆蓋左氏家說

冬大雨雹【注】爲季氏【疏】注爲季氏○五行志中之下昭公三年大雨雹是時季氏專權脅君之象見昭公不寤後

季氏卒逐昭公開元占經引感精符云大臣擅法則雨雹古微書考異郵云強臣擅命后妃專恣刑殺無辜則天雨雹漢書蕭望之傳望之對以為春秋昭公三年大雨雹是時季氏專權卒逐昭公鄉使魯君察於天變宜亡此害

北燕伯款出奔齊【注】名者所見世著治大平責小國詳錄出奔當誅【疏】燕世家惠公多寵姬公欲去諸大夫而立寵姬宋大夫共誅姬宋惠公懼奔齊左傳以款為簡公史記以簡公後惠公四代二文不合○注名者至國詳○舊疏云春秋之義有三世異辭入所見世小國出奔而書名故知義然也即莊十年譚子奔莒僖五年弦子奔黃十年溫子奔衛成十二年周公出奔晉之屬皆不名至於此文北燕伯款下三十年徐子章禹出奔楚之屬皆書其名是也然者所見世著治大平崇仁義天下遠近小大若一用心尤深而詳故并責及小國也○注錄出奔當誅○舊疏云大平之世民皆有禮況於諸侯不死社稷而棄國出奔當合誅滅矣包氏慎言云桓十五年鄭伯突出奔蔡傳曰突何以名奪正也注明祭仲得出之故不以失衆錄也然則諸侯出奔者皆以失衆論絕桓十六年衛侯朔出奔齊傳曰衛侯朔何以名絕曷為絕之得罪于天子也其得罪于天子柰何見使守衛朔而不能使衛小衆越在岱陰齊屬負茲舍不即罪爾朔者王政也奉王政而不能使衆罪宜絕朔事在所傳聞之世外諸夏而以大惡錄罪止於絕北燕伯款屬所見世外無彊鄰之逼無故出奔不能乎臣民者也以太平之世責小國詳故論誅以為好惡拂人之性者戒呂刑曰刑罰世輕世重上刑適輕下服下刑適重上服此之謂也

四年春王正月大雨雹【注】為季氏【疏】校勘記云唐石經諸本同釋文大雨雹左氏作大雨雹解云正

本皆作雹字左氏經亦作雹故賈氏云穀梁作大雨雪今此若有作雪字者誤也經義雜記曰范注穀梁云雪或爲雹則穀梁亦有作雹者或據左氏公羊言之若今公羊作雪釋文同則誤也按舊疏也蓋亦作雹與陸本異周正月夏十一月大雨雪無足異當以作雹爲正差繆略云穀梁或作雪則陸氏所見公羊本作雹○注爲季氏○五行志中之下云昭公四年正月大雨雪劉向以爲昭取於吳而爲同姓謂之吳孟子君行於上臣非於下又三家已強皆賤公行慢侮之心生董仲舒以爲季孫宿任政陰氣盛也與何同左傳申豐以聖人在上無雹雖有不爲災古者日在北陸而藏冰西陸朝覿而出之今藏川池之冰棄而不用風不越而殺雷不發而震雹之爲災誰能禦之疏引膏肓云春秋書雹以爲政之所致非由冰也若今朝廷藏冰亦不於深山窮谷何故或無雹天下郡縣皆不藏冰何故或不雹若言有之於古者必有驗於今此其不合於義失天下相與之義鄭君箴之曰雨雹政失之所致是固然也國之失政君子知其大者其次知其小者藏冰之禮凌人掌之月令載之豳詩歌之此獨非政與故其小者耳夫深山窮谷固陰沍寒極陰之處水凍所聚不取其冰則氣畜不泄結滯而爲伏陰凡雨冰陽也雪雹陰也雨冰而伏陰薄之則凝而爲雹雨雪而愆陽薄之則合而爲霰申豐見時失藏冰之禮而有雹推之陰陽知此伏陰所致亦聖人之寓言也詳載其言者以著藏冰之禮不可廢耳劉氏逢祿評曰君子識其大者經意也其次識其小者左氏春秋說也鄭旣知經自爲經左氏自爲左氏何辨焉且以申豐爲寓言則可以爲聖人則張禹孔光於災異迭見終不以王氏爲言亦寓言之作倆也豈聖人之所許

夏楚子蔡侯陳侯鄭伯許男徐子滕子頓子胡子沈子小邾婁子宋

世子佐淮夷會于申 注 不殊淮夷者楚子主會行義故君子不殊其類所以順楚而病中國 疏 書費誓云徂茲淮夷釋文引鄭注淮水之夷名書序武王崩三監及淮夷叛又云成王東伐淮夷詩序宣王命召公平淮夷詩大雅江漢云淮夷來求魯頌閟宮淮夷來同僖十三年左傳淮夷病杞凡淮南北近海之地皆爲淮夷書禹貢淮夷蠙珠者是也在徐域者爲淮北之夷魯頌書序左傳病杞之夷是也在揚域者爲淮南之夷大雅及此楚子所會是也申者杜云申國今南陽宛縣大事表云在今河南南陽府南陽縣北三十里終春秋之世申最爲楚重地每有攻伐必發其兵後光武亦從南陽起○注不殊至中國○決成十五年叔孫僑如會晉士燮以下會吳于鍾離襄十年公會晉侯以下會吳于柤殊吳也監本子作于誤舊疏云內諸夏外夷狄者春秋之常典而不殊淮夷者正以此會楚子爲主會行義其行義者即下文爲齊誅是也通義亦云徐稱子又不外淮夷者皆以非中國主會無所殊也舊疏又云君子謂孔子孔子之意所以然者正欲順楚之事而病諸夏之衰微何者言楚夷狄尙能行義以相榮顯況於諸夏反不能然故得病之若然春秋之式傳聞之世內其國而外諸夏所聞之世內諸夏外夷狄所見之世治致太平錄夷狄則不殊淮夷固其宜也而此注云楚子主會行義君子不殊其類者正以等是太平亦有麤細昭當其父非己時事定哀之世乃醇粹也是以定六年注春秋定哀之間文致太平也然則淮夷始見此經更無進稱未當定哀之間仍合外限但由楚子主會故得不殊是以何氏更爲立義矣按舊疏義甚精密

楚人執徐子 疏 校勘記云唐石經鄂本同閩監毛本誤楚子按二家經皆作楚人此釋文及疏並不言左穀之異知公羊

本亦作楚人也

秋七月楚子蔡侯陳侯許男頓子胡子沈子淮夷伐吳執齊慶封殺之

此伐吳也其言執齊慶封何爲齊誅也注故繫之齊疏注故繫之齊○杜云楚子欲行霸爲齊討慶封故稱齊

其爲齊誅奈何慶封走之吳注以襄公二十八年奔魯自是走之吳不書者以絕于齊在魯不復爲大夫賤故不復錄之疏注以襄至之吳○即襄二十八年書齊慶封來奔是也彼左傳云既而齊人來讓奔吳○注不書至錄之○正以若言齊慶封則已絕于齊書魯慶封則非內大夫故略之不錄也

吳封之于防注不書入防者使防繫吳嫌犯吳也去吳嫌齊邑也疏齊世家奔吳吳與之朱方聚其族而居之吳世家齊相慶封有罪自齊來奔吳吳予慶封朱方之縣左傳吳句餘予之朱方聚其族焉而居之富於其舊朱方蓋即防也即今江南之丹徒縠梁傳云慶封封乎吳鍾離○注不書至邑也○舊疏云經言伐吳犯吳已著注云嫌犯吳者以慶封前已封防爲小國但諸侯不得專封是以春秋奪言伐吳實非伐吳今此經若言入防則更成上伐吳之文爲實伐吳是爲犯吳若言入防執齊慶封殺之則恐防是齊邑是以進退不得作文矣蓋防無所繫人不得比濫以邑通故不書也

然則曷爲不言伐防注据

防已爲國不與諸侯專封也注故奪言伐吳疏穀梁傳其不言伐鍾離何也不與吳
封也卽不與諸侯專封之義○注故奪言伐吳○通義云防既非
齊地不得與圍宋彭城同例故直言伐吳而已謂奪伐防文爲伐
吳也慶封之罪何脅齊君而亂齊國也注道爲齊誅意也稱侯而執
者伯討也月者善義兵疏齊世家景公立以崔杼爲右相慶封爲左相二相恐亂起乃與國人盟曰不與
崔慶死晏子仰天曰嬰所不獲唯忠於君利於社稷者是從不肯
盟慶封欲殺晏子崔杼曰忠臣也舍之又云慶封已殺崔杼益驕
嗜酒好獵不聽政令慶舍用政是脅齊君亂齊國事也左傳襄二
十五年崔杼立而相之慶封爲左相盟國人于大宮曰所不與崔
慶者晏子仰天歎曰嬰所不唯忠於君利社稷者是與有如上帝
乃歃又二十八年傳云齊慶封好田而耆酒與慶舍政與史記大
同○注稱侯至討也○僖四年傳文舊疏云上下更無稱爵以執
大夫之事唯此一經可以當之故何氏言焉繁露楚莊王稱云楚莊
王殺陳夏徵舒春秋貶其文不予專討也靈王殺齊慶封而直稱
楚子何也曰莊王之行賢而徵舒之罪重以賢君討重罪其於人
心善若不貶孰知其非正經春秋常於其嫌得者見其不得也是
故齊桓不予專地而封晉文不予致王而朝楚莊弗予專殺而討
三者不得則諸侯之得殆貶矣此楚靈之所以稱子而討也問者
曰不予諸侯之專封復見於陳蔡之滅不予諸侯之專討獨不復
見於慶封之殺何也曰春秋之用辭已明者去之未明者著之今
諸侯之不得專討固已明矣而慶封之罪未有所見也故稱楚子
以伯討之著其罪之宜死以爲天下大禁曰人臣之行貶主之位
亂國之臣雖不篡殺其罪皆宜死比於此其云爾也穀梁傳慶封

其以齊氏何也爲齊討也靈王使人以慶封令於軍中曰有若齊慶封弒其君者乎慶封曰子一息我亦且一言曰有若楚公子圍弒其兄之子而代之爲君者乎軍人粲然皆笑慶封弒其君而不以弒君之罪罪之者慶封不爲靈王服也不與楚討也春秋之義用貴治賤用賢治不肖不以亂治亂也孔子曰懷惡而討雖死不服其斯之謂與然則楚靈非應殺慶封之人得以伯討予之者春秋重義不重事慶封弒君亂國本國不能誅中夏不能討楚以靈夷誅以行霸雖云懷惡聖人不逆詐不億不信故猶以義與之也亦卽予祭仲行權之義也舊疏云此經不重出楚子以爲伯討之義僖二十一年秋宋公楚子陳侯以下會于霍執宋公以伐宋傳云曷爲不言楚子執之者以此經楚子爲會主序于上下言執齊慶封可以因上文不勞重出卽是稱爵而執故知爲伯討霍之經宋公序上乃次楚子下言執宋公不得因上文而不更出楚子不與夷狄之執中國也義或然也○注月者善義兵○不正以侵伐例時故也下五年疏引作月者善錄義兵此脫蓋順上稱爵伯討之文故書月以善義也

遂滅厲注莊王滅蕭日此不日者靈王非賢責之略疏左氏作賴舊疏云有作賴字者古厲賴同音廣韻皆入泰部論語子張篇未信則以爲厲己也釋文厲鄭讀爲賴史記刺客傳又漆身爲厲集解音賴詩大雅思齊烈假不瑕釋文烈鄭作厲又音賴病也鹽鐵論毀學篇苟非其人簞食豆羹猶爲賴民也卽厲民也莊子逍遙遊使物不疵癘釋文癘音厲李音賴惡病也本或作厲左氏桓十三年傳楚子使賴人追之注賴國在義陽隨縣又僖十五年經齊師曹師伐厲注厲楚與國義陽隨縣北有厲鄉漢書地理志南陽郡隨故國厲鄉故厲國也師古曰厲讀爲賴水經注漻水篇漻水北出大義山南

至厲鄉西賜水入焉亦云賴鄉故賴國也大事表今河南光州息縣東北爲賴國地按息縣在隨州殊遠恐非一地○今注莊王至之略○宣十二年楚子滅蕭書戊寅日是也注日者屬上有王言今反滅人故深責之是也彼爲責備賢者故日靈王不足責故略之從常例書月似莊十年冬十月齊師滅譚之屬是

九月取鄫

其言取之何注据國言滅疏注据國言滅○正以莒人滅鄫是取後于莒非以兵滅則鄫仍是國故据以難也舊疏云卽滅諱滅遂之屬是也滅之也滅之則其言取之何內大惡諱也注因鄫上有滅文故使若取內邑疏舊疏云隱二年無駭入極之下傳云此滅也其言入何內大惡諱也今又重發之者正以入取文不同故也通義云內諱滅國辭難曰入易曰取月者從滅國例起實滅也取載不起者彼承伐文載是國明此屬上有莒人滅鄫嫌實取莒邑矣○注因鄫至內邑○大事表云鄫本小國在今兗州府嶧縣東八十里襄六年見滅于莒至是魯乘莒亂而取之彼据左傳爲義公穀皆以莒取鄫後仍國今滅之故諱言取穀梁疏引徐邈云諱故爲易言之是也又以上襄六年已有滅文故可同之內自取一邑直言取如元年取運之屬矣繁露隨本消息云楚國強而得意一年再會諸侯伐強吳爲齊誅亂臣遂滅厲魯得其威以滅鄫其明年如晉無河上之患謂五年公如晉不至河復也蓋公羊先師有此義故董引用之與傳文內大惡諱義尤切

冬十有二月乙卯叔孫豹卒【疏】包氏慎言云十二月有乙卯月之三十日

五年春王正月舍中軍

舍中軍者何復古也【注】善復古也【疏】注善復古也○穀梁傳云舍中軍貴復正也注魯次國舊二軍襄立三軍今毀之故曰復正繁露楚莊王云春秋之於世事也善復古譏易常欲其法先王也漢書董仲舒傳以此見古之不可不用也故春秋變古則譏之後漢書楊終傳襄公作三軍昭公舍之君子大其復古以爲不舍則有害於民也舊疏云正以魯爲州故正合二軍今舍僭從禮故曰復古是以隱五年注云方伯二師是也又云襄時於司馬之下置中卿令助司馬爲將軍添前司徒司空爲三軍踰王制故於彼經作三軍以譏之今還依古禮舍司馬不復令將軍故曰舍中軍通義云初作中軍時三分公室三家各有其一今更毀中軍四分公室而季氏有其二此實弱公室之事然當時必以復古爲名春秋就以善復古書之此內辭也隱惡而揚善臣子之道也然則曷爲不言三卿【注】据上言作三軍等問不言軍三云卿者上師解言三卿因以爲難【疏】注据上言作三軍○襄十一年云作三軍今舍之宜言舍三軍而言舍中軍與上異故難之○注等問至爲難○襄十一年傳云三軍者何据軍爲問則此傳亦宜言曷爲不言三軍而言三卿者正以上傳云三卿也師解以三卿答三軍故此傳即据三卿爲難明此傳之三卿猶彼傳之三軍也五亦有中三亦有中【注】此乃解上作三軍時意作時益中軍不可言中軍者五

亦有中三亦有中不知何中也今此据上作三軍不言中則益三之中舍三之中皆可知也弟子本据上言作三難下中不言三也如師解言本益中故下言舍中爲其將復据下中難上不言中故解上以解下如此則下不言三亦可知也不言鄉者欲同上下文以相起傳不足以解之者以上解下文當同亦可知月者舊錄之

疏正以襄十一年時益司馬之職將軍正是益中軍彼經宜書作中軍而不然者以三有中五亦有中嫌與五軍淆也故言作三軍以明之○注此乃至中也○注明傳文解上不言作中軍之意上謂襄十一年經也意謂彼經若言作中軍五三皆有中不知何中故也○注今此至知也○校勘記云疏中引注上不言中下有云三二字此脫注意上言作三軍此言舍中軍正以上不言中而云三知此所据以舍中軍者爲益與舍皆三之中同也○○注弟子至三也○此明傳据曷爲不言三卿爲難意下即此傳○○注如師至知也○舊疏云如詁爲若按師解即傳義也傳文所以答五三皆有中也者正以上作三軍本爲益不今將復古舍中恐人疑此傳言舍中上何故不言作中爲難故以五三皆有中明上不言中之故上既明言作三軍則下但言舍中軍知爲三軍之中上矣○注不言至相起○上襄十一年言作三軍此年經舍中軍知此所舍即舍上所作故爲同文以相起也○注傳不至可知○校勘記云諸本同故也解云今此傳文少故言傳不足解之也欲以上解下者云云則此注足下衍以字者下脫欲字當据以刪補舊疏云傳若足

解之宜云前此作三軍之時不言中者五亦有中三亦有中此舍三軍不言三者前三非正稱故舍時不得言三今此傳文少是傳不足解之也以作時文在上故傳特解之上文既解訖下文不言三之意當同上義可知按此不言舍三軍者嫌三軍盡舍故須明斥中軍又以起上之作三軍爲益中軍也故也○注月者善錄之○春秋軍制別無所見上書月爲重錄此書月宜順傳善復古爲詳錄也通義云月者重錄之作舍同例然公如晉亦得蒙正月也

楚殺其大夫屈申

公如晉

夏莒牟夷以牟婁及防茲來奔疏大事表云此莒三邑也牟婁本杞邑隱三年莒人伐杞取之地屬莒在今青州府諸城縣東北與安丘縣接境防在今安丘縣西南六十里有故平昌城防亭在縣西南茲在今諸城縣西四十里有姑幕城茲亭在其境杜云城陽平昌縣西南有防亭姑幕縣東北有茲亭一統志茲鄉故城在諸城縣西北漢屬琅邪郡

莒牟夷者何莒大夫也莒無大夫此何以書重地也疏穀梁傳莒無大夫其曰牟夷何也以其地來也以地來則何以書重地也左傳牟夷非卿而書尊地也通義云其來奔雖不以地亦當以近書而傳云然者經含兩義則舉其重者釋之其言及防茲來奔何注據漆閭丘不言及高張言及疏注據漆至言及○卽襄二十一年邾庶其以漆閭丘來奔又哀六年齊國夏及高張來奔是也舊疏云人之尊卑自有

差等可以言及地邑無尊卑之義恐其不得言及也不以私邑累公邑也注公邑君邑也私邑臣邑也累次也義不可使臣邑與君邑相次序故言及以絕之

疏注公邑至邑也〇通義云劉敞曰私邑者所受于君而食之者也公邑者非食之者也〇注累次至絕之〇桓二年傳累也注累累從君而死也穀梁桓二年注累從也從卽次義莊子外物云揭竿累釋文累謂次足不得並足也私邑不敢並公邑故亦曰累莊二十九年注言及別君臣之義君臣之義正則天下定矣

秋七月公至自晉

戊辰叔弓帥師敗莒師于濆泉疏包氏慎言云七月書戊辰月之十六日舊疏云左氏作蚡泉穀梁作賁泉

濆泉者何直泉也直泉者何涌泉也注蓋戰而涌爲異也不傳異者外異不書此象公在晉臣下專受莒叛臣地以與兵戰鬬百姓悲怨歎息氣逆之所致故因以著戰處欲明天之與人相報應之義疏爾雅釋水濫泉正出正出涌出也郭注引此傳曰直出直猶正也詩疏引李巡云水泉從下上出曰涌泉說文水部涌滕也滕水超涌也是則濆有憤激之意故作濆凡从賁得聲字多取義於忿故地之突起者爲墳起人之忿怒者爲憤怒物之大首者

爲賁首是也說文水部濫濡上及下也亦謂水由下濡出而自上下也引詩畢沸濫泉今詩采菽瞻卬俱作檻泉傳箋並據爾雅爲說則濆泉蓋與檻泉同○注蓋戰至異也○舊疏云似穀洛鬬之事也通義云傳釋其地有涌泉故以泉名耳何氏謂當戰而涌甚謬然爾雅專釋羣經解檻泉不及濆泉恐非地名○注不傳至不書○舊疏云春秋之義外異不書即襄十九年不書鄉移之屬是今此濆泉爲異故不錄若書之宜云何以書爲天下記異若僖十四年書沙鹿崩之傳矣○注此象至所致○書公在晉即上春公如晉也受叛臣邑則上莒牟夷以牟婁及防茲來奔是在公至自晉前也與兵戰鬬則此敗莒師于濆泉是也○注故因至之義○原文闕

秦伯卒

何以不名【注】据諸侯名【疏】史記注引世本云景公名后伯車也通義云至此始發難者据所見之世錄小國

秦者夷也【疏】通義云秦居西陲雜犬戎之習非實夷國也用夷俗爾按漢書地理志天水隴西及安定北地上郡西河皆迫近戎狄修習戰備高上氣力又趙充國傳贊曰山西大水隴西安定北地處埶迫近羌胡習修戰備高上勇力其風聲氣俗自古而然按此於春秋皆秦地明時皆用夷俗也

匿嫡之名也【注】嫡子生不以名令于四竟擇勇猛者而立之【疏】注嫡子至立之○新書立後義云古之聖帝將立世子則帝自朝服立阼階上妃抱世子自房出太史奉書上堂當兩階間北面立曰世子名曰某者三太史以告太祝太祝以告太祖太宗與社稷太史出以告太宰

太宰以告州伯州伯命藏之州府凡諸貴已下至于百姓男女無敢與世子同者是嫡子生以名令四竟事也秦匿嫡名擇勇猛者立之無嫡庶之別正漢志及贊所謂迫近羌胡高上氣力也隱七年滕侯卒穀梁傳云滕侯無名少曰世子長曰君狄道也其不正者名也則此秦伯不名當亦以爲用狄道故彼疏引徐邈說云秦伯不名用嫡道也

其名何注据秦伯嬰稻名疏注据秦至稻名○卽文十八年秦伯罃卒宣四年秦伯稻卒是也舊疏云文十八年經作罃今此嬰字誤也

嫡得之也注獨嬰稻以嫡得立之疏注獨嬰至立之○舊疏云嬰字亦誤宜爲罃兪氏樾公羊平議云此傳之義甚不可曉秦既匿嫡子之名何以嫡子得立其名又得書於春秋乎今按說文女部嫡孋也孋謹也是嫡本非嫡庶字凡嫡庶字古作適隱元年傳立適以長其字作適不作嫡可證此傳嫡字疑古本皆作適適兩適字異義匿嫡之名也此適庶之適言秦人於適子之名皆隱匿之其所以隱匿之者正以欲立爲君之故不使人指斥之非如何氏擇勇猛而立之也適得之也此適然之適言秦人於適子之名皆隱匿之故秦諸君名並不著唯秦伯罃秦伯稻兩君獨名者乃適得之也猶云偶然得之也襄八年傳侵而言獲者適得之也與此傳文正同按兪義亦通然何氏擇勇猛之語必非臆撰

冬楚子蔡侯許男頓子沈子徐人越人伐吳注吳未服慶封之罪故也越稱人者俱助義兵意進於淮夷故加人以進之義兵不月者進越爲義兵明故省文疏注吳未至故也○何氏以意言之越進稱人知義兵明爲吳未服罪也○注越

稱至進之○卽上四年楚子蔡侯陳侯許男頓子胡子沈子淮夷伐吳淮夷不稱人注月者舍義兵彼亦義兵淮夷無進辭今越稱人故解之明爲進意也通義云越何以稱人徐人越云則不辭按此蓋亦因其可進而進之爾○注義兵至省文○正以侵伐例時舍之詳錄則月上四年秋七月楚子以下伐吳書月是也今已進越爲人義兵明故省文不月也

公羊義疏六十一

南菁書院

句容陳立卓人著

昭六年盡十二年

六年春王正月杞伯益姑卒注不日者行微弱故略之上城杞已貶復卒略之者入所見世責小國詳始錄內行也諸侯內行小失不可勝書故於終略責之見其義疏注不日至略之○正以襄二十三年春三月乙巳杞伯匄卒書日今不日故解之○注上城杞已貶○襄二十九年仲孫羯會晉荀盈以下城杞杞子來盟注貶稱子者微弱不能自城危社稷宗廟當坐是城杞已貶也○注復卒至其義○舊疏云律云一人有數罪則以重者坐之然則亦不再加而卒復略之者正以此是入所見世責小國詳始錄其內行故也按杞伯內行有失經傳無文何氏或別有所據諸侯內行小失云云何氏明春秋通例其罪重者則去葬以明義也

葬秦景公

夏季孫宿如晉

葬杞文公

宋華合比出奔衛

秋九月大雩【注】先是季孫宿如晉是後叔弓與公比如楚有豫賦之煩也【疏】注先是至煩也○季孫宿如晉則上文夏季孫宿如晉是也是後叔弓與公比如楚者卽下文冬叔弓如楚七年三月公如楚是也二事在後故云豫賦何氏以意言也舊疏云一本云叔弓如齊者誤釋文出賦斂云力驗反或無此字舊疏本卽或本也五行志中之上六年九月大雩先是莒牟夷以二邑來奔莒怒伐魯叔弓帥師距而敗之昭得入晉外和大國內獲二邑取勝鄰國有炕陽動衆之應師古曰時昭公適欲朝晉而遇莒人來討將不果行叔弓既敗莒師公乃得去故傳云成禮大國以爲援好也按志所据劉歆說蓋左氏家言也然按經五年公如晉夏莒牟夷以牟婁及防茲來奔秋九月公至自晉戊辰叔弓帥師敗莒師于濆泉則叔弓敗莒在公至自晉後志以爲叔弓帥師距而敗之昭得入晉者誤也師古承其誤而文之過矣

楚薳頗帥師伐吳【疏】左氏穀梁作薳罷

冬叔弓如楚

齊侯伐北燕【疏】燕世家云齊高偃如晉請共伐燕入其君晉平公許與齊伐燕入惠公惠公至燕而死左傳云將納簡公晏子曰不入燕有君矣齊遂受賂而還公羊均無此事

七年春王正月暨齊平【注】書者善錄內也不出主名者君相與平國

中皆安故以舉國體言之月者刺內暨暨也時魯方結婚于吳外慕強楚故不汲汲于齊【疏】注書者善錄內也○舊疏云正以平爲善事今書之故云善錄內也穀梁傳平者成也疏引舊解平者善事也○注不出至言之○左疏引賈云謂魯與齊平也穀梁傳云以外及內曰暨賈說所本與公羊合不出主名者決宣十五年宋人及楚人平書人也君相與平非平者在下比舉國言之起二國人皆善也通義云左氏許惠卿說此爲燕與齊平推尋經文下有叔孫舍如齊莅盟與定十一年及鄭平叔還如鄭莅盟情事正同且以僖公之篇衞人侵狄秋衞人及狄盟較之彼間無他事而重舉衞此伐在隔年而不重舉北燕其非燕齊平審矣按經例如燕與齊平不得僅曰暨齊平言暨則魯與諸侯平之辭下叔孫舍如齊莅盟即齊平之徵孔說是也左疏引服氏說云襄二十四年仲孫羯侵齊二十五年崔杼伐我自爾以來齊魯不相侵伐且齊是大國無爲求與魯平此六年冬齊侯伐北燕將納簡公齊侯貪賄而與之平故傳言齊求之也齊次于虢燕人行成其文相比許君近之其說非是齊自崔杼伐魯後景公即位求好于晉旋即向戌弭兵十餘年間惟慶封通嗣君來魯一聘外無朝聘往來雖無侵伐不得竟謂和好是時蓋因魯結援晉楚又與吳爲昏齊又崔慶甫平二惠不競求平於魯事所或有不得謂齊是大國無爲求與魯平也崔氏應榴吾亦盧稿萬氏隨筆曰以爲燕與齊平者杜氏本許惠卿之說也以爲魯與齊平者孔氏宗賈逵何氏之說也杜說順傳而本文自背孔氏据經而前後可通諸儒多從孔氏劉公是更截左傳齊求之也句爲齊魯之事齊侯次于虢下爲燕平之事尤爲明確愚按魯與齊平下經書叔孫婼如齊莅盟是也燕與齊平下傳記鄭伯有事齊平燕之月是

也春秋書平必有關天下大故燕齊平不必書鄭平書則所書當是齊魯之平耳○注月者至暨也○定十一年冬及鄭平書時此月故解之刺內暨暨者隱元年傳及猶汲汲暨猶暨暨也及我欲之暨不得已也平善事而不汲汲故書月以刺之穀梁傳曰暨猶暨暨也暨者不得已也義同○注時魯至於齊○下十年十有二月下注云去冬者蓋昭公娶吳孟子之年故貶之明時方結婚于吳也上六年冬叔弓如楚此下云公如楚是外慕強楚也

三月公如楚

叔孫舍如齊莅盟 疏 釋文舍二傳作婼說文女部婼不順也从女若聲春秋傳曰叔孫婼古若聲舍聲同部顧氏炎武唐韻正云婼丑略切上聲則音舍春秋昭七年叔孫婼公羊作舍是也漢書西域傳婼羌師古曰音而遮反遮从庶聲亦同部字也左氏莅作涖並俗當作埭說文立部埭臨也是也穀梁傳莅位也內之前定之辭謂之莅外之前定之辭謂之來非公羊義見僖三年

夏四月甲辰朔日有食之 注 是後楚滅陳楚弒其君虔于乾谿 疏 包氏慎言云經書四月甲辰朔據曆爲月之三日五行志劉歆以爲二月魯衞分臧氏恭壽以三統推是年正月甲戌朔大二月甲辰朔大三月甲戌朔小四月癸卯朔二日甲辰○注是後至乾谿○校勘記云鄂本同疏及閩監毛本下有蔡字此脫楚滅陳蔡者即下八年楚師滅陳十一年楚師滅蔡是也楚弒君乾谿見下十三年五行志下之下昭公七年四月甲辰朔日有食之董仲舒劉向以

爲先是楚靈王弑君而立會諸侯執徐子滅賴後陳公子招殺世子楚因而滅之又滅蔡後靈王亦弑死較何注加詳志又引傳曰晉侯問於士文伯曰誰將當日食對曰魯衞惡之衞大魯小公曰何故對曰去衞地如魯地於是有災其衞君乎魯將上卿是歲八月衞襄公卒十一月魯季孫宿卒晉侯謂士文伯吾所問日食從矣可常乎對曰不可六物不同民心不壹事序不類官職不則同始異終胡可常也詩曰或宴宴居息或盡顇事國其異終也如是公曰何謂六物對曰歲時日月星辰是謂公曰何謂辰對曰日月之會是謂公曰詩所謂此日而食于何不臧何也對曰不善政之謂也國無政不用善則自取適於日月之災故政不可不慎也務三而已一曰擇人二曰因民三曰從時此推日食之占循變復之要也易曰縣象著明莫大於日月是故聖人重之載於三經於易在豐之震曰豐其沛日中見昧折其右肱亡咎於詩十月之交則著卿士司徒下至趣馬師氏咸非其材同於右肱之所折協於三則務之所擇明小人乘君子陰侵陽之原也

按此推日食之占下蓋劉歆釋傳語也

秋八月戊辰衞侯惡卒疏包氏慎言云八月書戊辰月之二十九日

九月公至自楚疏通義云如楚危月出致同例

冬十有一月癸未季孫宿卒疏包氏慎言云十一月有癸未月之十五日

十有二月癸亥葬衞襄公注當時而日者世子輒有惡疾不早廢之臨死乃命臣下廢之自下廢上鮮不爲亂故危錄之疏包氏慎言云十二月

書癸亥月之二十六日○注當時至錄之○隱三年傳當時而日危不得葬也今此衞侯惡卒於八月此十二月正五月當時而日故言危錄之也輒有惡疾者下二十年盜殺衞侯之兄輒傳母兄稱兄兄何以不立有惡疾也是也不早廢之云云何氏蓋以經作危不得葬辭故云然左傳亦以靈公爲孔成子等所立或即孔烝鉏史朝廢之也白虎通攷黜云世子有惡疾廢者何以其不可承先祖也故春秋傳曰兄何以不立有疾也何疾爾惡疾也按下二十年注云惡疾謂瘖聾盲癘禿跛傴不逮人倫之屬穀梁彼傳云然則何爲不爲君也曰有天疾者不得入乎宗廟之輒者何也曰兩足不能相過是即何氏所謂跛與禮喪服云爲君之父母妻長子祖父母注若是繼體則其父若祖有廢疾不立今君受國於曾祖是即有惡疾宜廢是也故禮記喪服小記云庶子王亦如之注世子有廢疾不可立而庶子立其祭天立廟亦如世子之立也春秋時衞侯元有兄縶蓋世子有廢疾則不可承祭臨民故婦人有惡疾亦在七出之科也

八年春陳侯之弟招殺陳世子偃師注說在元年變其言陳者起招致楚滅陳自此始故重舉國疏注說在元年○即上元年傳云大夫相殺稱人此其稱名氏以殺何言將自是弒君也今將爾詞曷爲與親弒者同君親無將將而必誅是也○注變其至舉國○莊二十二年陳人殺其公子禦寇言其此特言陳故解之又大夫相殺亦稱人文九年晉人殺其大夫先都下陳人殺其大夫公子過是也上元年傳又云何著乎招之有罪言楚之託乎討招以滅陳也故此變言陳以起之通義云變其言陳者世子縶君言其則可繫招言其則不可言其公子則可

言其世子則不可然公子亦貴乎先君何爲可言其也

夏四月辛丑陳侯溺卒【疏】包氏慎言云四月有辛丑月之五日

叔弓如晉

楚人執陳行人干徵師殺之【疏】通義云招所使也

陳公子留出奔鄭【疏】通義云招所立也陳杞世家招殺悼太子立留爲太子哀公自經殺招卒立留爲陳君楚使公子弃疾發兵伐陳陳君留奔鄭

秋蒐于紅【疏】唐石經諸本同釋文作廋云本亦作蒐杜云蕭縣西有紅亭大事表云今爲江南徐州府蕭縣蕭爲宋邑蕭叔所封邑傳云自根牟至于商衛革車千乘商即宋也豈魯蒐于近宋之鄙而蕭縣魯亦有其地與水經注獲水篇獲水又東歷洪溝東注水南北各一溝溝首對獲世謂之鴻溝非也春秋昭八年蒐于紅杜預云沛國蕭縣西有紅亭即地理志之虹縣蓋溝名音同非楚漢所分矣馬氏宗槤左傳補注云劉昭郡國志注於泰山奉高云紅亭在縣西北杜預曰接宋衞也於沛國紅縣引地記云左傳昭八年大蒐于紅是劉昭於奉高紅縣兩地皆以爲昭公蒐地奉高屬泰山郡本魯地紅應在是沛國去魯太遠杜預亦疑其非劉昭因晉書地道記而誤何屺瞻亦疑其非不足據也按根牟魯東界在古琅邪陽都縣紅地應相去不遠其以爲在泰山奉高者近是一統志紅亭在泰安府東是也紀要謂在鳳陽虹縣西者誤

蒐者何簡車徒也【注】徒衆【疏】注徒衆○周書芮良夫解實繁有徒注徒衆也文選東京賦結徒營薛注徒徒衆也漢書刑法志卒正三年簡徒注徒人衆又食貨志賦共車馬甲兵士徒之數注徒衆也莊子徐無鬼云無徒驥於錙壇之宮注步兵曰徒隱八年左傳彼徒我車注徒步兵也則徒與車對車謂乘兵徒爲步兵也故僖二十八年左傳云徒兵千襄元年敗其徒兵于洧上皆是也何以書蓋以罕書也【注】說在桓六年【疏】注說在桓六年○桓六年傳大閱者何簡車徒也何以書蓋以罕書也注罕希也孔子曰以不教民戰是謂棄之故比年簡徒謂之蒐三年簡車謂之大閱五年大簡車徒謂之大蒐存不忘亡安不忘危是也左疏引賈云蒐于紅不言大者言公大失權在三家也然則下十一年大蒐于比蒲二十二年大蒐于昌姦定十三十四年大蒐于比蒲將何說乎舊疏云爲蒐之法比年作之今此不然故云以罕書是

陳人殺其大夫公子過【疏】通義云不去大夫者非討賊之辭也蓋過實不與弒而招歸罪焉若魯翬討蔿氏之比按公羊傳僅元年有云招將自是弒君也注云孔瑗弒君本謀在招春秋書殺過同大夫相殺之例則過與謀與否無文以定孔氏取左傳爲說也

大雩【注】先是公如楚半年乃歸費多賦重所致【疏】注先是至所致○卽上七年三月公如楚九月公至自楚是也

冬十月壬午楚師滅陳執陳公子招放之于越殺陳孔瑗【疏】包氏慎言云十

月書壬午十月無壬午十一月之二十一日孔瑗左傳穀梁瑗作奐古爰聲奐聲同部

葬陳哀公注日者疾詐諼滅人也不舉滅爲重復書三事言執者疾諼託義故列見之託義不先書者本懷滅心重舉陳者上已言滅不復重舉無以明

疏注日者至人也○春秋之義滅例書月今此書日故解之若然上四年遂滅厲注莊王滅蕭日此不日者靈王非賢責之略此亦靈王書日責之者詐諼滅人惡尤重故書日以疾之通義云劉敞曰此楚子也其稱師何貶曷爲貶乘人之亂滅人之國執人之賊殺人之臣稱侯則疑于伯稱人則疑于討滅重矣故壹見之於師也謹案孔瑗不言大夫討賊之辭也蓋招所使殺偃師者若成濟之比按劉敞本范甯說○注不舉至見之○襄六年齊師滅萊注不書殺萊君者舉滅國爲重則此亦直書楚師滅陳已足復列見執公子招殺孔瑗葬哀公正以見其託討賊滅人國故也穀梁傳惡楚子也是也○注託義至滅心○宣十一年先書楚人殺陳夏徵舒下云丁亥楚子入陳注日者惡莊王討賊之後欲利其國是莊王本行義討賊後乃有利陳之心故先書殺陳夏徵舒後書入陳靈王本懷滅心託義討賊與莊王異故先書滅以誅心○注重舉至以明○舊疏云成二年秋七月齊侯使國佐如師己酉及國佐盟于袁婁不重舉齊此重舉陳者上已言楚師滅陳若不復舉陳無以明其是陳人矣通義云承上滅陳文已明復事事繫陳者深存陳之意按穀梁傳云葬陳哀公不與楚滅閔公也注滅國不葬閔楚夷狄以無道滅之故書葬以存陳孔義本此

九年春叔弓會楚子于陳【注】陳已滅復見者從地名錄猶宋郜以邑錄不舉小地者顧後當存【疏】注陳已至邑錄○隱十年公敗宋師于菅辛未取郜郜本國名春秋前為宋所滅故以邑錄是以桓二年有取郜大鼎事也○注不舉至當存○舊疏云陳是總號會時未必在其國都所以不舉小地而舉陳者正以楚人暴滅春秋欲閔陳而存之故還舉其大號言也其存陳者即下經夏四月陳火是也

許遷于夷【疏】水經注淮水篇淮水又北夏肥水注之水上承沙水于城父縣右出東南流逕城父縣故城南縣故焦夷之地春秋昭九年楚公子棄疾遷許于夷實城父矣取州來淮北之田以益之伍舉授許男田言夷田在濮水西者也然則濮水即沙水之兼稱得夏肥之通目矣杜云城父屬譙郡按譙為今亳州地

夏四月陳火【疏】左氏作陳災杜云陳已滅降為楚縣而書陳災者猶晉之梁山沙鹿崩不書晉災害繫於所災所害按彼為天下記異不得以例此

陳已滅矣其言陳火何【注】据災異為有國者戒【疏】校勘記云諸本同唐石經無下陳字

存陳也【注】陳已滅復火者死灰復燃之象也此天意欲存之故從有國記災【疏】注陳已至記災○校勘記云鄂本大作天此誤按紹熙本亦作天舊疏引考異郵云陳火之類未當誅絕天曉其君死灰更燃之意穀梁傳國曰災邑曰火火不志此何以志閔陳而存之也左疏引賈服說亦言愍陳不與楚故存陳

而書之言陳尙爲國也范云陳已滅矣猶書火者不與楚滅也李氏貽德賈服注輯述云春秋之例外災不書往弔來告則其書法如宣十六年成周宣榭火必繫其國名於火處之上時陳既爲楚縣若與楚有陳則當曰楚陳火今曰陳火明陳國尙存不與楚滅爲繼絶存亡之義明矣若然則沙鹿梁山崩何不繫晉王天子祭天下名山大川公羊傳曰爲天下記異與災火之異係一國者有殊故不繫晉也十三年經云陳侯吳歸于陳不言楚復封則楚雖滅陳固不與其滅也不與楚滅則亦不斥陳亡矣通義云姚大夫曰言存陳者孔子悲之也滅國多矣曷爲獨悲陳而存之以楚託於名義若義當滅陳世無敢議楚罪者若是陳將竟滅矣而幸而復存是可悲矣是以春秋於其未復而亟存之也廣森謂陳已滅則春秋雖欲存之他無可記故因天火而錄之不用外災常例矣故左傳陳災鄭裨竈曰五年陳將復封是天欲存之也陳蔡等滅陳最無罪明德之後又非蔡度可比故天特存以勸懲示春秋即因之書以起繼絶存亡義也

曰存陳悕矣【注】書火存陳者若曰陳爲天所存悲之【疏】舊疏悕謂悲也成十六年傳在招丘悕矣

曷爲存陳【注】据災非一天意曷爲悲陳而存之【疏】注据災至存之〇舊疏云弟子之意以爲春秋之內書災者非止一處曷爲於此災上悲陳而存之

滅人之國執人之罪人【注】罪人招也殺人之賊【注】孔瑗弑君賊也葬人之君【疏】八年左傳疏引賈服亦云楚葬哀公不取彼傳袁克私葬爲說孔疏云若是楚葬宜云楚人葬陳哀公當如齊侯葬紀伯姬不得直言葬按十三年經葬蔡靈公彼傳云平王即位旣封陳蔡冬十月葬蔡靈公禮也是蔡靈公亦爲平王所葬春秋何

不云楚葬也若是則陳存悕矣注楚爲無道託討賊行義陳臣子辟門虛心待之而滅其國若是則天存之者悲之也不書孔瑗弑君者本爲招弑當舉招爲重方不與楚討賊故沒招正賊文以將與上貶起之月者閔之

疏注楚爲至之也○下十一年左傳叔向對韓宣子曰楚王奉孫吳以討於陳曰將定而國陳人聽命而遂縣之是楚託討賊陳臣子待之而滅事也漢書五行志上云九年夏四月陳火董仲舒以爲陳夏徵舒殺君楚嚴王託欲爲陳討賊陳國闢門而待之至因滅陳陳臣子尤毒恨甚極陰生陽故致火災劉向以爲先是陳侯弟招殺陳太子偃師皆外事不因其宮館者略之也八年十月壬午楚師滅陳春秋不與蠻夷滅中國故復書陳火也左氏經曰陳災傳曰鄭裨竈曰五年陳將復封封五十二年而遂亡子産問其故對曰陳水屬也水火妃也而楚所相也今火出而火陳逐楚而建陳也妃以五成故曰五年歲五及鶉火而後陳卒亡楚克有之天之道也說曰顓頊以水王陳其族也今玆歲在星紀後五年在大梁大梁昴也金爲水宗得其一宗而昌故曰五年陳將復封楚之先爲火正故曰楚所相也天以一生水地以二生火天以三生木地以四生金天以五生土五位皆以五而合而陰陽易位故曰妃以五成然則水之大數六火七木八金九土十故水以天一爲火二牡木以天三爲土十牡土以天五爲水六牡火以天七爲金四牡金以天九爲木八牡陽奇爲牡陰耦爲妃故曰水火之牡也火水妃也於易坎爲水爲中男離爲火爲中女蓋取諸此也自大梁四歲而及鶉火四周四十八歲凡五及鶉火五十二年而陳卒亡火盛水衰故曰天之道也

哀公十七年七月己卯楚滅陳經義雜記云按所引左氏說乃秦漢以來舊誼當與伏生書傳毛公詩傳等觀不獨足以補正杜注而已董劉說公穀推所以致災之由一自遠者言之一自近者言之考宣公十一年陳亂陳臣子痛國之亂而望楚之救也故開門延楚乃乘其亂而滅之陳之臣子痛益深矣幸聽叔時之言復封陳庶爲詧補過者而又鄉取一人焉以歸謂之夏州則與滅陳國而虜其民人無異陳之臣子懷羞愧憤恨之心欲快意與楚者非一日矣今復爲之滅是以陰毒之氣蓄之久而發之烈也此董生遠推意也劉子政說穀梁以爲招殺大子偃師故天降之災楚已滅陳而復書陳者不與蠻夷滅中國也按宣十一年楚子入陳傳入者內弗受也曰入惡入者也何用弗受也不使夷狄爲中國也義本此故賈服注左傳范注穀梁無以弗受盡同獨杜氏好爲異例輕改舊說非也○注不書至起之○上元年注云孔瑗弑君本謀在招故舉招爲重責以弑文不言孔瑗弑君也解上八年書陳侯之弟招義也不與楚討賊者決宣十一年楚人殺陳夏徵舒文不與而實與也此皆不與故没討招之文謂不於討處貶之也以將與上貶起之者上謂元年稱公子不稱弟爲貶辭也明此雖没正賊然本謀在招上已貶明故得與相起○注月者閔之○舊疏云正以外災例時即襄元年春宋火之屬是今而書月故言閔之閔義具上

秋仲孫貜如齊

冬築郎囿

十年春王正月

夏晉欒施來奔 疏 校勘記云唐石經諸本同釋文晉欒施左氏作齊欒施孫志祖云此非晉之欒氏公羊經文誤當同左氏作齊按穀梁亦作齊惠氏棟周易本義辨證云晉孟喜作齊子西反義同晁氏曰說文作𣈆按齊古文𣈆篆文晉今文愚謂𣈆改爲晉始於蔡邕石經古晉字讀爲齊音子斯反又卽移切見春秋傳及公羊釋文嘯堂集古錄有𣈆姜鼎𣈆姬姓安得稱姜必齊姜也古文多借用故晉字或借爲齊晁以道以齊爲古文是春秋齊晉無別矣恐未然按說文鄑从邑晉聲左氏莊元年釋文莊十一年釋文公羊桓七年釋文莊元年釋文十一年釋文穀梁莊元年十一年釋文並音鄑子斯反又子移反玉篇亦音鄑子斯切又哀十三年傳注敗齊師于菑疏菑字有作晉字知古音晉音往往通轉矣金氏廷棟齊欒施晉欒施解云齊欒施公羊作晉欒施施字子旗齊惠公後非晉欒氏按晉卽齊字晉卦之晉孟氏作齊齊晉一也說文𣈆从日𣈆聲今人以晉易之非也蓋齊可爲晉晉不可爲𣈆蔡石經改𣈆爲晉而齊晉字不通矣然則古齊字本爲晉非古晉字讀爲齊也公羊不異說甚明晰

秋七月季孫隱如叔弓仲孫貜帥師伐莒 疏 釋文隱如左氏作意如古隱意一音之轉禮記少儀隱情以度注隱意也思也又中庸壹戎衣注衣讀如殷聲之誤也齊人言殷聲如衣是殷有衣音與隱有意音同

戊子晉侯彪卒 疏 包氏愼言云七月書戊子月之七日

九月叔孫舍如晉

葬晉平公

十有二月甲子宋公戌卒注去冬者蓋昭公娶吳孟子之年故貶之

疏校勘記云唐石經諸本同釋文宋公戌戌讀左傳者音成何云向戌與君同名則宜音恤穀梁與左傳同左氏釋文云戌音成何休音恤左氏文二年傳宋公子成釋文成音城本或作戌音恤成與戌易混故也宋王復齋鐘鼎款識宋平公鐘銘宋公成之鋞鐘吳東發跋云左昭十年傳宋公成公羊作戌史記亦作成今觀是銘當以公羊爲正是平公器也頌壺銘甲戌豐姑敦丙戌文皆作成與此同又按左昭二十年傳公子城杜注平公子成與城同音若平公名成其子似不得名城矣包氏愼言云十二月書甲子月之十六日○注去冬至貶之○舊疏云正以論語禮記皆有昭公取于吳謂之吳孟子文但不指其取之年歲今無冬更無他罪可指是以何氏以意當之娶吳孟子不書諱取同姓故也通義云謹按此公羊師說相承必有所受坊記曰魯春秋去夫人之姓曰吳謂書夫人至自吳不書姬氏是不修春秋文如是君子修而削之矣蓋事在是年冬十月或十一月不存其事故亦不存其目若移冬于十有二月之上則諱意不顯春秋之爲諱也沒其文而不沒其實必有所託以見端云極爲諦當而舊疏引賈服曰無冬刺不登臺視氣考登臺視氣見僖五年彼傳以爲禮明平時皆不行此禮矣何獨於此年譏之

十有一年春王正月叔弓如宋

葬宋平公疏左氏穀梁作春王二月趙氏坦春秋異文箋云諸侯五月同盟至平公以十年十二月甲子卒至是年二月葬僅逮三月三月而葬已逮況踰月乎公羊傳正月或字之譌按既逮葬矣可三月卽可踰月也

夏四月丁巳楚子虔誘蔡侯般殺之于申【疏】包氏愼言云四月有丁巳月之十日差繆略云穀梁作乾按今注疏本及穀梁石經皆作虔

楚子虔何以名【注】据誘戎曼子不名【疏】注据誘至不名○下十六年楚子誘戎曼子殺之不書名是也

絶【疏】錢氏大昕潛研堂答問云問曲禮諸侯滅同姓名春秋衛侯燬滅邢邢衛固同姓矣楚子虔誘蔡侯般殺之于申楚蔡非同姓何以亦書名曰禮云滅同姓名者滅天子之同姓也陳蔡皆楚虔所滅不於滅陳名虔而於滅蔡名之以其滅周同姓尤惡之也春秋之君滅同姓者多矣獨於二文見義者蔡姬姓之大國非漢陽諸姬可比誘而殺之其惡尤甚衛秉禮之國文公又賢君且邢衛同爲狄所滅因齊桓仗義得復社稷乃瞰邢之弱而取之於義尤爲不順故亦絶之按滅同姓爲滅天子之同姓此錢氏臆見蔡般宜討虔非討蔡之人復誘而討之尤爲不義傳明云懷惡而討不義君子不與也此絶之正義也校勘記云唐石經諸本同下十三年疏引作絶也此脫

曷爲絶之【注】据俱誘之爲其誘討也【注】使不自知而死故加誘【疏】注使不至加誘○左傳楚子在申召蔡靈侯靈侯將往蔡大夫曰王貪而無信唯蔡於感今幣重而言甘誘我也不如無往蔡侯不可三月丙申楚子伏甲而饗蔡侯於申醉而執之夏四月丁巳殺之是其事也包氏愼言云般弒父殺當其罪不聲罪而誘殺之與詐殺同科故絶之稱名明當絀爵也穀梁傳何爲名之也夷狄之君誘中國之君而殺之故謹而名之也稱時稱月稱日稱地謹之也范云蔡侯般殺父之賊人倫所不容王誅所必加禮凡在官者殺無赦豈得惡楚子若謂夷

曰狄之君不得行禮于中國宣十一年楚人殺陳夏徵舒不言入傳曰明楚之討有罪也似若上下違反嘗試論之曰夫罰不及嗣先王令典懷惡而討丈夫醜行楚虔滅人之國殺人之子伐不以罪亦已明矣莊王討徵舒則異於是凡罰當其理雖夷必申苟違斯道雖華必抑故莊王得爲伯討齊侯不得滅紀趙盾救陳則稱師以大之靈王誘蔡則書名以惡之所以情理俱暢善惡兩顯豈直惡夷狄之君討中國之亂哉夫楚靈之殺蔡般亦猶晉惠之戮里克雖伐弑逆之國誅有罪之人不獲討賊之美而有累謹之名者良有以也范氏之駮穀梁即據公羊爲義也

此討賊也注蔡侯般弑父而立疏注蔡侯至而立○卽襄三十年夏四月蔡世子般弑其君固是也

雖誘之則曷爲絶之注据與莊王外討晉文譎尊疏注据與莊王外討○宣十一年楚人殺陳夏徵舒傳此楚子也其稱人何貶曷爲貶不與外討也曷爲不與實與而文不與文曷爲不與諸侯之義不得專討也諸侯之義不得專討則其曰實與之何上無天子下無方伯天下諸侯有爲無道者臣弑君子弑父力能討之則討之可也是其與莊王外討事也○注晉文譎尊○僖二十八年公會晉侯以下盟于踐土公朝于王所傳曷爲不言公如京師天子在是也曷爲不言天子在是不與致天子也注時晉文年老恐伯功不成故上白天子曰諸侯不可卒致願王居踐土下謂諸侯曰天子在是不可不朝迫使正君臣明王法雖非正起時可與故書朝因正其義所以見文公之功是晉文譎尊春秋無譏辭也

懷惡而討不義君子不予也注內懷利國之心而外託討賊故不與其討賊而責其誘詐也地者起以好會誘之

疏通義云懷惡而討不義讀當於討字絕句白虎通誅伐云王者諸侯之子篡弒其君而立臣下得誅之者廣討賊之義也春秋傳曰臣弒君臣不討賊非臣也又曰蔡世子班弒其君楚子誅之然則春秋自譏其誘討非謂賊不當討也潛研堂答問云問春秋有討賊之義蔡般弒父自立楚人誘而殺之雖曰不義與殺無罪者亦宜殊科春秋何以無異文曰楚虔亦弒君之賊與蔡般同自當從兩下相殺之例然蔡般之罪終所當絕此當合前後參觀之昭十一年楚師滅蔡執蔡世子有以歸殺之公羊傳曰此未踰年之君也其稱世子何不君靈公故不成其子也誅君之子不立非怒也無繼也夫有爲般之世子雖嗣立而不得書爵者不成其爲君也春秋之法諸侯有誅絕之罪其子雖無罪亦當廢則討賊之義亦嚴矣楚商臣亦犯誅絕之罪而子孫享國且數十世則有弒君不復見之例以絕之亦未嘗漏網也〇注內懷至詐也〇正以賊所宜討懷惡而討故不與其討也繁露仁義法云春秋之所治人與我也所以治人與我者仁與義也以仁安人以義正我故仁之爲言人也義之爲言我也言名以別矣是故春秋爲仁義法仁之法在愛人不在愛我義之法在正我不在正人我不自正雖能正人弗與爲義人不被其愛雖厚自愛不予爲仁昔者楚靈王討陳蔡之賊齊桓公執袁濤塗之罪非不能正人也然而春秋弗予不得爲義者我不正也潞子之於諸侯無所能正春秋予之有義其身正也夫我無之求諸人我有之而誹諸人人之所不能受也其理逆矣何可爲義義者謂宜在我者宜在我者而後可以稱義故言義合我與宜以爲一言君子求仁義之別以紀人我之間然後辨乎內外之分而著於順逆之處也是故內治反理以正身據祉以勸福外治推恩以廣施寬制以容衆孔子謂冉子曰治民者先富之而後加教語樊遲曰治身者先難後獲以此之謂治身之

與治民所先後者不同焉矣詩云飲之食之教之誨之先飲食而後教誨謂治人也又曰坎坎伐輻彼君子兮不素餐兮先其事後其食謂之治身也春秋刺上之過而矜下之苦小惡在外弗舉在我書而誹之凡此六者以仁治人以義治我躬自厚而薄責于外此之謂也且論己見之而人不察曰君子攻其惡不攻人之惡非仁之寬與自攻其惡非義之全與是故以自治之節治人是居上不寬也以治人之度自治是爲禮不敬也爲禮不敬則傷行而民不尊居上不寬則傷厚而民弗親弗親則弗信弗尊則弗敬二端之正僞于上而僻行之則誹于下仁義之端可無論乎是春秋弗與靈王討賊爲其不能先以義治我故也○注地者至誘之○正以下十六年誘戎曼子殺之不書地今言于申故解之也明彼非好會也好會誘之事具左傳

楚公子棄疾帥師圍蔡 疏 唐石經棄作弃

五月甲申夫人歸氏薨 疏 包氏愼言云五月有甲申月之八日

大蒐于比蒲

大蒐者何簡車徒也何以書蓋以罕書也 注 說在桓六年 疏 注說在桓六年○按彼注云五年大簡車徒謂之大蒐是也舊疏云上八年蒐于紅之下何氏云說在桓六年今復指之者正以蒐與大蒐希數實異禮亦不同是以不得相因各指其所在然則亦譏其罕之義穀梁注時有小君之喪不譏喪蒐者重守國之備安不忘危與左氏義反與公羊義相足通義云古者戰勝以喪禮處之蒐非同純吉且起大役須先期屬衆比時有喪重致衆罷遣故君子緣人

情不譏也是也左傳曰非禮也又云叔向曰君
有大喪國不廢蒐以爲不忘君者於義似短

仲孫貜會邾婁子盟于侵羊【注】不日者蓋諱喪盟使若議結善事【疏】校勘記云唐石經諸本同釋文侵羊二傳作侵祥羊解云穀梁傳作侵祥字服氏注引者直作詳無侵字皆所見異也九經古義云古祥字作詳易履視履考詳釋文本又作詳書君奭其終出于不祥蔡邕石經云其道出于不詳呂刑告爾祥刑後漢劉愷傳引作詳刑周禮注亦云度作詳刑以詰四方皆古祥字故左傳侵祥服虔引公羊作詳今公羊作侵羊者繁露云羊之爲言猶祥與鄭衆百官六禮辭亦云羊者祥也疑古祥字詳字皆省作羊易大壯象不能退不能遂不詳也釋文詳詳審也鄭王肅作祥祥善也爾雅祥善也鄭注車人云羊善也杜云地闕大事表云當在今兗州府滋陽縣境沈氏欽韓云侵祥當卽大庭庫魯因以望侵祥故遂名爲侵祥在曲阜縣〇注不日至善事〇舊疏云上五月夫人歸氏薨君居喪而與人盟〇至十三年平丘之會邾婁子與晉爲議不容公盟而執季孫理宜書日見其不信而不書日者正以身居大喪而不以爲憂是內惡可諱之限故爲信辭使若此盟方欲議論結其善事然

秋季孫隱如會晉韓起齊國酌宋華亥衛北宮佗鄭軒虎曹人杞人于屈銀【疏】校勘記云齊國酌唐石經諸本同解云賈氏作酌字與此同服氏及穀梁皆作齊國弱字按杜本亦作弱釋文屈銀二傳作厥慭九經古義云左傳厥慭徐仙民音五巾反說文慭讀若銀又云慭从心猌聲公羊本口授故以厥爲屈以慭爲銀

字異而音同說文犬部猌从犬來聲讀又若銀則銀聲爲猌之異讀慭从其異讀音與杜云厥慭地闕大事表或曰在今衛輝府新鄉縣境

九月己亥葬我小君齊歸疏包氏慎言云九月有己亥月之二十五日

齊歸者何昭公之母也注歸氏胡女襄公嫡夫人疏注歸氏至夫人○舊疏云皆史記文通義云按齊歸子野母敬歸之娣何氏以爲襄公嫡夫人非也疏因附會其初至不書者蓋爲世子時娶之据左傳言會于沙隨之歲襄公始生公羊雖無明文然成十六年傳猶言公幼則襄公尤幼可知假令其娶定在卽位以後而襄夫人經絕不見者似本未有正嫡云

冬十有一月丁酉楚師滅蔡執蔡世子有以歸用之疏包氏慎言云十一月有丁酉月之二十三日穀梁作世子友史記管蔡世家注引世本亦作太子友

此未踰年之君也其稱世子何注据陳子也疏注据陳子也○卽僖二十八年冬公會晉侯齊侯宋公蔡侯鄭伯陳子以下于温是也

不君靈公不成其子也注靈公卽般也不君不與靈公坐弑父誅不得爲君也不成其子不成有得稱子繼父也上不與楚誘討嫌有不當絕故正之云耳疏注不君至君也○卽襄二

十年夏四月蔡世子般弒其君固是也靈公弒父當誅故不與爲君舊疏云靈公弒父而立弒其父之人人倫所不容今而見誅正是其宜是以春秋不與靈公爲君也○注不成至父也○舊疏云莊三十二年傳君存稱世子君薨稱子某既葬稱子踰年稱公然則稱子者嗣君之稱春秋之義既不與靈公得爲成君故亦不成其子有得爲嗣君以繼其父之潛研堂答問云問春秋書世子者皆宜爲君之稱蔡世子有何以獨爲貶辭曰君薨未踰年稱子書子則不見君貶斥之文書名又無當國之罪故從其本號書之般雖有罪然蔡之臣民奉以爲君者十餘年經亦嘗書蔡侯矣有侯則宜有世子不稱子而稱世子從其本稱非得正之稱所謂美惡不嫌同辭也齊商人蔡般皆弒君之賊春秋書之曰齊侯蔡侯無貶辭者已成君也商已成君則從五等諸侯之例非獎賊也辭窮則同也然商人終被弒亡般亦死楚虔之手其子又慘死天道果可畏哉按錢氏說是也弒世子正稱也書世子有於即位後則貶諸侯稱爵正稱也成四年書鄭伯伐許於喪內則貶猶斯義也穀梁傳此子也其曰世子何也不與楚殺也集解引何君廢疾云即不與楚殺當貶楚爾何故反貶蔡世子耶鄭釋之曰滅蔡者楚子也而稱師固已貶矣楚子思啓封疆而貪蔡誘殺蔡侯般冬而滅蔡殺友惡其淫放其志殺蔡國二君以取國故變子言世子使若不得其君終劉氏逢祿難曰君薨稱世子明友之不當立與衞蒯聵同文與鄭忽異文公羊傳之信矣若僅貶楚殺蔡二君則稱子不更著耶若以子友疑於子哀則書蔡子而去其名可也使若不得其君終于義爲短于文爲悖○注上不至云耳○即上傳云楚子虔何以名絕曷爲絕之爲其誘討也此討賊也雖誘之則曷爲絕之懷惡而討不義君子不與也上絕楚子嫌蔡般無罪故於此正之

不君靈公則曷爲不成其子【注】据惡

惡止其身【疏】○注据惡惡止其身下二十年傳文誅君之子不立【注】雖不與楚誘討其惡坐弑父誅當以誅君論之故云爾言執者時楚託義滅之【疏】繁露觀德云天子之所誅絕臣子弗得立蔡世子齊逢丑父是也正以春秋天子之事故董生本天子言之漢書趙敬肅王彭祖傳大鴻臚禹奏春秋之義誅君之子不宜立元雖未伏誅不宜立嗣白虎通封公侯云誅君之子不立者義無所繼也諸侯世位象賢也今親被誅絕也春秋傳曰誅君之子不立又誅伐篇王者受命而起諸侯有臣弑君而立當誅君身死子不得繼之者以其逆無所承也詩云無封靡于爾邦惟王其崇之此言追誅大罪也或盜天子土地自立爲諸侯絕之而已按定元年傳定無正月者即位後也注今無正月者昭公出奔國當絕定公不得繼體奉正故諱爲微辭昭僅不能保有國土當絕子猶不得立何論蔡靈弑父賊乎通義云此春秋託王法也昔周公誅管叔而宥蔡叔厥後蔡仲紹封而管叔之子不得立是其制也既絕其世復稱世子者常辭君薨稱子某今不稱子某即是絕之若併去世子無以知是嫡與否不與立之義反不見也劉敞橫議此傳義與文反而以鄭世子忽爲難彼未知伯在喪稱名即與侯在喪稱子同理既譬鄭忽於前不嫌不當立矣春秋美惡不嫌可以同辭必欲强相援比又可謂蔡世子般亦與使有蔡之文乎○注雖不至云爾○舊疏云不君靈公以誅君論之何故上四年申之會及伐吳之經上文楚子誘殺之時皆稱爵者凡貶刺之例正可以一事之上足見其惡而已甯可文文皆貶莊四年冬公及齊人狩于郜傳云前此者有事矣後此者有事矣則曷爲獨於此譏擇其重者而譏焉莫重乎其與仇狩也其餘從同是也○注言執至滅之○舊疏云春秋之義

舉滅國爲重其餘輕者皆從略是以襄六年注不書殺萊君者舉滅國爲重是今幷書其執者正以楚人託義滅之故見其義也似若上八年注云不舉滅爲重復書三事言執者疾諼託義故列見之是也楚既託義執用蔡世子以滅其國當如宣十一年冬十月楚人殺陳夏徵舒丁亥楚子入陳然今乃先書滅蔡者起其本懷滅心故也

非怒也無繼也注父誅子當絕疏舊疏云今不成有爲子者非由惡其父還怒其子孫但由靈公大逆理無繼嗣矣是以注父誅子當絕也其非字有作悲字者誤按怒爲遷怒又見莊四年傳此非怒與注怒遷怒齊人語是也按父誅子當絕商臣弒父而立春秋不見誅文其子莊王復有美辭者商臣倖逃天誅莊王又賢春秋必假事以示法彼既無可託故直於蔡般父子張義明彼亦從同也又見天之迸楚直同禽獸如梟獍之物並生於世在不屑誅絕之科非如蔡爲姬姓之長正當有父子君臣天討之所宜加故聖人亦因天而備責之目蠻夷猾夏自楚成始假手其子以斃之臣不臣子不子乖戾之氣蓋相尋也

惡乎用之用之防也其用之防奈何蓋以築防也注持其足以頭築防惡不以道孔子曰人而不仁疾之已甚亂也日者疾諼滅人疏通義云意時有所築隄善崩潰殺人釁之義或然也〇注持其至以道〇何蓋以意言之或別有所據僖十九年邾婁人執鄫子用之傳惡乎用之用之社也其用之社奈何蓋叩其鼻以血社也注惡無道也不言社者本無用人之道言用之已重矣故絕其所用處此不言防與彼義同不以道即無道也〇注孔子至亂也〇論語泰伯篇文包云疾惡太甚亦使其爲亂何蓋引人而不仁爲證因連下引之與此無涉也潛研堂答問云

宋襄公用鄫子楚靈王用蔡世子皆特書之惡其不仁也且以徵二君之强死非不幸也○注日者至滅人○正以滅例月此書日者上八年冬十月壬午楚師滅陳書日同也

十有二年春齊高偃帥師納北燕伯于陽疏差繆略云北燕伯左氏作北燕伯款唐石經左氏無款字毛本年誤月

伯于陽者何注卽納上伯款非犯父命不當言于陽又微國出入不兩書伯不當再出故斷三字問之疏注卽納至于陽○此据納蒯聵于戚事爲說也哀二年晉趙鞅帥師納衛世子蒯聵于戚傳云戚者何衛之邑也曷爲不言入于衛父有子子不得有父也注明父得有子而廢之子不得有父之所有故奪其國文正其義也是也今此納北燕伯于陽若是上三年出奔齊之北燕伯款今納之北燕可也既出奔稱伯則非犯父命何爲納之于陽與于戚同文也○注又微至再出○僖二十五年楚人圍陳納頓子于頓注頓子出奔不書者小國例也桓十五年許叔入于許注不書出小國例也是春秋之義小國出入不兩書也北燕微國出奔書卽入不當再見書北燕伯也○注故斷至問之○公羊義以伯于陽連讀公子陽生也子曰我乃知之矣注子謂孔子乃乃是歲也時孔子年二十三具知其事後作春秋案史記知公誤爲伯子誤爲于陽在生刊滅闕疏公羊問答曰聞子曰我乃知之矣與史通所引不同何也

曰當是劉知幾所見之本異也故子曰下有齊之事三字○注子謂至其事○襄公二十一年傳孔子生至是年二十三歲又昭二十四年仲孫貜卒左疏引服曰賈逵云是歲孟僖子卒屬其子使事仲尼仲尼時年三十五据此知昭公十二年孔子正合二十三歲故得知其事○注後作至滅闕○通義云此當爲納北燕公子陽生于某地自生以下字並滅爾是也史記者舊疏引閔因敘所稱使子夏等十四人求周史記得百二十國寶書是也

在側者曰子苟知之何以不革曰如爾所不知何【注】如猶奈也猶曰奈女所不知何甯可强更之乎此夫子欲爲後人法不欲令人妄億錯子絕四毋毋意毋必毋固毋我

【疏】注如猶至之乎○經傳釋詞凡經言如之何如之何者皆是如詞助也易屯六二屯如亶如子夏傳如辭也按如卽無如無如卽奈意凡經傳言如之何者皆奈之何也强釋文作彊葉本作强凡彊弱字作彊勉强字作强舊疏云孔子云當是歲時我已年立具見其事奈汝在側之徒不見之何孔子雖知伯于陽者是公子陽生但在側之徒皆不委曲若改之謂己苟出心肺故曰甯可彊更之乎○注此夫至億錯○校勘記云蜀大字本閩監毛本同鄂本億作意釋文妄億於力反錯也字或作措按論語音義毋意或於力反於力反則本作億於此注合陸氏以爲非誤也此本錯字剜改故小而偏當本作措疏標起訖作億措可證釋文校勘記云億當作意鄂本注作妄意措於力反下當有下同二字且下子絕四毋意之意音同也舊疏云莊七年傳不修春秋曰兩星不及地尺而復君子修之曰星隕如兩何氏云明其狀似兩耳不當言兩星不言尺者實則爲異不以尺寸錄之孔子修春秋大有改之處

而特此文不改者欲示後人重其舊事故曰夫子欲爲後人法不欲人妄億措也億謂有所擬度措者置也置意於言也不欲令人妄置意於言矣按如雨星不及地尺而復修改之曰星霣如雨事本無差文有小異若伯于陽與公子陽生氣殊懸絶故不敢徑改恐襲億措也○注論語至毋我○論語子罕篇舊疏云備於鄭注今鄭注不可考蓋取毋意義也

春秋之信史也

其序則齊桓晉文注唯齊桓晉文會能以德優劣國大小相次序

疏注唯齊至次序○僖四年許男新臣卒下葬許繆公注得卒葬於所傳聞世世許大小次曹故卒少在曹後則許小於曹然自幽之會皆許男序于曹伯之上或德優於曹與舊疏謂其感時事及其衰末亦不醇粹是以僖二十三年鹹之會許男序于曹伯之上者非也

其會則主會者爲之也注非齊桓晉文則如主會者爲之雖優劣大小相越不改更信史也

疏注非齊至史也○閩監毛本如作知誤何意謂桓文而後皆主會者次之春秋因而不改所爲信史也俞氏樾公羊平義謂其序其會兩文對舉蓋言諸侯之序皆伯主所定諸侯之會皆主會者所爲以見春秋所載二百四十年之事悉據當時之實耳其以諸侯之序爲桓文所定者蓋晉文踐事齊桓無大變更而其後又晉人世主夏盟一循文襄之舊故推而上之以爲皆桓文所定者兩句皆證明春秋信史之義若如何解則齊桓晉文句與上下文皆不屬按俞義亦未協桓文之會所次諸侯卽不同諸侯自會同外亦無所用序若謂朝之天子自有王朝定則況春秋世朝周鮮左傳定四年所序踐土之盟其次卽與春秋不同是其明證蓋兩句互文見義上句其序謂其會之序也下句其會亦謂會有序也桓

文之會猶能次德之優劣國之大小後此則晉楚狎主意爲
高下矣春秋存之以見信又以見無係褒貶進退之義也

其詞則丘有罪焉耳【注】丘孔子名其貶絕譏刺之辭有所失者是丘之罪聖人德盛尚謙故自名爾主書者惡納篡也不書所篡出奔者微國雖未踰年君猶不錄不足陽下言于北燕者史文也北燕本在上從史文也【疏】注丘孔子名○史記孔子世家魯襄公二十二年而孔子生生而首上圩頂故因名曰丘云○

注其貶至之罪○舊疏云卽春秋說云孔子作春秋一萬八千字九月而書成以授游夏之徒不能改一字是也按說文詞意內而言外也釋名詞嗣也令撰善言相嗣續也史記儒林傳是時天子方好文詞皆卽意內言外之詞也論衡超奇云孔子得史記以作春秋及其立義創意褒貶賞誅不復因史記者眇思自出於胸中也通義云詞有褒與貶絕假天子之事故謙以爲有罪也亦猶孟子云罪我者其惟春秋乎按孟子離婁下其事則齊桓晉文其文則史孔子曰其義則某竊取之矣趙注其事則五伯所理也桓文五伯之盛者故舉之其文史記之文也孔子自謂竊取之以爲素王也孔子人臣不受君命私作之故言竊亦聖人之謙辭此孔氏所本萬氏斯大學春秋隨筆曰春秋書弒君誅亂賊也然而趙盾崔杼之事時史亦宜載其名安見亂賊之懼獨在春秋而不在諸史曰孟子言之矣春秋之文則史也其義則孔子取之諸史無義而春秋有義也義有變有因不修春秋曰雨星不及地尺而復君子修之曰星霣如雨諸侯之策曰孫林父甯殖出其君春秋書之曰衛侯衎出奔此以變爲義者也晉史書曰趙盾弒其君春秋亦

曰晉趙盾弑其君齊大史書曰崔杼弑其君春秋亦曰齊崔杼弑其君此以因爲義者也因與變相參斯有美必著無惡不顯三綱以名人道以立春秋之義遂與天地同功彼董狐南史左氏傳春秋而獲存晉乘楚檮杌孟子論春秋而幸及當時則書久而亡焉懼在春秋而不在諸史有由然也雖然以盾杼之姦惡齊晉得以名赴春秋得以名書賴史官之直筆也使晉宋吳莒之弑逆得董狐南史其人則書必以名赴必以實鮑與庚與必不書人書偃僕光必不稱國良史又曷可少哉按晉宋吳莒之弑稱人與國卽聖人筆削所繫所謂某有罪者非史官赴告之失也如無史官左傳又曷由知哉史記孔子世家云子曰弗乎弗乎君子病沒世而名不稱焉吾道不行矣吾何以自見於後世哉乃因史記作春秋上至隱公下訖哀公十四年十二公據魯親周故殷運之三代約其文辭而指博故吳楚之君自稱王而春秋貶之曰子踐土之會實召周天子而春秋諱之曰天王狩于河陽推此類以繩當世貶損之義後有王者舉而開之春秋之義行則天下亂臣賊子懼焉孔子在位聽訟文辭有可與人共者弗獨有也至於爲春秋筆則筆削則削子夏之徒不能贊一辭弟子受春秋孔子曰後世知丘者以春秋而罪丘者亦以春秋彼注引劉熙孟子注曰知者行堯舜之道者也罪者在王公之位見貶絶者也按何氏此注以貶絶譏刺有所失爲某之罪以傳文以其詞與其序其會對皆謂次序諸侯優劣之得失言故本而言之與孟子之知我罪我殊也○注主書至不錄○春秋立納入皆篡辭故云主書者惡納篡也舊疏云正以上三年之末伯款出奔遼歷十許年計應有君矣陽生篡之宜書其出今不書者微國之君被篡而出走者皆略而不書假令非被篡但是微國未踰年之君卒猶不書況乎被篡出奔甯不略之何氏必將未踰年君約之者正以所見之世微國成君之出倒

皆錄之故也卽伯款之徒是也此不書所篡出奔義也○注不足
至文也○校勘記出史文也北北燕本在上云閩本同鄂本無也字
此衍監毛本北誤比舊疏云若足其文宜云齊高偃帥師納北燕
公子陽生于北燕今陽生之下不言北燕者正以史之本文陽生
之上有北燕二字因
而從之不及改順文

三月壬申鄭伯嘉卒疏包氏愼言云三月書壬申据曆爲四月朔正
月之二十九日亦壬申經於夏五月書葬鄭
簡公簡公以四月卒卽以五月葬在慢葬之例宜書日而
經不書日者同於當時不日之例則三月之卒當在正月

夏宋公使華定來聘

公如晉至河乃復疏穀梁傳季孫氏
不使遂乎晉也

五月葬鄭簡公

楚殺其大夫成然疏校勘記云唐石經諸本同疏云左氏作成熊穀
梁作成虔字按穀梁作成虎此作虔誤趙氏坦
春秋異文箋云左氏傳云書曰楚殺其大夫成虎則經文作虎字
可知今左氏經文作成熊或篆文殘脫致誤公羊作成然又因熊
然形勢相
似致譌

秋七月

冬十月公子整出奔齊疏左氏穀梁作公子憖釋文憖魚覲反一讀
爲整正領反此釋文云整之領反或作憖

魚覲反蓋古音通也哀十一年左傳晉悼公子慭亡在衛釋文慭一本作整通義云不日者整無罪也整與公謀去季氏從公如音晉人拒公整惶懼出奔公之復季孫為之也按孔氏義與何異何氏以內大夫出奔有罪不日也孔義牽涉左氏為說然左傳南蒯以私怨欲出季氏公子慭欲代季氏許與為難又欲搆叔季二家不克出奔絕無因公之意何云無罪也

楚子伐徐

晉伐鮮虞【注】謂之晉者中國以無義故爲夷狄所强今楚行詐滅陳蔡諸夏懼然去而與晉會于屈銀不因以大綏諸侯先之以博愛而先伐同姓從親親起欲以立威行霸故狄之【疏】注謂之至狄之○舊疏云諸夏之稱連國稱爵今單言晉作夷狄之號故須解之中國無義者襄七年傳鄭伯將會諸侯于鄬其大夫諫曰中國不足歸也不若與楚鄭伯不可其大夫曰以中國爲義則伐我喪以中國爲彊則不若楚於是弒之注禍由中國無義是其文也遂爲夷狄所彊者即四年楚子以下會于申執齊慶封殺之是也今楚行詐滅陳蔡者即昭八年滅陳十一年滅蔡是也行詐即託義討招援託義討蔡般是也諸夏懼然去而與晉會于屈銀者即上十一年秋季孫隱如會晉韓起以下于屈銀是也先伐同姓者正以鮮虞姬姓故也校勘記出故爲夷狄所强云諸本同誤也疏中兩引皆作夷狄所彊當據正又出今楚行詐云閩監毛本同誤也鄂本今作令此本疏中兩引亦作令當據以訂正按紹熙本今亦作令懼然當讀如孝子聞名心瞿之瞿禮記檀弓瞿瞿如有求而弗得注皆憂悼在

心之貌是也通義云鮮虞姬姓之國見於世本杜預謂白狄別種妄也後改國名中山左氏哀三年傳有求援於中山者即是史記中山武公徐廣以爲西周桓公之子雖失其實然爲周之分子無疑耳晉爲諸夏盟主楚翦滅姬宗坐視不救又效楚尤加兵于同姓故稱國狄之春秋特於此責晉之甚者初楚人爲申之會請諸侯于晉晉弗敢競楚由是大得志於中國放乎滅陳蔡者晉君臣爲之也蘇轍曰楚滅陳蔡而晉不救力誠不能君子不罪也能伐鮮虞而不救陳蔡非力不足也棄諸侯也故以夷書之繫露楚莊王云春秋曰晉伐鮮虞奚惡乎晉而同夷狄也曰春秋尊禮而重信信重於地禮尊於身何以知其然也宋伯姬恐不禮而死於火齊桓公疑信而虧其地春秋賢而舉之以爲天下法曰禮而信禮無不答施無不報禮之數也今我君臣同姓適女女無良心禮以不答有恐畏我何其不夷狄也公子慶父之亂魯危殆亡而齊桓安之於彼無親尚來憂我如何與同姓而殘賊遇我詩云宛彼鳴鳩翰飛戾天我心憂傷念彼先人明發不寐有懷二人人皆有此心也今晉不以同姓憂我而強大厭我我心望焉故言之不好謂之晉而已是婉辭也穀梁傳其曰晉狄之也其狄之何也不正其與夷狄交伐中國故狄稱之也集解引何君廢疾云春秋多與夷狄並伐何以不狄也鄭君釋之曰晉不見因會以綏諸夏而伐同姓貶之可也狄之大重晉爲厥慭之會實謀救蔡以八國之師而不能救楚終滅蔡今又伐徐晉不糾合諸侯以遂前志舍而伐鮮虞是楚而不如也故狄稱之劉氏逢祿難曰狄之所以貶之也若僅貶之以起文則辭費矣鄭取董何之義以增飾傳文安足以起疾乎按左疏引賈服亦取穀梁爲說而范甯以穀梁意非然其答薄氏亦言楚滅陳蔡而晉不能救棄盟背好交相攻伐其責晉之義亦大同公羊也蓋與夷狄並伐事所恒有何以不狄誠如何君

所難漢書地理志中山國新市下引應劭曰鮮虞子國今鮮虞亭是按新市在今正定府新樂縣

公羊義疏六十二

公羊義疏六十三

南菁書院

句容陳立卓人著

昭十三年盡十七年

十有三年春叔弓帥師圍費疏通義云費內邑也其言圍之何不聽也蓋季氏之臣有南蒯者以邑叛也

夏四月楚公子比自晉歸于楚弒其君虔于乾谿疏上十二年左傳云楚子次于乾谿杜云在譙國城父縣南大事表云在楚東境今江南潁州府亳州東南七十里有乾谿與城父村相近即漢城父縣也

此弒其君其言歸何注据齊陽生入惡不言歸疏○注据齊至言歸即哀六年齊陽生入于齊是也陽生先詐致諸大夫立於陳乞之家自是往弒舍故為篡辭歸者出入無惡之文今公子比亦弒君而言歸故据以難歸無惡於弒立也歸無惡於弒立者何靈王為無道作乾谿之臺三年不成楚公子棄疾脅比而立之然後令于乾谿之役曰比已立矣後歸者不得復其田里衆罷而去之靈王經而死注時棄疾詐告比得晉力可以歸至而脅立之比之義宜效死不立而立君因自經故加弒也言歸者謂其本無弒君而立之意加弒責之

爾不日者惡靈王無道封內地者起禍所由因以爲戒疏舊疏云歸無惡於弑立也者言所以書其歸者正於弑虔之時比無惡靈王經而死者舊疏云謂縣縊而死也按論語憲問篇自經於溝瀆王曰經經死於溝瀆中也國語晉語申生雉經史記田單傳遂經其頸於樹枝索隱經猶繫也廣雅釋詁經絞也荀子彊國篇注經縊也左傳亦云王縊于芊尹申亥氏繁露王道云楚靈王行强乎陳蔡意廣以武不顧其行慮所美內罷其衆乾谿有物女水盡則女見水意滿則不見靈王舉發其國而役三年不罷楚國大怨有行暴意殺無罪臣成然楚國大懣公子棄疾卒令靈王自殺而取其國虞不離津澤農不去疇土此非盈意之過耶又曰觀乎楚靈知苦民之壞盧注壞猶傷也又五行相勝云土者君之官也其相司營司營爲神主所爲皆曰可主所言皆曰善順主指聽從爲比進主所善以快主意導主以邪陷主不義大爲宮室多爲臺榭雕文刻鏤五色成光賦斂無度以奪民財多發傜役以奪民時作事無極以奪民力百姓愁苦叛去其國楚靈王是也作乾谿之臺三年不成百姓罷弊而叛及其身弑夫土者君之官也君大奢侈過度失禮民叛矣其民叛其君窮矣故曰木勝土新語懷慮云楚靈王居千里之地亯百邑之國不先仁義而尚道德作乾谿之臺立百仞之高雖登浮文窺天文然身死於棄疾之手淮南泰族訓靈王作章華之臺發乾谿之役外內騷動百姓罷敝棄疾乘民之怨而立公子比百姓放臂而去之餓於乾谿食莽飲水枕塊而死易林需之泰楚靈暴虐罷極民力禍起乾谿棄疾作毒扶伏奔逃身死亥室是皆以弑君謀起棄疾故比歸無惡於弑立也左傳與此小異亦云蔡公使須務牟與史猈先入因正僕人殺太子祿及公子罷敵公子比爲王又云公子棄疾爲司馬先除王宮使觀從從師于乾

谿而遂告之且曰先歸復所後者劓師及訾梁而潰與此會乾谿之役語大同〇注時棄至立之〇舊疏云正以經書自晉故得爲有力之義故如此解校勘記云此本晉誤有可誤司今據諸本訂正按紹熙本不誤〇注比之至弒也〇繁露王道云觀乎楚公子比知臣子之道效死之義通義云高閌曰棄疾不得比之勢則無以濟其亂比見利而動遽欲爲君則成楚靈之弒者乃比也若使人受其名己享其利後世姦人苟有藉口以濟其私者莫不皆置力焉故聖人正名比之弒君所以絕後世姦人之禍也是則君弒由於比立故比宜坐弒比之義宜效死不立下傳文〇注言歸至之爾〇桓十五年傳歸者出入無惡故爲明其本無弒君而立之意加弒責之卽責其不效死而立也穀梁傳自晉晉有奉焉爾歸而弒不言歸言歸非弒也歸一事也弒一事也而遂言之以比之歸弒比不弒也是亦以比不弒君故弒爲加弒焉校勘記出謂其本無弒君而立之意云諸本同誤也鄂本謂作明疏引注同當據正按紹熙本亦作明又出加弒責之爾云此本疏中引注作加殺閩監毛本亦改作弒〇注不日至無道〇舊疏云正以宣二年秋七月乙丑晉趙盾弒其君夷獋四年夏六月乙酉鄭公子歸生弒其君夷則春秋之義不問加弒與否例皆書日此不日故解之按晉靈亦無道而日者晉靈止宮中虐戾害不及民又有趙盾諸人執政非如楚靈之黷武樂禍外肆殄滅內極力役殃民淫刑多行不義故不日以惡無道〇注致內至爲戎〇宣九年襄七年下二十五年等傳諸侯卒其封內不地此地故解之宣九年晉侯黑臀卒于扈傳此何以地卒于會故地也注起時衰多窮厄伐喪而卒于諸侯會上故地危之襄七年鄭伯髡原卒于操傳此何以地隱之也何隱爾弒也下二十五年宋公佐卒于曲棘傳此何以地憂內也注時宋公聞昭公見逐欲憂納之至曲棘而卒故恩錄之是

則諸侯卒其封內不地今此靈王見弑由於乾谿故著地以爲戒也潛研堂答問云楚子虔弑于乾谿書其地著役之久也君親出師久而不歸禍之不旋踵宜矣楚之強莫強于虔伐吳執慶封滅賴滅陳蔡史不絕書而無救于弑者無德而有功天所惡也

楚公子棄疾弑公子比【疏】左氏穀梁弑作殺孔氏音義云弑二家經作殺若然則比專得弑君之罪而棄疾反類於討賊之人矣不亦頗乎此條及晉里克弑其君之子奚齊公羊經文皆特長於左穀

比已立矣其稱公子何【注】据齊公子商人弑其君舍【疏】注据齊至舍○文十四年彼傳云此未踰年之君也其言弑其君舍何己立之己殺之成死者而賤生者也注惡商人懷詐無道故成舍之君號以賤商人之所爲則彼未踰年見弑稱君此亦未踰年君稱公子故据以難舊疏所以不据僖九年晉里克弑其君之子奚齊者正以取成君之號以難公子義強也

其意不當也【注】据上傳知其脅【疏】注据上傳知其脅○卽上傳云楚公子棄疾脅比而立之繁露王道云楚公子比脅而立而不免於死是也穀梁傳曰當上之辭也當上之辭者謂不稱人以殺乃以君殺之也討賊以當上之辭殺非弑也比之不殺有四取國者稱國以弑楚公子棄疾殺公子比比不嫌也春秋不以嫌代嫌棄疾主其事故嫌也是亦以比無弑君之意與此同惟彼經弑作殺故以當上之辭爲解果爾則經當書楚殺其大夫公子比矣故當從公羊作弑

其意不當則曷爲加弑焉爾【注】据王子朝不貶【疏】注据王子朝不貶○下二十二年尹氏立王子朝注子朝不貶者年未滿十歲未知欲富貴不當坐明罪在尹氏是則子朝不貶此亦不當加弑故据以

難比之義宜乎效死不立【疏】通義云卷綜而比出比歸而虔綜比自謂於虔無一日君臣之義然而君子惡比受棄疾之君己而樂成其弒也故歸弒於比以爲後世大防比不立而弒虔謂之討賊比立而殺虔是弒而已矣孔氏此論可謂持平矣故吳光弒僚致國季子季子不受去之延陵終身不入吳國君子以其不受爲義於其來聘焉賢之其不殺光者札力不能討君子恕之若受光之讓能逃弒君之罪乎可與比事反觀也不效死不立猶孟子之效死勿去謂甯死不立也經韻樓集云此以上釋上文經書公子比弒其君虔于乾谿也比實未弒經書弒其君虔上傳未釋故於此既釋仍稱公子比之下補釋上文所以書弒之意謂比之義宜乎效死不立當爲棄疾所脅也受脅而首亂故云弒大夫相殺稱人此其稱名氏以弒何【注】据經言弒公子比也【疏】文十六年傳大夫相殺稱人通義云雖不言楚人又不言殺公子比意言將自是爲君也【注】故使與弒君而立者同文也不言其者比實已立嫌觸實公子弃疾則楚子居也【疏】正以棄疾弒比之後卽自爲君故注云使與弒君而立者同文也舊疏云同文卽文十四年齊公子商人弒其君舍是也通義云棄疾奉比爲王而已爲之司馬比雖不成君棄疾固君之矣故經曰弒公子比既不與比以君之名仍罪棄疾以弒之實一言而權衡各當如此經韻樓集云經有殺謚爲弒者乎曰有公羊經昭十三年楚公子棄疾弒公子比是也既言弒則下當言其君比不得云公子比也既言公子比則上當言殺兩相殺耳不得云弒也春秋一言弒其君者二十三言弒吳子蔡侯者各一言弒其君之子者一總爲二十六皆君也未有書弒公

子者也公子比被脅爲亂首故春秋正其罪曰弑其君所以儆天下後世倉皇被脅首亂以成篡弑者也公子棄疾殺之如衛人殺州吁蔡人殺陳佗討賊之辭此不言楚人殺公子比而系之楚公子棄疾者棄疾非有討賊之誠此主於自立而已是深惡之也比雖自立不可言弑比言弑者是殺州吁殺陳佗皆當言弑也左氏穀梁皆作殺惟公羊作弑傳曰此其稱名氏以弑何當於春秋書法大不合由今攷之乃何劭公之誤而傳未嘗誤公羊經楚公子棄疾殺公子比固與左穀同也傳曰大夫相殺稱人此其稱名氏以殺何稱名氏以殺與稱人以殺爲異文異在稱人稱名氏不在稱殺與弑稱經著於竹帛者既譌何氏又襲譌爲註此何氏之學主於株守不知正誤故往往經闕文猶臆爲之說而此尤於大義有傷也按段說非是經文如作殺則傳文但云大夫相殺稱人此其稱名氏何可矣何爲連以弑聞之正以將爲君故加弑文也如以州吁陳佗爲比則當書楚人殺公子比何爲特著棄疾棄疾非同謀之人猶可曰以討賊予之也弑君之事起于棄疾本欲先脅比立後再去比其弑比之心卽萌於弑虔之時故觀從謂子干曰不殺棄疾雖得國猶受禍也是其心路人皆知矣晉惠殺里克猶不予以討賊辭況曾所臣事之君復予之討賊辭乎棄疾爲子比司馬無論其誠心臣事與否其君臣之名無以易也春秋書弑公子比非以成死者乃以賤生者也故楚世家亦云平王以詐弑兩王而自立也潛研堂答問云楚公子比之弑君棄疾成之而比獨主惡名者奸君位也而棄疾之惡終不可掩故以相殺爲文著其罪同彼雖左穀相殺爲說而義則本公羊若如段氏謂未有書弑公子者春秋無達例如弑君之子閽弑吳子盜弑蔡侯皆別無所見何獨於弑公子疑之比之稱公子猶餘祭申之不稱其君稱爵也爾○注不言至公子○莊二十二年陳人殺其公子禦寇下十四年莒

殺其公子意恢皆言其此不言其故解之正以若言其則似實公子明比已爲君故也○注棄疾至居也○校勘記云鄂本同閩監毛本則作卽疏同楚世家云棄疾卽位爲王改名熊居是爲平王下二十六年楚子居卒是也

秋公會劉子晉侯齊侯宋公衛侯鄭伯曹伯莒子邾婁子滕子薛伯杞伯小邾婁子于平丘【疏】杜云平丘在陳留長垣縣西南大事表云寰宇記在封丘縣東四十里蓋縣與封丘接境陳留風俗傳曰衛靈公所置邑水經注濟水篇又東過平丘縣南北濟也縣故衛地也春秋魯昭公十三年諸侯盟于平丘是也按一統志在大名府長垣縣西南五十里

八月甲戌同盟于平丘【注】不舉重者起諸侯欲討棄疾故詳錄之不言劉子及諸侯者間無異事可知矣【疏】包氏慎言云八月書甲戌月之十日差繆略云甲戌穀梁作庚戌唐石經穀梁汾注疏本亦作甲戌○注不舉至錄之○文十四年公會宋公以下同盟于新城彼亦會盟並有經止書盟舉其重者也不別言會于某此會盟並舉故解之欲討棄疾者舊疏云諸侯欲討棄疾以上有棄疾弒君之事下傳有諸侯遂亂之言故知於閒詳錄此會欲討之矣蓋以凡詳錄者皆所善故也按繁露隨本消息云諸侯會于平丘謀誅楚亂臣是公羊舊義也○注不言至知矣○舊疏云春秋之義會盟咸有而間隔事者則重言諸侯卽定四年三月公會劉子晉侯以下于召陵侵楚夏四月蔡公孫歸姓帥師滅沈以沈子嘉歸殺之五月公及諸侯盟于浩油然則彼由閒有隔事劉子不與盟是以重出諸侯今則閒無

隔事劉子復與盟是以不勞重出劉子及諸侯見其可知矣 公不與盟晉人執季孫隱如以歸

公至自會

公不與盟者何公不見與盟也注時晉主會疑公如楚不肯與公盟故諱使若公自不肯與盟疏注時晉至與盟○舊疏云言時晉主會者以此會劉子在其間故須辨之知非劉子主會者以當時天子微弱故也知疑公如楚不肯與公盟者正以上七年三月公如楚九月公至自楚十一年公如晉至河乃復是其見疑不得入晉故也按一繁露隨本消息云魯昭公以事楚之故晉人不入楚國強而得意一年再會諸侯伐強吳為齊誅亂臣遂滅厲魯得其威以滅鄶其明年如晉無河上之患先晉昭之卒一年無難楚國內亂臣弒君諸侯會于平丘謀誅楚亂臣昭公不得與盟大夫見執由此觀之所行從不足恃所事者不可不慎此亦存亡榮辱之要也按其明年句有譎脫是實晉辭公不與公盟春秋諱使若公自不與盟也鄂本肯作肎下同

公不見與盟大夫執何以致會注据得意乃致會疏注据得至致會○莊六年注云公與二國以上出會盟得意致會不得意不致是也今此平丘之盟公見拒君子恥見拒榮見與也又大夫被執不得意可知今乃致會故据以難

不恥也曷為不恥注据扈之會公失序恥之疏注据扈至恥之○舊疏云即文七年秋八月公會諸侯晉大夫盟于扈傳諸侯何以不序大夫何以不名公失序也公失序奈何諸侯不可使與公盟眣晉大夫使與公盟也注為諸侯所薄賤不見序故深諱為不可

知之辭是也

諸侯遂亂反陳蔡君子不恥不與焉【注】時諸侯將征棄疾棄疾乃封陳蔡之君使說諸侯諸侯從陳蔡之君言還反不復討楚楚亂遂成故云爾公不與盟不書成楚亂者時不受盟也諸侯實不與公盟而言公不與盟者遂亂雖見與公猶不宜與也故因爲公張義【疏】校勘記云唐石經諸本同此本脫上不字今補正〇注時諸至云爾〇史記楚世家平王以詐弒兩王而自立恐國人及諸侯叛之乃施惠百姓復陳蔡之地而立其後如故彼雖無諸侯討棄疾事棄疾實恐懼諸侯乃封二國也諸侯從陳蔡君言還反不復討楚或何氏以意言之封陳蔡君事見下廣雅釋詁遂竟也楚亂遂成謂竟成也遂亦有成義國語晉語吾必遂矣注遂成也遂亂猶言成亂也義較直捷通義云時實棄疾復封陳蔡諸侯因楚亂而飾爲己功君子恥之故以不與者爲無恥也〇注公不至盟也〇校勘記出時不受賂也云諸本同疏引桓二年傳受賂以證之此本作受盟盟字剜改今訂正按紹熙本亦作受賂此決桓二年書公會齊侯以下于稷書以成宋亂彼經又云夏四月取郜大鼎于宋戊申納于太廟傳何以書譏何譏爾遂亂受賂納于太廟非禮也注道此者以春秋之義諱內惡公不與盟而受楚亂遂非內惡例所不諱故直書公不與盟明非受賂故無惡不恥也然則桓公受賂亦內惡春秋不諱者彼注云桓公本弒隱而立君子疾同類相養小人同惡相長故賤不爲諱也是也〇注諸侯至張義〇舊疏云上注云故諱使若公自不肯與之盟今又言此者正以諸侯遂亂是以魯侯不肯與之盟然則上下二注

彌縫為義非別解云因為公張義者謂書公不與盟非直為國諱因見諸侯遂亂大惡公亦不宜與故言因公為張義也

蔡侯盧歸于蔡陳侯吳歸于陳

此皆滅國也其言歸何【注】据歸者有國辭【疏】注据歸至國辭○舊疏云即僖三十年秋衛侯鄭歸于衛之屬是也不與諸侯專封也【注】故使若有國自歸者也名者專受其封當誅書者因以起楚封之所以能起之者上有存陳文陳見滅無君所責又蔡本以簒見殺但不成其子不絕其國即諸侯存陳當有文實也【疏】注故使至者也○校勘記云毛本有也字此本實缺蓋衍字通義云吳世子偃師之子盧世子有之子也有子不絕者罰弗及嗣猶燬朔之子無絕義也名者皆始立國文無所承也傳言不與諸侯專封者謂楚專封之與彭城慶封傳文同自明或因上言諸侯遂亂反陳蔡而疑為平丘會上諸侯者非傳及何氏之意然反復經文陳蔡之為受封于楚實無迹可尋蓋邢衛緣陵雖犯專封之咎猶為興滅繼絕世此則楚滅之而楚自復之安足為德且棄疾本以利動故直略之不復為文實壹若陳蔡之自紹其國者而不與楚之義嚴矣此即春秋貴明義不貴明事之效也舊疏云宜言不與楚專封而云不與諸侯專封者宣十一傳此楚子也其稱人何諸侯之義不得專封也是楚得言諸侯之義矣而舊云楚子初無封陳蔡之意但畏諸侯之誅遂許封陳蔡之子孫陳蔡為之請于諸侯諸侯止不伐楚楚乃封陳蔡然則陳蔡得封本由諸侯故傳言諸侯以明之按舊

疏所引舊說即孔氏所駁之或說也不與諸侯專封即是不與楚子專封見凡諸侯皆不與故傳不明斥楚子也言楚子嫌別諸侯得專封矣故僖元年二年十四年齊桓封邢衛杞皆不言齊桓亦統斥不與諸侯專封也是其義也○注名者至當誅○舊疏云諸侯之式不合生名今陳蔡之君既已稱爵而書名者正以諸侯之封宜受于天子而受國于楚故名之見當誅討不合爲諸侯矣包氏愼言云邢以自還爲文猶蔡陳之以自歸爲文也奪其專封所以彊王義也誅而稱名黜之使在微者例按邢衛杞亦受封諸侯而經不書名示誅者蓋爲桓公諱桓公存亡繼絕春秋文不與而實與故受封者亦從怨棄疾封陳蔡非齊桓比故於陳蔡之受封即書名張義蓋陳蔡之君貶其邢衛杞亦宜從黜削例也非邢衛杞可不名也○注書者至貶之○校勘記云此本疏引因作固舊疏云言主書此事者非直惡陳蔡之君不受天子之命亦因以起楚封之按如此注義則舊說謂平丘之諸侯封之者頗矣○注所以至實也○校勘記出無君無所責云鄂本同疏及閩監毛本皆作無君無所責按紹熙本亦作無君無所責又出即諸侯存陳云閩監毛本作諸侯存之此作陳誤按解云非謂上會諸侯埤地封之若是上會諸侯埤地封之當如救邢城楚丘之屬傳亦有文實之文然則存之當作封之矣按紹熙本亦作存之按上九年陳火傳陳已滅矣其言陳火何存陳也注陳已滅復火者死灰復燃之象也此天意欲存之故從有國記災是上有存陳文也春秋凡書災異者皆示變人君責其修政今陳已滅無君更無所責故知爲天欲示存陳爲死灰復然象也又襄三十年蔡世子般弑其君固至上十一年楚子虔誘蔡侯般殺之于申是蔡侯以簒見殺也彼又云楚師滅蔡執蔡世子有以歸用之傳其稱世子何不君靈公不成其子是也蔡般弑父簒立楚子誅之春秋不成其子示誅君之

子不立之義然國無絕理故書滅蔡所以書滅者僖五年傳滅者亡國之善辭注言王者起當存之故爲善辭也傳又云滅者上下同力者也注言滅者臣子與君勠力一心共死之辭是書滅正爲不絕其國也也陳蔡國皆應存楚因其二君之後在楚就而封之知非諸侯存之明矣舊疏云若是上會諸侯埤地封之當如救邢城楚丘之屬傳亦有文實之文宜云城陳蔡傳云孰城城之諸侯城之曷爲不言諸侯城之不與諸侯專封曷爲不與實與而文不與文曷爲不與諸侯之義不得專封諸侯之義不得專封則其曰實與之何上無天子下無方伯天下諸侯有相滅亡者力能存之則存之可也注所謂當有文實也然則春秋於棄疾無實與義故使若自歸辭穀梁傳曰此未嘗有國也使如失國辭然者不與楚滅也不與楚之滅其書滅陳書滅蔡是也惟彼無不與專封義爾餘與此同

冬十月葬蔡靈公注書葬者經不與楚討嫌本可責復讎故書葬明當從誅君論之不得責臣子疏注書葬至臣子○上十一年傳楚子虔何以名絕曷爲絕之爲其誘討也此討賊雖誘之曷爲絕之懷惡而討不義君子不與也是不與誘討也討既不與楚誘討嫌不書葬爲責蔡臣子當復讎以隱十一年傳云然則何以不書葬春秋君弑賊不討不書葬以爲無臣子故也今靈公爲楚誘殺春秋書葬不責蔡臣子者以蔡般弑父自立人人得誅蔡之臣民宜皆同仇故不責復讎而書葬如恆見當從誅君論也與桓十八年公薨于齊下云葬我君桓公者異彼傳云賊未討何以書葬仇在外也仇在外則何以書葬君子辭也注時齊强魯弱不可立得報故君子量力不責爲此楚强蔡弱春

秋亦宜量力不責知非爲怨臣子辭者以傳無君子辭也之文又
彼方責莊公與仇狩故於其葬焉怨之也又會桓亦弒兄而立而
春秋不從誅君論不責復仇者以會桓會不致已爲奪臣子辭成
誅文故於其葬也不復示絶爲春秋惟壹譏而已故也通義云書
葬者爲廬伸討賊之志也志苟不忘復仇雖假手
於楚猶蔡討也亦葬陳靈公之意也義似迂回

公如晉至河乃復

吳滅州來注不日者略兩夷疏杜云州來楚邑按吳自成七年入州
來是年始滅當是國名杜以爲楚邑州
非若是邑不得言滅若果楚邑當書吳伐楚取州來矣哀二年蔡
遷于州來時州來爲吳邑畏楚遷近吳也故彼年左傳云蔡請遷
于吳也○注不日者略兩夷○校勘記云解云考諸舊本日亦有
作月字者春秋上下滅例書月然則爲日字者誤按三十年冬十
有二月吳滅徐疏引此注云不月者略兩夷此處疏本仍作日按
舊疏又云上四年秋七月遂滅厲注云莊王滅蕭日此不日者靈
王非賢責之略然則吳子夷昧兄弟立謀讓位季子即爲賢者而
反滅人宜亦書日以責之而不日者正以兩夷相滅故略之此舊
疏据誤本而傳會爲此說也夷昧雖讓國有賢行非楚莊之比不
必据以相例且彼楚莊因有王言與滅國事反故得日責之也下
三十年注至此乃月者所見世始錄夷狄滅小國也不從上州來
見義者因有出奔可責故也以彼言之知此文無月故注就不月
解之也文承十月之下言無月
者不蒙上月蓋不在十月內也

十有四年春隱如至自晉疏通義云一事而再見者卒名常辭也左
傳不達乃以僑如爲尊夫人隱如爲尊

晉尊夫人或可通尊晉則尤與內其國之義乖戾

三月曹伯滕卒

夏四月

秋葬曹武公

八月莒子去疾卒【注】入昭公卒不日不書葬者本篡故因不序【疏】入注昭至不序○舊疏云春秋之義所傳聞之世略於小國不書其卒至所聞之世乃始書之卽文十三年邾婁子籧篨卒之徒是也至所見之世文致太平書小國而錄之卒日葬時卽下二十八年秋七月癸巳滕子甯卒冬葬滕悼公之屬是也今此莒君入昭公所見之世宜令卒日葬時而不卒日復不書其葬者正由本是篡人故因略之不序其卒日亦不序其葬矣其本篡者卽上元年秋莒去疾自齊入于莒是也然則春秋之義篡明者書葬卽衞晉鄭之突齊小白陽生之徒是今此去疾於上元年亦有自齊入于莒之文卽是篡明例合書葬但以本篡故因不序然則入昭公所見世小國之卒例合書日而上三月曹伯滕卒亦不日者入莊二十三年冬十一月曹伯射姑卒之下何氏云曹伯達於春秋常卒月葬時也如卒日葬月嫌與大國同故復卒不日入所聞世可日不復日然則曹伯終生於桓十年時以春秋敬老重恩之故而得卒日葬月以為太平是以入所見之世雖例可日亦不復日是故上文卒曹伯不書日矣按去疾篡明宜書葬不書者為下未踰年而殺其君之子不孝尤甚奪其嗣君辭故不與其葬矣舊疏未明莒始卒

於成十四年正月莒子朱卒所聞世始卒故不得日此宜日而不日故解之

冬莒殺其公子意恢【注】莒無大夫書殺公子者未踰年而殺其君之子不孝尤甚故重而錄之稱氏者明君之子【疏】注莒無大夫○莊二十七年傳文○注書殺至錄之○通義云莒無大夫而曰公子意恢者未踰年而殺其君之子禍重又以在近世合錄名氏也若然秦鍼莒牟夷之屬皆得言以近書傳輒發異義者所見之世雖錄小國事事載亦不勝文繁其特書者要各有主書之義若秦亡母弟莒殺公子之假令在所聞限雖可責健不責今而責之即是以近書矣包氏慎言云襄三十年天王殺其弟年夫注王者得專殺書者惡失親親也未三年不去王者方惡不意慕而殺弟不與子行也莒殺意恢以失子行錄然則尤君之服未除而行忍骨肉尤君子所惡失子行言父喪未除方稱子宜三年無改於父之道乃殺先君之子以失子行錄絕之於先君也○注稱氏至之子○舊疏云小國大夫假令得見皆不書氏即莒慶之徒是也今兼書公子者欲明是君之子故也若言莒殺意恢無以明嗣子不孝按喪服傳諸侯之子稱公子公子貴於先君故稱氏明為先君子蓋庶兄弟若同母兄弟宜如天王殺其弟年夫例矣

十有五年春王正月吳子夷昧卒【疏】釋文夷昧音末本亦作末唐石經諸本作昧按舊疏本亦作昧穀梁左氏作末則作昧是也故釋文云然說文日部有昧無昧玉篇廣韻昧昧兼收漢書高帝紀漢軍方圍鍾離昧於滎陽師古曰昧莫葛反其字从本末之宋即此入聲字也

二月癸酉有事于武宮籥入叔弓卒去樂卒事疏包氏慎言云二月書癸酉据曆二月無癸酉正月之十七日也鄭氏以此有事爲禘祭會子問疏熊氏云若喪祭及禘祫祭雖過時猶追而祭之故禘祫志云昭十一年齊歸薨十三年會于平丘冬公如晉不得祫至十四年乃追而祫之十五年乃禘也

其言去樂卒事何注据入者言萬去籥言名不言卒事疏注据入至卒事○即宣八年夏六月辛巳有事于太廟仲遂卒于垂壬午猶繹萬入去籥是也彼言萬入此言籥入彼言去籥言名此直言去樂又彼不言卒事故据以難

禮也注以加錄卒事即非禮但當言去樂而已若去籥矣總言樂者明悉去也疏左傳亦云禮也杜云大臣卒故爲之去樂○注以加至去也○加錄卒事決宣八年不言卒事也即猶若也猶莊三十二年傳寡人即不起之即言若非禮但當如宣八年之書去籥言去樂無爲錄卒事矣此言去樂明樂悉去與宣八年之去其有聲者廢其無聲者殊也明彼爲知其不可而爲之也

君有事于廟聞大夫之喪去樂注恩痛不忍舉疏穀梁傳君在祭樂之中聞大夫之喪則去樂卒事禮也君在祭樂之中大夫有變以聞可乎大夫國體也古之人重死君命無所不通注死者不可復生重莫大焉是也春秋說云或曰祭主於誠君當祭雖大夫之喪不得以聞非禮也衛有太史曰柳莊寢疾公曰若疾革雖當祭必告則知春秋之時大夫之喪必有當祭不告者矣唐時大臣喪輒對仗奏對仗奏者謂正當朝不以狀言但以口奏唐太宗猶怒爲責之誠以君臣一體其疾也親視之其殮也親臨

之其疾革也必以狀言然此當朝非當祭也當祭以聞去樂卒事春秋備書之以爲後世法卒事注畢其祭事

疏通義云去樂者哀也卒事者君事重也穀梁傳曰君在祭樂之中大夫有變以聞然非卿喪不得以聞檀弓曰衞有太史曰柳莊寢疾公曰若疾革雖當祭必告明非有命則不敢告正以太史非卿故也經言有事不舉祭名者略爲變禮張本不主譏祭與宣八年同例按禮記檀弓君臨臣喪以巫祝桃茢執戈注君聞大夫之喪去樂卒事而往未襲也其已襲則止巫去桃茢則不止去樂卒事矣孔疏鄭必知往者以下云柳莊之卒衞侯不脫祭服而往明其君有大臣之喪亦當然也聞喪而往故知未襲也又按喪大記云大夫之喪將大斂君往巫止于門外祝先入蓋無祭事時然也○注畢其祭事○校勘記云閩監毛本其作竟按紹熙本亦作竟是也

大夫聞君之喪攝主而往注主謂已主祭者臣聞君之喪義不可以不卽行故使兄弟若宗人攝行主事而往不廢祭者古禮也古有分土無分民大夫不世已父未必爲今君臣也孝經曰資于事父以事君而敬同

疏注主謂至而往○禮記曾子問曰大夫之祭鼎俎旣陳籩豆旣設不得成禮廢者幾孔子曰九請問之天子崩后之喪君薨夫人之喪君之太廟火日食三年之喪齊衰大功皆廢故何氏謂主爲已主祭者也君夫人喪皆宜卽往祭不可廢故使家人攝主卒事恩義兩盡矣通義云後魏清河王懌曰攝主者攝斂神主而已不暇待徹祭也何休云宗人攝行主事而往意謂不然君聞臣喪尚爲之不繹況臣聞君喪豈得安然代主終祭也廣森謂大夫聞君之喪不得終祭

曾子問固言之矣蓋陰厭而事主之禮畢酳獻而事尸之禮畢故攝主與尸事對文以爲節也禮曰士不攝大夫若兄弟宗人爲士者卽不可使攝若同爲大夫同當奔喪又孰相爲攝益知解詁錯誤按孔說非是攝大夫聞君之喪無論何時卽行前往祭事使人攝行聞大夫之喪哀殺故俟事畢而往至士不攝大夫自謂不爲喪主耳非祭事也獨不聞大夫士無主乎如孔說則必以此攝主爲攝神主矣凡尸未入之前設饌于奧謂之陰厭少牢司宮筵于奧祝設几于筵上右之此爲爲神布席也不言及設主之事知無主矣無主何攝之有淩先生禮說云大夫不終事而往所以盡君臣之義使人攝主而祭所以全子姓之恩恩義兩盡未得厚非也若祭無使人代之者饋食疏大夫以上尊時至唯有喪故不祭餘吉事皆不使廢祭若有公事及病使人攝祭故論語孔子曰吾不與祭如不祭注孔子或出或病不自親祭使攝者爲之據此知有攝主事矣若以傳有攝主二字遂指爲木主然則曾子問卿大夫士從攝主北面于西階南亦爲攝木主而行可乎又按曾子問天子崩既殯而祭其祭也尸入三飯不侑酳不酢而已疏於時冢宰攝主然則亦以爲攝木主而行事可乎難者曰曾子問大夫之祭不得成禮廢者君薨夫人喪在內公羊傳何以不廢也曰曾子問諸侯之祭社稷聞天子崩后之喪廢鄭注謂凡與陳饌牲器時則此云廢之者當亦指凡與時言若接祭之後當亦有不能廢者矣不能廢而又不能不往此攝主之說所由來與且何氏云今不廢祭者古禮也言古以見今時有不然者矣大夫之父未必爲今君之臣恩所不及故不得廢其宗廟之祭春秋以來譏世卿矣世爲大夫或不得終祭而往而要皆非大夫有木主證也○注不廢至臣也○此春秋之制也春秋譏世卿故大夫不世則已父未必今君臣故不廢祭使人攝主也其諸侯聞天子與后喪則廢祭諸侯世其父祖

莫非臣子也與大夫禮殊曾子問文雖大同義實有殊或彼据今禮言之春秋援古以正今也白虎通五行篇有分土無分民何法法四時各有分而所生者通也又諫諍篇其不待放者亦與之物明有分土無分民也詩曰逝將去汝適彼樂土是也○注孝經至敬同○孝經士章文也唐元宗注資取也疏以爲依孔傳表記鄭注資取也是也舊疏云何氏之義以資爲取言取事父之道以事君所以得然者而敬同故也則何氏解孝經與鄭稱同與康成異矣按鄭稱說與康成注皆不可考校勘記云閩監毛本同浦鏜云鄭稱當孔傳之誤梁玉繩云鄭稱爲魏侍中有答魏武帝金輅之問見續漢書輿服志注又魏志延康元年注引魏略言偁篤學大儒爲武德侯叡傳叡即魏明帝也丁杰云孝經鄭注據此處疏文非康成亦非小同當是鄭偁孫志祖云徐彥疏云與鄭偁同與康成異則偁與康成爲二家明矣

大夫聞大夫之喪尸事畢而往

注 賓尸事畢而往也日者爲卒日

疏 注賓尸至往也○禮有司徹鄭目錄云大夫既祭儐尸於堂之禮祭畢禮尸於室中又注云徹室中之饋及祝佐食之俎卿大夫既祭而儐尸禮崇也儐尸則不設饌西北隅以此薦俎之陳有祭象而亦足以厭飫神按目錄言大夫兼上下言之上大夫室中事尸行三獻禮畢別行儐尸於堂之禮其下大夫室內事尸行三獻無別行儐尸於堂之事彼二語尸一上大夫一下大夫也儐中於堂室中無事故徹室中之饋及祝佐食之俎如葅醢四豆也五俎也四敦也兩鉶也四瓦豆也酌奠之觶也皆正祭陳於室中者祝佐食之俎不皆在室中祝二豆一俎在室二佐食薦俎東階悉徹之也儀禮校勘記儐徐本作賓禮經或作儐或作賓通用儐正字也此作賓與詩序同吳氏廷華儀禮章句云徹而儐尸蓋以紓其象神之勞是也通義云獻尸事

畢不賓尸也假令當賓尸而聞喪則亦獻尸而已不獻賓兄弟以下也按大夫聞君之喪倘遣人攝主卒事大夫聞大夫之喪不過儐友之誼何遂不及賓尸也獻尸自是正祭禮節不得謂之尸事傳明云尸事畢自謂事尸事畢明謂賓尸矣或蓋于尸侑主人主事婦後也天子諸侯之祭明日而繹君聞臣喪廢一時之祭故不忍次日再繹宣八年之譏猶繹是也大夫旣祭卽儐尸于堂可以事畢而往下大夫幷無別行賓尸之事卽禮尸於室中爲加爵禮尸則更可卒事矣蓋主人賓爵酬尸尸奠爵于薦左後可以從殺或尸無獻賓酢賓酬賓獻兄弟獻內賓獻私人各禮節與○注日者爲卒日○舊疏云正以春秋之義失禮鬼神例日今非失禮知日爲卒

夏蔡昭吳奔鄭**注**不言出者始封名言歸嫌與天子歸有罪同故奪其有國之辭明專封**疏**左氏穀梁作蔡朝吳出奔鄭朝昭字通廣韻三蕭朝早也亦姓左傳有蔡大夫朝吳按漢鼂錯盎其後鼂卽朝云春秋王子朝漢書古今人表作子鼂左傳衞史朝古今人表亦作史鼂文選羽獵賦注朝鼂古字通故鼂亦作晁舊疏云此作昭吳字又不言出者所見之文異按左氏穀梁皆以朝吳爲蔡大夫則知此昭吳亦爲蔡大夫矣而舊解以爲昭吳爲蔡侯廬之字者似非何氏之意○注不言至罪同○舊疏云正以其君始封之時名書歸則舊疏本言歸當作書歸矣名書歸卽上十三年蔡侯廬歸于蔡是也嫌與天子歸有罪同者舊疏云書名言歸與天子歸有罪之文相似何者僖二十八年夏六月衞侯鄭自楚復歸于衞注言復歸者刺天子歸有罪冬曹伯襄復歸于曹注曹伯言復歸者天子歸之名者與衞侯鄭同義則天

子歸有罪者書名言歸上蔡侯廬亦有罪歸故言嫌與天子歸有罪同○注故奪至專封○正以蔡侯廬實非天子所歸故其臣出奔不言出爲奪其君有國之辭以其受封于楚不合有國明楚之專封蔡專受其封皆當誅上十三年之書名言歸非天子所歸義與此相起也

六月丁巳朔日有食之注并十七年食蓋與孛于大辰同占疏包氏慎言云六月書丁巳朔據曆爲月之三日劉歆以爲三月臧氏壽恭謂當作五月二日是年正月戊午朔大二月戊子朔小三月丁巳朔大四月丁亥朔小五月丙辰朔二日丁巳元志大衍推五月丁巳朔食失一閏沈氏欽韓以今曆推之是歲五月丁巳朔加時在晝交分十三日九千二百六十七分入食限○注并十至同占○舊疏云謂此文日有食之并十七年夏六月甲戌朔日有食之皆與十七年有星孛于大辰同占也其占者則彼注云是後周分爲二天下兩主宋南里以亡是也通義云此與十七年甲戌占董生以爲宿並在畢晉國象也晉厲公誅四大夫失衆心以弑死後莫敢復責大夫六卿遂相與比周專晉國君還事之日比再食其應在春秋後也按五行志劉歆以爲魯衞分臧氏謂當作魯趙五月丙辰朔合辰在四月十三度二日丁巳在四日十四度十二次之分降婁魯也大梁趙也降婁終於胃六度大梁起于胃七度趙晉地也

秋晉荀吳帥師伐鮮虞

冬公如晉

十有六年春齊侯伐徐

楚子誘戎曼子殺之【疏】左氏穀梁作戎蠻哀四年同杜云蠻氏戎別種河南新城縣東南有蠻城漢書地理志河南新城縣曰蠻中故戎蠻子國大事表云今河南汝州西南有蠻城又文十七年左傳周甘歜敗戎于邥垂劉昭後漢志以此爲蠻氏之戎也杜云垂亭在新城縣北今爲汝州伊陽縣地左穀皆作蠻字續漢郡國志河南新城有鄤聚古鄤氏今名蠻中注左傳昭十六年楚殺鄤子則曼卽鄤之省也水經注伊水篇伊水又北逕新城東與吳潤水會水出縣之西山東流南屈逕其縣故城西又東轉逕其縣南故蠻子國也縣有蠻聚今名蠻中是也漢惠帝四年置縣汝水篇汝水東歷麻解城北故鄤鄉城也謂之蠻中左傳所謂單浮餘圍蠻氏蠻氏潰是也杜云城在河南新城縣之東南又按東觀漢記光武紀后父郭昌爲陽安侯子流縣曼侯後漢郭后紀作綿蠻侯是蠻曼通也通鑑注引風俗通云蠻者慢也故蠻亦作曼

楚子何以不名【注】据誘蔡侯名【疏】注据誘蔡侯名○卽上十一年楚子虔誘蔡侯般殺之于申虔書名也夷狄相誘君子不疾也【疏】范云楚子不名戎蠻子非中國故亦以其夷狄相誘也曷爲不疾【注】据俱誘也若不疾乃疾之也【注】以爲固當常然者乃所以爲惡也顧以無知薄責之戎曼稱子者入昭公見王道大平百蠻貢職夷狄皆進至其爵不日者本不卒不地者略也【疏】注以爲至責之○自

虎通王者不臣云夷狄者與中國絕域異俗非中和氣所生非禮義所能化故不臣也春秋傳曰夷狄相誘君子不疾尚書大傳曰正朔所不加卽君子所不臣也又禮記學記疏引鉤命決云不臣夷狄之君者政教所不加謙不臣也隱二年注王者不治夷狄錄戎者來者勿拒去者勿追漢書匈奴傳論云春秋內諸夏而外四夷夷狄夷狄之人貪而好利被髮左衽人面獸心其與中國殊章服異習俗飲食不同言語不通是以聖人外而不內疏而不戚政教不及其人正朔不加其國也按此猶孟子告子篇所謂不屑教誨焉者不屑疾之正乃疾之深也但薄責其無知不以中國禮義繩之也故楚子不名也○注戎曼至其貫○校勘記云閩監毛本大作太非紹熙本亦作大舊疏云上四年申之會伐吳再見淮夷五年冬越人伐吳一見越人所見之世而不進之者君子因事見義故也何者淮夷與越蓋遣大夫會此是君因可進而進之且昭公之世文致太平實不治定但可張法而已甯可文皆進乎按繁露奉本云遠夷之君內而不外謂此○注不日至略也○此決上十一年夏四月丁巳楚子虔誘蔡侯般殺之于申日且地故也戎曼夷狄微國雖太平世亦不合卒故於是殺也略之不書日並亦不地皆從略故雖不在外四夷限不得醇同諸夏也

夏公至自晉

秋八月己亥晉侯夷卒【疏】包氏慎言云八月有己亥月之十日差繆略云亥公羊作丑趙氏坦春秋異文箋云唐石經公羊作己亥二字似磨改

九月大雩【注】先是公數如晉【疏】注先是公數如晉○五行志中之上十六年九月大雩先是昭公母夫人

歸氏薨昭不感又大蒐于比蒲晉叔嚮曰魯有大喪而不廢蒐國不恤喪不忌君也君亡感容不顧親也殆其失國蓋劉歆語也按上十二年十三年十五年皆有公如晉文何義蓋與上三年同占八年大雩注先是公如楚半年乃歸費多賦重所致公數如晉亦宜然

季孫隱如如晉

冬十月葬晉昭公【疏】差繆略云十月公羊作十一月按今本作十月唐石經同

十有七年春小邾婁子來朝

夏六月甲戌朔日有食之【疏】漢書五行志下十七年六月甲戌朔日有食之董仲舒以為時宿在畢晉國象也晉厲公誅四大夫以弒死莫敢復責大夫六卿專晉君還事之日比再食事在春秋後故不載於經劉歆以為魯趙分左氏傳平子曰唯正月朔慝未作日有食之於是乎天子不舉伐鼓於社諸侯用幣於社伐鼓於朝禮也其餘則否太史曰在此月也日過分而未至三辰有災百官降物君不舉避移時樂奏鼓祝用幣史用辭嗇夫馳庶人走此月朔之謂也當夏四月是為孟夏說曰正月謂周六月夏四月正陽純乾之月也慝謂陰爻也冬至陽爻起初故曰復至建巳之月為純乾亡陰爻而陰侵陽為災重故伐鼓用幣責陰之禮降物素服也不舉去樂也避移時避正堂須時移災復也嗇夫掌幣吏庶人其徒役也按所引說曰蓋西漢說左氏者舊說元志姜氏云六月當乙巳朔交分不協不應食大衍云當在九月朔六月不應食姜氏是也沈氏欽韓以今曆推之是歲九月

朔甲戌朔加時在晝交分二十六日七千六百五十分入食限臧氏壽恭以三統法推是年閏在五月前正月丁未朔二月丙子朔三月丙午朔四月乙亥朔閏月乙巳朔五月甲戌朔又是年冬至癸酉正月二十七日也戊子小寒三月十三日甲辰大寒二月二十九日己未立春三月十四日甲戌驚蟄三月二十九日己丑雨水四月十五日甲辰春分四月三十日庚申穀雨閏月十六日乙亥清明五月二日是月十七日庚寅立夏以後純乾用事故太史曰在此月也五月甲戌朔距春分已三十一日不及立夏十七日故曰日過分而未至蓋是年魯曆失閏故魯史以爲六月也

秋郯子來朝

八月晉荀吳帥師滅賁渾戎【疏】賁渾戎左傳作陸渾之戎穀梁作陸渾戎

冬有星孛于大辰

孛者何彗星也【注】三孛皆發問者或言入或言于或言方嫌爲孛異猶問錄之【疏】爾雅釋天彗星爲欃槍郭注亦謂之孛言其形孛孛似埽彗開元占經引孫炎云欃槍妖星別名也釋名釋天云彗星光稍似彗也孛星星旁氣孛孛然也御覽引合誠圖云赤彗火精如火曬長七尺○注三孛至錄之○或言入者文十四年秋七月有星孛入于北斗是也彼傳云其言入于北斗何北斗有中也或言于者此經是也或言方者哀十三年冬十有一月有星孛于東方是也彼傳云其言于東方何見于旦也傳皆云孛者何彗星也是三處皆發問正以言入言于言方有異嫌孛

亦異是以俱問錄之三傳皆云何以書記異也其言于大辰何注据北斗言入于大辰非常名疏注据北至入于○○即文十四年有星孛入于北斗是也○注大辰非常名○○舊疏云正以東方七宿皆謂之辰故曰大辰非七宿之常名而經舉之因以為難按此謂恆星中無大辰名也

在大辰也大辰者何大火也注大火謂心疏注大火謂心○襄九年左傳心為大火爾雅釋天云大辰房心尾也郭注云大火心也左傳疏引李巡云大辰蒼龍宿之體最為明故曰房心尾也大火蒼龍宿心以候四時故曰辰孫炎曰龍星明者以為時候故曰大辰大火心也在中最明故時候主焉夏小正云五月大火中八月辰則伏辰也者謂心也說文晨字解云辰時也又曟字云房心為民田時郭注爾雅云龍星明者以為時候故曰大辰用孫說也然則東方七宿皆可以為大辰楚辭遠遊云奇傅說之託辰星王注辰星房星東方之宿蒼龍之體文選注引法言宋注辰龍星也故房心尾通有辰名故說文舉房小正言廢自無二義穀梁傳云于大辰者濫于大辰也范注引劉向曰謂濫于蒼龍之體不獨加大火也舊疏云釋天云柳鶉火者正以柳在南方亦可為出火之候故也不謂心星非大火然則爾雅不言心為大火者文不備也郝氏懿行爾雅義疏唐虞夏皆五月昏火中故堯典以星火正仲夏夏小正五月初昏大火中是也周秦則六月昏火中故左氏昭三年傳火中寒暑乃退杜注心以季夏昏中而暑退季冬旦中而寒退月令云季夏之月昏火中是也然則周秦上較虞夏星候差及一次此昏旦中星所以不同也火至初秋則昏見於西詩云七月流火是也火以三月始出九月之昏始入十月之昏則伏左氏哀十二年傳火伏而後蟄者畢是也左傳云西及漢杜云夏之八月辰星在天漢

西今孛星出辰西光芒東及天漢彼疏云月令仲秋之月日在角昏牽牛中大辰是房心尾也其星處東方時在角星北故以八月之昏角星與日俱沒大辰見於西方也天漢在箕斗間故是時天漢西南東北邪列於天大辰之星見在天漢之西也今孛星又出於大辰之西而尾東指光芒歷辰辰星而東及天漢也

大火為大辰疏爾雅釋天云大火謂之大辰左傳襄九年大火為大辰或食於心是故心為大火亦止謂之辰左傳昭元年遷閼伯於商丘主辰注辰大火也國語晉語且以辰出而參入韋注同

伐為大辰注伐謂參伐也大火與伐天所以示民時早晚天下所取正故謂之大辰辰時也疏注伐謂參伐也○舊疏云正以伐在參旁與參連體而六星故言伐謂參伐伐與參為一候故也按後漢書郎顗傳伐作罰罰者其宿主兵其國趙魏變見西方考工記輈人以象伐也注伐屬白虎宿與參連體而六星通義云參伐連體六星故舉伐以統參正猶考工記云熊旗六斿以象伐也夏小正五月參則見傳參也者伐星也詩召南維參與昴傳參伐也國語晉語而以參入注參伐也文選注引法言宋注參虎星也亦為辰參互對辰以為龍星故也淮南時則訓昏參中高注參西方白虎之宿詩疏引演孔圖云參以斬伐禮記疏引運斗樞云參伐主斬艾示威行法史記天官書參為白虎三星直者是為衡石下有三星兌曰罰為斬艾事其外四星左右肩股也小三星隅置曰觜觿為虎首主葆旅事索隱引宋均曰左守也旅猶軍旅也言佐參伐以斬艾除凶也齊氏召南考證云按參宿中橫三星其外左右肩左右足四星又中橫三星之旁有三星下垂曰伐是伐與參連體而九星也天官書曰參為白虎三星直者是為衡石下有三星兌曰罰為斬艾事其外四星左右肩股

是其證也此疏謂與參連體而六星疑是字畫之誤但詩綢繆傳曰三星參也又周禮熊旗六旒以象伐則此疏不爲無據矣按疏言六星謂伐三星與參正體三星爲六不數其外四星故也參之正體三星故與心同稱三也詩小星疏云伐與參連體參爲列宿統名之若同一宿然但伐爲大星與參互見皆得相同故周禮以象伐也明伐得統參也公羊曰伐爲大辰演孔圖云參以斬伐皆互舉相見之文故毛言參伐也見同體之義○注大火至大辰○說文辰房星天時也又云曑商星也辰爲東方宿參爲西方宿用以紀時故皆謂之大辰以別於餘星也北辰居中視以定參辰之度故亦謂之大辰大辰有三別同名異實故下注云迷惑不知東西者須視北辰以別心伐所在是也說者以北辰爲大端指心小端指伐非也禮記鄉飲酒義云參之以三光政教之本也注三光三大辰也天之政教出於大辰焉○注辰時也○詩齊風東方未明云不能辰夜傳辰時也說文辰震也三月陽氣動靁電振民農時也物皆生从乙七象此達厂聲也又晨字下云辰時也

北辰亦爲大辰【注】北辰北極天之中也常居其所迷惑不知東西者須視北辰以別心伐所在故加亦亦者兩相須之意

【疏】注北辰至之意○爾雅釋天云北極謂之北辰周禮大宗伯疏引元命包云天生大列爲中宮太極三星其一明者太一常居旁兩星巨辰子位故爲北辰以起節度亦爲紫微宮紫之言中此宮之中天神圖法陰陽開閉皆在此中繫靈奉本云星莫大於大辰北斗常星北斗常星部三百衛星三千大火二十六星伐十三星北斗七星常星九辭二星十八宿多者宿二十八九其猶著百莖而共一本龜千載而人寶是以三伐傳決疑焉按此多誤字大率亦以大辰爲恆星之主皆

取則爲釋天郭注北極天之中以正四時史記天官書中宮天極星索隱引合誠圖云北辰其星五在紫微中楊泉物理論云北極天之中陽氣之北極也極南爲太陽極北爲太陰日月五星行太陰則無光行太陽則能照故爲昏明寒暑之限極也按廣雅釋言極中也故諸家並以北極爲天中舊疏引爾雅李注云北極天心居北方正四時謂之北辰孫炎云北極天之中以正四時謂之北辰是也論語爲政云譬如北辰居其所而衆星共之郝氏爾雅義疏云說者謂北極五星第五爲天樞最小是不動處然實不動處猶在樞星之下今按樞星非不動但其動也微人所不見故以爲居其所耳按天官書其一明者太一常居也旁三星三公或曰子屬後句四星末大星正妃餘三星後宮之屬也環之匡衞十二星藩臣皆曰紫宮前列直斗口三星隨北端兌若見若不曰陰德或曰天一紫宮左三星曰天槍又五星曰天棓後六星絕漢抵營室曰閣道北斗七星所謂璇璣玉衡以齊七政斗爲帝車運于中央臨制四鄉分陰陽建四時均五行移節度定諸紀皆繫於斗文選注引天宮星占北辰一名天關關者樞機之地總要之名也郎天官書之太一易釋文引馬融說以太極爲北辰索隱引文耀鉤謂之中宮大帝周禮疏引鄭氏說謂之天皇大帝耀魄寶索隱引合誠圖又爲紫微大帝此云大辰皆北辰之異文也初學記引合誠圖又云天皇大帝北辰星也含元秉陽舒精吐光居紫宮中制御四方冠有五采舊疏引春秋說云北者高也極者藏也言太一之星高居深藏故名北極也者與先儒說違其何氏兩解乎許氏宗彥北極說云爾雅北極謂之北辰考工記匠人夜考諸極星以正朝夕何注公羊迷惑不知東西者須視北極以別心伐今北極甚小不易辨周髀曰冬至日加酉之時立八尺表繫繫表端希望北極中大星引繩至地而識之又到旦明日加卯之時復引繩望之

首及繩致地而識其兩端相去二尺之寸故東西極二萬三千里其兩端相去正東正西中折之以指表正南北其云極東西極二萬三千里即璿璣之徑折半爲一萬一千五百里乃北極中大星距北極樞之數樞即不動處以衡一間相去里數準赤道度約之計四度餘若北極小星則周初去極心不應若是之遠蓋周髀本言北極中大星北極樞之數樞即不動處史記天官書中宮天極星其一明者太一常居鄭康成謂之太一北辰神名北極大星或即此與今法測句陳大星東西所極折中以定南北與周髀北極樞璿之用正同若論語所言北辰即周髀所謂正北極璿璣之中正北天之中者蓋赤道極也

何以書記異也

注 心者天子明堂布政之宮亦爲孛彗者邪亂之氣掃故置新之象是後周分爲二天下兩主宋南里以亡

疏 杜云妖變非常故書繁露奉本云海內之心懸於天子疆內之民統於諸侯日月食弁吉凶不以其行有星茀于東方于大辰入北斗常星不見地震梁山沙鹿崩宋衞陳鄭災王公大夫篡弑者春秋皆書以爲大異○注心者至之宮○舊疏云春秋說文星經亦云天官書心爲明堂房爲府曰天駟索隱引春秋說題詞云房心爲明堂天王布政之宮詩汎歷樞云房爲天馬主車駕宋均注房既近心爲明堂又別爲天府及天駟也御覽引元命包云房四星心三星五度有天子明堂布政之宮兩口銜士爲喜喜得明心喜者爲憙憙天心宋均注心爲天王布政之宮萬物須之乃成所以喜也今於口間士移一畫之者於字體安也是爲兩口士也喜得明明得所喜也詩疏引元命包云心爲天王周禮疏引文耀鉤云房心爲天帝之明堂布政之所出莊七年疏引文耀鉤云房心爲中央大星天王位房心連體故皆有天王明堂布政

之象○注亦爲孛○舊疏云亦爲孛者亦如北斗爲彗所孛矣○注彗者至之象○一切經音義引孫炎爾雅注妖星也四曰彗天官書歲星之精生天棓天彗星天欃天槍天文志欃槍棓彗雖異其殃一也天官書正義云天彗者一名埽星本類星末類彗小者數寸長長或竟天而體無光假日之光故夕見則東指晨見則西指若日南北皆隨日光而指是爲邪亂之氣也左傳申須曰彗所以除舊布新也天事恆象占經引演孔圖云海精死彗星出彗星出則國樞欃欃猶蹶也御覽引五行傳云彗者去穢布新也此天所以去無道而建有德也○注是後至以亡○五行志下之下昭十七年冬有星孛于大辰董仲舒以爲大辰心也心在明堂天子之象後王室大亂三王分爭此其效也劉向以爲星傳曰心大星天王也其前星太子後星庶子也尾爲君臣乖離孛星加心象天子嫡庶將分爭也其在諸侯角亢氏陳鄭也房心宋也後五年周景王崩王室亂大夫劉子單子立王猛尹氏召伯毛伯立王子鼂子鼂楚出也時楚彊宋衞陳鄭皆南附楚王猛既卒敬王卽位子鼂入王城天王居狄泉莫之敢納五年楚平王居卒子鼂奔楚王室乃定後楚帥六國伐吳吳敗之于雞父殺獲其君臣蔡怨楚而滅沈楚怒圍蔡吳人救之遂爲柏舉之戰敗楚師屠郢都妻昭王母鞭平王墓此皆孛彗流炎所及之效也左氏傳曰有星孛于大辰西及漢申須曰慧所以除舊布新也天事恆象今除于火火出必布焉諸侯其有火災乎梓慎曰往年吾見是其徵也火出而見今茲火出而章必火入而伏其居火也久矣其與不然乎火出於夏爲三月於商爲四月於周爲五月夏數得天若火作其四國當之在宋衞陳鄭乎宋大辰之墟陳太昊之墟鄭祝融之虛皆火房也星孛及漢漢水祥也衞顓頊之虛其星爲大水水火之牡也其以丙子若壬午作乎水火所以合也若火入而伏必以壬午不過見

之月明年夏五月火始昏見丙子風梓愼曰是爲融風火之始也七日其火作乎戊寅風甚壬午大甚宋衞陳鄭皆火劉歆以爲大辰房心尾也八月心星在西方孛從其西過心東及漢也宋大辰虛謂宋先祖掌祀大辰星也陳大昊虛虙戲木德火所生也鄭祝融虛高辛氏火正也故皆爲火所舍衞顓頊虛心爲大水營室也天星既然又四國失政相似及爲王室亂皆同按劉子駿古文家說與公羊異占經引感精符云孛星賊起光入大辰者將有陰謀以邪犯正與天子爭勢居位者大臣謀主兩主並立周分之異也與今文說近其周分爲二天下兩主者謂敬王在成周王猛居王城二十二年傳王城者何西周也又言王子猛卒二十三年天王居于狄泉謂敬王也又云尹氏立王子朝二十六年天王入于成周傳成周者何東周也是周分爲二天下兩主事也舊疏引運斗樞云星孛賊起守大辰於五堂亂兵壞門三王事周以分是也三王者謂王猛子朝與敬王也王猛纂立卒後子朝繼之恆與敬王相距故直云天下兩主也宋南里以亡者即下二十一年夏宋華亥向甯華定自陳入于宋南里以叛是也

楚人及吳戰于長岸【疏】杜云長岸楚地大事表云今江南太平府當塗縣西南三十里有西梁山與和州南七十里之東梁山夾江相對如門之闕亦曰天門山郡國志云春秋楚獲吳乘舟餘皇處也歷代爲建康西偏之要地方輿紀要東梁山一名博望山在太平府西南三十里西梁山在和州南六十里夾江對峙如門之闕亦曰天門山郡國志天門山一名峨眉山今元和志不載此說

詐戰不言戰此其言戰何【注】据於越敗吳于醉李【疏】舊疏云經文言戰而傳以

詐戰問之者正以夷狄質薄不能結日偏戰今此兩夷而言戰故以詐戰難之○注据於至醉李○見定十四年彼此皆是兩夷不言戰故据爲難釋文作檇李云本或作醉敵也注俱無勝負不可言敗故言戰也不月者略兩夷疏注俱無至戰也○通義云按左傳楚人以詐敗吳師獲其乘舟餘皇吳旋以詐敗楚師而取餘皇歸此所謂敵也河曲之敵兩無勝也長岸之敵兩有負也○注不月者略兩夷○正以春秋之例偏戰者日詐戰者月此詐戰不月故言略兩夷

公羊義疏六十三

南菁書院

句容陳立卓人著

昭十八年盡二十二年

十有八年春王三月曹伯須卒

夏五月壬午宋衛陳鄭災【疏】包氏慎言云五月有壬午月之十五日鄂本災作灾誤

何以書【疏】通義云据衛陳鄭非二王後記異也何異爾【疏】通義云宋火以災書此亦火也曷爲以異書異其同日而俱災也【疏】穀梁傳其志以同日也其日亦以同日也外異不書此何以書爲天下記異也【注】詩云其儀不忒正是四國四國天下象也是後王室亂諸侯莫肯救故天應以同日俱災若曰無天下云爾【疏】與僖十四年書沙鹿崩成五年書梁山崩同○注詩云至象也○詩曹風鳲鳩篇文荀子君子篇楊注言善人君子其威儀不忒故能正四方之國呂覽盡數篇昔者先聖人成其身而天下成治其身而天下治下引詩云其儀不忒正是四國通義云三國爲衆況至於四天下同亂遠近若一之象○注是後至云爾○毛本天誤大五行志上昭十八年五月壬午宋衛陳鄭災董仲舒以爲象王室將亂天下莫救故災四國言亡四方也又宋衛陳鄭之君皆荒淫于樂不恤國政與周室同行陽失節則火災出是以同日災也

劉向以爲宋陳王者之後衞鄭周同姓也時周景王老劉子單子事王子猛尹氏召伯毛伯事王子鼂子鼂楚之出也及宋衞陳鄭亦皆外附于楚亡尊周室之心後三年景王崩王室亂故天災四國天戒若曰不救周反從楚廢世子立不正以害王室明同辠也與何義皆大同按下二十二年夏六月王室亂傳何言乎王室亂言不及外也注刺周室之微弱邪庶並篡無一諸侯之助匹夫之救如一家之亂也故變京師言王室不爲天子諱者方責天下不救之是王室亂諸侯莫肯救之事也

六月邾婁人入鄅疏杜云鄅國今琅邪開陽縣又云鄅妘姓國也一統志開陽故城在沂州府蘭山縣北故鄅國齊乘在沂州北十五里

秋葬曹平公

冬許遷于白羽疏左傳楚子使王子勝遷許于析實白羽大事表云今河南南陽府內鄉縣按僖二十五年左傳秦晉伐鄀過析限卽其地近武關戰國時秦昭王發兵下武關攻楚取析是也續漢郡國志析故屬宏農故楚之白羽邑水經注丹水篇析水出析縣西北宏農盧氏縣大蒿山南流逕修陽縣故城北卽析之北鄉又東入析縣又東逕其縣故城北蓋春秋之白羽也左傳楚使王子勝遷許于析是也郭仲產云相承言此城漢高所築非也一統志析縣故城在南陽府內鄉縣西北春秋時楚白羽也

十有九年春宋公伐邾婁

夏五月戊辰許世子止弒其君買注蔡世子般弒父不忍日此日者

加弑爾非實弑也【疏】注蔡世至弑也○即襄三十年夏四月蔡世子般弑其君固是也彼注云不日者深爲中國隱痛有子弑父之禍故不忍言其日也許亦中國而日故解之明彼爲實弑此爲加弑故與彼異加弑事見下葬許悼公傳文元年商臣弑父亦實弑而日者夷狄賤故彼注云日者夷狄子弑父忍言其日是也穀梁傳曰日弑正卒也正卒則止不弑也不弑而曰弑責止也范云蔡世子般實弑父故以比夷狄而不書日此而日知其不弑則買正卒也杜云加弑者責止不舍藥物孔疏云實非止弑言書曰弑其君則仲尼新意書弑也又引釋例云醫非三世不服其藥古之慎戒也人子之孝當盡心嘗禱而已藥物之齊非所習也許止身爲國嗣國非無醫而輕果進藥故罪同於弑雖原其本心而春秋不赦其罪蓋爲教之遠防也加弑之說三傳皆同惟書日之義各殊爾包氏慎言云五月有戊辰月之七日下又書己卯月之十八日

己卯地震【注】季氏稍盛宋南里以叛王室大亂諸侯莫肯救晉人圍郊吳勝雞父尹氏立王子朝之應【疏】注季氏至之應○舊疏云謂稍稍盛也往前豹鶡爲政自上十二年公如晉至河乃復十三年平丘之會公不與盟以來季孫隱如數見經至二十五年遂出昭公矣宋南里以叛者在二十一年王室亂見下二十二年晉人圍郊見下二十三年彼傳云郊者何天子之邑也曷爲不繫乎周不與伐天子是也吳勝雞父尹氏立王子朝亦皆見二十三年十行本圍誤國五行志下之上昭十九年五月己卯地震劉向以爲是時季氏將有逐君之變其後宋三臣曹會皆以地叛蔡莒逐其君吳敗中國殺二君義恉大同

秋齊高發帥師伐莒

冬葬許悼公

賊未討何以書葬【疏】正以隱十一年傳云春秋君弒賊不討不書葬以爲無臣子故也不成于弒也【疏】經傳釋詞云于猶爲也詩鄘風定之方中云作于楚宮又云作于楚室張載注文選魏都賦引詩作作爲楚宮作爲楚室儀禮士冠禮宜之于假注于猶爲也此不成于弒也言不成爲弒也穀梁傳曰卒時葬不使止爲弒父也繁露玉杯云古今之學者異而問之曰是弒君何以復見猶曰賊未討何以書葬何以書葬者不宜書葬也而書葬何以復見者亦不宜復見也而復見二者同貫不得不相若也盾之復見直以赴問而辨不親弒非不當誅也則亦不得不得不謂悼公之書葬直以赴問而辨不故弒非不當罪也若是則春秋之說亂矣豈可法哉故貴比而論是非雖難悉得其義一也今誅盾無傳弗誅無傳不交無傳以比言之法論也無得比而處之誣辭也今視其比皆不當死何以誅之春秋赴問數百應問數千同留經中繙援比類以發其端卒無妄言而得應於傳者今使外賊不可誅故皆復見而問曰此復見何也言莫妄於是何以得應乎故吾以其得皆應知其問之不妄以其問之不妄知盾之獄不可不察也夫名爲弒父而實免罪者已有之矣亦有名爲弒君而罪不誅者逆而罪之不若徐而味之且吾語盾有本詩云他人有心予忖度之此言物莫無鄰察視其外可以見其內也臣之宜爲君討賊也猶子之宜爲父嘗藥也子不嘗藥故加之弒父臣不討賊故加之弒君其義一也所以示天下廢臣子之節其惡之大若此也故盾之不討賊爲弒君也與止之不嘗藥爲弒父無

以異董生以許止不嘗藥與趙盾不討賊皆爲加弒也然盾非止可比出不越竟反不討賊詞嚴義正盾獄定矣釋文作于殺云音試下于殺加殺皆同唐石經諸本作弒曷爲不成于弒【注】据將而誅之【疏】注据將而誅之〇莊三十二年傳云君親無將將而誅焉將猶加誅此明書弒君爲不成于弒故難之止進藥而藥殺也【注】時悼公病止進藥悼公飲藥而死【疏】注時悼至而死〇左傳許悼公瘧飲太子止之藥而卒疏引服虔云悼公靈公之子許男買瘧寒疾也止進藥而藥殺則曷爲加弒焉爾【注】据意善也譏子道之不盡也【疏】墨子非攻篇今有醫於此和合其祝藥之于天下之有病者而藥之萬人食此若醫四五人得利焉猶謂之非行藥也故孝子不以食其親忠臣不以食其君夫就師學問無方心志不通雖有愛父之心而適以賊之以此正春秋責許止之義故禮記曲禮云君有疾飲藥臣先嘗之父有疾飲藥子先嘗之注嘗度其所堪皆所以盡子道也其譏子道之不盡奈何曰樂正子春之視疾也【注】樂正子春曾子弟子以孝名聞【疏】注樂正至名聞〇大戴禮曾子大孝篇禮記祭義篇皆有樂正子春下堂而傷其足答門弟子問述曾子聞諸夫子語曰天之所生地之所養人爲大矣父母全而生之子全而歸之可謂孝矣不虧其體可謂全矣等語又檀弓有樂正子春之母死五日而不食事鄭注子春曾子弟子是曾子弟子以孝名聞者也復加一飯則脫然愈復損一飯則脫然愈復加一衣則脫然愈復損一衣則脫然愈【注】脫然

疾除貌也言消息得其節【疏】舊疏云言子春視疾之時消息得其節觀其顏色力少如可時加一飯以其與之其病者脫然加愈觀其顏色力少如弱時則損一飯以與之則其病者脫然加愈又觀其色力似寒時則加一衣以與之則病者脫然又加愈又觀其顏色力似如煖則復損一衣以與之則病者脫然而愈按所謂先意承志是也俞氏樾羣經平議云何氏不解復者告也請也管子小問篇以復管仲尹注曰復猶告也周禮宰夫職諸臣之復鄭注復請也復加復損並謂請於父母而加之損之是也○注脫然至其節○國語魯語求說其侮注說古脫字猶除也是脫有除義故脫脫然爲疾除貌也易遯莫之勝說虞注說解也後漢書隗囂傳注脫失也解失皆有除義愈者左氏昭二十傳相從爲愈注愈差也文選風賦愈病析酲注愈猶差也禮記三十年問痛甚者其愈遲釋文愈差也差猶瘥言病脫除而瘥也由寒煖飢飽消息有節樂正子加損皆得其宜故也止進藥而藥殺是以君子加弒焉爾【注】失其消息多少之宜【疏】洪氏亮吉左傳詁引服虔云禮醫不三世不使君有疾飲藥臣先嘗之親有疾飲藥子先嘗之公疾未瘳而止進藥雖嘗而不由醫而卒故國史書弒告於諸侯也○注失其至之宜○通義云失其寒溫補瀉之宜○曰許世子止弒其君買是君子之聽止也【注】聽治止罪【疏】注聽治止罪○書大傳諸侯不同聽注聽議獄也周禮小宰以聽官府之六計注聽平治也荀子王霸篇要百事之聽注聽治也穀梁傳不弒而曰弒責止也止曰我與夫弒者不立乎其位以與其弟虺哭泣歠飦粥嗌不容粒未踰年而死故君子即止自責而責之也注就其有自責心故以備禮責之新序七云許悼公疾瘧飲藥毒而死太子止

自責不嘗藥未逾年而死故春秋義之子政習穀梁故也義之即下書葬故也通義云張洽曰進藥而藥殺可不謂之弒哉其所以異於商臣般者過與故不同爾心雖不同而春秋之文壹施之者以臣子之於君父不可過也按今例過失殺祖父母父母猶議斬猶春秋責止意也

葬許悼公是君子之赦止也注原止進藥本欲愈父之病無害父之意故赦之疏注原止至赦之〇隱元年傳注所謂原心定罪也

赦止者免止之罪辭也注明止但得免罪不得繼父後許男斯代立無惡文是也疏錢氏大昕潛研堂答問云楚商臣蔡般之弒子不子父亦不父也許止不嘗藥非大惡而特書弒以明孝子之義非由君有失德故楚蔡之君不書葬而許獨書葬所以責楚蔡二君之不能正家也按錢氏所論亦是然非公羊家義也通義云書葬者起非實弒也蔡景公亦書葬所以得相起者固弒而代之者般買弒而代之者非止是可以辨矣穀梁傳止曰我與夫弒者不立乎其位云云君子即止自責而責之善乎斯言孝子之至也推止之心過矣而云死其父則自不欲復生即死而天下明之謂由愛父以死雖死猶未安也死而天下責之謂由弒父以死是以一朝之過終古篡惡夫如是而後罪少可償耳若止者雖不慎其始可謂善其終矣叔武不欲其兄有殺弟名春秋為之諱殺喜時不欲負芻有篡名春秋為不言復歸推此以說春秋即止自責而責之者猶附於藥成賢者之意也且唯止能自責然後君子赦之不然進藥而藥殺曰非故也藥誤也甚或曰非藥之誤疾不可為也設有不肖欲速代其父宜補故寫之宜寫故補之宜寒故溫之宜溫故寒之亦曰藥誤乎疾不可為也是尙可道乎故止與趙盾加弒似同然止

自責則書葬盾不自責則不書葬此其意甚微而其辭甚顯也左傳言止奔晉殆避之晉以致國於弟而實哀慕咎悔以殞其身者也或因彼文遂疑止實酖弒若然止之奔乃與宋萬同科經必特書而悼公又與宋閔公同科不得書葬矣爲此說者是其心必以加弒爲過苟以加弒爲過是必以誤殺父爲無罪苟以誤殺父爲無罪即與于亂臣賊子之甚者也邪說橫議經義日晦按御覽引春秋決事云甲乙與丙爭言相鬬丙以佩刀刺乙甲即以杖擊丙誤傷乙甲當何論或曰毆父也當梟首論曰臣愚以爲父子至親也聞其鬬莫不有怵惕之心扶杖而救之非所以欲詬父也春秋之義許止父病進藥於其父而卒君子固心赦而不誅甲非律所謂毆父不當坐蓋彼以甲子乙父甲毆丙誤傷父過失傷與許止同也後漢書霍諝傳春秋之義原心定過赦事誅意故許止雖弒君而不罪趙盾以縱賊而見書此仲尼所以重王法是也○注明止至是也○舊疏云正以此傳但有赦止之文無善止之處故云但得免罪而已按春秋定六年有鄭游遬帥師滅許以許男斯歸之文此後不見卒葬知繼立者斯也穀梁作𣅀新序作緯𣅀緯古音在脂部斯音古韻在之部之脂音近故多通也經云許世子止明斯非世子斯立春秋不見立入之文明無惡辭正由止雖免罪不得繼體故斯得以次當立也舊疏云若止宜立而斯篡之春秋應作篡文如隱四年衛桓見弒嗣子宜立而宣篡之經書立晉以爲惡晉之文也左氏以爲奔晉穀梁以爲自責而死善善從長穀梁近是

二十年春王正月

夏曹公孫會自鄸出奔宋【疏】穀梁鄸作夢彼釋文云夢或作[illegible]春秋異文箋云鄸字古祗作夢說文邑部無

鄸字玉篇始加邑作鄸廣韻因之以此知公羊左氏作鄸皆後人增邑穀梁作夢當是古文杜云鄸曹邑玉篇邑部同廣韻一東鄸邑名在魯郡大事表云寰宇記濟陰乘氏縣西北有大鄸城曹之鄸邑也一作大鄉在今曹州府曹縣北

奔未有言自者此其言自何注据始出奔未有言此者與宋華亥入宋南里復出奔異疏唐石經諸本同釋文出者此云舊於此下有此者非○注据始至奔異○校勘記云鄂本同閩監毛本此作自按此本疏標起訖云注据始至言此者閩監毛本亦改此爲自按紹熙本亦作自當据正謂春秋凡始發國出奔未有言自者也云與宋華亥入宋南里復出奔異者下冬十月宋華亥向甯華定出奔陳二十一年宋華亥向甯華定自陳入于宋南里以叛二十二年宋華亥向甯華定自宋南里出奔楚是彼自因奔而入叛邑復由叛邑出奔故書自與此始出奔卽言自者殊也

畔也注時會盜鄭以奔宋疏注會盜至奔宋○蓋與邾婁庶其以漆閭丘奔魯莒庶其以牟婁及防茲奔魯者同皆竊地以叛奔他國也

畔則曷爲不言其畔注言叛者當言以畔如邾婁庶期疏注言叛至庶期○校勘記云閩監毛本期改其非鄂本及此本疏標起訖皆作庶期又鄂本以畔作以鄭此誤按紹熙本作以鄭期作其當据正言若作叛文當如襄二十一年邾婁庶其以漆閭丘來奔例書曹公孫會以鄭出奔宋矣此不然是無畔文故据以難

爲公子喜時之後諱也疏左傳作欣時經義知新記說文忻从犬示聲讀又若銀猌从犬來聲讀又若銀寅肎夷銀二音沂旂斯[illegible]皆斤聲煇軍聲

春秋爲賢者諱注諱使若從

鄭出奔者故與自南里同文疏注諱使至同文○正以無入鄭以畔文與華亥等異○爲賢者諱故也通義云不言以鄭者雖諱也而與自南里同文者乃正起其畔也諱文不諱實諱自爲喜時設會之罪仍不容捨爾何賢乎公子喜時注据喜時不書疏毛本子誤羊○注据喜時不書○舊疏云正以曹羈叔肸春秋賢之者皆書見經即莊二十四年曹羈出奔陳宣十七年公弟叔肸卒是也今此喜時旣不書見非所賢矣故難之讓國也其讓國奈何曹伯廬卒于師注在成十三年則未知公子喜時從與注喜時曹伯廬弟疏注喜時曹伯廬弟○舊疏云賈服以爲廬之庶子者蓋所見本異也按吳世家集解引服虔曰子臧負芻庶兄是子臧卽喜時也則負芻爲兄子臧爲弟以左傳季札語推之似喜時爲負芻弟公子負芻從與注負芻喜時庶兄疏注負芻喜時庶兄○鄂本庶作從按何義與服虔說同或爲主于國或爲主于師注古者諸侯師出世子率與守國次宜爲君者持棺絮從所以備不虞或時疾病相代行本史文不具故傳疑之疏注古者至不虞○舊疏云春秋說文校勘記閩監毛本與作輿此誤解云言率與守國與衆也又云釋文絮女居反說文云絮緼也段玉裁云釋文當作絮左傳閔二年云從曰撫軍守曰監國古之制也又曰君行則守有守則從蓋守者太子從者次適也禮記文王世子曰其在軍則守于公禰疏在軍謂庶子之官從公出行彼注云公禰行主此謂庶子從行者或時太子有故與蓋亦其次宜爲君者謂

若太子母弟也又曾子問云君出疆有三年之戒以椑從注親身棺曰椑絮者說文絮緼也一曰敝絮也說文作絮舊疏云絮謂新綿卽禮記云屬纊以俟絕氣之文是也○注或時至疑之○舊疏云正以曹伯無子喜時其母弟也當守國○公子負芻者庶兄也禮當從君但或時負芻疾而喜時代之行今傳不言正以史文不具故也通義云按左傳爲主于師者蓋喜時也在師中爲喪主也負芻宣公之長庶子宣公卒世子幼使負芻攝主監國負芻弒其世子而自立故謂之當主也曹人將討負芻以喜時宣公母弟次宜爲君喜時不受新序七云曹宣公子喜時字子臧曹宣公子也宣公與諸侯伐秦卒于師曹人使子臧迎喪使公子負芻與太子留守負芻殺太子而自立與左氏所載大同皆以喜時爲宣公子皆由本史文不具故傳說各歧焉爲公子喜時見公子負芻之當主也逡巡而退疏新序又云子臧見負芻之當主也宣公既葬子臧將亡國人皆從之負芻立是爲成公懼告罪且請子臧乃反後晉侯會諸侯執曹成公將見子臧於周天子立之子臧曰記有之聖達節次守節下失節爲君非吾節也雖不能聖敢失守乎亡奔宋曹人數請晉侯謂子臧反國吾歸爾君於是子臧反國晉乃歸成公於曹吳越春秋一札曰昔曹伯卒庶存適亡諸侯與曹人不義而立於國子臧聞之行吟而歸曹君懼將立子臧子臧去之以成曹之道注適亡者公子負芻殺太子而自立是爲成公子臧公子欣時也與負芻皆宣公庶子皆本左氏爲說然果皆庶子則負芻長喜時幼其不立宜何賢其讓時喜時以次當立負芻簒有喜時退而不爭所爲賢也當主猶言當國也逡巡者爾雅釋言逡退也後漢書隗囂傳注逡巡不進也亦作逡遁鄭固碑逡遁退讓是也亦作逡循文選注引廣雅逡循卻退也賢公子喜時則曷爲爲

會諱君子之善善也長惡惡也短惡惡止其身注不還怒也疏注不還怒也○論語雍也篇不還怒是也白虎通五行云惡惡止其身何法法秋殺不待冬也鹽鐵論周秦篇問惡惡止其人疾始而誅首惡未聞什伍之相坐善善及子孫疏漢書丙吉傳蓋聞褒功德繼絕統所以重宗廟廣聖賢之路也故博陽侯吉以舊恩有功而封今其祀絕朕甚憐之夫善善及子孫古今之通義也後漢書馮異傳詔曰夫仁不遺親義不忘勞興滅繼絕善善及子孫古之典也白虎通五行云善善及子孫何法法春生待夏復長也後漢書楊修傳臣聞善善及子孫惡惡止其身百王常典不易之道也又劉愷傳愷獨以為春秋之義善善及子孫惡惡止其身所以進人于善也賢者子孫故君子為之諱也注君子不使行善者有後患故以喜時之讓除會之叛不通鄭為國如通濫者喜時本正當立有明王興當還國明叔術功惡相除裁足通濫爾疏後漢書盧植傳春秋之義賢者子孫宜有殊禮即此為諱之屬也○注君子至之叛○正以畔臣宜在誅絕之科是為後患春秋為賢者諱故不使有也通義云非謂賢者子孫叛遂無罪此春秋託王義以為文王之用刑宜在議賢之辟也昔祁奚之論叔向曰將十世宥之以勸能者喜時功在社稷一傳而身蹈大辟可無宥乎春秋治趙鞅之嚴也臣道也治公孫會之寬也君道也不發曹無大夫傳者從所見世錄小國例可知春秋撥亂之教以讓為首君與讓則息兵臣與讓則息貪庶人與讓則息訟故天下莫不亂於爭而治於讓凡經稱讓國者五叔術前矣目夷喜時兼有定國之功叔武又不

季歷於患難春秋沒其事并沒其名而第託他事以見賢子曰泰伯其可謂至德也已矣三以天下讓民無得而稱焉彼三賢公子卽皆有讓之實而不求尸其名者札義雖高顧未能免僚于篡弒之禍猶在三公子之後也乃獨使以名見可以窺君子之論次矣新序七云子臧讓千乘之國可謂賢矣故春秋賢而褒其後按褒其後卽謂賢喜時以及其後則用公羊義也○注不通至濫爾○下三十一年黑弓以濫來奔傳文何以無邾婁通濫也曷爲通濫賢者子孫宜有地也賢者孰謂謂叔術也何賢乎叔術讓國也此若如通濫文宜云公孫會以鄭出奔宋今不然者正以喜時本正當立是有國也有明王起與滅國繼絕世當還其國不僅通鄭邑爲小國而已叔術以讓國之功僅除其妻嫂之罪故次於喜時裁足通濫以爲小國爾

秋盜殺衞侯之兄輒 疏 釋文輒左氏作縶穀梁釋文云輒如字或云音近縶左氏作縶又云輒本亦作縶劉兆云如見絆縶也經義雜記云說文馬部馽絆足也从馬口其足讀若輒又出縶云馽或从系執聲則輒當作馽蓋兩足不能相過如馬之縶絆其足不能馳走左氏作縶者馽之或體公羊穀梁作輒者馽之同聲段借字也尚書大傳禹其跳湯其扁跳者踦也鄭注其發聲也踦步足不能相過也

母兄稱兄 疏 穀梁傳盜賤也其曰兄母兄也 兄何以不立 注 据立嫡以長 疏 注据立嫡以長○卽隱元年傳立嫡以長不以賢立子以貴不以長是也 有疾也何疾爾惡疾也 注 惡疾謂瘖聾盲癘秃跛傴不逮人倫之屬也書者惡衞侯兄有疾不憐傷

厚遇營衞不固至令見殺失親親也公子不言之兄弟言之者敵

體辭嫌於尊卑不明故加之以絕之所以正名也【疏】穀梁傳然則何爲不爲君也曰有天疾者不得入乎宗廟輒者何也曰兩足不能相過齊謂之綦楚謂之踂衞謂之輒彼釋文綦音其劉兆云綦連併也踂女輒反劉兆云聚合不解也輒本亦作縶劉兆云如見絆縶也經義雜記云綦下从糸故云連併楚謂之踂當从宋刻注疏本作踂从足从取故劉兆云聚合不解以字本从取也丁度集韻踂遻須切司馬光類篇踂足不相過皆與劉氏合陸德明从耵女輒反玉篇足部女輒切兩足不相過廣韻二十九葉尼輒切足不相過五經文字女輒反足不相過楚言字俱作踂疑非是按玉篇廣韻五經文字類篇皆云足不相過無能字疑今穀梁傳能爲衍文惡疾不立者喪服小記云王者禘其祖之所自出以其祖配之而立四廟不庶子王亦如之注世子有廢疾不可立而庶子立其祭天立廟亦如世子之立也春秋傳衞侯元有兄縶白虎通封公侯云世子有惡疾廢者以其不可承先祖也故春秋傳曰兄何以不立有疾也何疾爾惡疾也是也○注惡疾至屬也○通義云注廣言諸疾爾輒之疾則踂屬也有惡疾不立者爲其不可奉宗廟也春秋記事皆爲後王示法常辭立嫡以長而有衞侯之兄者所以起其問發其義卽知適長子有惡疾亦有廢道苟非惡疾亦必無廢道經變之制靡不包舉矣按瘖者說文疒部瘖不能言也釋名釋疾病瘖唵然無聲也史記扁鵲倉公傳使人瘖索隱瘖失音也素問奇病論人有重身九月而瘖注瘖謂不得言語也晉語嚚瘖不可使言注瘖不能言者漢書外戚傳飲瘖藥注瘖不能言也亦作闇文六年穀梁傳上泄則下闇下闇則上聾是也亦作喑墨子親士云近

臣則喑遠臣則唫是也聾者呂覽尊師云其聞不若聾注聾無所聞也文選注引蒼頡篇聾耳不聞也釋名又云聾籠也如在蒙籠之內聽不察也說文耳部聾無聞也左傳僖二十四年云耳不聽五聲之和爲聾論衡別通云聾耳不聞宮商曰聾因謂愚闇爲聾不宣十四年左傳鄭昭宋聾注聾闇也是也盲者釋名又云盲茫也茫無所見也呂覽尊師云其見不若盲注盲無所見也又盡數云茫處目則爲聵爲盲注盲無見目疾也論衡又云目不見青黃曰盲韓非子解老云目不能決黑白之色則謂之盲說文目部盲目無牟子漢書杜欽傳家富而目偏盲注盲目無見也是也瘯瘯者一切經音義引字林云瘯惡疾也莊子逍遥遊云使物不疵瘯釋文引李注瘯惡病也山海經西山經云英山有鳥名曰肥遺食之已瘯注瘯疫病也或曰惡創素問經風論云瘯者有榮氣熱胕其氣不清故使其鼻柱壞而色敗皮膚瘍潰蓋卽莊二十年齊大災傳之痾也注痾者邪亂之氣所生秃者釋名又云秃無髮沐秃也又釋姿容云秃者無髮呂覽盡數云輕水所多秃與瘿人注秃無髮也說文禾部秃無髮也从人上象禾粟之形取其聲王育說蒼頡出見秃人伏禾中因以制字未知其審禮記明堂位云夏后氏以楬豆注齊人謂無髮爲秃楬又喪服四制云秃者不髽注秃者無髮問疾秃者不免同此義也跛者廣雅釋詁𨇨蹇也一切經音義引字林云跛蹇行不正也禮記曲禮云立毋跛注跛偏任也說文足部跛行不正也一曰足排之讀若彼禮記王制云瘖聾跛躃疏跛躃謂足不能行問喪云跛者不踊釋文跛足廢也釋名釋姿容云蹇跛蹇也病不能作事傴者廣雅釋言云傴僂也荀子儒效云是猶傴伸而好升高也注傴僂也又釋詁云傴曲也僂曲也一切經音義引通俗文云曲脊謂之傴僂素問刺禁論云刺脊間中髓爲傴注傴謂傴僂身踡曲也呂覽明理云盲秃傴尩注傴僂俯者也

又蠱數云苦水所多尫與傴人注傴脊疾也荀子王制云是傴巫跛擊之事也注傴巫跛覡古者以廢疾之人主卜筮巫祝之事故曰傴巫跛覡說文人部傴僂也僂尫也周公韈僂或言背僂漢書蔡義傳行步俯僂注僂曲背也因謂恭敬爲傴僂謂其俯身鞠躬有似曲脊之人故昭七年左傳一命而傴再命而僂史記注引服虔云傴僂俯皆恭敬之貌也是也○注書者至親也○穀梁傳目衛侯衛侯累也注凱曰諸侯尊弟兄不得以屬通經不書衛公子而斥言衛侯之兄者惡其不能保護其兄乃爲盜所殺故稱至賤殺至貴亦本何氏爲義○注公子至名也○禮記坊記云子云君不與同姓同車與異姓同車不同服示民不嫌也注同姓者謂先王先公子孫有繼及之道者其非此則無嫌也疏明彰疑別嫌恐尊卑相僭使人疑惑之事此言之以絕之亦別嫌明疑之義正名見論語子路篇繁露玉英云是故治國之端在正名名之正與五世五傳之外美惡乃形是也若然宣十七年公弟叔肸卒彼不言絕之者彼方稱字兄賢況叔肸不仕其朝不食其祿方在逸民之科無爲嫌也輒本有爲君之道徒以廢疾不立尊卑難明故特書之以張義

冬十月宋華亥向甯華定出奔陳注月者危三大夫同時出奔將爲國家患明當防之疏注月者至防之○正以春秋之義外大夫奔例時此月故解之奔例時者成七年冬衛孫林父出奔晉襄二十八年夏衛石惡出奔晉冬齊慶封來奔是也通義云趙汸曰華向作亂殺公子六人劫宋公取太子爲質見討而出故書月以異之比於宋萬王子朝之例按莊十二年冬十月宋萬出奔陳注月者使與大國君同例明彊禦也是也其定十年

宋公之弟辰暨宋仲佗石彄出奔陳亦三大夫不月者彼注云復出宋者惡仲佗悉欲帥國人去三大夫出不月者舉國危亦見矣是也

十有一月辛卯蔡侯盧卒疏包氏愼言云十一月有辛卯月之七日

二十有一年春王三月葬蔡平公疏校勘記云唐石經鄂本同閩監毛本誤二月

夏晉侯使士鞅來聘

宋華亥向甯華定自陳入于宋南里以畔疏左氏穀梁畔作叛叛畔同音叛正字畔叚借也

舊疏云左氏穀梁皆作南里字而賈氏云穀梁曰南鄙蓋所見異也

宋南里者何若曰因諸者然注因諸者齊故刑人之地公羊子齊人故以齊喻也宋樂世心自曹入于蕭不言宋南里者略叛臣從刑人于國家尤危故重舉國疏注因諸至喻也〇校勘記出齊故刑人之地云閩監毛本同誤也鄂本故作放當據正按紹熙本亦作放舊疏云舊說云卽博物志云周曰囹圄齊曰因諸是也通義云畔臣從刑人情事爲近若漢時作亂者發中都官因徙之意也杜預以南里爲宋城內里名妄說耳左傳曰華氏居盧門以南里畔嘗考呂氏春秋云楚莊王興師圍宋九月宋公肉袒執犧委服告病乃爲卻四十里而舍于盧門之闔則盧門去宋城猶四十里其不在城內明矣宋公之弟辰自

曹入于蕭蕭不繫宋而此繫宋正以南里非地名也宋南里者猶曰宋獄也此說大謬華氏自此年夏入于宋南里以畔至次年春始自宋南里出奔楚豈有伏處陛牢自同出繫從夏至春歷時數月者乎誠如是也又何謂之畔矣考之左傳鄭亦有南里襄二十六年楚子伐鄭入南里是也豈一亦入于鄭獄乎解詁謂齊放刑人之地既謂之放明非拘繫即此一字可知非獄不得以囹圄爲比按周禮司寇寘之圜土而施職事焉以圜土中不必皆死故司圜職掌收教罷民有上罪三軍而舍中罪二軍而舍下罪一軍而舍之別齊因諸宋南里蓋即此此皆罪不至死而放繫之此而任之事而收教之者亂民爲逆多劫獄因華向等入南里事亦類此拘繫刑人必厚垣高墉故可据之以畔豈肯伏處陛牢自同出繫所見未免拘矣若僅如穀梁說以南里爲南鄙其義曷可此傳何必以齊因諸爲喻豈因諸亦齊之南鄙與鄭有東里故有南里不必國國皆然何氏所謂放者如近世徒流之比故不必定繫城內特後代徒流係罪定之名周時或但收教弗使冠飾令其能改爾彼又云其不能改而出圜土者殺注出謂逃亡明亦拘繫非獄而何博物志但有齊曰因諸無宋曰南里特文不備耳果有此語未爲不可○注宋樂至舉國○校勘記云毛本世作大鄂本不誤公羊作世世心左氏作大心二十五年釋文可證嚴杰說又出不言宋云鄂本此下疊言宋二字此脫按紹熙本亦作世郎定十一年宋樂世心自曹入于蕭注不言叛者從叛臣叛可知是也舊疏云何氏特引此事者正以自外而入與此相似而不繫宋故須解之正以於國家尤危故繫國春秋凡重舉國者皆有所繫通義謂以南里非地名故繫宋亦非若不書宋但云入于南里以畔亦不嫌南里非宋地也

秋七月壬午朔日有食之【注】是後周有篡禍【疏】注是後周有篡禍○舊疏云在明年五行志下之下二十一年七月壬午朔日有食之董仲舒以爲周景王老劉子單子專權蔡侯朱驕君臣不說之象也後蔡侯朱果出奔劉子單子立王猛劉歆以爲五月二日魯趙分臧氏壽恭推是歲正月癸未朔大二月癸丑朔小三月壬午朔大四月壬子朔小五月辛巳朔二日壬午

八月乙亥叔痤卒【疏】包氏慎言云八月有乙亥月之十五日舊疏云左氏穀梁作叔輒按差繆略云輒公羊作痤與今本殊春秋異文箋云公羊作痤方音支歌二部通轉之譌又引老子道德經考異唐傅奕定本或培或墮培河上公作載王弼作挫按輒从耴聲不得入支部也

冬蔡侯朱出奔楚【注】出奔者爲東國所篡也大國奔例月此時者惡背中國而與楚故略之【疏】校勘記云唐石經諸本同解云左氏與此同穀梁作蔡侯東按彼傳東者東國也春秋異文箋云朱與東形勢相似或篆文殘脫致譌爲東穀梁遂以東國解之史記蔡世家云東國攻平侯子而自立固不從穀梁說也當以左氏爲正○注出奔至篡也○舊疏云正以二十三年夏六月蔡侯東國卒于楚故也左傳費無極取貨于東國而謂蔡人曰朱不用命于楚君王將立東國若不先從王欲楚必圍蔡蔡人懼出朱而立東國朱愬于楚注東國隱太子之子平侯廬之弟朱叔父也史記管蔡世家平侯九月卒靈侯般之孫東國攻平侯子而自立是爲悼侯○注大國至略之○大國奔例月桓十六

年十一月衛侯朔出奔齊是也此時故解之穀梁傳何爲謂之東
也王父誘而殺焉父執而用焉奔而又奔之曰東惡之而貶之也
注奔既罪矣又奔仇國惡莫大焉
與此惡背中國而與楚略之義同

公如晉至河乃復

二十有二年春齊侯伐莒

宋華亥向甯華定自宋南里出奔楚注前出奔已絕賤復錄者以故
大夫專勢入南里犯君而出當誅也言自者別從國去疏注前出至誅也
○出奔在上二十年已絕者春秋之例大夫出奔其位即絕故襄
二十三年晉人殺欒盈傳曷爲不言殺其大夫非其大夫也是欒
盈雖入于晉入于曲沃猶不得爲大夫已絕故也賤者即上二十
一年宋華亥以下自陳入于宋南里以畔注略叛臣從刑人是也
復錄宋者以其專勢犯君當誅故也包氏慎言云二十一年傳南
里者何若曰因諸者然是入南里爲劫獄散囚以抗君也非稱兵
非據地而亦曰畔歷夏秋冬三時而始出奔與畔無異出著自南
里敵國也按包以自南里爲敵國亦通○注言自至國去○舊疏
云謂言自宋南里者欲別於宋萬
出奔陳之文從國都而去者故也

大蒐于昌姦疏釋文昌姦二傳作昌間間姦音同大蒐
作大瘦云本亦作蒐唐石經諸本作蒐

夏四月乙丑天王崩包氏慎言云四月有
乙丑丑月之十九日

六月叔鞅如京師

葬景王

王室亂【注】謂王猛之事【疏】注謂王猛之事○即下秋劉子單子以王猛入于王城是也

何言乎王室亂【注】據天子之居稱京師天王入于成周天王出居于鄭不言亂【疏】注據天至言亂○桓九年紀季姜歸于京師傳京師者何天子之居也京者何大也師者何衆也天子之居必以衆大之辭言之是天子之居稱京師也天王入于成周見下二十六年皆不言王室又僖二十四年天王出居于鄭亦不言亂据以難故言不及外也【注】宮謂之室刺周室之微邪庶並篡無一諸侯之助匹夫之救如一家之亂也故變京師言王室不言成周言王室者正王以責諸侯也傳不事事悉解者言不及外外當責之故正王可知也不為天子諱者方責天下不救之【疏】注宮謂之室○爾雅釋宮文說文宀部宮室也室實也詩鄘風定之方中傳室猶宮也楚辭招魂注宮猶室也郭云皆所以通古今之異語明同實而兩名謂兄弟爭國室內自亂不及外邦故斥言王室也○注刺周至王室○上十八年疏引此作刺周室之微弱當据補通義云室猶家也景王不能齊其家嫡庶分爭亂自內作故直刺之也繁露王道云王室亂不能及外分為東西周無以先天下亦謂其微弱甚

也邪庶並篡者謂子猛子朝皆非正適共篡敬王故謂之並篡時子朝未立注探下言之漢書劉向傳五大夫爭權三君更立莫能正理遂至凌夷不能復興又云周大夫尹氏筦朝事濁亂王室子朝子猛更立連年乃定故經曰王室亂又曰尹氏殺王子克甚之也師古曰言其惡大甚也是也舊疏云無一諸侯之助匹夫之救者正以變京師言王室故知如此正以經不見諸侯勤王之事故也○注不言至侯也○校勘記云蜀大字本閩監毛本同鄂本言作曰下二十六年天王入于成周傳成周者何東周也注起王居在成周實外之故此言王爲正王以責諸侯也○注傳不至知也○校勘記出故正王可知也云疏引作皆可知明傳以言不及外一語括上諸事也既云言不及外卽是外諸侯當責可知故須正王號以起之蓋謂敬王云爲王矣此公羊之義與史記左傳敘事皆殊史記世家謂景王愛子朝欲立之崩子丐之黨與爭立國人立長子猛爲王子朝攻殺猛晉人攻子朝立丐是爲敬王左傳大同惟無子朝攻殺王猛事以王猛敬王皆劉單所立不以王猛爲邪庶也○注不爲至救之○以正以春秋之義爲尊者諱今天子微弱不能討亂而不爲諱者爲欲責諸侯不救故不得諱也通義云前此頹帶之亂經未忍言至此而世變將極雖欲不諱不可得諱矣於詩三朞周以午孟八年始革殷命入春秋至午季之一年有繻葛之敗未及酉仲九年而襄王居鄭景王元年實亥孟之際四年後二十五年而亂作孔氏蓋以齊詩五際之義爲說

劉子單子以王猛居于皇疏杜云河南鞏縣西南有黃亭水經注洛水篇又東濁水注之卽古黃水京相璠曰訾城北三里有黃亭卽此亭也續漢志河南鞏縣有黃亭有湟水劉昭曰昭二十二年王子猛居于湟杜預云在縣西北通義云

居于皇者辟王子朝也崔彥直曰王猛非正例不月此承葬景王月

其稱王猛何注据未踰年已葬當稱子疏注据未至稱子〇莊三十二年傳既葬稱子踰年稱公此未踰年稱王故据以難

當國也注時欲當王者位故稱王猛見當國也

錄居者事所見也不舉猛爲重者時猛尚幼以二子爲計勢故加

以以者行二子意辭也二子不舉重者尊同權等疏注時欲至國也〇隱元年

傳當國也注欲當國爲之君故如其意使如國君氏上鄭所以見段之逆時猛亦欲當王位故如其意稱王猛見當國也通義云稱王猛所以爲當國者春秋以王猛比諸齊小白莒去疾之等猶之詩以王比十五國也公羊禮說云鄭伯不子故當喪奪其子行而稱伯王猛當國故當喪奪其子行而稱王觀於其卒也正之曰是子也是未踰年之君也是不當稱王也不當稱王而稱王其當國之情可見於猛書王所以如其意以著其惡本一人也或書王猛或之書王子猛微言大義繫於此矣問者曰何以下王子朝不書王朝乎曰上有天王居于狄泉則子一朝之篡不明所謂不待貶絕而自見者也王猛之篡不明故一年之內書王明其已立也書入明其爲篡也書子見其未踰年也難者曰天王入于成周何以亦書入也曰奚惡不嫌同號也必兩書王猛何也曰書王猶書國也書王猛入于王城猶書齊小白入于齊也不書王安知以國氏而起入爲篡乎貶王猛同於列國之例是亦王降而爲風矣按穀梁傳以者不以者也王猛嫌也注直言王猛不言王子是有當國之嫌與公羊義同〇注錄居至見也〇舊疏云當國之人未成爲

王理宜略之而錄其居者春秋刺其篡逆若不書云王猛居于皇則其當國之事無由見也〇春注不舉至意也〇不校勘記云鄂本閩本同毛本舉誤居舊疏云春秋皆舉重是以下二十三年天王居于狄泉不言其大夫以之今不舉重故如此解云行二子意辭也居者桓十四年宋人以齊人衛人蔡人陳人伐鄭傳以者何行其意也何氏云以己從人曰行言四國行宋意也是也通義云景王世子壽蚤卒未有命嗣王崩尹氏黨于朝劉氏單氏黨于猛猛之貴賤不可知然子朝明告諸侯曰王后無適單劉贊私立少則猛少而又非后之子可知矣春秋於其生以當國之辭言之於其卒曰王子猛與王子朝同號是猛亦未爲正也故再言劉子單子以者著劉單之行其私意也君前臣名而言劉子單子以王猛者猛本不當爲君故不正其君臣之辭也然則劉子單子何以無貶猛雖不正視朝固有間矣顧與尹氏別見曲直也惠氏士奇春秋說云昭十五年王太子壽卒王立子猛傳無明文至是八年猶未建儲故經書天王崩王室亂蓋國本未立人心動搖王室之亂實萌于此春秋兩書劉單以王猛以者能左右之則王猛實劉單立之矣王子朝告諸侯曰王后無嫡則王猛亦非嫡子弟也不然則子朝以庶篡嫡晉士伯又何必立哉〇注二子至權等〇原文闕

秋劉子單子以王猛入于王城

王城者何西周也【注】時居王城邑自號西周主【疏】杜云王城郟鄏今河南縣公羊問答云問此傳王城者何西周也二十六年傳成周者何東周也而皇甫謐帝王世紀曰周公相成王以豐鄗爲偏處西方職貢不均乃使召公卜居洛水之陽以即中土故援神契八方之廣周洛爲中於是遂築新邑營定九鼎以王東都之洛邑故周書稱我乃

卜澗水東瀍水西惟洛食是謂王城名曰東周故公羊傳曰王城者何東周也据此以王城爲東周不以成周爲東周何也曰王城本東周也漢志雒陽周公遷殷民是爲成周春秋昭二十二年晉合諸侯于翟泉以其地大成周之城按以王猛入于王城自號爲西周王天下因謂成周爲東周謚据本初而言故言東周然謂公羊傳王城者何東周也則誤矣齊氏召南考證云二十六年冬十月天王入于成周傳曰成周者何東周也正與此文相對蓋周八百年東西周之名凡三變初言東西周者以鎬洛對言鎬爲西周也此後言東西周以王城成周對言王城爲西也戰國後以河南鞏對言河南爲西也後漢郡國志河南春秋時謂之王城注引博物記曰王城方七百二十丈郛方七十里南望雒水北至郟山又引地道記曰去雒城四十里是也漢之雒陽縣周所謂成周也按詩王風黍離序閔宗周也周大夫行役至于宗周箋云宗周鎬京也謂之西周周王城也謂之東周彼疏引論語吾其爲東周乎注据時謂成周則謂成周爲東周者以敬王去王城而遷於成周自是以後謂王城爲西周成周爲東周孔子設言之時在敬王居成周後且意取周公之教頑民故知其爲東周据時成周也此在敬王前王城與鎬京相對故言王城謂之東周也按孔疏與齊氏分晰極明其戰國後之東西周則考王之弟桓公後也桓公封于河南爲西周其孫惠公又封其少子於鞏號東周惠公叔王時東西周分治王赧徙都西周是也○注時居至周主○校勘記云鄂本同閩監毛本自誤故主作王按二十六年冬十月下疏引作自號西周王

其言入何注据非成周疏注据非成周○舊疏云公羊之義以成周爲正居故言此矣是以下二十六年冬十月天王入于成周是也

入篡辭也注時雖不入成周已得京師地半爲王置

官自號西周故從篡辭言入起其事也不言西周者正之無二京師也不月者本無此國無可與別輕重也疏注故從至事也○春秋立納入皆爲篡辭此書入知篡矣穀梁傳以者不以者也入者內弗受也注猛非正也通義云天王入于成周不爲篡此知爲篡者天子無名道今而名其篡可知矣本旬當立故猛爲篡崔彥直曰入王城不月知居于皇亦不月者也居入不月然後知王猛之非正入而春秋譏矣○注不言至師也○此決二十六年天王入于成周稱周故也是以成周爲正居也○注不月至重也○校勘記云蜀大字本閩監毛本同鄂本無者字舊疏云春秋大國篡例月隱四年冬十二月衛人立晉是以其禍大故也小國例時以其禍小昭元年秋莒去疾自齊入于莒是也今此入王城篡天子其禍實如大國之例而不月正以本無可與別輕重之義是以時之也

冬十月王子猛卒

此未踰年之君也其稱王子猛卒何注据子卒不言名外未踰年君不當卒疏注据子卒不言名○卽文十八年冬十月子卒是也通義云据天王崩不名卽此爲未踰年之子亦當稱王子不當名其外未踰年君不當卒者以春秋上下無其事故也舊疏云僖九年冬晉里克弒其君之子奚齊書者彼乃見殺非此之類而言外者正以內之子般子野之徒皆書故也不與當也不與當者不與當父死子繼兄死弟及之辭也注春秋篡成者皆與使當君之父死子繼兄死

弟及者篡所緣得位成爲君辭也猛未悉得京師未得成王又外未踰年君三者皆不當卒卒又名者非與使當成爲君也嫌上入無成周文非篡辭故從得位卒明其爲篡也月者方以得位明事故從外未踰年君例

【疏】注春秋至辭也○後漢書楊震傳故經制父死子繼兄終弟及以防篡也然篡已成者雖非子繼弟及亦止得與故齊小白入于齊後會齊侯于柯及齊侯小白卒衛人立晉後宋公衛侯遇于垂及衛侯晉卒皆如成君辭也○注猛未至當卒○校勘記出三者皆不當卒云蜀大字本閩監毛本同誤也鄂本三作二當据以訂正按紹熙本亦作二是也猛既未悉得京師篡仍未成自不得如成君書卒又外未踰年君亦不合卒曲禮疏云若既葬之後未踰年則稱名稱子故昭二十二年六月葬景王冬十月王子猛卒孔疏特引以證稱子稱名非謂許其卒也是二者皆不合卒也○注卒又至篡也○校勘記鄂本無卒字當据正舊疏云既不合卒今書其名非欲成其爲君但嫌上經入于王城之時無成周之文恐其非篡辭故從其得位而書卒正欲明爲篡故也通義云壽死而匄及正也猛非次當及者則非可繼景者也前不稱王猛無以見其已立今卒乃還稱之曰王子猛○猛立而猶謂王子猶之比立而猶謂公子云爾○注日者至君例○舊疏云篡既不成理宜略之而書其月者春秋方書其卒若得位然以明其篡事故曰方以得位明事也從外未踰年君例者僖九年注弒未踰年君例當月不月者不正遇禍終始惡明故略之今此書月從未踰年君例矣彼奚齊書時故注如彼解

十有二月癸酉朔日有食之【注】是後晉人圍郊犯天子邑【疏】包氏慎言云十二月書癸酉朔据曆爲月之二日大十一月十二月朔即爲癸酉小餘不足二十分劉孝孫推春秋日食亦以癸酉爲朔日或藉後歲之分以成日也一行大衍曆以爲十二月癸酉朔入食限元史云杜預以爲癸卯非是五行志劉歆以爲十月楚鄭分臧氏壽恭推是年正月戊寅朔小二月丁未朔大三月丁丑朔小四月丙午朔大五月丙子朔小六月乙巳朔大七月乙亥朔小八月甲辰朔大九月甲戌朔小閏月癸卯朔大十月癸酉朔蓋杜預不置閏也故與三統殊〇注是後至子邑〇見下二十三年五行志下之下二十二年十二月癸酉朔日有食之董仲舒以爲宿在心天子之象也後尹氏立王子朝天王居于狄泉與何氏異然皆以占周事也

公羊義疏六十四

南菁書院

句容陳立卓人著

昭二十三年盡二十四年

二十三年春王正月叔孫舍如晉疏左氏穀梁作婼

癸丑叔鞅卒疏包氏慎言云正月有癸丑月之十三日

晉人執我行人叔孫舍

晉人圍郊

郊者何天子之邑也注天子閒田有大夫主之曷爲不繫于周不與伐天子也注與侵柳同義疏注與侵柳同義○即宣元年冬晉趙穿帥師侵柳傳柳者何天子之邑也注云天子閒田也有大夫守之晉與大夫忿爭侵之也又曰曷爲不繫乎周不與伐天子也注注絕正其義使若兩國自相伐今此圍郊亦然故曰與侵柳同義通義云此晉人衆王室有亂而犯周之邊鄙云爾左傳以爲討子朝蓋晉史飾成其事邱明不能辨正其明年傳云晉侯使士彌牟問于周衆乃辭子朝之使則是時晉猶助朝安得有勤王之師是自相枘鑿也且經文在叔鞅卒下而彼傳言壬寅圍郊又在癸丑前與經不合明失實

夏六月蔡侯東國卒于楚注不日者惡背中國而與楚故略之月者比肸附父仇責之淺也不書葬者篡也篡不書者以惡朱在二十年之內不共悲哀舉錯無度失衆見篡疏注不日至略之○春秋之義大國卒例日此不日故解之此書卒于楚故知背中國而與楚也○注月者至淺也○僖十四年冬蔡侯肸卒注不月者賤其背中國而附父仇故略之甚彼過深故不月此僅與楚爾過淺故止不日也○注不書至篡也○凡春秋篡不明者不書葬此東國篡不見立納入之文故去葬以起之○注篡不至見篡○左傳謂費無極取貨東國謂蔡人出朱而立東國史記管蔡世家云悼侯父曰隱太子友者靈侯之太子平侯立而殺隱太子故平侯卒而隱太子之子東國攻平侯子而代立是為悼侯按太子友卽世子有為楚所殺上十一年執世子有以歸殺之傳所謂用之以築防也則朱自以失衆見篡非平侯殺友可知舊疏云二十一年冬蔡侯朱出奔楚何氏云出奔者為東國所篡然則東國既篡於朱而無立入之文朱無文貶則春秋之義惡朱明矣所見之世始錄諸侯內行小失不可勝書春秋但物見譏而已故何氏云不共悲哀舉錯無度而已矣

秋七月莒子庚輿來奔

戊辰吳敗頓胡沈蔡陳許之師于雞父疏包氏慎言云七月有戊辰月之三十日大事表云胡今江南潁州府治新設阜陽縣為胡國地又云春秋有二沈宣十二年傳沈尹將中軍此蓋沈之別邑楚取之以為重鎮時為沈尹

者莊王之子公子貞也亦名寢莊王後更以封孫叔敖爲食邑所謂寢丘是也今爲河南光州固始縣沈本國地屬于楚則定四年爲蔡所滅後入楚爲平輿邑杜注汝南平輿縣有沈亭今河南汝甯府治汝陽縣東南六十里有平輿故城漢書地理志汝南郡平輿應劭曰故沈子國今沈亭是也水經注汝水篇汝水又東逕平輿縣故城南爲澺水縣舊沈國也有沈亭春秋定四年蔡滅沈後楚以爲縣又潁水篇潁水又東南流逕胡城東故胡子國也春秋楚滅胡以胡子豹歸是也杜預釋地曰汝陰縣西北有胡城也又決水篇決水自雩婁縣北逕雞備亭春秋昭二十三年吳敗諸侯之師于雞父是也一統志雞備亭在光州固始縣東南杜云雞父楚地安豐縣南有雞備亭大事表云今江南鳳陽府壽州西南六十里有安豐故城雞備亭又在其城西南說苑尊賢云吳用延州季子并冀州揚威於雞父案冀州字誤據左傳則此戰爲公子光也

胡子髡沈子楹滅 疏 釋文楹左氏作逞穀梁作盈穀梁釋文云盈本亦作逞古星聲盈聲同部得互叚也左氏襄二十一年經晉欒盈出奔楚史記十二諸侯年表晉平公彪七年欒逞奔齊齊世家莊公三年晉大夫欒盈奔齊徐廣曰史記多作逞晉世家平公六年晉欒逞有罪奔齊左傳昭四年逞其心以厚其毒新序善謀篇引作盈其心此逞盈互通之證也校勘記云唐石經諸本同此本疏中下文作沈子盈則疏本與穀梁同故於此下無文

獲陳夏齧 疏 說文百部頫頭不正也讀又若春秋陳夏齧之齧左疏引世本齧是徵舒曾孫

此偏戰也曷爲以詐戰之辭言之 注 据甲戌齊國書及吳戰于艾陵俱與夷狄言戰今此從詐戰辭言敗 疏 舊疏云正以春秋之例偏戰者日詐戰者月今

此書曰故言偏戰○注据甲至言敗○即哀十年夏五月公會吳伐齊甲戌齊國書帥師及吳戰于艾陵齊師敗績獲齊國書是也

不與夷狄之主中國也注序上言戰別客主人直不直也今吳序上而言戰則主中國辭也疏注序上至直也○莊二十八年齊人伐衛衛人及齊人戰衛人敗績傳春秋伐者爲客伐者爲主故使衛主之也曷爲使衛主之衛未有罪爾注伐人者爲客見伐者爲主戰序上言及者爲主蓋爲幽之會服父喪未終而不至故是與衛以直故使衛爲主言及也又僖十八年宋公以下伐齊夏宋師及齊師戰于甗齊師敗績傳春秋伐人者爲客伐者爲主曷爲不使齊主之與襄公之征齊也是則客直人主不直則客序上故與宋爲主言及是序上言戰別客主人直不直之義也繁露竹林云戰伐之事後者主先苟不惡何爲使起之者居之下是其惡戰伐之辭已是春秋常辭皆起之者居下宋爲例變故傳特解之也○注今吳至辭也○舊疏云今吳人序其上而言戰則是吳人爲主中國之辭故不得言戰直言敗而已通義云時六國之師爲楚伐吳若偏戰之詞當以吳及六國是與吳爲主故不可繁露竹林云春秋之常辭也不予夷狄而與中國爲禮又觀德云雖父之戰吳不得與中國爲禮

然則曷爲不使中國主之注据齊國書主吳疏注据齊國書主吳○正以艾陵之戰書齊國書及吳故也通義云据甗之戰可變使伐人者爲主按難義在不使中國主非難不使伐人者主與宋齊中國相戰者異不得例以相難

中國亦新夷狄也注中國所以異乎夷狄者以其能尊尊也王室亂莫肯救君臣上下壞敗亦新有夷

狄之行故不使主之不稱國國出師者賤略之言之師者辟許獨

稱師上五國稱國之嫌【疏】注王室至主之○上二十二年王室亂傳言不及外也注無一諸侯之助匹夫之救如一家之亂是無君臣上下之道故此云壞敗也通義云陳蔡新受楚封而率小國以附楚故曰新夷狄也六國爲夷楚役亦不可與使爲主義亦通○注不稱至略之○舊疏云決桓十三年春齊師宋師衛師燕師敗績之文左疏引賈逵云不國國書師者惡其同役而不同心據彼傳文爲說爾然既合稱師轉似同心辭矣左疏引賈曰泓之戰譏宋襄故書朔鄢陵之戰譏楚子故書晦雞父之戰夷之故不書晦亦以吳楚沈頓諸君置之夷狄之列無足輕重亦賤略之意特公羊無不書晦義耳○注言之至之嫌○舊疏云若不言之直言吳敗頓胡沈蔡陳許師于雞父則嫌師文獨使許稱自陳以上單稱國是故言之以散之矣

其言滅獲何【注】据蔡公孫歸生滅沈以沈子嘉歸殺之國言滅君言殺又獲晉侯言獲此陳夏齧亦言獲君大夫無別【疏】注据蔡至言殺○即定十四年蔡公孫歸生帥師滅沈以沈子嘉歸殺之是也彼國言滅君言殺與此異故據以難○注又獲至無別○僖十五年晉侯及秦伯戰于韓獲晉侯是也彼晉侯君此陳夏齧臣君臣同言獲無別故據以難國言滅君言殺解傳其言滅何也君大夫無別解傳其言獲何也

別君臣也【疏】穀梁傳曰上下之稱也注君死曰滅臣得曰獲君臣之稱左傳亦曰君臣之辭也注國君社稷之主與宗廟共其存亡者故稱滅大夫輕故曰獲獲得也

君死于位曰滅【疏】此胡子髡沈子楹滅是也詩鄘風載馳序衛懿

公爲狄人所滅箋云滅者懿公死也君死於位曰滅正義春秋之例滅有二義若國被兵寇敵人入而有之其君雖存而出奔國家
多喪滅則謂之滅故左傳曰凡勝國曰滅齊滅譚譚子奔莒狄滅溫溫子奔衛之類是也若本國雖存君與敵戰而死亦謂之滅故
云君死于位曰滅卽昭二十三年傳胡子髡沈子逞滅之類是也淮南精神訓虞君利垂棘之璧而擒其身注君死位曰滅穀梁傳
注國雖存君死曰滅賢胡沈之君死社稷生得曰獲疏卽僖十五年獲晉侯是也周禮朝士職凡得獲貨賄人民六畜
者注俘而取之曰獲楚辭哀時命云釋管晏而任臧獲兮注獲爲人所係得也是獲爲生得言故禮記檀弓云不獲二毛注獲謂
係虜之又襄十年左傳尉止獲注獲囚俘皆是也傳十五年注書者以惡見獲與獲人君者皆當絕也大夫生死皆
曰獲注大夫不世故不別死位疏舊疏云大夫死曰獲者卽此獲陳夏齧及哀十一年獲齊國書
之徒是也其大夫生得曰獲者宣二年獲宋華元是也僖元年左傳獲莒拏注大夫生死皆曰獲又宣二年獲樂呂注獲生死通名
皆取此爲說〇注大夫至死位〇檀弓謀人之軍師敗則死之又曲禮大夫死衆無死位文也正以大夫不世身死則已無位之存
沒可別非如國君被滅國有存亡矣國雖不滅君死社稷亦曰滅以滅者亡國之善辭故也不與夷狄之主中
國則其言獲陳夏齧何注据荊敗蔡師于莘以蔡侯獻舞歸不言
獲疏注据荊至言獲〇見莊十年彼傳云曷爲不言其獲不與夷狄之獲中國也吳少進也注能結日
偏戰行少進故從中國辭治之髡楹下云滅者死戰當加禮使若

自卒相順也經先舉敗文嫌敗走及殺也故以自滅爲文明本死位乃敗之爾名者從赴辭也疏注能結至治之○正以偏戰日此書日故知偏戰哀十一年獲齊國書注云言獲者能結日偏戰少進也義與此同王者不治夷狄故不與荆獲獻舞此書獲陳夏齧故爲治吳從中國辭也獲大夫雖次于獲君皆正不得也○注兇極至順也○舊疏云獲晉侯戕鄫子之徒皆獲戕之文在上○今兇極之滅滅文在下者以其死戰當合加禮故退滅文於下使若公子友卒之類不爲人所殺然故曰使若自卒一則不言戰不與夷狄之主中國一則其言滅不與夷狄之殺諸夏二理合符故言相順按兇極書滅者君死於位爲善二君辭不必如舊疏所云○注經先至之爾○校勘記云鄂本也作之此誤按紹熙本亦作之胡沈之君實因敗被獲而死見左傳春秋不使小人加乎君子故以自滅爲文先舉敗文則不嫌敗走及殺之矣及猶追及之也○注名者從赴辭也○舊疏云公羊之義合書則書不待赴告而言從赴辭者正以兇極既死故胡沈之臣赴告鄭國云道寡君某甲爲吳所滅諸侯之史悉書其名孔子案諸國之文而爲春秋由是之故錄其名矣故曰名者從赴辭隱公八年夏六月己亥蔡侯考父卒秋八月葬蔡宣公傳卒何以名而葬不名卒從正注卒當赴告天子君前臣名故從君臣之正義言也而葬從主人彼注云至葬者有常月可知不赴告天子故從蔡臣子辭稱公也以此言之則此注云名者從赴辭者謂其赴告天子之辭是以稱名矣按兇極稱名猶諸侯卒稱名耳非褒貶所繫故曰從赴辭也呂覽察微篇楚之邊邑曰卑梁其處女與吳之邊邑處女桑於境上戲而傷卑梁之處女卑梁人操其傷子以讓吳人吳人應之不恭怒殺而去之吳人往報之盡屠其家卑梁公

怒曰吳人焉敢攻吾邑舉兵反攻之老弱盡殺之矣吳王夷昧聞之怒使人舉兵侵楚之邊邑克夷而後去之吳楚以此大隆吳公子光又率師與楚之戰于雞父大敗楚人獲其帥潘子臣小惟子陳夏齧又反伐郢得荊平王之夫人以歸實爲雞父之戰蓋合吳子太子諸樊入鄭取楚夫人與其寶器事爲一同在一年故也卑梁事不見三傳或二傳之外傳語

天王居于狄泉 疏 杜云狄泉今洛陽城內太倉西南池水也時在城外彼疏引土地名云或曰定元年城成周乃遶之城入城內也惠氏棟左傳補注云京相璠曰今太倉西南池水名狄泉舊說狄泉本在洛陽北萇宏城成周乃繞之按狄泉即僖二十九年盟于翟泉之翟泉也

此未三年其稱天子何 注 据毛伯來求金不稱天王 疏 注据毛至天王○即文九年毛伯來求金是也彼傳云何以不稱使當喪未君也踰年矣何以謂之未君即位矣而未稱王也未稱王何以知其即位以年諸侯之踰年即位亦知天子之踰年即位也以天子三年然後稱王亦知諸侯於其封內三年稱子也是天子未三年不得稱王此書天王故據以難之著有天子也 注 時庶孽並篡天王失位徙居微弱甚故急著正其號明天下當救其難而事之 疏 注時庶至事之○通義云先著敬王之正下言立王子朝乃顯其篡也居狄泉者時朝入王城矣御覽引考異郵云劉子單子折猛入城天王奔走尹氏立朝國有三王天下兩主周分爲二莫能救討强弩張於前櫓戟拔於後是庶孽並篡天子微弱事也繁露玉英云天子三年然後稱王經禮也有故則未三

年而稱王變禮也白虎通三軍篇王者有三年之喪夷狄有內侵伐之者重天誅爲宗廟社稷也春秋傳曰天王居于狄泉傳曰此未三年其稱天王何著有天子也彼以天子喪居有內叛事當行誅伐不得執尋常諒闇禮下引此傳例之言天王失位微弱特甚亦急著正其號不得執尋常未三年不稱王之義非謂此居狄泉有夷狄內侵事也穀梁傳曰始王也其曰天王因其居而王之也明天王失位不得在國行即位禮故即所在稱其名也天下當救其難而事之者與書王室亂同義

尹氏立王子朝注貶言尹氏者著世卿之權尹氏貶王子朝不貶者年未滿十歲未知欲富貴不當坐明罪在尹氏疏穀梁傳立者不宜立者也通義云王子朝無貶者與使爲君乃得去王子之號今書王子朝正是不成君之辭也○注貶言至之權○隱三年尹氏卒傳尹氏者何天子之大夫也其稱尹氏何貶曷爲貶譏世卿世卿非禮也是也按成十六年公會尹子以下伐鄭書尹子此稱尹氏故爲譏世卿與隱三年書尹氏卒相起○注尹氏至尹氏○正以子朝若貶宜如上王猛書王朝爲當國辭今不然故解之舊疏云年未滿十歲者何氏更有所見或者正以衛人立晉莒展與去疾之徒悉去公子見其當國今此王子朝無貶文乃與楚公子比之經相似上十三年公子比之下傳云比已立矣其稱公子何其意不當也比爲不當朝爲未知故稱氏也白虎通攷黜云君幼稚唯考不黜者何君子不備責童子也周禮司刺云壹赦曰幼弱皆不坐年幼之義公羊古義云漢律年未滿八歲非手殺人他皆不坐罪尹氏者漢律所謂率也張斐律表云制衆建計謂之率漢書萬石君傳上報石慶曰孤兒幼年未滿十歲無罪而坐率服虔曰率坐刑法也如

淳曰率家長也原注引鹽鐵論云春秋刺譏不及庶人責其率也舊疏云年既幼少未食富貴故以未盈十歲言下二十六年出奔時年已稍長而不去王子者順上文也

八月乙未地震注是時猛朝更起與王爭入遂至數年晉陵周竟吳敗六國季氏逐昭公吳光弑僚滅徐故曰至三食地爲再動疏包氏慎言云八月書乙未月之二十七日○注是時至再動○上二十二年劉子單子以王猛居于皇劉子單子以王猛入于王城上天王居于狄泉尹氏立王子朝二十六年天王入于成周尹氏召伯毛伯以王子朝奔楚是猛朝更起與王爭入事也遂至數年者至二十二年至二十六年乃定也晉陵周竟即上晉人圍郊是也吳敗六國即上吳敗頓胡沈蔡陳許之師于雞父是也季氏逐昭公則下二十五年公孫于齊次于楊州是也吳光弑僚下二十七年吳弑其君僚是也滅徐下三十年吳滅徐徐子章禹奔楚是也日至三食則上二十一年秋七月壬午朔二十二年十有二月癸酉朔二十四年夏五月乙未朔並書日有食之是也地爲再動則此及上十九年夏五月己卯地震是也五行志下之上二十三年八月乙未地震劉向以爲是時周景王崩劉單立王子猛尹氏立子朝其後季氏逐昭公黑肱叛邾吳殺其君僚宋五大夫晉二大夫皆以地叛

冬公如晉至河公有疾乃復

何言乎公有疾乃復注据上比乃復不言公不言有疾疏注据上至有疾

○上十三年冬公如晉至河乃復又二十一年冬公如晉至河乃復之屬皆至河下不重言公不言有疾也

殺恥也注因有疾以殺畏晉之恥舉公者重疾也子之所慎齋戰疾

疏注因有至疾也○左傳公爲叔孫故如晉及河有疾而復蓋公因叔孫舍被執如晉及河乃畏晉託疾而復也穀梁傳疾不志此其志何也釋不得入乎晉也繁露楚莊王云問者曰晉惡而不可親公往而不敢至乃人情耳君子何恥而稱公有疾也曰惡無故自來君子不恥內省不疚何憂何懼是已矣今春秋恥之者昭公有以取之也臣陵其君始于文公而甚於昭公公變亂淩夷而無懼惕之心囂囂然輕詐妄討犯大禮而取同姓接不義而重自輕也人之言曰國家治則四鄰賀國家亂則四鄰散是故季孫專其位而大國莫之正出走八年死乃得歸身亡子危困之至也君子不恥其困而恥其所以窮昭公雖逢此時苟不取同姓詎至於是雖取同姓能用孔子自輔亦不至如是時難而治簡行枉而無救是其所以窮也又隨本消息云魯昭公以事楚之故楚强而得意伐强吳爲齊誅亂臣魯得其以威滅鄭先晉昭卒一年楚國內亂吳大敗楚之黨六國于雞父公如晉而大辱春秋爲之諱而言有疾由此觀之所行從不足恃所事不可不恃此亦存亡榮辱之要也按昭公自即位常如晉不得入二年十二年十三年二十一年皆言至河乃復至此而五恥莫甚矣故書有疾以殺深爲之諱也諱之深則恥之甚如不必恥何諱之有故上十三年公不與盟不恥也通義云前無疾而復今有疾而復殺矣無疾而復○恥猶可也有疾而復不可言也故君子殺之也○注舉公至戰疾○決前凡公至河乃復不書公義也石經岳本左氏經無公字而公穀傳釋文不言左氏無公字疑脫若直言有疾乃復嫌視疾在無足重輕之科故特舉

公以重之所引論語述而篇文鄂本閩監毛本齋作齊紹熙本亦作齊孔曰此三者人所不能慎而夫子獨能慎之故書公以明義也

二十有四年春王二月丙戌仲孫貜卒疏左疏引服曰賈逵云是歲孟僖子卒屬其子師事仲尼仲尼時年三十五與襄二十一年書孔子生合

叔孫舍至自晉疏二傳無叔孫字舍作婼經義述聞云疏曰上十四年春隱如至自晉以其被執而還故省去其氏今此叔孫舍不去氏者蓋以無罪故也是以文十四年傳云稱行人而執者以其事執也注以其所銜奉國事執之晉人執我行人叔孫舍是也不稱行人而執者以已執也注已者已大夫自以大夫之罪執之分別之行者罪當各歸其本以此言之則知隱如有罪故去其氏叔孫無罪故無貶文引之謹案叔孫二字後人所增非其原本也文十四年傳但言無罪而執者稱行人有罪而執者不稱行人未嘗言無罪而執者至則稱氏有罪而執者至不稱氏也不足為叔孫舍至自晉之證若隱如至自晉省去其氏叔孫舍至自晉獨不省則傳必詳言其義文十五年傳單伯至自齊注不省去氏者淫當絕使若他單伯至也以此例之若叔孫舍至自晉不省去氏注亦必加訓釋今傳無文注亦不言其有異則舍至自晉與隱如至自晉同一書法可知至文而不省去氏者惟單伯一人則隱如及舍之至皆省去氏可知且宣元年春公子遂如齊逆女三月遂以夫人婦姜至自齊傳說遂以夫人婦姜至自齊曰遂何以不稱公子一事而再見者卒名也何注曰卒竟也竟但舉名者省文據此則一事再見者其始稱氏族其卒則但稱名故昭十三年晉

人執季孫隱如以歸十四年則省去季孫而曰隱如至自晉二十三年晉人執我行人叔孫舍二十四年則省去叔孫而云舍至自晉正所謂一事而再見者卒名也其不得有叔孫二字顯然明白左氏穀梁並作婼至自晉無叔孫二字左氏曰婼至自晉尊晉也杜注貶婼族所以尊晉穀梁曰大夫執則致致則挈由上致之也范注上謂宗廟也致臣于廟則直名而已所謂君前臣名此皆舍至自晉不稱叔孫之明證不應公羊獨有此二字也徐氏所見本已誤增此二字故臆爲之說耳孔氏通義亦沿其誤按通義云再氏者爲舍賢而錄之也公孫于齊舍要季氏納公季氏有異志舍度力不能爲怨咎自殺蓋魯之賢大夫也預見賢於此者凡小善就其事善之小惡亦就其事惡之若乃先事而見褒貶則必有大美大惡足以榮辱其終身者也此春秋論人之法也今按王氏謂無叔孫是也傳注皆無說孔氏因有叔孫臆爲之說爲賢舍而錄別無所證

夏五月乙未朔日有食之 注 是後季氏逐昭公吳滅巢弒其君僚又滅徐 疏 包氏慎言云五月書乙未朔据曆爲二日先籍後月之小月行遲疾定合朔欲會辰必在朔不在晦與二日縱頻月一小三大得天之統蓋謂此也五行志劉歆以爲二日臧氏壽恭推是年正月丙申朔小二月乙丑朔大三月乙未朔大四月乙丑朔小五月甲午朔二日乙未○注是後至滅徐○季氏逐昭公見下二十五年吳滅巢見下冬弒其君僚見下二十七年滅徐見下三十年舊疏先言季氏逐昭公者正欲決吳事故也五行志下之下二十四年五月乙未朔日有食之董仲舒以爲宿在胃魯象也後昭公爲季氏所逐劉向以爲自十五年至此歲十年閒天戒七見人君

猶不寤後楚殺戎蠻子晉滅陸渾戎盜殺衛侯兄縶莒之君出奔吳滅巢公子光殺王僚宋三臣以邑叛其君它如仲舒劉歆以爲魯趙分是月斗建辰左氏傳梓慎曰將水昭子曰旱也月過分而陽猶不克克必甚能無旱乎陽不克莫將積聚也是歲秋大雩旱也二至二分日有食之不爲災日月之行也春秋分日夜等故同道冬夏至長短極故相過相過同道而食輕不爲大災水旱而已二至二分下皆漢儒左氏家舊說與董劉何占皆異臧氏壽恭推五日甲午朔合辰在胃五度二日乙未日在胃六度於魯尤驗

秋八月大雩【注】先是公如晉仲孫貜卒民被其役時年叔倪出會故

秋七月復大雩【疏】注先是至大雩○校勘記鄂本時年作明年諸本皆誤作時按紹熙本作明公如晉仲孫貜卒並見上明年叔倪出會即下二十五年叔倪會晉趙鞅以下于黄父是也秋七月大雩亦見下二十五年五行志中之上二十四年八月大雩劉歆以爲左氏傳二十三年邾師城翼還經魯地魯襲取邾師獲其三大夫邾人愬于晉晉人執我行人叔孫婼是春還歸之按如何義自謂國有大喪君大夫出朝會民人供億煩擾之應於義爲切

丁酉杞伯鬱釐卒【疏】校勘記云唐石經諸本同釋文作鬱釐云本亦作釐疏云左氏穀梁作郁釐字今正本亦有郁字者亦有下當脫作字按古鬱郁音近史記陳杞世家文公十四年卒弟平公鬱立索隱曰一作郁釐譙周云名鬱來蓋鬱郁釐來聲相近故不同也左傳釋文釐作釐云本又作嫠

冬吳滅巢【疏】大事表云巢爲今廬州府之巢縣與州來皆楚沿淮重鎮昭四年楚始患吳築此三城以斷其北來之路吳爭

七十年而後滅之三城滅而楚淮右之藩籬盡撤吳遂由陸路從光黃經義陽三關之險以職郢都置大江於不問矣按左氏以巢爲楚邑公羊何氏於十三年吳滅州來云不月者略兩夷此無注應如彼解春秋之義書滅者皆國邑多言取也書序有巢伯來朝蓋亦附楚小國也

葬杞平公

公羊義疏六十五

公羊義疏六十六

南菁書院

句容陳立卓人著

昭二十五年盡是年

二十有五年春叔孫舍如宋

夏叔倪會晉趙鞅宋樂世心衞北宮喜鄭游吉曹人邾婁人滕人薛人小邾婁人于黃父

疏 左氏叔倪作叔詣旨聲兒聲古同部舊疏云左氏經賈注者作叔詣字則賈服本不同矣今杜本亦作詣釋文云樂世心左氏作大心古世大多通見文十三年疏

有鸛鵒來巢

疏 釋文鸛音權左氏作鸜音劬按穀梁亦作鸜校勘記云唐石經諸本同按周禮考工記鸜鵒不踰濟釋文本作鸛鵒此疏亦引冬官鸛鵒不踰濟則與賈公彥本異故彼疏云左氏傳作鸜鵒公羊傳作鸛鵒此經注皆作鸜字與左氏同也淮南原道訓注又作鴝鵒故左傳釋文云本又作鴝也陳氏壽祺五經異義疏證左傳音義鸜其俱反嵇康音權本又作鴝公羊傳作鸛音權鸜音欲穀梁音義鸛本又作鸛音灌左氏作鸜公羊作鸛公羊音義鸛音權左氏作鸜周禮音義作鸛云徐劉音權公羊傳同本又作鸜左傳同今考公羊春秋有鸛鵒來巢傳曰何以書記異也何異爾非中國之禽也宜穴又巢也何休解詁曰鸛鵒猶權欲宜穴又巢此權臣欲國自下居上之徵也何氏明言鸛鵒猶權欲則鸛讀如權故諸家公羊本並從之左氏考工記古本亦皆作

鸛音權觀鄭注考工記引左氏春秋徐邈劉昌宗周禮音嵇康左傳音陸德明周禮音義並同可證其作鸛者非古本也而賈疏考工記云此經注皆作鸛字與左氏同賈所見周禮鄭注本不如諸家之善又不知左氏有作鸛之本疏矣按作鸛者今文也作鸜者古文也說文多用古文說故鳥部鴝鴝鵒也从鳥句聲又鵒鴝鵒也从鳥谷聲古者鴝鵒不踰泲玉篇鴝鴝其愚切鴝鵒也鸜同上一切經音義十九云鴝鵒又作鸜同具俱反下以屬反似反舌頭有兩毛角者山海經公羊傳作鸛音權按山海經中山經又原之山其鳥多鸜鵒注鴝鵒也傳曰鸜鵒來巢并用左氏說周禮亦古文家說亦當作鸜穀梁當以一本作鸛爲正穀梁多同公羊故也公羊自作鸛音權不必比而同也

何以書記異也疏舊疏引運斗樞云有鸛鵒來巢于榆此經不言于榆者欲道來巢即爲異不假指其處所也左傳云書所無也周禮疏引服虔云周禮曰鸜鵒不踰濟今踰宜穴而又巢故曰書所無也新序十一云鸜鵒來冬多麋言爲獸之類也按類下缺三字蓋謂失其所也

何異爾非中國之禽也宜穴又巢也注非中國之禽而來居此國國將危亡之象鸜鵒猶權欲宜穴又巢此權臣欲國自下居上之徵也其後卒爲季氏所逐疏周禮疏引異義公羊以爲鸛鵒夷狄之鳥穴居今來至魯之中國巢居此權臣自下居上之象穀梁亦以爲夷狄之鳥來中國義與公羊同左氏以爲鸜鵒來巢書所無也許君謹案從二傳鄭駁之云按春秋言來者甚多非皆從夷狄來也從魯疆外而至則言來鸜鵒本濟西穴居今乃踰濟而東又

巢爲昭公將去魯國按考工記注鸜鵒鳥也春秋昭二十五年有鸜鵒來巢書所無也鄭司農云不踰濟無妨於中國有之則鄭駮與先鄭同故其注周禮引左傳文也御覽引稽命徵云鸜鵒非中國之禽也御覽引考異郵云鸜鵒者飛行屬於陽之鳥穴居於陰之鳥上缺二字或以爲夷狄字又引稽命徵云孔子謂子夏曰鸜鵒至非中國之禽穀梁傳一有一亡曰有來者非中國之禽也鸜鵒穴者而曰巢按公穀二傳皆無夷狄之鳥語惟五經異義引以爲公羊穀梁說蓋中國猶言國中也言非魯所有之鳥也詩周南葛覃施于中谷傳中谷谷中也中谷有蓷同又王風兎罝施于中林傳中林林中此倒句法訓詁中多有此例如中阿爲阿中中陵爲陵中中原爲原中皆是則三傳義皆可通何注云非中國之禽而來居此國正謂非魯國中之禽而來居此國也通義云中國之中也鸜鵒不踰濟非魯國中所有說文解字曰有者不宜有也是也舊疏引異義公羊說鸜鵒夷狄之鳥云云非也又引冬官鄭注云無妨於中國有之者何氏所不取然何氏並無以鸜鵒爲夷狄之鳥說又引舊解以爲中國國中者非傳注之意按舊解甚是不得反以爲非也舊疏引鄭駮異義云春秋之鳥不言來者多爲夷狄來也若鸜鵒乃飛從夷狄而來則昭將去遠域之外語多說脫與周禮疏所引不合當以周禮疏引爲是〇注非中至所逐〇五行志中之下云昭二十五年有鸜鵒來巢劉歆以爲羽蟲之孽其色黑又黑祥也視不明聽不聰之罰也劉向以爲有蜚有蟚不言來者氣所生所謂眚也鸜鵒不言來者氣所致所謂祥也鸜鵒夷狄穴藏之禽來至中國不穴而巢陰居陽位象季氏將逐昭公去宮室而居外野也鸜鵒白羽旱之祥也穴居而好水黑色爲主急之應也天戒若曰既失衆不可急暴急暴陰將持節陽以逐爾去宮室而居外野矣昭不寤而舉兵圍季氏爲季氏所敗出奔于齊遂

死於外野董仲舒指略同穀梁注引劉向曰去穴而巢此陰居陽位臣逐君之象也皆與何氏義同何氏以權欲解鸜鵒因以取占應也後漢書何敞傳故鸜鵒來巢昭公有乾侯之厄左傳載師己語曰文武之世童謠有之鸜之鵒之公出辱之鸜鵒之羽公在外野往饋之馬鸜鵒跦跦公在乾侯徵褰與襦鸜鵒之巢遠哉遙遙稠父喪勞宋父以驕鸜鵒鸜鵒往歌來哭是以為昭公被逐之應首句亦以出辱韻鸜鵒因以出辱解鸜鵒也惟彼專占魯君不若公穀占季氏以下逐上義切

秋七月上辛大雩季辛又雩

又雩者何又雩者非雩也聚衆以逐季氏也【注】一月不當再舉雩言又雩者起非雩也昭公依托上雩生事聚衆欲以逐季氏不書逐季氏者諱不能逐反起下孫及為所敗故因雩起其事也但舉日不舉辰者辰不同不可相為上下又日為君辰為臣去臣則逐季氏意明矣上不當日言上辛者為下辛張本不言下辛言季辛者起季氏不執下而逐君【疏】繁露楚莊王篇是故逐季氏而曰又雩微其辭也五行志中之上云二十五年七月上辛大雩季辛又雩旱甚也劉歆以為時后氏與季氏有隙又季氏之族有淫妻為讒使季平子與族人相惡皆共譖平子子家駒諫曰讒人以君徼幸不可昭公遂伐季氏為所敗出奔按劉歆係左氏家說董君言微其詞何注所本〇注一月至事也

〇鄂本紹熙本托作託當据正舊疏云僖三年注云大平一月不雨郎書春秋亂世一月不雨未害物未足爲異當滿一時乃書然則春秋之義一時能害方始書雩豈有再舉其雩乎故曰一月不當再舉雩矣既無一月再舉雩之例而言又雩者可以起其非實雩矣按下經云公孫于齊明公逐季氏不克反爲所敗故諱言又雩也史記魯世家三家共伐公公遂奔是其事也〇注但舉至上下〇舊疏云以去年夏五月乙未朔日有食之則此月上辛爲辛丑下辛爲辛酉可知所以直言辛不兼言丑酉者若言上辛丑辛酉郎是參差不同不可爲上下故也〇注又日至明矣〇校勘記出去臣云閩監毛本同誤也鄂本臣作辰當據正釋文亦作去辰按紹熙本亦作去辰舊疏云十日爲陽爲幹故爲君之義十二辰爲陰爲枝故爲臣之象史記龜筴傳日辰不全注甲乙謂之日子丑謂之辰周禮硩蔟氏以方書十日之號十有二辰之號注日謂從甲至癸辰謂從子至亥南齊書引蔡邕月令章句日幹也月支也日君辰臣故去辰爲去季氏象〇注上不至張本〇舊疏云雩例書時郎桓五年秋大雩之文是故云上不當日若然亦不合月而云七月者欲見上辛下辛皆七月之故通義云祭禮諏日不諏辰詩曰吉日維戊少牢饋食曰日用丁巳是也春秋兼舉日辰者別事之先後也雩本不在錄日辰之例故但舉兩辛以見疏數耳蓋惟雩不書月日再雩又不可書日故但舉幹日以別既書幹日不得不月矣〇注不言至逐君〇穀梁傳曰季者有中之辭也按凡言上者對下之稱既言上辛而不言下辛亦董生所謂微其辭是也

九月己亥公孫于齊次于楊州【注】地者臣子痛君失位詳錄所舍止

疏 釋文楊州左氏作陽州校勘記葉鈔釋文鄂本閩本同唐石經監毛本作揚州疏同紹熙本亦作楊州包氏慎言云九月書乙亥月之二十日左氏作己亥則爲八月四日按各本公羊皆作己亥與左氏同惟穀梁經作乙亥杜云陽州齊魯竟上邑㝡纂今兗州府東平州東北有陽州城陽楊古音同論語陽貨史記十二諸侯年表作楊貨是也○注地者至舍止○舊疏云春秋之義悉皆舉重不舉公孫爲重而復書次于楊州者臣子哀痛公之失位是以詳錄公之所舍止之處矣劉氏逢祿釋例因事以定地因地以定事亦重其事而加詳焉爾故莊三十二年公薨于路寢注在寢地加錄內也同此義也

齊侯唁公于野井 疏 穀梁傳弔失國曰唁詩鄘風載馳歸唁衛侯傳弔失國曰唁此據失國言之若對弔死曰弔則弔生亦曰唁詩小雅何人斯云不入唁我襄二十三年左傳齊侯使夙沙衛唁之詩疏引服云弔生曰唁是也杜云濟南祝丘縣東有野井亭水經注濟水篇濟水北逕平陰縣西又逕盧縣故城又東北右會玉水其水西北流逕玉符山又逕獵山東又西北枕祝阿縣故城東野井亭西春秋昭二十五年書齊侯唁公于野井是也大事表云在今濟南府齊河縣東濟河北岸山東通志野井亭在濟南長清縣東北四十里

唁公者何昭公將弑季氏 注 傳言弑者從昭公之辭 疏 注傳言至之辭○舊疏云君討臣下正應言殺今傳云弑故須解之言從昭公之辭者卽下文云吾欲弑之何如是也校勘記云唐石經諸本同釋文作將殺音試下及注同按依疏則傳文本作弑也漢石經公羊弑皆作試猶今人語云姑且試之故其語可通乎上下也

告子

家駒曰季氏爲無道僭於公室久矣【注】諸侯稱公室【疏】漢書五行志亦作子家駒蓋卽左傳之子家羈上五年左傳有子家羈公孫歸父之孫卽子家懿伯也杜云子家羈莊公之元孫舊疏云季氏爲無道者謂無日之道廣雅釋詁僭擬也○注諸侯稱公室○論語季氏篇祿之去公室五世矣閔二年左傳間于兩社爲公室輔公室猶公家也故爲諸侯之稱昭五年左傳宋樂祁曰魯政在季氏三世矣魯君喪政四公矣杜注三世文子武子平子四公宣成襄昭論語祿去公室五世政逮大夫四世之語蓋發於定公之世故各多一世也孔安國數文子武子悼子平子是文子卽專國政也祿去公室始于宣公時專政者東門氏輔之者季氏逐子家父虧姑成婦皆文子事悼子未爲卿而卒不專國政則當謂文子武子平子桓子爲四世也

吾欲弑之何如【注】昭公素長季氏意者以爲如人君故言弑【疏】注昭公至言弑○隱四年傳與弑公也注弑者殺君之辭則臣下犯於君父皆謂之弑今昭公欲討臣下而言弑故須解之

子家駒曰諸侯僭於天子大夫僭於諸侯久矣【疏】校勘記云唐石經諸本同考工記畫繢之事其象方天時變注引子家駒曰天子僭天今何本無此句周禮大宰疏引作諸侯僭天子大夫僭諸侯此二於字當爲衍文考工記注無於字可證續漢志注引春秋考異郵云天子僭天大夫僭人主諸侯僭上漢書貢禹傳大夫僭諸侯諸侯僭天子天子過天天道周禮考工記云土以黃其象方天時變注古人之象無天地也爲此記者時有之耳子家駒曰天子僭天意亦是也彼疏云子家駒曰天子僭天諸侯僭天子大夫僭諸侯彼云天子僭天未知所僭何事要在古人衣服之外別加此天地之意故

亦是僭天故云意亦是也則傳文當有天子僭天語公羊禮說云天子僭天今本無此句兩漢諸儒多引之蓋嚴氏春秋也漢武帝冊仲舒曰蓋儉者不造元黃旌旗之色貢禹傳天過天子道然未知過天道為何事而造元黃旌旗之色為何證也及觀考工記注古人之象無天地也引子家駒此天子僭天語又鄭司農云天時變謂盡天隨四時色知古人無一字無來歷也惠氏棟駁之曰黃帝堯舜垂衣裳而天下治蓋取諸乾坤乾坤卽天地也乾為衣坤為裳卽皐陶謨予欲觀古人之象無天地可乎按惠說非也虞書十二章自日月已下不見有天地繪以為衣繡以為裳非徒如易之空取象已耳後王於日月而外並天地而繪繡之矣故鄭云古人之象無天地也天元地黃故云盡天隨四時色土以黃也惠云乾坤卽天地古有繪乾坤於衣裳者乎將以日月為天山為地乎又非通論矣說苑孔子與景公坐左右曰國史來言周廟燔孔子曰是釐王廟也景公曰知之孔子曰皇皇上帝其命不忒君之與人必報有德禍亦如之夫釐王變文武之制而作元黃宮室輿馬奢侈不可振也故知天殃其廟合觀諸說不獨見春秋嚴顏異同而考工鄭注亦可互相發明矣董仲舒貢禹劉向鄭康成皆公羊先師後先一轍至於春秋說文又不得以緯書廢之矣按御覽引合誠圖云大帝冠五彩衣青衣黑下裳增日月日在上月在下論衡語增云服五采畫日月星辰莫知篇云文章炫耀黼黻華蟲日月明日月星辰得用之矣其諸侯僭天子則下傳所言設兩觀乘大路朱干玉戚之屬是也禮記郊特牲云諸侯之宮縣而祭以白牡擊玉磬朱干設錫冕而舞大武乘大路諸侯之僭禮也是也又云臺門而旅樹反坫繡黼丹朱中衣大夫之僭禮也又云大夫之奏肆夏也由趙文子始也皆大夫僭諸侯事也彼又云故天子微諸侯僭大夫強諸侯脅注言僭所由蓋上行下效故諸侯僭天子

大夫僭諸侯相因以起也昭公曰吾何僭矣哉注失禮成俗不自知也疏注失禮至知也○舊疏云正以魯人始僭在春秋前至昭已久故不自知漢書貢禹傳云然非自知奢僭也猶魯昭公曰吾何僭矣今大夫僭諸侯諸侯僭天子天子過天道其自久矣子家駒曰設兩觀注禮天子諸侯臺門天子外闕兩觀諸侯內闕一觀疏注禮天子諸侯臺門○周禮太宰疏引何氏云天子兩觀諸侯臺門與今本同按此禮器文洪氏頤煊禮經宮室答問庫門之制曰禮器天子諸侯臺門家不臺門是天子諸侯庫雉路三門皆有臺也爾雅闍者謂之臺禮器疏兩邊築土爲基基上起屋曰臺門郊特牲繹之于庫門內庫門既可繹祭則其門堂之制當與廟門同考工記唯言路門應門客數而不及庫雉明雉門庫門之大與路門同也按禮器疏又云諸侯有保捍之重故爲臺門大夫輕故不得也是也○注天子至一觀○舊疏云禮說文禮記禮運云出游于觀之上注觀闕也正義爾雅釋宮云觀謂之闕孫炎云宮門雙闕者舊懸法象謂使民觀之處因謂之闕熊氏云當門闕處以通行路既言雙闕明是門之兩旁相對爲雙熊氏得焉白虎通云闕是闕疑義亦相兼按何休注公羊天子兩觀外闕諸侯臺門則諸侯不得有闕魯有闕者魯以天子之禮故得有之也公羊傳曰設兩觀乘大路此皆天子之禮是也按定二年雉門災及兩觀魯之宗廟在雉門外左孔子出廟門而來至雉門遊于觀此觀又名象魏以其懸法象魏魏巍也其處巍巍高大故哀三年桓宮災季桓子至御公立於象魏之外命藏象魏曰舊章不可亡也熊氏曰天子藏舊章於明堂諸侯藏於祖廟知者以天子視朔於明堂諸侯於祖廟故也按何氏此注明云諸侯內闕一觀則諸侯非無闕魯僭天

子在兩觀不在有闕象魏爲藏舊章之所則當有屋其上可登而望故皇氏云登遊于觀之上熊氏云謂遊目看於觀之上也桓宮災季桓子恐延及觀闕故曰舊章不可亡去祖廟尚遠熊氏謂藏於祖廟亦未可据視朔於廟自以諸侯受朔藏之太廟故視朔於廟與此無涉也禮經宮室荅問又云問雉門謂之觀又謂之象魏又謂之闕其制可考否曰禮運仲尼與于蜡賓事畢出遊于觀之上鄭注觀闕也孔疏出遊于觀之上謂出廟門往雉門雉門有兩觀左氏定二年夏五月壬辰雉門及兩觀災冬十月新作雉門及兩觀明雉門與兩觀連也太宰正月之吉乃懸治象之法於象魏鄭司農云象魏闕也故魯災季桓子御公立于象魏之外命藏象魏曰舊章不可亡也左氏孔疏云闕在門旁中央闕然爲道也其上懸治象其狀巍巍然高大謂之象魏使人觀之謂之觀是觀與象魏闕爲一物而三名焉按禮疏引白虎通云闕疑熊氏謂當門闕處以通行路水經注引穎容云闕者上有所失下得書之於闕所以求論譽於人詩疏引孫炎爾雅注舊章縣焉使民觀之淮南本經訓巍闕注門闕崇高巍巍然然則觀示天下故謂之觀巍然高大謂之爲魏有疑則闕故謂之闕然觀與闕同在一處而非一物闕者其制則在門兩旁故孫郭說爾雅皆云宮門雙闕据緯文則天子外諸侯內耳故水經注引白虎通云闕者所以飾門別尊卑也是也中華古今注謂兩觀其上可居登之則可遠觀故謂之觀則觀可升上故禮運云出遊于觀之上也天子二觀諸侯一觀其制差耳若闕則宜皆有二故西京賦云圜闕竦以造天若雙碣之相望唐書載朱敬則楊炎俱以世孝義被旌門樹亦闕冊府元龜言閥閱二柱相去一丈杜安瓦筒號爲頭梁即謂之闕是無不成對者猶可見古闕遺制

乘大路【注】禮天子大路諸侯路車大夫大車士飾車

疏注禮天至飾車○北堂書鈔引白虎通路者何謂也路大也道也正也君至尊制度大所以行道德之正也路者君車也天子大路諸侯路車大夫軒車士飾車玉路大路也謂車爲路者何言所以步之於路也大戴禮朝事篇乘大路建大常十有二旒又云天子乘大路貳車十有二乘通義云大路殷路也殷祀天以木路尙質周祀天以玉路尙文魯郊不敢純與王同故乘殷之路明堂位所謂魯君孟春乘大路載弧韣旂十有二旒日月之章祀帝于郊配以后稷天子之禮也按明堂位又云大路殷路也注大路木路也漢祭天乘殷之路也今謂之桑根車也春秋傳曰大路素桓二年左傳大路越席昭其儉也宜斥木路郊特牲亦云乘大路諸侯之僭禮也蓋郎本魯言之故注云白牡大路殷天子禮也諸侯路車之者詩小雅采芑詠方叔云路車有奭又采菽云路車乘馬以周禮巾車次之同姓諸侯宜金路異姓以象路四衞以革路蕃國木路也彼木路無龍勒不鞔以革漆之而已蓋與殷之大路木路者自不同也皆在王五路內故統謂之路車也大夫大車舊疏引詩云大車檻檻按詩王風傳云大車大夫之車也以巾車考之孤乘夏篆卿乘夏縵大夫乘墨車也白虎通謂大夫軒車閔二年左傳鶴有乘軒者注軒大夫車疏引服云車有藩曰軒蓋三面有蔽空其前如軒懸然大車當亦然也士飾車者舊疏引書傳云乘飾車兩馬庶人單馬木車是也巾車士乘棧車庶人乘役車注棧車不革鞔而漆之彼疏引唐傳云古之帝王必有命民於其君得命然後得乘飾車駢馬衣文駢錦注云飾漆之車駢併也是其事蓋較庶人役車爲飾耳

朱干注干楯也以朱飾楯

疏注干楯至飾楯○明堂位云朱干注朱干赤大盾也方言盾自關而東或謂之干或謂之瞂小爾雅廣器干瞂盾也說文戈部戰盾也又云瞂盾也則干者戰之段借周書王會篇蛟瞂

利劍為獻詩秦風蒙伐有苑傳伐中干也釋文伐本又作瞂是也又作撥史記孔子世家矛戟劍撥索隱撥謂大盾又作㕹蘇秦列
傳華吷㕹芮索隱㕹與瞂同皆干別名也郊特牲說諸侯僭禮亦有朱干玉戚【注】戚斧也以玉飾斧【疏】
注戚斧至飾斧○御覽引五經通義云戚斧干盾也玉取其德干取其仁明當尚德行仁以斷斬也明堂位玉戚注戚斧也詩大雅
篤公劉云干戈戚揚傳戚斧也說文戉部戚戉也釋名釋兵云戚感也斧以斬斷見者皆感懼也小爾雅廣器戚鉞斧也鉞即戉字
故說文又云戉斧也引司馬法曰夏執玄戉殷執白戉周左杖黃戉右秉白旄說文斤部斧斫也鄭注檀弓云斧形旁殺刃上而長
六韜軍用篇大柯斧長八寸重八斤柄長五尺以上一名天鉞伐木天斧重八斤柄長三尺以上則玉戚者蓋以玉飾柄與以
舞大夏【注】大夏夏樂也周所以舞夏樂者王者始起未制作之時
取先王之樂與己同者假以風化天下天下大同乃自作樂取夏
樂者與周俱文也王者舞六樂于宗廟之中舞先王之樂明有法
也舞己之樂明有則也舞四夷之樂大德廣及之也東夷之樂曰
株離南夷之樂曰任西夷之樂曰禁北夷之樂曰昧【疏】注大夏夏樂也○明
堂位云以舞大夏注大夏夏舞也祭統云朱干玉戚以舞大武八佾以舞大夏天子之樂也康周公故以賜魯也與此反彼注云武
象之樂也朱干赤盾戚斧也此武象舞之所執也佾猶列也大夏禹樂文舞也執羽籥文武之舞皆八列互言之耳康猶褒大也樂

記云夏大也白虎通禮樂篇曰大夏者言禹能承二聖之道而行之故曰大夏也御覽引元命包云禹之時民大樂其駢三聖相繼故夏者大也○注王者至作樂○白虎通又云王者始起何用正民以爲且用先代之禮樂天下太平乃更制作焉又云太平乃制禮作樂何夫禮樂所以防奢淫天下人民饑寒何樂之有書大傳曰周公將作禮樂優游之三年乃不能作君子恥其言而不見從恥其行而不見隨將大作恐天下莫我知將小作恐不得揚父祖功業德澤然後營洛以觀天下之心於是四方諸侯帥其羣黨各攻位于其庭周公曰示之以力役且猶至況導之以禮樂乎然後敢作禮樂書曰作新大邑于大國洛四方民大和會此之謂也禮記樂記云功成作樂治定制禮明堂位云制禮作樂頒度量而天下服是天下大同乃自作樂之事也○注取夏至文也○白虎通禮樂篇春秋傳曰曷爲不修乎近而修乎遠同已也可因先以太平也按此疑亦春秋說語不明周不取殷而取夏義也周書世俘解武王克殷鹹于周廟籥人奏崇禹生開三終王定孔氏廣森經學卮言以崇禹生開爲夏歌也漢書董仲舒傳王者未奏樂之時乃用先代之樂宜於世者而以深入教化爲民即取與周俱文之義○注王者至之中○御覽引五經通義云樂者所以象德表功因事之宜受命而王者六樂焉以太乙樂天以咸池樂地以肆夏樂人以大夏樂四時以大濩樂五行神明以大武樂六律各象其性而爲之制以樂其先祖又三禮義宗云周制禮用六代之樂四時祭祀分而用之祭之尊卑凡有此等故用六代之樂配十二調而作之一代之樂則用二調遠取黃帝者以舞樂之始興於黃帝奏者謂堂下四垂鐘聲之調歌者謂堂上琴瑟之音但一祭之中皆自爲二調庭奏者常以陽氣爲調升歌者常以陰禮爲聲周人用六代之樂祭天雲門地以咸池宗廟以大磬不用時王之樂以

三樂其道最美故三祭用之宗廟用九德之歌彰明先祖之德也大蜡盡天地四方之神而祭之其樂亦盡用四時之調凡四方十二辰則有十二律陰陽相配二代道共作一代之樂故爲六樂大蜡之祭則盡用之合天地四方之神合六代之樂故終不過六樂按周禮大司樂云以樂舞教國子舞雲門大卷大咸大磬大夏大濩大武雲門大卷皆黃帝樂共爲六樂也惟周禮分別以祭以享以祀大濩以享先妣大武以享先祖此謂舞六樂于宗廟之中不同耳然天神地示四望山川亦必有舞何氏特科舉宗廟統言六樂未分別之耳○注舞先至之也○校勘記出明有則也云閩監毛本同誤也鄂本則作制當據正制謂己所制也則即法複上按紹熙本作制盧校本白虎通禮樂云王者有六樂者貴公美德也所以作供養謂因先王之樂明有法示正其本興己所自作樂明己作也所以作四夷之樂何德廣及之也易曰先王以作樂崇德殷薦之上帝以配祖考詩云奏鼓簡簡衎我烈祖樂元語曰受命而六樂樂先王之樂明有法也興其所自作明有制興四夷之樂明德廣及之也文選注引韓詩傳王者舞六代之樂舞四夷之樂大德廣及之也按舞六代之樂下有脫文通典引五經通義又云舞四夷之樂明德澤廣被四表文選東京賦四夷閒奏德廣所及詩小雅鼓鐘傳舞四夷之樂大德廣所及也禮記明堂位納夷蠻之樂于太廟言廣魯於天下也○注東夷至曰昧○舊疏以爲樂說文引彼注云陽氣始起於懷任之物各離其株也南者任也盛夏之時物皆懷任矣草木畢成禁如收斂盛湯消盡敵其光景昧然是也白虎通又云故南夷之樂曰兜西夷之樂曰禁北夷之樂曰昧東夷之樂曰離與東都賦僸佅兜離合通典引五經要義亦作西夷之樂曰禁北夷之樂曰昧周禮鞮鞻氏注云東方曰韎南方曰任西方曰離北方曰禁東韎西離與樂緯文反賈疏以爲鉤

命決說也白虎通又云南之爲言任也任養萬物昧之爲言昧也昧者萬物衰老取晦昧之義也禁者萬物禁藏朝離者萬物微離地而生按何氏以東夷樂曰株離者御覽引書大傳陽伯之樂舞株離鄭注象萬物生育離根株也通典引五經通義云東方所謂侏離者何陽氣始通萬物之屬離地而生故謂之株離明堂位疏引白虎通作朝離株侏通與朝爲一聲之轉校勘記云釋文及諸本皆作株離蜀大字本作邾誤南夷樂曰任者明堂位云任南蠻之樂也五經通義云南方所以謂任者何陽氣盛用事萬物懷任故謂之任古南與任音義通明堂位疏引白虎通亦作南夷之樂曰南西夷之樂曰禁者五經通義云西方所以謂之禁者何西方陰氣用事禁止萬物不得長大故謂之禁北夷之樂曰昧者五經通義云北方所以謂之昧何北方陰氣盛用萬物暗昧不見故謂之昧諸書或作韎或作侏皆通作

八佾以舞大武【疏】解詁箋云夏武互錯通義云謹按記云朱干玉戚以舞大武八佾以舞大夏與此文相互然八佾行綴之名文武得通言之周官大司樂曰舞大夏以祭山川舞師則曰掌教兵舞帥而舞山川之祭祀是夏舞亦有用干戚者矣按禮記明堂位注云大武周舞也蓋互文見義樂記述武舞云始而北出再成而滅商三成而南四成而南國是疆五成而分周公左召公右六成復綴以崇蓋卽八佾行綴與

此皆天子之禮也【疏】郊特牲連述諸侯之宮縣而祭以白牡擊玉磬朱干設錫冕而舞大武乘大路爲諸侯之僭禮注云言皆天子之禮也宮縣四面縣也錫干盾錫傅其背如龜也武萬舞也白牡大路殷天子禮也舊疏云周公之功得用四代之樂而以大夏之徒謂之爲僭者刺其羣公之廟若祭周公則備按如周公白牡魯公騂犅羣公不毛是魯用天子禮樂止得於文王周公之廟後世蓋用之羣廟故季氏有八佾舞庭

三家有雍徹皆習見成俗不知其非故子家駒言之也漢書董仲舒傳及至周室設兩觀乘大路朱干玉戚八佾陳於庭而頌聲興是皆天子之禮也**且夫牛馬維婁**注繫馬曰維繫牛曰婁疏注繫馬至曰婁〇文選注引字林云維持也詩小雅白駒縶之維之傳維繫也廣雅釋詁維係也詩小雅角弓式居婁驕箋婁斂也斂束亦有維繫之義何氏維以傳云牛馬維婁因以維屬馬婁屬牛皆謂繫之牢廄而言散則通也舊疏引舊說云婁者侶也謂聚之於廄也史記律書婁者呼萬物且內之也義亦相近**委己者也**注委食己者疏校勘記云唐石經同釋文委己音紀閩監毛本己誤已按注委食己者當作己〇注委食己者〇廣雅釋詁餧食也漢書陳餘傳如以肉餧虎注餧飤也委蓋餧字之省詩小雅鴛鴦箋無事則委之以莝釋文委猶食也是也食皆即說文之飤字食部飤糧也从人食素問至真要大論以甘緩之注飤己曰食他曰飤也一切經音義引倉頡訓詁飤飽也謂以食與人曰飤又引聲類云飤一哺也方言十二牧飤也注牧飤謂放飤牛馬也爾雅釋木注葉薪可飤牛釋文引字林云飤糧也又作飼是飼人飼畜皆可云飤也**而柔焉**注柔順疏注柔順〇爾雅釋詁柔安也家語入官優而柔之注柔和也安和皆有順義經義述聞云何讀至婁字絕句謹案維婁分屬牛馬古無明文且牛馬之順於餧己者不待維繫而始然然則維婁二字爲贅文也今按此當讀且夫牛馬爲句維婁委己者也而柔焉爲句維與惟同婁古屢字也小雅角弓篇式居婁驕王肅注婁數也正月篇屢顧爾僕釋文作婁巧言篇君子屢盟賓之初筵篇屢舞僊僊釋文並曰本又作婁是也云屢餧己者喻季氏之得民已久也故下句曰季氏得民衆久矣言牛馬非他人是順惟屢餧己者而順焉亦猶季氏之得民

久而民皆從之也按王氏說亦通通義云此言牛馬不知擇主惟之其能委飼己者而柔馴焉以喻季氏能飲食國人則國人樂爲之用君必無功卽左氏述子家之言所謂隱民多取食焉是也季氏得民衆久矣注季氏專賞罰得民衆之心久矣民順從之猶牛馬之於委食己者疏注季氏至己者○舊疏云言牛馬之數猶順於委己之人而季氏作賞有年歲矣民從之固是其宜矣左傳樂祁曰魯君必出政在季氏三世矣魯君喪政四公矣無民而能逞其志者未之有也國君是以鎮撫其民詩云人之云亡心之憂矣魯君失民矣焉得逞其志靜以待命猶可動必憂又曰懿伯曰讒人以君徼幸事若不克君受其名不可爲也舍民數世以求克事不可必也且政在焉其難圖也又曰子家子曰君其許之政自之出久矣隱民多取食焉爲之徒者衆矣又曰子家羈曰不可公室失政數世矣失民則何以集乎皆謂季氏專賞罰之政久得衆心民順從之事也君無多辱焉注恐民必不從君命因爲季氏用反逐君故云爾子家駒上說正法下引時事以諫者欲使昭公先自正乃正季氏疏經義述聞云多字釋文無音家大人曰多讀爲祇祇祇適也言民皆爲季氏用君若伐之則民必助之無適自取辱也昭二十九年左傳曰君祇辱焉是也祇多古字通按襄二十九年左傳祇見疏焉正義祇作多服虔本作祇解云祇祇適也晉宋杜本皆作多可證故襄十四年左傳多遺秦禽言祇遺秦禽也定十五年左傳多取費焉言祇取費焉哀八年左傳不足以害吳而多殺國士言不足害吳而祇足傷魯之國士也皆與此多字義同按多古韻在歌部祇古韻在支部支歌字古

多通轉○注恐民至云爾○校勘記出固爲季氏用云監毛本同閩本固作因皆誤鄂本作而○爲季氏用與儀禮通解續正合當據以訂正按紹熙本亦作而淮南人間訓云公以告子家駒子家駒曰季氏之得衆三家爲一其德厚其威強君胡得之昭公弗聽固知其必反見逐也○注子家至季氏○舊疏云上說正法者即謂上文朱干玉戚之屬是也下引時事者謂牛馬維婁是也按論語子路篇其身正不令而行其身不正雖令不從又顔淵篇子帥以正孰敢不正故欲使昭公先自正乃正季氏也

昭公不從其言終弒而敗焉**注**果反爲季氏所逐**疏**校勘記云唐石經作終弒之而敗焉諸本脫之字按疏中標經云終弒之者有之與石經合左傳公居于長府伐季氏殺公之于門平子登臺而請曰君不察臣之罪使有司討臣以干戈臣請待于沂上以察罪弗許請囚于費弗許請以五乘亡弗許子家羈曰君其許之政自之出久矣爲之徒者衆矣日入慝作弗可知也衆怒不可蓄也郈孫曰必殺之公使郈孫逆孟懿子叔孫氏之司馬鬷戾言於其衆曰我家臣也不敢知國帥徒以往陷西北隅以入公徒釋甲執冰而踞遂逐之魯世家三家共伐公公遂奔舊疏云終弒之者謂陳兵欲亡攻殺之也○注果反至所逐○謂如子家所料後漢書曹節傳審忠上書曰虞公抱璧牽馬魯昭見逐乾侯以不用宮之奇子家駒以至滅辱三國志注引漢晉春秋云帝見威權日去不勝其忿乃召王沈王經王業謂曰司馬昭之心路人所知也語不能坐受廢辱當自出討之經曰昔魯昭敗走失國爲天下笑皆以不聽羈言致敗故也

走之齊齊侯唁公于野井**注**弔亡國曰唁弔死國曰弔弔喪主曰傷弔所執紼曰紼**疏**左傳齊侯將唁公于平陰公先

至于野井齊侯〇曰寡人之罪也使有司先待于平陰爲近故也〇注弔亡國曰唁〇穀梁傳弔失國曰唁唁公不得入于魯也詩鄘風載馳云歸唁衛侯傳弔失國曰唁此言亡國即失國也國策秦果亡趙自危高注亡失也是也北堂書鈔引邸季微禮統云弔生曰唁生謂之唁唁何非爲喪之位哭泣之事但嗟嘆以言故謂之唁禮記曲禮曰國君去其國止之曰奈何去社稷也蓋古唁意也說文口部唁弔生也失國亦可直曰亡呂覽審己云齊湣王亡注亡出奔也是也〇注弔死國曰弔〇校勘記云諸本同段玉裁云此國字衍禮統又云弔死曰弔弔死謂之弔何素有厚恩禮無服屬但致傷哀痛毒故謂之弔說文人部弔問終也古之葬者厚衣之以薪从人持弓命毆禽引伸之凡問凶事皆曰弔史記宋世家魯使臧文仲往弔水集解引賈逵左傳注問凶曰弔傷悼亦曰弔左傳僖二十四年周公弔二叔之不咸襄十四年有君不弔是也慰問亦曰弔孟子滕文公三月無君則弔是也對文異散則通〇注弔喪主曰傷〇廣雅釋詁傷痛也又傷憂也管子君臣篇是故明君飾衣食弔傷之禮注傷謂喪祭按此傷與弔連稱蓋弔爲弔死傷爲傷生故此注云弔喪主曰傷也〇注弔所執紼曰綍〇小爾雅廣詁挽引也後漢書樂恢傳注輓引柩也廣雅廣詁輓引也說文車部輓引之也綍與挽輓通爲其用手故作挽爲其引車故作輓爲其執紼則作綍弔所執紼謂執紼而弔如後世之輓歌也古今注薤露蒿里本出田橫門人橫自殺門人傷之爲作悲歌二章李延年分爲二曲薤露送王公貴人蒿里送士大夫庶人使挽柩者歌之亦謂之挽歌是其遺也

曰奈何去魯國之社稷昭公曰喪人注自謂亡人

疏注自謂亡人〇詩大雅皇矣云受祿無喪注喪亡也論語先進天喪予皇疏喪猶亡也又八佾篇何患於喪乎皇疏喪猶亡失

也故喪人猶亡人也禮記檀弓喪亦不可久也又曰喪人無寶注喪謂亡失位大學作亡人無以爲寶是也又左傳哀二年亡人之

子輒在亡人謂蒯聵失太子位也不佞注不善疏注不善○成十三年傳寡人不佞論語疏引服虔注佞才也成

十六年左傳諸臣不佞杜注佞才也國語晉語寡君不佞韋注佞才也不才猶不善也失守魯國之社稷執

事以羞注謙自比齊下執事言以羞及君疏注謙自至及君○釋文作嗛云音謙本又

作謙按漢書藝文志易之嗛嗛一嗛而四益謙嗛同也舊疏云言己之尊卑比齊之執事也而舉措不善失守社稷由是之故以羞

及君通義云不敢斥齊侯謙言爲齊執事之羞說亦通今亦通用執事斥所尊言再拜顙注顙者猶今叩

頭矣謝見唁也疏注顙者至頭矣○釋文見而稽顙也禮記檀弓云拜稽顙哀戚之至也說文頁部頓下首也段

注云何注公羊曰顙猶今叩頭檀弓稽顙注曰觸地無容皆與周禮頓首注合頓首主於以顙叩謁故謂之稽顙或謂之顙周禮之

九拜不盡知而稽首者吉禮也頓首者凶禮也言拜而後稽顙者空首而頓首也言稽顙而後拜者頓首而空首也言稽顙而不拜者

者頓首而不空首也經於吉賓嘉曰稽首未有言頓首者也於喪曰稽顙亦未有言頓首者也然則稽顙之即頓首無疑矣有非喪

而言頓首者非常事也類乎凶事也如申包胥之九頓首而坐穆嬴頓首于宣子季平子稽顙于叔孫昭子子家駒再拜顙於齊侯

以失國正同也沿至秦漢以頓首爲請罪之辭矣按檀弓云拜而後稽顙注此殷之喪拜也又云稽顙而後拜注此周之喪拜也正

義殷之喪拜自斬衰以下總麻以上皆拜而後稽顙以其質故也周則杖期以上皆先稽顙而後拜不杖期以下乃作殷之喪拜又

云此稽顙而後拜卽大祝凶拜之下鄭注稽顙而後拜謂三年服者此拜而後稽顙卽大祝吉拜鄭注云謂齊衰不杖以下者鄭知凶拜是三年服者以雜記云三年之喪以大喪拜喪拜卽凶拜鄭又云吉拜齊衰不杖以下則齊衰杖者亦用凶拜知者以雜記云父母在爲妻不杖不稽顙明父母歿爲妻杖得稽顙是知杖齊衰得爲凶拜此云再拜顙明先拜而後稽顙用周之吉拜然周禮大祝注稽首拜頭至地頓首拜頭叩地是此之顙卽周禮之頓首故何云叩頭謂引頭至地卽舉稽首者稽留之義頭至地多時此其異於頓首也昭公蓋亦止頓首周禮之頓首卽檀弓之稽顙與

慶子家駒注慶賀疏注慶賀〇廣雅釋言云慶賀也國語魯語固慶其喜而弔其憂注慶猶賀也

曰慶子免君於大難矣疏校勘記云唐石經原刻無矣字後磨改增刻諸本誤承之按紹熙本亦有矣字

子家駒曰臣不佞陷君於大難君不忍

加之以鈇鑕賜之以死注鈇鑕要斬之罪卽所錫之以死疏注鈇鑕至以死〇校勘記出卽所錫之以死云蜀大字本閩監毛本同鄂本錫作賜按傳言賜不當殊文鄂本是也按紹熙本亦作賜公羊問答云鈇鑕爲要斬之罪何也曰春秋元命包曰斧鑕主亂行斬狂詐斧之爲言捕也史記項羽本紀執與身伏斧鑕注崔浩曰鑕斬人椹也郭注三蒼云質㘸椹也又范雎傳匈當櫍質要傳斧鉞秋官掌戮注斬以斧鉞若今要斬按國語魯語云夫刑有五大刑用甲兵其次用斧鉞注謂犯斬罪者又云其次用刀鋸注用刀以劓之鋸以笮之掌戮掌斬殺鄭注以斬爲要斬殺爲棄市同也鈇鑕者劉氏玉麐甓齋遺稿云爾雅椹謂之摭按周禮司弓矢以授射甲革椹質者攷工記謂王弓之屬利射革與質是已鄭注樹椹以

爲射正此射正之椹也圉人云射則充椹質賈疏圉人所習者莝取椹斬莝漢時掌畜官職斬莝是已史記范睢傳注椹莝質此資斬莝之椹也昭九年穀梁傳以葛覆質以爲槷毛傳褻纏質以爲槷范注質椹也槷門中槷釋文槷門橛也此充門橛之椹也公羊傳執鐵鑕秦策范睢曰臣之胸不足當椹鑕鮑注鑕鈇鑕玉篇鑕鐵鑕砧砧與椹同此椹以鐵爲之者也毛詩取礪取鍛傳鍛石也箋鍛石所以爲鍛質也此椹以石爲之者也爾雅釋文椹本或作砧文字集略砧杵之質也謝惠連詩欄高砧響發擣衣砧也古詩藁砧今何在擣草砧也砧又作椹集韻擣繒石椹又爲櫍櫍或作礩說文柱下石此椹以石爲之而各異其用者也椹之質或爲石或爲金或爲木質各不同而用亦異書傳統名曰椹而已惟爾雅孫炎注椹斲材質郭注斫木質義並本詩方斲是虔毛傳虔敬也鄭箋椹謂之虔又云正斲于虔上是以椹當虔之名也孔疏云方論斲斫楹桷不宜言敬故易傳然亦未嘗申言名虔之義按書敓攘矯虔疏引釋詁虔固也詩有虔秉鉞左傳虔劉我邊陲註訓固亦訓殺虔之本義如此史記張蒼傳解衣伏質注質椹也漢書項籍傳身伏斧質注質謂鍖也集韻椹或作鍖是鍖卽椹也夫斫木之具乃與刑人之具同名何與禮部韻略椹木趺也趺爲下基必堅固其體乃克受斧斤之施椹質也如椹質之親刑殺然故義亦得爲固爲殺而名曰虔又釋文椹張林反音讀如砧詩疏質椹也先儒以質訓椹者質椹乃一聲之轉故書傳椹質多連又周禮椹質杜子春讀椹爲齊人鈇椹之椹鈇鍖猶鈇鑕又卽斧質是椹有質音矣蓋鈇所以斬鑕所以藉也餘詳襄二十七年疏

以再拜顙【注】謝爲齊侯所慶高子執簞食【注】簞葦器也圓曰簞方曰笥食卽下所致糗也【疏】注簞葦至曰笥○禮記曲

禮云凡以弓劍苞苴簞笥問人者注簞笥盛飯食者圜曰簞方曰笥正義簞笥竹器也孟子滕文公云則一簞食注簞笥也禮士冠禮櫛實于簞注簞笥也蓋對文異散則通說文竹部簞笥也漢律會簞小筐也傳曰簞食壺漿多以竹爲之或亦有編葦爲之者後漢東平王蒼傳注簞竹器也圓曰簞方曰笥論語雍也一簞食皇疏簞如箱筐之屬竹筥之屬也皆謂以竹者也禮士喪禮櫛于簞注簞葦笥則以葦者也文選思元賦竇蕭艾於重笥兮注簞笥並盛食器者員曰簞方曰笥方言四籚陳楚宋魏之間或曰簞或謂之檝或謂之瓢義微殊葦者詩豳風七月云八月萑葦傳薍爲萑葭爲葦豫畜萑葦可以爲曲按月令說蠶事云具曲植筥筐注曲薄也明可編物適用者也

與四脡脯注屈曰朐申曰脡疏注屈曰朐申曰脡○校勘記云鄂本同此本疏中亦作申閩監毛本改伸按紹熙本亦作申說文肉部朐脯脡也疏段氏注許書無脡字挺即脡也何注公羊曰屈曰朐申曰脡朐脡就一脡析言之非謂脡有曲直二種也曲禮曰左朐右末鄭云屈申曰朐屈申猶言屈處脡末即申者也士虞禮曰設俎于薦東朐在南鄭云朐脯及乾肉之屈也曰左朐曰朐在南則朐在脯端明矣鄉飲酒記曰薦脯五挺橫祭於其上注引曲禮左朐右末鄉射記薦脯五膱長尺二寸注膱猶挺也然則每一脯爲一膱謂之一挺每膱必有屈處故亦謂之一朐通義云用四挺者凶禮也鄉飲酒記曰薦脯五挺鄉射記曰薦脯用籩五膱聘記曰薦脯五膱則吉禮用脯之數也唯士喪禮及虞禮脯皆四脡按曲禮疏朐謂中屈也屈脯朐然也左朐置左也右末末邊際置左右手取祭擘之便也曲禮鮮魚曰脡祭注脡直也鄉飲酒記言五挺鄉射記言五膱故注云挺猶膱也鄉射記注古文膱爲胾今文或作植胡氏承珙古今文疏義膱當爲樴脡挺皆當作梃宋本鄉飲酒

記釋文云猶樴本亦作樴可見注文原作樴字鄉飲鄉射記注挺樴互訓說文樴杙也挺一枚也二字皆从木凡字从才从肉者皆誤聘禮記注職脯如板然者或謂之脡皆取直貌焉蓋職脡無正字以其直貌故取訓杙之樴一枚之梃名之後人因其爲脯脩改木从肉耳蓋職長尺二寸而中曲之故有朐脡之別鄉飲篇脯五挺横祭于其上者脯横於人前其末居右祭横其上於人則爲從也脯五挺通祭而六挺也蔡氏德晉儀禮本經云數脯以挺脯乾則挺直也籩實五挺皆横設所謂左朐右末也而以祭之半挺直加其上故曰横祭也脯乾則直雖有屈處其質則直故曰脡也士虞用四脡儀禮正義云李氏以爲大夫士之異敖氏以爲變於吉似敖說是也按此亦用四挺知敖說是

國子執壺漿注壺禮器腹方口圓曰壺反之曰方壺有爵飾疏校勘記出壺云唐石經鄂本閩本同監毛本壺改壺非○注壺禮至爵飾○說文壺昆吾圜器也象形从大象其蓋也是壺本圜器其方者則別曰方壺周禮掌客壺四十注壺酒器也禮聘禮八壺設于西序注壺酒尊也禮記禮器門內壺注壺大一石大戴記投壺篇壺脰脩七寸口徑二寸半壺高尺二寸受斗五升壺腹脩五寸周禮夏官序官挈壺氏注壺盛水器皆與禮器別舊疏云鄉燕禮司官尊于東楹之西兩方壺左元酒南上是也腹方至爵飾釋器無文蓋用舊說或以時事知之言有爵飾者謂刻畫盞爵之形飾其形體按燕禮有方壺有圜壺彼注方壺爲卿大夫士尊士旅食者用圜壺變於卿大夫也是也方壺有羃用綌若錫圜壺無也兩方壺左元酒圜壺無皆瓦爲之也漿者周禮天官有漿人共王之六飲水漿醴涼醫酏入于酒府曲禮云酒漿處右是也

曰吾寡君聞君在外餕饔未就注餕熟食饔熟肉未

就未成也解所以致糗意【疏】注餕熟至熟肉〇紹熙本鄂本熟作孰下同加四點者俗字舊疏云聘禮宰夫朝服設飧飪一牢在西鼎九是飧爲孰食也又云致饔餼五牢飪一牢云云上文對餼下文有飪一牢之言故知孰肉明矣王氏念孫廣雅疏證云釋器孰食謂之餕饔餕讀若飧小雅祈父篇有母之尸饔毛傳曰熟食曰饔大東篇有饛簋飧傳曰飧熟食也合言之則曰飧饔周禮外饔云賓客之飧饔饗食之事是也昭二十五年公羊傳餕饔未就注餕熟食饔熟肉餕饔卽飧饔淮南子道應訓釐負羈遺之壺餕而加璧焉壺餕卽壺飧是飧餕古字通倒言之則曰饔飧孟子滕文公饔飧而治是也說文食部饔孰食也飧餔也从夕食餔申時食也段注小雅傳云孰食曰饔魏風傳云孰食曰飧然則饔飧皆謂孰食分別之則謂朝食夕食許於饔不言朝於飧不言孰互文錯見也趙注孟子曰朝曰饔夕曰飧此析言之公羊傳趙盾見魚飧左傳僖負羈饋盤飧趙衰以壺飧從皆不必夕時渾言之也司儀注云小禮曰飧大禮曰饔餼掌客上公飧五牢饔餼九牢侯伯飧四牢饔餼七牢子男飧三牢饔餼五牢此饔飧與常食不同且多腥不皆熟食按王氏讀餕爲飧確不可易對言之則餕爲熟食饔爲熟肉散言之則皆通其以爲朝食曰饔夕食曰飧亦對舉詞實亦不必泥也〇通義云朝食曰饔夕食曰餕是亦讀餕爲飧也〇注未就至糗意〇禮記孔子閒居云日就月將注就成也論語顏淵以就有道孔曰就成也爾雅釋詁就成也故未就爲未成

敢致糗于從者【注】糗糒也謙不敢斥魯侯故言從者【疏】注糗糒也〇舊疏云若今之糒米矣孟子盡心章舜之飯糗趙注糗乾糒也段氏說文注云米部糗熬米麥也周禮羞籩之實糗餌粉餈鄭司農云糗熬大豆與米也粉豆屑也元謂糗者擣粉熬

大豆爲餌餈之黏著以坋之耳按先鄭云熬大豆及米後鄭但云熬大豆注內則又云擣熬穀不同者黍粱菽麥皆可爲糗故或言大豆以包米或言穀以包米豆而許云熬米麥又非不可熬大豆也熬者乾煎也乾煎者鬻米豆舂爲粉以坋餌餈之上故曰糗餌粉餈鄭注擣粉之許但云熬不云擣粉者四鄭釋經故釋粉字之義許解字則糗但爲熬米麥必待臬之而後成粉也粊誓云峙乃糗糧某氏云糗糒之糧孟子注糗飯乾糒也左傳爲稻醴粱糗廣韻曰糗乾飯屑也此皆爲熬穀米粉者也糒乾飯也釋名曰干飯飯而暴乾之也周禮廩人注曰行道曰糧謂糒也止居曰食謂米也干飯今多爲之者焦氏循孟子正義云說文鬲部鬻熬也鬻尺沼反一切經音義炒古文鬻㷅焣𪎭四形崔寔四民月令作炒然則熬米麥即是炒米麥今農家米麥豆皆炒食米即謂之炒米豆即謂之炒豆炒米可以沸水漬之當飯大麥小麥炒之又必磨之爲屑用沸水和食謂之焦麵所謂糗也糒乃今之飯乾與此不同而皆可爲行糧惟農食樸儉省蒸煮之費往往炒米麥爲飯是則舜之飯糗耳按廣雅釋器云糗糒也說文熬米麥也又云糒乾也文選聖主得賢臣頌羹黎唅糗者注引服虔云糗乾食也左氏哀十一年注糗乾飯也後漢張禹傳注糒糗也是糗糒皆乾飯之名取行道便也古五穀皆可謂之飯不必如焦氏分糒爲如今之飯乾也史記大宛傳載糒給貳師後漢書明帝紀杅水脯糒四民月令四月作棗糒以待賓客蓋棗屑雜和米麥爲餅餌也事物紀原引干注周禮云糗餌者或屑而蒸之與棗豆之味同食是其類與糗亦謂之餱書費誓峙乃糗糧說文引作餱糧說文云餱乾食也一切經音義引字林云乾飯也是也廣雅釋器糇糒也釋名釋飲食餱候也候人飢者以食之詩小雅伐木云乾餱以愆蓋皆糗糒之屬○注謙不至從者○與上稱執事同義

昭公曰君

不忘吾先君延及喪人錫之以大禮再拜稽首【疏】變於前之再拜顙蓋初見急遽故再拜顙此漸舒故從吉禮再拜稽首也以衽受【注】衽衣下裳當前者乏器謙不敢求索【疏】注衽衣至前者○考工記輈人云衣衽不敝注衽謂裳也一切經音義引蒼頡解詁衽謂裳際所及交列者也或曰衣襟也說文衣部衽衣襟也段氏注云凡朝祭喪服衣與裳殊深衣不殊喪服記曰衽二尺有五寸鄭曰衽所以掩裳際也上正一尺燕尾一尺五寸凡用布三尺五寸玉裁按朝祭服同玉藻注所謂或殺而下屬衣則垂而放之者也玉藻衽當旁鄭曰謂裳幅所交裂也江氏永曰以布四幅正裁爲八幅上下皆廣一尺一寸各邊削幅一寸得七尺二寸既足要中之數矣下齊倍于要又以布二幅斜裁爲四幅狹頭二寸在上寬頭二尺在下故也削幅一寸外得七尺二寸共得一丈四尺四寸此四幅連屬於裳之兩旁所謂衽當旁也玉裁按此注所謂或殺而上屬則縫之以合前後者也此二者皆謂之衽凡言衽者皆謂裳之兩旁按昭公蓋著深衣取裳之下而稍偏之衽以受與禮記閒喪扱上衽注上衽謂深衣之裳前蓋扱衽於上亦謂裳前稍側者也○注乏器至求索○舊疏云所以衽受之者蓋以行客之人於器物乏故也高子曰有夫不祥【注】猶曰人皆有夫不善【疏】注猶曰至不善○通義云夫讀如夫夫如是之夫言有如是不祥之事按禮記檀弓云夫夫也注夫夫猶言此丈夫也則夫猶此也有夫不祥言有此不祥也爾雅釋詁祥善也彼疏引李注祥福之善也禮記禮運是謂大祥注祥善也故不祥爲不善按不祥猶言不弔也書大誥云弗弔襄二十四年左傳若之何不弔漢五行志引左傳旻天不弔注應劭曰旻天不善于魯家禮記雜記

云如何不淑皆謂不善也若之何者反詞有夫者正詞意則同也君無所辱大禮注禮臣受君錫答拜謂之拜命謂之辱高子見昭公拜辱大卑故曰君無所辱大禮疏注禮臣至之辱〇校勘記出謂之拜命謂之辱云閩監毛本同鄂本作謂之拜命之辱此下謂字衍當據以删正按紹熙本亦與鄂本同〇注高子至大禮〇通義云諸侯非見于天子無稽首今昭公稽首者自謂失國遂同齊臣也故高子辭之云辱大禮按禮覲禮賜侯氏舍侯氏再拜稽首又郊勞行享侯氏皆再拜稽首士相見禮始見于君士大夫則奠摯再拜稽首燕禮大射命賓賓再拜稽首又謄爵于公皆於阼階下北面再拜稽首司正升酌散亦降階再拜稽首聘禮命使者使者再拜稽首辭使者反命賓介皆再拜稽首是臣與君行禮始再拜稽首也其見異國之君亦然聘禮賓覿先請以臣禮見入門右北面奠幣再拜稽首勞主君國之君賓介歸饔餼皆然也然亦有相敵亦再拜稽首者聘禮主國之卿餼賓賓再拜稽首公食大夫禮大夫相食受侑幣再拜稽首聘禮主君使卿郊勞致館賓亦再拜稽首故昭公雖行此大禮尙不爲過自貶抑故孔子曰其禮與詞足觀也昭公蓋祭而不嘗注食必祭者謙不敢便嘗示有所先不嘗者待禮讓也疏注食必至讓也〇禮記曲禮云主人延客祭祭食祭所先進殽之序徧祭之注延道也祭祭先也君子有事不忘本也客不降等則先祭主人所先進先祭之所後進後祭之如其次徧祭謂炙膾也以其本出於牲體也疏君子不忘本有德必酬之故得食而種種出少許置在豆間之地以報先代造食之人也若敵客則得自祭不須主人之延道今此卑客聽主人先祭道之己乃從之

又玉藻云侍食於先生異爵者後祭先飯注謙也此饌不為己故後祭而先飯者示為尊者嘗食也又云客祭主人辭曰不足祭也客飧主人辭以疏注祭者盛主人之饌也飧者美主人之食也論語鄉黨云侍食于君君祭先飯注鄭曰於君祭則先飯矣若為君嘗食然疏若敵客則得先自祭降等之客則後祭若臣侍君而賜之食則不祭若賜食而君以客禮待之則得祭雖得祭又先君須君命之祭然後乃敢祭也此玉藻言若賜之食而君客之則命之祭猶後祭先飯辯嘗脩飲而俟注雖見賓客猶不敢備禮也侍食則正不祭又禮士相見禮若君賜之食則君祭先飯偏嘗膳飲而俟注君祭先飯於其祭食臣先飯示為君嘗食也經義述聞云士相見所記者侍食之常禮玉藻所記則見客於君者也常禮則臣不祭故士相見但言君祭也客禮則臣亦得祭故玉藻言君之命然後祭祭者不同然則鄉黨所記侍食之常禮邢疏極為分晰此昭公雖自謙比諸齊臣齊仍以客禮待之故食必祭也通義云祭者重齊賜也不嘗者示失守社稷志不在食也義亦通然敵客相食之禮無考然既不須主人延道則客祭之後主人亦當有禮讓之節故何氏以不嘗為待禮讓也

景公曰寡人有不腆先君之服未之敢服

注 腆厚也服謂齊侯所著衣服也言未敢服者見魯侯乃敢服之謙辭也禮天子朝皮弁夕元端朝服以聽朝元端以燕皮弁以征不義取禽獸行射諸侯朝朝服夕深衣元端以燕禪冕以朝天子以祭其祖禰卿大夫冕服而助君祭朝服祭其祖禰士爵弁緇衣裳以助

公祭元端以祭其祖禰

疏 注腆厚也○小爾雅廣言云腆厚也國語魯語不腆先君之敝器僖三十三年左傳不腆敝邑爲從者之淹文二年左傳不腆敝器襄十四年左傳有不腆之田杜注皆云厚也○注服謂至辭也○何義以服謂齊侯所著則未之敢服爲齊侯自謂通義云謹案服器齊所貽昭公以爲旅次用者未之敢服用言皆新潔也敢以請請魯侯受之也此所謂號辭必稱先君以相接義亦通○注禮天子朝皮弁○舊疏云皆出禮記漢禮亦然禮士冠禮皮弁素積緇帶素韠注此與君視朔之服也皮弁者以白鹿皮爲冠象上古也積猶辟也以素爲衣辟蹙其要中皮弁之衣用布亦十五升其色象焉彼謂仕於諸侯之士諸侯視朔皮弁服張氏爾岐儀禮鄭注句讀云此視朔時君臣同服之服故也其天子則周禮司服云視朝則皮弁服注視朝視內外朝之事禮記玉藻云皮弁以日視朝詩衞風淇奧篇會弁如星箋云天子之朝服皮弁以日視朝又鄭風緇衣云緇衣之宜兮箋天子之朝服皮弁服也又小雅頍弁云有頍者弁傳弁皮弁也箋天子之朝服皮弁以日視朝若然覲禮云天子袞冕負黼扆者秋冬朝覲在廟故服袞冕春夏受贄在朝則皮弁也或者每日視朝皮弁其受外諸侯朝覲宗遇禮重則袞冕也鄭氏以皮弁之衣用布敖繼公謂皮弁服用絲禮經釋例云聘禮注引論語曰素衣麑裘皮弁時或素衣其裘同可知也郊特牲皮弁素服注亦云衣裳皆素則鄭氏已不能自守其前說雜記子羔之襲也素端一皮弁一是素端與皮弁爲二服孔疏引盧云布上素下皮弁服賀瑒云以素爲衣裳然則衣裳皆素者或素端與周禮司服其齊服有元端素端亦別乎皮弁言之也按盧云布上素下則皮弁白布衣鄭氏固有所受矣皮弁亦用之於蜡禮記郊特牲曰蜡者素也歲十二月合聚萬物而索饗之也又曰皮弁素服而祭是

也蓋天子以下同亦用之於聘禮聘禮云賓皮弁聘又云公皮弁迎賓于大門外此諸侯之禮未知天子然否○注夕元端○玉藻云卒食元端而居注天子服元端燕居也左昭元年疏引服氏左傳解誼云禮衣端正無殺曰端士冠禮云元端元裳黃裳雜裳可也注此莫夕於朝之服元端即朝服之衣易其裳耳不以元冠名服者是爲緇布冠陳之按冠禮所稱士服故有元裳黃裳雜裳之異別上士中士下士以此三等裳配元端也皆緇帶爵韠其不言冠者平時元冠始冠則服緇布冠不言屨者彼經又云元端黑屨屨與裳同色以元裳爲正也其朝服亦元端唯素裳爲異素裳故素韠白屨鄉飲酒記注朝服素韠白屨是也燕禮記燕朝服于寢注同蓋元冠元端元黃雜三等裳緇帶爵韠黑屨元端服也元冠元衣緇帶素裳素韠白屨者朝服也此元端朝服之分其賓其衣皆端故總謂元端金氏榜禮箋云衣以端名者二其一後鄭云衣袂尺二寸而屬幅是廣袤等也其袪尺二寸是謂元端一對朝服以上後袂者得名乃次于朝服之服其一鄭仲師云衣有酌裳者爲端對深衣以下連裳削幅者得名乃冕一弁服朝服元端通稱胡氏培翬儀禮正義云樂記言端冕則冕亦稱端左傳言端委論語言端章甫則朝服元端皆可稱端是也冕夕者左傳昭十二年子華夕哀十四年子我夕然非常禮蓋天子服元端燕居諸臣有事夕者亦即服以見猶朝服皮弁即服以視朝也玉藻云朝元端夕深衣彼爲大夫士之禮諸侯次于天子疑亦宜然也○注朝服以聽朝○士冠禮云主人元冠朝服注天子與其臣元冕以視朔皮弁以視朝又云朝服以聽朝朝者司士職王入內朝皆退注玉藻云朝服以日視朝于內朝則朝服即皮弁服也任氏大椿弁服釋例云又按天子之朝名朝服者或非皮弁周書王會云天子南面立統無繁露朝服八十物唐叔荀叔周公在左太公在右皆統亦無繁露

朝服七十物堂下之右唐公虞公南面立焉堂下之左殷公夏公立焉皆南面有繁露考爲王朝之服云冕無繁露有繁露則大朝覲會同之冕服也非常朝之服也又云諸侯之朝服緇衣素裳亦或名皮弁爲朝服論語吉月必朝服而朝孔曰朝服皮弁服皇疏凡言朝服惟是元冠緇布衣素裳今此之朝服謂皮弁十五升白布衣素積裳也所以亦謂朝服者天子用之以日視朝今云朝服是從天子受名也考曾子問諸侯相見必告於禰朝服而出視朝熊氏謂此朝服爲皮弁服据聘禮諸侯相聘皮弁服則相朝亦皮弁服此以皮弁服爲朝服亦在侯國可與孔傳相證按士冠禮注朝服者十五升布衣而素裳也金氏榜禮箋云石渠論元冠朝服戴聖云元冠委貌也朝服布上素下緇帛帶素韋韠鄭君謂朝服素裳實本小戴說是也皮弁服亦布上素下與朝服同故皮弁服亦通謂朝服也禮記雜記云朝服十五升江氏永鄉黨圖考云古未有緜花布以麻爲之布幅闊二尺二寸十五升一千二百縷麻布之極細者也然何氏於皮弁曰朝於聽朝曰朝服似是二事蓋朝者視朝論語皇疏云禮每日旦諸臣列在路門外以朝君君至日出而出視之視之則一一揖卿大夫而都一揖士是也其聽朝蓋君與臣圖事之時玉藻所謂君適路寢聽政者也時衆臣亦各適諸曹治事所匠人所謂外九室者也在路門之外治朝左右矣視朝禮節聽朝事長故服有殊與○注元端以燕○周禮司服職凡甸冠弁服注王卒食而居則元端又小臣職正王之燕服位注謂燕居時玉藻曰王卒食元端而居彼注云天子服元端燕居也此元端或朱裳玉藻注云天子諸侯元端朱裳也司服注云緇衣素裳諸侯以爲視朝之服明天子諸侯以朱爲裳者可名元端不得名爲朝服也其諸侯與羣臣行燕禮亦朝服燕禮記云燕朝服於寢或天子亦然王制云周人元衣而養老注元衣素裳天子之燕

服爲諸侯朝服是也蓋天子燕居或素裳或朱裳與○注皮弁至行射○孝經卿大夫章注田獵戰伐卜筮冠皮弁白虎通紼冕云皮弁者何謂也所以法古至質冠之名也弁之爲言攀也所以攀持其髮也上古之時質先加服皮以鹿皮者取其文章也禮曰三王共皮弁素積素積者積素以爲裳也言要中辟積至質不易之服反古不忘本也戰伐田獵此皆服之又云王者征伐所以必皮弁素積何伐者凶事素服示有悽愴也伐者質故衣古服引禮曰三王共皮弁素積宣元年傳注云皮所謂皮弁爵弁也皮弁武冠爵弁文冠續漢輿服志乘輿加元服初緇布進賢冠次爵弁次武弁卽以武弁代皮弁也士喪禮商祝襲祭服注祭服爵弁皮弁服皆從君助祭之服大蜡有一皮弁素服而祭送終之禮賈疏云引郊特牲者證皮弁之服有二一者皮弁時白布衣素積爲裳是大子朝服亦是諸侯及臣聽朝之服二者皮弁時衣裳皆素葛帶榛杖大蜡時送終之禮凶服也故皮弁亦用以征伐也征伐田獵事近故亦服以取禽獸左傳襄十四年不釋皮冠而與之言注皮冠田獵之冠也又昭二十年傳皮冠以招虞人又二十二年雨雪楚子皮冠以出並田獵所服蓋皆鹿皮冠也惟司服云凡甸冠弁服注冠弁委貌其服緇布衣亦積素以爲裳也又云凡兵事韋弁服注韋弁以韎韋爲弁又以爲衣裳春秋傳曰晉郤至衣韎韋之跗注是也今時伍伯緹衣古兵服之遺色是征伐田獵所服不同且彼注冠弁以甸亦據習兵之時若正四時則當戎服月令季秋天子乃教於田獵以習五戎天子乃厲飾執弓挾矢以獵注云厲飾謂戎服尚威武也則亦當韋弁服矣然鄭注司服以韎韋爲弁又以爲衣裳彼疏引鄭氏雜問志說成十六年左傳韎韋之跗注又以韎韋幅如布帛之幅而連屬以爲衣而素裳則與周禮注異而其注聘禮卿韋弁歸饔餼又云韋弁韎韋之弁蓋韎布爲衣而素裳與此又

不同則以彼非兵事入廟不可純如用兵故易韋爲布而皆云素
裳蓋沿皮弁之遺皮弁用以征伐田獵或異代之制時尙質禮服
等差無多故也且何邵公與白虎通所引多逸禮或禮緯文故與
古文禮不合也行射者王制一命卷疏其賓射燕射時亦皮弁也
按射人職賓射在朝宜用朝服天子朝服皮弁服也諸侯燕大夫
禮燕禮記云燕朝服于寢即因以行射明天子燕羣臣于寢蓋亦
不與諸侯同不必用皮弁矣司服云享先公饗射則鷩冕者彼注
云饗射饗食賓客與諸侯射也疏此大射在西郊虞庠中亦服鷩
冕也射義疏云天子大射必先習于澤宮而後射于射宮其射宮
天子則在廟也故用冕與賓射燕射殊是則大射服冕賓射皮弁
服燕射元端服也又鄉射禮注云今郡國行此鄉射禮皮弁服與
禮異者以鄉射當用元衣素裳之朝服若皮弁則天子賓射之朝
服故也鄉射禮云主人朝服速賓注戒時元端敖氏繼公以爲戒
速同服此速賓朝服則戒時亦朝服可知盛氏世佐謂於此乃言
朝服則戒時不朝服方氏苞謂鄉飲酒與賢能國之重典故戒賓
速賓皆不言所服舍朝服無所服會民習射疑可以常服故於速
賓特舉朝服明前皆常服皆宗鄭氏之說淩氏廷堪云鄉飲酒經
文不言何服唯記云鄉朝服而謀賓介故知鄉飲酒之爲朝服鄉
射禮唯宿賓拜賜拜辱言朝服他皆不言例見於此則戒賓時當
亦朝服韋氏協夢云射義曰鄉大夫之射也必先行鄉飲酒之禮
此篇自立司正以前皆鄉飲禮也既以鄉飲之禮則戒賓之服自
同皆同敖說然鄉射雖行鄉飲酒禮而其禮輕於鄉飲酒其賓亦
輕則不得全同故鄉飲經文不言何服則戒宿同爲一服可知鄉
射於速賓特言朝服則戒賓非朝服明甚因此以見彼也若鄉射
亦戒速同朝服則當於戒賓時特言朝服矣當以鄭注爲是然漢
時郡國行鄉射用皮弁漢去周未遠又可見古時行射有用皮弁

者矣○注諸侯朝朝服○禮記玉藻云朝服以日視朝於內朝注朝服冠元端素裳也正義○此朝服素裳皆得謂之元端故論語云端章甫注端元端諸侯朝服若上士以元爲裳中士以黃爲裳下士以雜色爲裳天子諸侯以朱爲裳則皆謂之元端不得名爲朝服也然元端與朝服大同小異特朝服專用素裳爾詩曹風蜉蝣云麻衣如雪箋云諸侯之朝朝服司服注冠弁委貌其服緇布衣亦積素以爲裳諸侯以爲視朝之服詩國風曰緇衣之宜兮彼引詩以證衣用緇布也士冠禮主人元冠朝服注諸侯與其臣皮弁以視朔朝服以日視朝本玉藻爲說玉藻不言臣鄭注兼言臣者欲見君臣同服也穀梁傳三年傳陽穀之會桓公委端搢笏而朝諸侯委即委貌端即元端明桓公服朝服以朝諸侯也玉藻又云朝服以食注食必復朝服所以敬養身也古朝服重於元端故諸侯用朝服不止於視朝也○注夕深衣○詩蜉蝣箋又云夕則深衣也玉藻云朝元端夕深衣深衣三袪縫齊倍要衽當旁袂可以回肘長中繼揜尺袷二寸袪尺二寸緣廣寸半注謂大夫士也謂大夫士朝元端爾其深衣則同故彼上述諸侯之禮亦云夕深衣祭牢肉也大夫士視私朝服元端朝君時服朝服大夫莫夕蓋亦朝服其士則用元端故士冠禮元端莫夕於朝之服其私朝及在家大夫士夕皆深衣也然則諸侯夕見諸臣或亦深衣以非視朝之正故不必君臣同服也鄭氏目錄云名曰深衣者以其記深衣之制也深衣連衣裳而純之以采者素純曰長衣曰長衣有表則謂之中衣大夫以上祭服之中衣用素士祭以朝服中衣以布疏云凡深衣皆用諸侯大夫士夕時所著之服庶人吉服亦深衣皆著之在表是也其長衣中衣及深衣其制度同玉藻云長中繼揜尺若深衣則緣以采而已其中衣在朝服祭服喪服之下大夫以上祭服中衣用素者謂天子大夫四命與公之孤同爵弁自祭故

中衣用素也若諸侯大夫天子之士朝服自祭朝服用布則中衣亦布矣檀弓云練衣黃裏注練中衣以黃爲內是喪服亦有中衣但不得繼揜尺也按深衣云具父母大父母衣純以繢具父母衣純以青如孤子衣純以素此不與長衣同者吉服中衣亦用采緣其諸侯得綃黼爲領丹朱爲緣郊特牲云綃黼丹朱中衣大夫之僭禮知大夫士但用采緣而已長衣以素緣者若以采緣則與吉服中衣同矣若以布緣則曰麻衣喪服之中衣其純用布視冠布之粗細至葬可以素縓練則用縓緣也所以稱深衣者以餘服則上衣下裳不相連此深衣衣裳相連被體深邃故謂之深衣也按深衣者連衣裳而純之以采者也中衣者有表者也長衣者以素緣者也長中繼揜尺深衣但緣而已喪服之中衣同深衣亦但緣耳○注元端以燕○燕禮記燕朝服于寢注謂冠元端緇帶素韠白屨也王制元衣而養老注凡養老之服皆其時與羣臣燕之服又云諸侯以天子之燕服爲朝服者以燕禮諸侯燕臣子用朝服明天子之燕亦朝服也崔靈恩云天子燕圻內諸侯以緇衣燕圻外諸侯以元冠諸侯各以爲朝服事無明文不可依也吳氏廷華儀禮章句云据士冠禮素裳白屨乃皮弁服之制朝服並未言白屨也特牲記朝服元冠緇帶緇韠可見朝服韠色原無一定玉藻諸侯朝服視朝爲元冠緇衣素裳鄭主裳屨同色之說故注此云白屨非也按裳韠屨同色經例率同皮弁服用韠自天子至士皆然其朝服自上至下亦皆素韠其元端服唯大夫用素韠爾其特牲之用緇韠者鄭注以爲下大夫之臣敖氏以爲其別於大夫助祭之賓二說皆可通蓋朝服俱正幅故稱端素爲裳其冠則元冠司服注元冠自祭其廟者其服朝服元冠士冠禮主人元冠朝服是也元冠亦曰委端即殷之章甫夏之毋追也天子以下同天子諸侯燕居以元端與此少異檜君羔裘逍遙逍遙乃燕居故詩人

作刺也玉藻然後釋小寢釋服注釋服服元端知元端燕居與燕羣臣通服之也蓋朝服用元端之衣冠皮弁之裳故次於皮弁而尊於元端唯其用皮弁之裳故鄭燕禮記注云今辟雍十月行此燕禮元端而衣皮弁服與禮異蓋相沿有自矣〇注禪冕以朝〇禮記玉藻云禪冕以朝注朝天子也禪冕公袞侯伯鷩子男毳也禮覲禮云侯氏禪冕釋幣于禰鄭注禪之爲言埤也天子六服大袞爲上其餘爲禪以事尊卑服之而諸侯亦服也上公袞無升龍侯伯鷩子男毳孤絺卿大夫元此差司服所掌也賈疏云今之諸侯告禰用禪冕者將入天子之廟故服以告禰曾子問曰諸侯禪冕出視朝鄭注謂將廟受謂朝天子時也及助祭在廟理當禪冕也周禮司服云公之服自袞冕而下如王之服侯伯之服自鷩冕而下如公之服子男之服自毳冕而下如侯伯之服孤之服自希冕而下如子男之服卿大夫之服自元冕而下如孤之服注自公之袞冕至卿大夫之元冕皆其朝聘天子及助祭之服諸侯非二王後其餘皆元冕而祭於己然則卿大夫聘天子受之於廟及助祭亦宜用冕服也玉藻云諸侯元端以祭注端當爲冕是諸侯元冕以自祭彼注又云諸侯祭宗廟之服唯魯與天子同蓋魯禮同於二王後故得用袞冕其實祭亦唯在文王周公廟服之其餘則仍元冕二王後亦唯祭始受命王用袞也魯則周公魯公別牲或魯公廟用鷩冕與按覲禮注又云禪冕者衣禪衣而冠冕五等諸侯袞鷩毳服不同而統名爲禪衣先鄭注司服專以鷩爲禪衣故後鄭不從也說文衣部禪益也天子大裘爲上其餘皆增益之衣故皆名禪衣其冕則同司服注云六服同冕者首飾尊是也凡冕服皆元衣纁裳故衣無文裳刺黻者直謂之元冕其績繡以九章七章五章三章者則別以袞鷩毳絺之名焉冕名雖同旒數則異則弁師職云王之五冕皆五采繅十有二就皆五采玉十有二諸侯

之繅九就瑉玉三采注侯當爲公又云諸侯及孤卿大夫之冕各以其等爲之注冕則侯伯繅七就用玉九十八子男繅五就用玉五十繅玉皆三采孤繅四就用玉三十二三命之卿繅三就用玉十八再命之大夫繅再就用玉八藻玉皆朱綠其王公之玉則鄭注又云袞衣之冕十二旒則用玉二百八十八鷩衣之冕繅九旒用玉二百一十六毳衣之冕七旒用玉百六十八希衣之冕五旒用玉百二十元衣之冕三旒用玉七十二其公之冕用玉百六十二是其差也按禮記曾子問大祝裨冕執束帛注諸侯之卿大夫所服裨冕絺冕也元冕也正以周禮孤服絺冕卿大夫服元冕也三孤六卿爲九卿故鄭統孤於卿內也又樂記裨冕搢笏注裨冕衣裨衣而冠冕裨衣之屬也與覲禮注同彼疏云謂從袞冕之衣皆是鄭注曾子問云裨冕者公袞侯伯鷩子男毳是鄭解裨冕皆以自袞以下盛氏世佐儀禮集編云上公袞冕九章侯伯鷩冕七章子男毳冕五章皆其上服也而謂之裨者據王而言猶下記以金路爲偏駕也儀禮正義引李氏如圭儀禮集釋云袞者衣與衣也上公亦服之以無升龍爲異鄭志云大裘之上又有元衣與裘同色亦是無文采是鄭意以大裘元衣爲上其袞鷩毳以下俱是附益之衣故名裨衣但天子享祀饗射亦隨事服之不名爲裨唯諸侯及大夫服之乃名裨者蓋以爲此所服者俱是天子附益之衣非上衣亦猶金路象路革路木路之稱偏駕有不敢自同於尊之意或因下注有袞衣者裨之上也一語遂疑裨冕當指鷩冕以下言之不知注意謂裨冕有五袞冕爲上猶之袞冕爲首云爾非以袞與裨較謂袞冕在裨冕之上也敖氏直以裨冕爲公鷩侯伯毳子男希又云此朝以裨冕與周官大行人異褚氏云玉藻裨冕以朝鄭注裨冕公袞侯伯鷩子男毳與大行人職所云上公袞服九章侯伯七章子男五章同也按褚氏寅亮又云諸侯自祭元冕

冕而朝王何以服上服尊天子也然不各指其冕名而均曰禪者言其最上服猶是天子之禪云尊君抑臣之義也又云禪字之義當從注訓爲埤不當如楊倞訓爲卑義俱精當見儀禮管見○注天子至祖禰○周禮司服云王祀昊天上帝則服大裘而冕祀五帝亦如之享先王則衮冕享先公饗射則鷩冕是天子以諸侯之禪冕祭其祖禰也魯備用天子之禮樂其祭文王周公廟則衮冕故明堂位云君卷冕立于阼夫人副褘立于房中是也疏引熊氏云此謂祭文王周公廟得用天子之禮其祭魯公以下則亦元冕故玉藻云諸侯元端以祭鄭注祭先君也端當爲冕諸侯祭宗廟之服唯魯與天子同是二王之後祭其先王亦用其先代之服不立始封之君廟則祭東樓微子以下當元冕然魯公牲盛與羣公別則祭服雖不敢用衮冕亦當與祭羣公概用元冕者殊說見上曾子問太宰太宗太祝皆禪冕荀子禮論大夫禪冕士韋弁大夫之服自元冕而下以元冕亦天子禪冕之一也○注卿大至祖禰○禮記雜記云大夫冕而祭于公弁而祭于己注大夫祭于公助君祭也大夫爵弁而祭於己唯孤爾典命疏少牢是大夫祭用元冠朝服玉藻疏云命以下大夫則朝服以祭鄭雜記注及司服注俱云大夫爵弁而祭于己唯孤爾則諸侯之卿祭于己不得爵弁矣任氏大椿弁服釋例云司服孤之服自希冕而下如子男之服卿大夫之服自元冕而下如孤之服希冕元冕皆謂助祭之服天子之孤以希冕助祭則當以元冕家祭天子之卿大夫以元冕助祭卽當以爵弁家祭也又按王制疏謂天子大夫自當用皮弁與郊特牲及玉藻疏謂天子大夫自祭亦爵弁之說自相矛盾竊謂爵弁自祭之義勝於皮弁王制疏謂天子大夫自祭皮弁以諸侯大夫自祭朝服因是推之天子大夫亦當朝服朝服則皮弁不知行禮於朝則以朝服爲正故**王制**疏引燕禮記燕朝服于寢證天

子燕于寢亦當朝服則皮弁也行禮於廟則以祭服爲正諸侯大夫家祭雖朝服義不係於朝何得以諸侯大夫家祭用朝服卽以例天子大夫家祭亦朝服哉諸侯之大夫上服元冕旣以助祭次則爵弁考王朝三命之士助祭君廟無過爵弁諸侯大夫再命僅當王朝中士故不敢以助祭之服自祭爵弁之下則有皮弁皮弁又爲君蜡祭之服亦不敢自祭己廟故降而服朝服耳按司服注又云其餘皆元冠與士同元冠自祭其廟者其服朝服元端又少牢禮朝服元冠緇布衣素裳又云主人朝服卽位于阼階東西面注爲將祭也少牢禮大夫家祭其筮日請期視殺視濯尸服皆朝服也然則何氏此注謂諸侯卿大夫也○注士爵至祖禰○禮記雜記云士弁而祭于公冠而祭于己注弁爵弁也冠元冠也疏云士以爵弁爲上故用助祭也詩周頌絲衣云載弁俅俅箋云弁爵弁也爵弁而祭于王士服也是士助祭則爵弁士冠禮爵弁服纁裳純衣緇帶韎韐注此與君祭之服雜記曰士弁而祭於公爵弁者冕之次其色赤而微黑如爵頭然純衣絲衣也餘衣皆用布唯冕與爵弁用絲耳按雜記注弁爵弁也是爵弁爲助祭之服其尊卑次于冕賈疏云凡冕以木爲體長尺六寸廣八寸上元下纁前後有旒其爵弁制大同唯無旒又爲爵色爲異又冕者俛也低前一寸二分其爵弁則前後平也其說本之漢禮器制度又按弁師注士變冕而爵弁士之爵弁爲士上服猶大夫以上之冕也冠禮注其布三十升凡冕以木爲體長尺六寸廣八寸績麻三十升布其爵弁制亦大同也吳氏疑義云据說文弁木作覍象形或作弁又釋名弁如兩手相合也爵制與冕制異與皮弁之制同据說文釋文爲說義亦通大宗伯疏凡言士者無問天子諸侯士例皆爵弁助祭也韍衣裳者韍當作韨冕服謂之韍其他服謂之韠皆以韋爲之字林韋柔皮也韍鄭注乾鑿度云古者田漁而食因衣其皮

先知蔽前後知蔽後後王易之以布帛而獨存其蔽前者重古道不忘本也初學記引五經要義云韠者舜所制也太古之時未有布帛人食禽獸肉而衣其皮知蔽前未知蔽後至冕服既備故復制之以示不忘古按韍亦作芾詩采菽赤芾在股箋云冕服謂之芾其他服謂之韠正義以士之有爵弁猶大夫以上有冕也士有韎韐猶大夫以上有芾也士以韎韐配祭服故他服統謂之韠士無冕不得有韍名此直以韍言韐耳故士冠禮陳弁服于房中以韎韐配爵弁素韠爵韠配皮弁元端也故士冠禮注云韎韐縕韍也士縕韍而幽衡合韋爲之士染以茅蒐因以名焉今齊人名蒨爲韎韐韍之制似韠鄭以玉藻解冠禮是韐即韍也而名韎韐者韎言其色韐言其質玉藻注云縕赤黃之閒色即冠禮之韎也說文韎茅蒐染韋也一入曰韎即爾雅釋器之一染謂之縓染于韋則曰韎染之帛則曰縓說文縓帛赤黃色是與玉藻注之說縕同也說文市部云士無市有韐制如榼缺四角玉藻云韠長三尺上廣一尺下廣二尺其頸五寸肩華帶博二寸此韠之形制也爵弁服其色韎賤不得與裳同以爵弁服纁裳纁爲三染韎只一染故少異也說文之市即韍字韐即韐字知韐爲韍類也冠禮注合韋爲之解韐字義取合韋大夫以上亦用韋爲之而不名韐以大夫以上有山火龍章之飾故名韍士無飾但名爲韐本其質而言之也韎韐可名縕韍而不得單名韍可以單名韐士喪禮設韐帶注韐帶者韎韐緇帶是也詩小雅瞻彼洛矣云韎韐有奭謂諸侯世子除三年喪服士服見天子也毛傳亦云韎韐者茅蒐染韋也一入曰韎韐所以代韠也今本韋誤草一下脫入字矣衣裳者士冠禮纁裳純衣鄭箋詩云其服爵弁服紂衣纁裳也其注冠禮又云純衣絲衣也唯衣皆用布唯冕與爵弁服用絲耳按詩周頌絲衣其紑載弁俅俅弁爵弁也則爵弁用絲衣可知此鄭禮注所本然

與詩箋少異周禮媒氏之純帛論語子罕之今也純鄭皆讀爲緇又云古緇以才爲聲字亦作紂與詩箋合蓋一言其質一言其色也經義述聞云純當讀爲緇廣雅緇黑也緇與純音義相近是亦主色言之然作絲衣解亦未爲不可也纁裳者鄭注云纁裳淺絳裳凡染絳一入謂之縓再入謂之赬三入謂之纁朱則四入與沈氏形儀禮小疏縓淺赬赬淺纁皆由淺入深者更以纁入赤則爲朱詩七月我朱孔陽毛傳朱深纁也然絳爲大赤纁則赤而有黃也凡冕服皆元上纁下爵弁爲冕之次故亦纁裳也詩傳又云祭服元衣纁裳謂此也元端者士冠禮注元端即朝服之衣易其裳耳上士元裳中士黃裳下士雜裳雜裳者前元後黃又主人元端爵韠注云元端士入廟之服以特牲士祭用元端故知爲士入廟之服不言者方氏苞儀禮析疑云篇首朝服用元冠則元端之冠不待言矣聶氏禮圖引張鎰圖云諸侯朝服之元冠士之元端之元冠諸侯之冠弁此三冠與周天子委貌形制相同也冠禮記委貌周道也章甫殷道也毋追夏后氏之道也注委猶安也言所以安正容貌委貌亦單言委雜記言委武元縞左傳言晏平仲端委立于虎門皆元冠服也公西華言端章甫猶言端委也以委貌章甫同也特牲饋食禮夙興主人服如初注主人服如初則其餘有不元端者記云特牲饋食其服皆四朝服元冠緇帶緇韠是元端以祭其祖禰也王制疏云若其自祭則皆降焉士則元端大夫則朝服故儀禮特牲士祭元端少牢上大夫祭朝服按士祭筮日筮尸視濯主人及子孫兄弟有司羣執事及宿尸宿賓尸及賓主人及祝佐食皆元端也士齊祭亦服元端周禮士之齊服有元端是也僉氏榜禮箋云周官司服其齊服有元端素端文承公侯伯子男及孤卿大夫士不專主於士蓋齊祭事近故也故玉藻元冠丹組纓諸侯之齊冠也元冠綦組纓士之齊冠也諸侯與士皆服元

冠齊是自諸侯達于士一也有不腆先君之器 注 器謂上所執簞壺 疏 注謂上至簞壺〇上文高子執簞食國子執壺漿是也未之敢用敢以請 注 請行禮 疏 注請行禮〇下傳云敢辱大禮敢辭故知此請爲請行禮昭公曰喪人不佞失守魯國之社稷執事以羞敢辱大禮敢辭 注 不敢當大禮故敢辭 疏 校勘記出敢辱大禮敢辭云唐石經諸本同解云亦上有不字者若有不字則辭下讀按當作敢上亦一本有不字者景公曰寡人有不腆先君之服未之敢服有不腆先君之器未之敢用敢固以請昭公曰以吾宗廟之在魯也 注 以我守宗廟在魯時有先君之服未之能以服有先君之器未之能以出敢固辭 注 己有時未能以事人今己無有義不可以受人之禮 疏 舊疏云未之能以服者謂未能服之以事人矣下文未之能以出亦然〇注今己無有〇舊疏云今己無有者謂己身之己或解已爲已然之已也按音紀是通義云言宗廟在魯弗能顧先祖之器服弗能守尙何顏以受賜按孔氏義較直捷敢固辭者禮記投舊注云固之言如故也言如故者重辭也〇景公曰寡人有不腆先君之服未之敢服有不腆先君之器未之敢用請以饗乎從者 注 欲令受之故益謙言從者 疏 禮記鄉飲酒義讓之三也象月之三日而成魄故古人揖讓辭受皆

以三為數汪氏中釋三九云一奇二偶不可以為數二乘一則為三故三者數之成也是也

昭公曰喪人其何稱注行禮賓主當各有所稱時齊侯以諸侯遇禮接昭公昭公自謙失國不敢以故稱自稱故執謙問之疏禮記檀弓云聞喪於夫子乎注喪謂失位也魯昭公稱於齊侯曰喪人其何稱正義云引公羊證失位者稱喪按檀弓秦穆使人弔公子重耳曰喪亦不可久也注喪謂亡失位同故重耳亦稱喪人〇注行禮至所稱〇禮記表記云無辭不相見也無禮不相親也故賓主當各有所稱〇注時齊至問之〇校勘記出昭公自謙失國云鄂本謙作嫌此誤按紹熙本亦作嫌齊侯以遇禮見昭公事見下

景公曰孰君而無稱注猶曰誰為君者而言無所稱乎昭公非君乎疏經傳釋詞孰猶何也言何君而無稱也論語八佾云孰不可忍也楚詞九章孰兩東門之可蕪孰字並與何同義〇注猶曰至君乎〇爾雅釋詁云孰誰也猶曰誰有為君者而無稱也國語越語上云孰是吾君也而可無死乎韋注孰誰也誰有恩惠如是君者詞氣與此同

昭公於是噭然而哭注噭然哭聲貌感景公言而自傷疏校勘記云唐石經諸本同按說文嘂高聲也一曰大呼也从㗊丩聲春秋公羊傳曰魯昭公叫然而哭噭與叫聲相近許以叫為高聲大呼較之何注云噭然哭聲貌義益切也〇注噭然至自傷〇說文口部噭吼也一曰噭呼也段注云呼當作嘑嘑號也曲禮毋噭應鄭曰噭號呼之聲也呼亦當作嘑俗寫通用耳公羊傳昭公於是然噭而哭注哭聲皃釋文皆古弔反按方言平原謂啼極無聲謂之唴哴楚謂之噭咷廣雅釋言

嗷噭也太元竈雖毀不嗷注嗷不正之聲也漢書韓延壽傳嗷咷楚歌注服虔曰嗷音叫呼之叫是嗷叫通嗷爲嘷號故何以爲哭聲經傳凡言然者皆狀詞故何氏以爲哭聲貌也

諸大夫皆哭注魯諸大夫從昭公者旣哭以人爲菑注菑周埒垣也所以分別內外衞威儀今大學辟雍作側字疏唐石經諸本同○注菑周至威儀○舊疏云猶言周匝爲埒牆按禮記檀弓四者皆周周注周帀也小爾雅廣言周帀也說文土部埒庳垣也爾雅釋丘水潦所還埒邱郭注謂丘邊有界埒水環繞之釋名釋宮室云垣援也人所依阻以爲垣牆也襄三十一年左傳子產盡壞其館之垣皆謂匝繞之牆也周禮考工記注泰山平原所樹立物曰菑詩疏引李巡爾雅注以當死害生曰菑漢書溝洫志瓠子歌隤林竹兮揵石菑注石菑謂重石立之也蓋凡立物皆謂之菑立人以當埒垣故亦謂之菑周禮掌舍云無宮則共人門注謂王行有所逢遇若住遊觀陳列周衞則立長大之人以表門此類是也說文艸部菑下段注云考諸經傳凡入之深而植立者皆曰菑如考工記輪人菑訓建輻弓人菑訓以鋸副析公羊傳以人爲菑漢書揵石菑鄭仲師云泰山平原所樹立物爲菑聲如胾博立梟棊六爲菑其他若毛傳木立死曰菑漢書傳刃公之腹中急就章分別部居不雜廁漢大學石經以人爲側皆此字之引申段借按此傳菑當作菑紹熙本作菑是也史記河渠書注引韋昭云木立死曰菑考工記輪人注菑謂輻入轂中後漢書楊賜傳菑插也漢書張安世傳注同又溝洫志注菑亦菑耳義與傳同皆樹立爲義○注今大至側字○校勘記云此即東漢熹平立石大學之公羊傳也江氏中經義知新記云此即石經與然則漢經其文字固不必盡依石經矣洪氏頤煊讀書叢錄

云考工記輪人注鄭司農云留讀如雜厠之厠漢書張耳傳貫高等酒壁人柏人要之置厠側卽厠字厠側皆則聲與留古音皆在之部故通

以幦爲席注幦車覆笭疏注幦車覆笭○舊疏云笭卽式也但車式以笭爲之有豎者有橫者故考工記注云樹式之植者橫者也禮君羔幦虎犆大夫士鹿幦豹犆是也孔氏音義云幦與詩淺幭禮然複紓複字聲訓並同說文巾部幦鬃布也段注云既夕禮玉藻少儀鄭注公羊何注皆曰幦覆笭也按車覆笭與車笭是兩事車笭者周禮之蔽毛詩爾雅之茀說文之篚鄭曰車旁禦風塵者也覆笭者禮經周禮公羊傳之幦大雅曲禮之幭今周禮之複蓋於軾上者也車笭多以竹故字从竹覆笭不用竹用皮巾車曰王之喪車犬複鹿淺複然複紓複各用其皮也大雅之淺幭虎皮也與玉藻之羔幦鹿幦皆諸侯大夫士之吉禮也曲禮以素幭卽士喪禮之白狗幦大夫士之凶禮也然則車覆笭古無用鬃布者許以鬃布釋幦幦之本義也經典用爲車覆笭之字也按此可用以代席明亦皮也

以鞌爲几疏說文革部鞌馬鞍具也段注此爲跨馬設也左傳趙旂以良馬二濟其兄與叔父左師展將以公乘馬而歸三代時非無跨馬者矣然管子山國軌曰被鞍之馬千乘用鞍駕車其始於三代時與校勘記云唐石經鄂本同釋文亦作以鞌闔監毛本作鞍非

以遇禮相見注以諸侯出相遇之禮相見疏注以諸至相見○惠氏士奇春秋說云諸侯未及期相見曰遇相見於郤地曰會涖牲曰盟其禮皆亡公羊略言遇禮曰以人爲留以幦爲席以鞍爲几以遇禮相見畱一作側謂周埒垣所以分內外衞威儀古無單騎未聞有鞍謂之馬褐卽謂之鞍故管子山國軌曰被鞍之馬千乘幦者車覆笭會盟有壇周爲埒垣布席設几遇禮易略故以人及鞍幦代之曲

禮注云夏宗依春冬遇依秋春秋時齊侯唁魯昭公以遇禮相見取易略也觀禮存朝宗遇禮亡按此遇與周禮之遇不同周禮大宗伯云春見曰朝夏見曰宗秋見曰覲冬見曰遇時見曰會殷見曰同鄭注此六禮者以諸侯見王為文六服之內四方以時分來或朝春或宗廟或覲秋或遇冬名殊禮異其禮之異者則曲禮云天子當依而立諸侯北面而見天子曰覲天子當宁而立諸公東面諸侯西面曰朝彼注諸侯春見曰朝受贄於廟受享於朝生氣文也秋見曰覲一受之於廟殺氣質也朝者位於內朝而序進覲者位於廟門外而序入王南面立於依宁而受焉夏宗依春冬遇依秋是皆諸侯朝天子之禮此則曲禮所云諸侯未及期相見曰遇者也隱四年注古者有遇禮為朝天子若朝罷朝卒相遇于塗近者為主遠者為賓稱先君以相接所以崇禮讓絕慢易也與周禮冬遇之為諸侯常禮不同昭公失國齊侯卒唁於外不得行朝會常禮故假遇禮以相見也鄭氏引以說冬遇誤

孔子曰其禮與其辭足觀矣注言昭公素能若此禍不至是士書者喜為大國所唁地者痛錄公明臣子當憂納公也疏通義云言是禮也與乃若其辭則有足觀矣譏昭公不知禮之本而威儀文辭是亟故不能以禮為國致有此辱也按此本左傳是儀也非禮也義為說○注言昭至至國是○何意言此時昭公與齊侯問答揖讓之與辭均足觀矣惜其未失國時不能如是也論語里仁篇能以禮讓為國乎何有不能以禮讓為國如禮何亦此意也○注主書至所唁○下三十一年云晉侯使荀躒唁公于乾侯主書者蓋與此同○注地者至公也○與上書次于楊州同義舊疏云下二十九年齊侯使高張來唁公不復書其地者正以公居于運與在國同故云此異下云三十

一年晉侯使荀躒唁公于乾侯地者與此同

冬十月戊辰叔孫舍卒疏包氏愼言云十月無戊辰十一月之四日爲戊辰

十有一月己亥宋公佐卒于曲棘疏包氏愼言云十一月無己亥十二月之十六日如左氏則十月十二月皆不誤惟八月誤作九月依公穀十月之戊辰當爲戊戌十一月己亥當爲己巳

曲棘者何宋之邑也疏大事表云當在今開封杞縣境水經注泗水篇黃水東流逕外黃縣故城南陳留風俗傳曰縣南有渠水於春秋爲宋之曲棘里故宋之別都矣春秋時宋元公卒于曲棘是也杜云陳留外黃縣城中有曲棘里宋地

諸侯卒其封內不地此何以地憂內也注時宋公聞昭公見逐欲憂納之至曲棘而卒故恩錄之疏注時宋至錄之○穀梁傳曰邡公也注邡當爲訪訪謀也言宋公所以卒於曲棘者欲謀納公左傳宋元公將爲公故如晉注請納公二十六年左傳云子猶言於齊侯曰羣臣不盡力于魯君者非不能事君也然據有異焉宋元公爲魯君如晉卒於曲棘是宋公欲憂納昭公事也恩錄之與成二年書曹公子手同彼注云春秋託王于魯因假以見王法明諸侯有能從王者征伐不義克勝有功當褒之此以諸侯能爲王者憂勤王而卒亦宜恩錄之也

十有二月齊侯取運

外取邑不書此何以書爲公取之也注爲公取運以居公善其憂

內故書不舉伐者以言語從季氏取之月者善錄齊侯**疏**穀梁傳內不言取以其爲公取之故易言之也舊疏云襄元年傳云魚石走之楚楚爲之伐宋取彭城以封魚石而經不書楚取彭城是也○注爲公至故書○杜云取鄆以居公善其憂內與宋元公卒書地爲恩錄義同○注不舉至取之○左傳齊侯圍鄆杜云欲取以居公不書圍鄆人自服不成圍据彼疏云以傳云書取言易也故賈爲此解杜從之也是本賈氏與此云以言語取之季氏義近舊疏云正以隱四年莒人伐杞取牟婁舉伐言取故決之○注月者善錄齊侯○舊疏云正以哀八年夏齊人取讙及僤外取邑而書時今此書月正以美憂內詳錄齊侯矣通義云孫覺曰春秋取田邑皆貶之曰人罪其擅取也惟齊景爲昭公取運以其取不爲己得特書其爵

公羊義疏六十六

公羊義疏六十七

南菁書院

句容陳立卓人著

昭二十六年
盡三十二年

二十有六年春王正月葬宋元公

三月公至自齊居于運注月者閔公失國居運致者明臣子當憂納公不當使居運後不復月者始錄可知疏穀梁傳曰公次于陽州其曰至自齊何也以齊侯之見公可以言至自齊也注據公但至陽州未至齊又云齊侯唁公于野井以親見齊侯為重故可言至自齊按杜云陽州齊魯境上邑又云濟南祝丘縣東有野井亭明野井已入齊境史記注引賈逵曰鄆魯邑既反魯地自不得不書至自齊矣○注月者至居運○舊疏云正以凡致例時故也○注致者至居運○舊疏云桓元年三月公會鄭伯于垂之下注云不致者為下去王適足起無王未足見無王罪之深淺故復奪臣子辭成誅文也然則昭公失所為臣所逐而致之者正以罪輕於桓公明其臣子當憂納公故也穀梁傳居于鄆者公在外也至自齊道義不外公也范云至自齊者臣子喜其君父得反致宗廟之辭爾今君雖在外猶以在國之禮錄之是崇君之道亦責臣子當憂納公之義故特書居于運明未得國辭范云若但言公至自齊而不言居于鄆則嫌公得歸國欲明公實在外是也○注後不至可知○即下秋公至自會二十七年冬公至自齊居于運等不自從可知也

夏公圍成【注】書者惡公失國幸而得運不修文德以來之復擾其民圍成不從叛書者本與國俱叛故不得復以叛爲重不從定公又以親圍下邑爲譏者昭無臣子又卽如定公當致也【疏】差繆略云成公羊作郕今本及石經皆作成〇注書者至圍成〇論語季氏篇故遠人不服則修文德以來之故責公不當擾民圍成也〇注可從至爲重〇舊疏云成三年叔孫僑如率師圍棘傳棘者何汶陽之不服邑也其言圍之何不聽也注不聽者叛也不言叛者爲內諱故書圍以起之然則今此圍成是圍叛之文而知惡公書之者正以本與國俱叛理宜不復以叛爲重故也通義云從內邑不聽例書者凡黨於季氏皆叛邑也則卽舊疏所不取一說也穀梁云非國不言圍所以言圍者大公也亦何氏所不取〇注不從至致也〇校勘記云蜀大字本閩監毛本鄂本又作入則上屬言昭無臣子納公也按作又是也言昭已失國無臣子又若如定公則當致故也定十二年公圍成公至自圍成注自又致者天子不親征下土諸侯不親征叛邑公親圍成不能服不能以一國爲家甚危若從他國來故危錄之是也然則注言昭無臣子者正解不以親圍下邑爲譏之故以本非其邑也若是譏其親圍下邑則當書公至自圍成今不然故知非也

秋公會齊侯莒子邾婁子杞伯盟于剸陵【注】不月者時諸侯相與約欲納公故內喜爲大信辭【疏】校勘記云鄂本閩監毛本同唐石經蜀大字本剸作鄟釋文鄟陵音專本

又作專杜云鄟陵地闕齊氏召南考證云呂祖謙春秋集解不云公羊作剸陵疑此經亦應作鄟陵也按紹熙本亦作鄟〇注不月至信辭〇公羊之例大信時小信月不信日此時故解之舊疏云剸陵之會無相犯復無大信止合書月而書時者正以約欲納公故為大信辭矣左傳云會于鄟陵謀納公也

公至自會居于運注致會者責臣子明公已得意于諸侯不憂助納之而使居于運疏注致會至于運〇莊六年注云公與二國以上出會盟得意致會不得意不致公為諸侯所謀納故書至作得意文也書居于運蓋亦閔公失國居運因以責臣子不憂納公也

九月庚申楚子居卒疏包氏慎言云九月有庚申月之十一日

冬十月天王入于成周

成周者何東周也注是時王猛自號為西周天下因謂成周為東周疏注是時至東周〇上二十二年劉子單子以王猛入于王城傳王城者何西周也注時居王城邑自號西周王是也蓋自王猛以王城為西周子朝因之天下因謂成周為東周也其言入何注据入者篡辭疏注据入者篡辭〇即莊六年衛侯朔入于衛九年齊小白入于齊之屬是也彼傳云其言入何篡辭也是也不嫌也注上言天王者有天子已明不嫌為篡王言入者起其難也不言京師者起

正居在成周實外之月者爲天下喜錄王者反正位疏注上言至爲篡○校勘記云鄂本者作著此誤按紹熙本亦作著上二十三年云天王居于狄泉傳此未三年其稱天王者何著有天子是也此注本上傳爲說故云不嫌爲篡○注主言至難也○隱八年我入邴傳其言入何難也莊二十四年夫人姜氏入傳其言入何難也是則篡國言入重難亦言入不嫌同辭也○注不言至外之○校勘記出起正居在成周云蜀大字本閩監毛本同誤也鄂本正作王當據正此本疏云起成周爲王居閩監毛本亦誤爲正居按紹熙本亦作王居桓九年紀季姜歸于京師傳京師者何天子之居也是本京師乃王居所在宜書入于京師矣舊疏云今言天王入于成周不言入京師者正欲起其正居在成周故也所以能起之者既爲天王所入正居明矣又云言實外之者正以天子之重海內瞻望宜親九族以自衛守而辟庶孽蒙壓于外經歷數年方歸舊守是以不言京師終實外天子也蓋不言京師兼二義矣通義云成周不稱京師者起敬王新居東周非故京師矣按詩王風譜云王城者周東都王城畿內方六百里之地又小雅車攻序云復會諸侯於東都皆王城也是景王以前之京師也漢書地理志初洛邑與宗周通封畿東西長南北短短長相覆千里宗周在鎬京王城即洛邑也書洛誥所謂我乃卜澗水東瀍水西惟洛食是也故詩譜又云周公攝政五年成王在豐欲宅洛邑使召公先相宅既成謂之王城是爲東都今河南是也召公既相宅周公經營成周今洛陽是也按此洛誥所云我又卜瀍水東亦惟洛食地理志河南郡有洛陽縣周公遷殷頑民是爲成周是也此敬王以後之京師也漢之雒城河南皆在今河南府洛陽縣境何氏云實外之蓋責敬王雖不朝奔楚後不反王城正居故下三十二年城成周亦不言

京師也且書成周又見新周使若國文亦外之之義○注月者至正位○舊疏云正以此上二十二年秋劉子單子以王猛入于王城不書月今此月者爲天下喜錄王者反正位故也通義云敬王亦劉單所奉而居于皇言以居于狄泉不言以王猛入于王城言以天王入于成周不言以一正一不正較然可知矣又與下經以王子朝比觀之言以者不正益可知矣

尹氏召伯毛伯以王子朝奔楚注立王子朝獨舉尹氏出奔并舉召伯毛伯者明本在尹氏當先誅渠帥後治其黨猶楚嬰齊疏舊疏云穀梁與此同左氏召伯作召氏按杜氏左傳本亦作召伯注云召伯奔非一人當言召氏經誤也尹召奔非一人故言氏彼蓋據傳文王子朝及召氏之族毛伯得尹氏固南宮嚚奉周之典籍以奔楚故也按二十三年尹氏立王子朝隱三年譏世卿書尹氏卒此當彼相起當止尹氏書氏也校勘記云唐石經諸本同漢書五行志子鼂楚之出也故奔楚○注立王至其黨○郎上二十三年書尹氏立王子朝是也校勘記出當先誅渠帥云鄂本同閩監毛本帥作率按釋文作渠率云或作帥舊疏云漢之賊首皆名渠帥包氏慎言云此明首從之別也大夫之義不得專廢置君晉郤克納捷菑于邾貶稱人彼弗克納猶貶況以內臣而擅廢置乎唐律疏義諸共犯罪者以造意爲首隨從者減一等明尹氏造意召伯毛伯爲從也○注猶楚嬰齊○成二年公會楚公子嬰齊于蜀丙申公及楚人以下盟于蜀注上會不序諸侯大夫者嬰齊楚專政驕蹇臣也數道其君率諸侯侵中國故獨先舉于上乃貶之明本在嬰齊當先誅其本乃及其末是也此於上經治尹氏此始及召伯毛伯故云猶楚嬰齊

二十有七年春公如齊公至自齊居于運【疏】穀梁傳公在外也

夏四月吳弒其君僚【注】不書闔廬弒其君者爲季子諱明季子不忍父子兄弟自相殺讓國闔廬欲其享之故爲沒其罪也不舉專諸弒者起闔廬當國賤者不得貶無所明文方見爲季子諱本不出賊以明闔廬罪雖可貶猶不舉月者非失衆見弒故不略之【疏】不注書至罪也○襄二十九年吳子使札來聘傳云闔廬曰將從先君之命與則國宜之季子者也如不從先君之命與則我宜立者也僚爲得爲君乎於是使專諸刺僚左傳公子光曰此時也不可失也告鱄設諸曰上國有言曰不索何獲我王嗣也吾欲求之事若克季子雖至不吾廢也光伏甲於窟室而享王鱄諸置劍於魚中以進抽劍刺王鈹交于胷遂弒王吳世家光伏甲士於窟室而謁王僚飲公子光詳爲足疾入于窟室使專諸置匕首於炙魚之中以進食手匕首刺王僚鈹交于匈遂殺王僚公子光竟代立爲王是爲吳王闔廬是闔廬弒君事也此不書吳闔廬弒其君故解之謂爲季子諱也云季子不忍父子兄弟自相殺讓國闔廬者襄二十九年傳又云而致國乎季子季子不受曰爾弒吾君吾受爾國是吾與爾爲篡也爾殺吾兄吾又殺爾是父子兄弟相殺終身無已時也去之延陵是其事也春秋爲季子諱故沒闔廬弒君罪以遂賢者之志也○注不舉至明文○校勘記云文闔監毛本同誤也鄂本文作又當據正按紹熙本亦作又當屬下讀然舊疏云假會書見正得稱人文無所明故也則疏本作文屬上讀也桓二年

宋督弒其君與夷注督不氏者起馮當國則彼督爲大夫得貶去氏起馮當國此專諸賤若舉專諸弒只合稱人不見貶文無以起闔廬當國也故曰文無所明也故並沒之○注方見至不舉○校勘記出以明闔廬罪云闔監毛本同誤也鄂本明作除當據正解云今此月者直是本不出賊以除闔廬罪可證本是除字按紹熙本亦作除舊疏本雖作文屬上讀然作又爲是明不舉專諸弒有二義也一則不足起闔廬當國一則見欲盈爲季子諱也○注月者至略之○文十八年冬莒弒其君庶其傳稱國以弒何稱國以弒者衆弒君之辭注一人弒君國中人人盡喜故舉國以明失衆當坐絕又定十三年冬薛弒其君比蒙上冬文亦不月故知例皆時略之以明其失衆此書月故與彼殊舊疏云直是本不出賊以除闔廬罪是以稱國非失衆見弒之例故不略之解詁箋云不日者卒本不日繁露玉英云非其位不受之先君而自即之春秋危之吳王僚是也

楚殺其大夫郤宛

秋晉士鞅宋樂祁犂衛北宮喜曹人邾婁人滕人會于扈

冬十月曹伯午卒

邾婁快來奔疏釋文邾婁快本亦作噲唐石經諸本亦作快

邾婁快者何邾婁之大夫也邾婁無大夫此何以書以近書也注說與鼻我同義疏注說與鼻我同義○襄二十三年邾婁鼻我來奔是也彼傳云邾婁鼻我者何邾婁大夫也邾

婁無大夫此何以書以近書也注以奔無他義知以治近升平書也所傳聞世者見治始起外諸夏錄大略小大國有大夫小國略稱人所聞之世內諸夏治如大康康近升平故小國有大夫治之漸也見於邾婁者自近始也獨舉一國者時亂實未有大夫治亂不失其實故取足張法而已則邾婁快書亦以奔無他義知以治近太平書也舊疏云見於邾婁者以其近魯故也

公如齊公至自齊居于運

二十有八年春王三月葬曹悼公注月者爲下出也疏注月者爲下出也○舊疏云正以上十八年三月曹伯須卒秋葬曹平公二十七年冬十月曹伯午卒則曹於所見之世止自卒月葬時故知此月宜其爲下事出矣

公如晉次于乾侯注乾侯晉地名月者閔公內爲强臣所逐外如晉不見答次于乾侯不諱者憂危不暇殺恥後不月者錄始可知疏注乾侯晉地○杜云乾侯在魏郡斥邱縣晉竟內邑大事表云闞駰曰地有斥鹵故曰斥丘今直隸廣平府成安縣東南有斥邱古城水經注洹水篇又北徑斥邱縣西縣南有斥邱蓋因邱以氏縣故乾侯矣春秋公如晉次于乾侯是也一統志斥邱故城在廣平府成安縣南春秋時乾侯邑○注月者至見答○穀梁傳公在外也左傳使請逆于晉晉人曰天禍魯國君淹恤在外君亦不使一介辱在寡人而即安於甥舅其亦使逆君使公復于竟而後逆之杜云言公不能用子家所以見辱是如晉不見答也○注次于至

殺恥○正以上二年公如晉至河乃復傳不敢進也注時聞晉欲執之不敢往故諱使若河水有難而反又二十三年公如晉至河公有疾乃復傳殺恥也注因有疾以殺畏晉之恥此不見答直書次于乾侯者閔公憂危甚臣子急宜憂納之不暇殺恥也○注後不至可知○即下二十九年春公如晉次于乾侯不復書月從可知也

夏四月丙戌鄭伯甯卒 疏 包氏愼言云正月三十日辛未冬至宜壬申然正月無中氣退閏于前年十二月則冬至在正月朔日而四月不得有丙戌故縮冬至于正月晦日四月經有丙戌月之十六日甯左氏穀梁作寗古音義通

六月葬鄭定公

秋七月癸巳滕子甯卒 疏 包氏愼言云七月有癸巳月之十五日左氏穀梁甯作寗

冬葬滕悼公

二十有九年春公至自乾侯居于運 注 不致以晉者不見容于晉未至晉 疏 注不致至至晉○正以二十五年齊侯唁公于野井二十六年書公至自齊公雖不至齊都已入齊竟得與齊侯相見故書公至自齊往年公如晉次于乾侯雖入晉竟未得與晉君相見又不見容故直書公至自乾侯故春秋與齊侯婁善錄之也

齊侯使高張來唁公 注 言來者居運從國內辭書者如晉不見答喜見唁也不月者例時也 疏 注言來至內辭○舊疏云正以下三十一年晉侯使荀躒唁公于乾侯不言來

故也凡春秋言來者皆從內爲主義穀梁傳唁公不得入于魯也○注書者至唁也○上二十五年齊侯唁公于野井注主書者喜爲大國所唁此與彼同義○注不月者例時也○舊疏正以經不月故知例然則知下文荀躒唁公之徒雖在日月之下不蒙日月可知然則上二十五年齊侯唁公于野井亦不蒙上日月可知

公如晉次于乾侯 疏 杜云復不見受往乾侯

夏四月庚子叔倪卒 疏 包氏愼言云四月有庚子月之六日左傳倪作詣周氏廣業孟子時地考云以子叔疑爲倪名莫知其何人惟左傳昭二十九年注叔詣卒公羊穀梁作叔倪釋文倪有五計五兮二音五兮頗與疑音相近意即其人此子叔敬子之孫嘗欲納昭公故季孫意如曰叔倪無疾而死此皆無公也是天命也以此推之龍斷之說或出於愛憎之口與

秋七月

冬十月運潰

邑不言潰此其言潰何 注 据國曰潰邑曰叛 疏 注据國至曰叛○僖四年蔡潰文三年沈潰是國曰潰也襄二十六年衛孫林父入于戚以叛定十二年宋公之弟辰及仲佗石彄公子池自陳入于蕭以叛之屬是邑曰叛也 郛之也 注 郛郭 疏 注郛郭○舊疏云郭之猶云國之古今異語也俞氏樾公羊平議云郭不訓國疏謂郭之猶曰國之失何氏之旨矣何氏訓郛爲郭郭大也玉篇邑部曰郭大也郭爲大故郛亦爲大初學記引風俗通義云郭亦謂之

郛郛者亦大也是其義也郛之猶曰大之邑不言潰而此言潰乃張而大之之意所以張而大之者正以君存焉爾古人之文亦或避習用之字而代以宅字文八年左傳曰珍之也杜云珍貴也此傳不曰大之而曰郛之猶彼傳不言貴之而曰珍之矣莊子秋水篇曰埒大之殷也埒郎郛之異文也

曷爲郛之注据成三年棘叛不言潰也疏注据成至潰也○郎彼經云叔孫僑如帥師圍棘傳棘者何汶陽之不服邑也其言圍之何不聽也注不聽者叛也是也

君存焉爾

注昭公居之故從國言潰明罪在公也不言國之言郛之者公失國也不諱者責臣子當憂而納之殺恥不如救危也孔子曰不患寡而患不均不患貧而患不安其本乃由于圍成失大得小而不能節用疏注昭公至公也○僖四年蔡潰注云重出蔡者侵爲加蔡舉潰爲惡蔡錄義各異也又十四年蔡侯肸卒注不書葬潰當絕也則潰有罪辭此公所居故從國書之明昭公當絕也○注不言至國也○舊疏云正以桓七年春焚咸丘傳云咸丘者何郲婁之邑也曷爲不繫乎郲婁國之也莊二年公子慶父帥師伐於餘丘傳云於餘丘者何郲婁之邑也曷爲不繫乎郲婁國之也然則彼二文皆言國之今言郛之者正以昭公居國裁得國外土地而已其國內宗廟非公之有故傳言郛之不言國之耳通義云運非都故不曰國之而曰郛之按何意咸丘於餘丘皆以君存故比邑於國猶言國都也此昭公已無國無所比擬故變國言郛也○注不諱至危也○與二十八年書公如晉次于乾侯同義○注孔子至節用○論語季氏篇文孔曰不患土地人民之寡少

患政理之不均平憂不能安民耳引以證昭公不能安民也圍成則上二十六年公圍成是也彼注云惡公失國幸而得運不脩文德以來之復擾其民圍成又穀梁傳曰潰之爲言上下不相得也上下不相得則惡矣亦譏公也昭公出奔民如釋重負是也通義引趙汸曰公如晉次于乾侯而運潰者季氏誘運人脅使逃散則公不得復居魯地乃大夫據國叛君之事故特書之此本杜氏說不足引以說公羊

三十年春王正月公在乾侯【注】月者閔公運潰無尺土之居遠在乾侯故以存君書明臣子當憂納之【疏】注月者至君書○解書正月義也襄二十九年春王正月公在楚傳何言乎公在楚正月以存君也注正月歲終而復始臣子喜其君父與歲終而復始執贄存之故言在此昭公運潰失居遠在乾侯故書在以存之也通義劉敞曰公在外久矣曷爲於此乎存公公居于運有魯也在乾侯無魯也公雖無魯不可無公也穀梁傳中國不存公存公故也范注中國猶國中也意謂公在魯五年每年正月不書公在運者猶魯四封之內無適而非其所也至是運潰客寄乾侯非其本國故歲首必書君所在者魯之國中雖不存公春秋之義自存公也沈氏欽韓左傳補注云此年方書公在者閔公之意深也前此猶冀其反國至是齊晉相視莫發寓公之禮屈辱已甚無可幾望故此後詳其所在惠氏士奇春秋說云公之去國爲旅人其情見于旅旅之上九曰鳥焚其巢旅人先笑後號咷公之居於鄆猶鳥之處乎巢鄆潰者巢焚之象先笑後號咷者言將死於乾侯也中國諸侯莫肯納公國中臣子莫肯存公則天下無邦交而君臣之道絕矣故春秋於正月必言公在

以存之此聖人之情也齊氏召南考證云前此居鄆不書在鄆鄆魯邑也居鄆猶居魯也乾侯則晉邑非魯地矣是以每歲書之

夏六月庚辰晉侯去疾卒【疏】包氏慎言云六月書庚辰月之二十三日

秋八月葬晉頃公

冬十有二月吳滅徐徐子章禹奔楚【注】至此乃月者所見世始錄夷狄滅小國也不從上州來巢見義者固有出奔可責【疏】左氏穀梁禹作羽左氏傳作禹岳本左氏經亦作禹從傳文也水經注濟水篇又東南過徐縣北地理志曰臨淮郡春秋吳滅徐徐子奔楚楚救徐弗及遂城夷以居之按此與巢州來鍾離皆相近故吳得吞食也○注至此至國也○正以滅例月故也僖二十六年秋楚人滅隗注不月者略夷狄滅小國也此所見世故月之○注不從至可責○校勘記出固有出奔可責云宋本閩監本同毛本固作因誤吳滅州來見上十三年吳滅巢見上二十四年舊疏云州來與巢皆當所見世而不書月以見之至此乃月者正以既滅其國復奔其君因責章禹不能死位是以於二國皆不月也於上經既不書月明其還同所聞之例故何氏於州來之下爲云不月者略兩夷是也通義云吳滅國至此乃月幷爲所見之世錄治小國責章禹不死位也按滅例月故然解

三十有一年春王正月公在乾侯

季孫隱如會晉荀櫟于適歷【注】時晉侯使荀櫟責季氏不納昭公爲

此會也季氏負捶謝過欲納昭公昭公創惡季氏不敢入公出奔在外無君命所以書會以殊外言來者從王魯錄諱亟取邑卒大夫者盈孫文

疏

杜云適歷晉地左氏荀櫟作荀躒昭五年左傳輔躒釋文作輔櫟又昭九年左傳使荀躒佐下軍釋文躒本又作櫟十五年左傳晉荀躒如周釋文作櫟云本或作躒是櫟躒同也國語晉語知宣子將以瑤爲後韋注知宣子晉卿荀櫟之子甲也此釋文云櫟本又作躒又作濼○注時晉至會也○左傳晉侯將以師納公季孫意如會晉荀躒于適歷荀躒曰寡君使躒謂吾子何故出君有君不事周有常刑子其圖之是其事也○注季氏至敢入○舊疏云春秋說文彼注云負捶者聽刑之禮也釋文捶作箠云本又作捶校勘記云閩監毛本捶作棰疏同此本疏標起訖亦作負箠又作釋文校勘記云盧本捶改棰按十行本注作捶閩監毛本注作棰所載釋文各如其本是从木者後人所改定八年馬捶舊本皆从手可證公羊問答云問捶何物曰說文以杖擊也前漢書路溫舒傳捶楚之下何求不得故疏以爲負捶聽刑之禮也按廣雅釋詁捶擊也荀子正論捶笞臏腳注捶杖擊也淮南道應訓捶鉤者年八十矣注捶鍛銀一擊也蓋捶本擊物之名故从手因謂所擊之物爲捶莊子天下云一尺之捶釋文引司馬注云捶杖也莊子至樂云撽以馬捶文選注引李覬音義捶排口鐵以灼火也皆以捶爲物名因通謂之箠文選司馬遷報任少卿書云被箠楚受辱注箠與捶同以笞人同謂之箠楚又云箠楚皆杖木之名漢書司馬遷傳注同箠杖也是也華嚴經音義注引聲類捶从竹廣雅釋器箠築也漢書韓延壽傳民無箠楚之憂注箠杖也說文捶箠並收捶爲以杖擊箠馬既爲刑具當作捶也故

後漢書杜篤傳揺驪氏㸑注揺擊也亦作揺舊疏又云昭公創惡季氏不敢入左傳亦有其文按左傳云季孫練冠麻衣跣行伏而對曰事君臣之所不得也敢逃刑命君若以先臣之故不絶季氏而賜之死若弗殺弗亡君之惠也死且不朽若得從君而歸則固臣之願也敢有異心夏四月季孫從知伯如乾侯荀躒以晉侯之命唁公且曰寡君使躒以君命討於意如意如不敢逃死君其入也公曰君惠顧先君之好施及亡人將使歸糞除宗祧以事君則不能見夫人已所能見夫人者有如河是其事也○注公出至會錄○校勘記出以殊外言來者云鄂本以作而按紹熙本亦作而舊疏云春秋之義待君命然後卒火夫明其非君命者不錄之也今昭公不在所以書季孫隱如會晉荀櫟于適歷又書黑弓以濫來奔之文又以殊外者從王會錄文故得然不爲爾時有君命也按春秋於每年書公在乾侯即所以存君明魯人不君之春秋君之也所以正君臣之義也○注諱亟至孫文○下三十二年傳闕者何邾婁之邑也曷爲不繫乎邾婁諱亟也注與取濫爲亟是諱亟取邑也上二十五年叔孫舍卒二十九年叔倪卒皆在公孫于齊後是卒大夫也卒大夫所以待君命者君許之無罪始得以正終也猶今云任內處分悉與開復也皆欲盈足諱奔言孫之義故云盈孫文穀梁云孫之爲言猶孫也諱奔也是孫爲諱辭傳注不言從莊元年夫人孫于齊可知也舊疏云春秋之義爲君父諱惡春秋之義待君命然後卒大夫今君不在國而書大夫之卒故須解之

夏四月丁巳薛伯穀卒注始卒便名日書葬者薛比滕最小迫後定寅皆當略疏包氏慎言云四月有丁巳月之四日○注始卒至當略○舊疏云春秋之義小國始卒名日及葬未能悉

具會二見之後方始能備卽宣九年秋八月滕子卒成十六年夏四月辛未滕子卒昭三年春王正月丁未滕子泉卒夏五月葬滕成公之徒是也言薛比滕最小者正以滕子卒於宣公之篇薛今始卒故云比於滕爲小國也而今始卒日卽得名葬具書正由於後定寅皆當見略迫此之故是以二注備書矣其定見略者卽定十二年春薛伯定卒彼注云不日月者子無道當廢之而以爲後未至三年失衆見弑危社稷宗廟禍端在定故略之是也其寅見略者卽哀十年夏薛伯寅卒彼注云卒葬略者與杞伯益姑同昭六年春王正月杞伯益姑卒注不日者行微弱故略之入所見世責小國詳始錄內行也諸侯內行小失不可勝書故於此略責之見其義是也通義云入所見世日卒時葬與邾婁同一例謂昭元年六月丁巳邾婁子華卒葬邾婁悼公也然則莊三十一年書薛伯卒不爲始者彼注云卒者與滕俱朝隱滕朝桓公薛獨不朝知去就也是彼書卒非從恆例矣

晉侯使荀櫟唁公于乾侯疏穀梁傳唁公不得入於魯也曰既爲君言之矣不可者意如也

秋葬薛獻公

冬黑弓以濫來奔疏左氏穀梁作黑肱禮大射儀侯道五十弓注今文改弓爲肱唐韻正云弓古音肱弓與繩膺叶見於小戎采綠漢書儒林傳子庸授江東馯臂子弓名與字必配弓當肱之段也此黑弓蓋與周公黑肩晉侯黑臀相似當作黑肱弓其段借也杜云濫東海昌慮縣大事表云在今兗州府滕縣東南六十里一統志昌慮故城在兗州府滕縣東南六十里邾濫邑續漢郡國志作藍左傳釋音力甘反或亦作藍鄭馬氏宗璉左傳補注章懷後漢書注昌慮故城在徐州滕縣東南古邾國之濫邑

也

文何以無邾婁[注]据讀言邾婁[疏]注据讀言邾婁○舊疏云謂當時公羊子口讀邾婁黑弓矣通義云春秋口授恐久而失實故文雖無邾婁師法自連邾婁讀之因以起其義也杜預横謂是魯史闕文後世有爲斷爛朝報之說以婺春秋者預其罪首與

通濫也[注]通濫爲國故使無所繫[疏]通義云通濫義如周書世俘云通殷命有國之通是也

曷爲通濫[注]据庶其不通也[疏]注据庶其不通也○即襄二十一年邾婁庶其以漆閭丘來奔是也

賢者子孫宜有地也[疏]漢書王莽傳春秋善善及子孫賢者之後宜有土地又梅子福傳云傳曰賢者子孫宜有土地白虎通封公侯云大夫功成未封而死子得封者善善及子孫也春秋傳曰賢者子孫宜有土地也孟子梁惠王篇仕者世祿注賢者子孫必有土地本此禮記王制云天子之縣内諸侯祿也外諸侯嗣也注選賢置之於位其國之祿如諸侯不得世有功乃封之使之世也冠禮記曰繼世以立諸侯象賢也正義云得采國爲祿而不繼世故云祿下云大夫不世爵是也此謂圻内公卿大夫之子父死之後得食父之故國采邑之地不得繼父爲公卿大夫也圻外諸侯世世象賢傳嗣其國圻内諸侯則公卿大夫輔佐于王非賢不可故不世也此傳云賢者子孫宜有土地明春秋通濫之義則宜等之外諸侯世者也

賢者孰謂謂叔術也[注]叔術者邾婁顏公之弟也或曰羣公子[疏]注叔術至公子○舊疏云謂母弟也或曰羣公子謂庶弟也

何賢乎叔術[注]据叔術不書讓國

也【疏】蜀志秦宓傳夫能制禮造樂移風易俗非禮所秩有益於世者乎雖有子孫之累猶孔子大齊桓之霸公羊賢叔術之讓

其讓國奈何當邾婁顏之時【注】顏公時也邾婁女有爲魯夫人者

則未知其爲武公與懿公與【疏】魯世家真公卒子敖立是爲武公武公九年春武公與長子括少子戲西朝周宣王宣王愛戲欲立戲爲魯太子樊仲山父諫弗聽卒立戲爲魯太子夏武公歸而卒戲立是爲懿公謂不知爲武公夫人抑懿公夫人也

孝公幼【注】不知孝公者邾婁外孫邪將妾子邪【疏】魯世家懿公九年懿公兄括之子伯御與魯人攻弒懿公而立伯御爲君周宣王伐魯殺其君伯御而問魯公子能道順諸侯者以爲魯後樊穆仲曰魯懿公弟稱乃立稱於夷宮是爲孝公列女傳魯孝義保傳初孝公父武公與其二子長子括中子戲朝周宣王立戲爲魯太子武公薨戲立是爲懿公孝公時號公子稱最少是孝公幼也通義云孝公懿弟〇注不知至子邪〇爾雅釋親女子子之子爲外孫孝公爲顏外孫則嫡出也按列女傳有稱舅之文或妾子與

顏淫九公子于宮中【注】所與淫

公子凡九人【疏】校勘記云唐石經顏下有公字後磨改刪去故此行九字通義云顏於魯爲妻父因得入宮淫女公子莊元年傳羣公子之舍則已卑矣注謂女公子也是也周禮大司馬職外內亂鳥獸行則滅之故下言天子誅顏立術凡國存君死曰滅非必滅其國也〇注所與至九人〇舊疏謂顏公一人不應並淫九人故以所言之

因以納賊【疏】通義云弒懿公也列女傳括之子伯御與魯人作亂攻殺懿公而自立此傳上下不見伯御文蓋與史記列女傳異

則未知其爲

魯公子與邾婁公子與【疏】通義云蓋魯公子伯御舊疏云爲內通於魯公子也又云邾婁一國幷有九女
於魯宮內者蓋所取於邾婁相通爲九人不必盡是一人妻其說非臧氏之母養公者也【疏】通義云孝公時
尙未立懿弒則孝當爲君故以公言之列女傳孝義保者魯孝公稱之保母臧氏之寡也君幼則宜有養者大
夫之妾士之妻【注】禮也【疏】注禮也〇舊疏云內則文喪服注國君世子生卜士之妻大夫之妾使食子疏
三母之外別有食子者二者之中先取士妻無堪者乃取大夫妾不並取之內則注云士妻大夫之妾謂時自有子疏引皇氏云士
之妻大夫之妾隨課用一人故桓六年左傳云卜士負之士妻食之不云有大夫妾文略也喪服有乳母即此傳曰何以緦也以名
服也荀子禮論云乳母飲食之者而三月彼謂士之子大夫則大夫之子父沒乃爲之服諸侯之子蓋無服也內則又云食子者三
年而出見於公宮則劬注士妻大夫之妾食國君之子三年出歸其家君有以勞之即此則未知臧氏之母者
曷爲者也【疏】舊疏云內則大夫之妾士之妻並陳之謂士妻不吉乃取大夫之妾亦得事不具矣何者乳食一母何假
二人乎則未知臧氏之母爲是大夫之妾爲是士之妻故曰曷爲者通義云禮曰卜士之妻大夫之妾使食子謂於二者科取其一
今未知臧氏之母者大夫之妾與士之妻與按魯有大夫臧氏爲公子彄後隱公稱彄爲叔父則孝公之子與此臧氏自別也養
公者必以其子入養【注】不離人母子因以娛公也【疏】列女傳義保與其子俱入
宮養公子稱臧氏之母聞有賊以其子易公抱公以逃【注】以身死公則

可以其子易公非事夫之義然而於王法當賞以活公爲重也【疏】列女傳伯御求公子稱於宮將殺之義保聞伯御將殺稱乃衣其子以稱之衣臥於稱之處○殺之注以身至重也原文闕賊至湊公寢而弒之【注】弒臧氏子也不知欲弒孝公者納篡邪將利其國也【疏】通義云時伯御既弒懿公將并除孝公也小爾雅廣詁云奏進也湊卽奏之借說文亦云奏進也玉篇湊競進也謂進公寢而弒之也史記趙世家藺相如前奏缶亦謂進缶也燕策士爭湊燕史記作趨趨趣同義○注弒臧氏子也○列女傳伯御殺之義保遂抱稱以出臧氏子稱弒者推伯御意爲孝公故也○注不知至國也○列女傳云伯御與魯人作亂則將利其國也何氏依違其辭者以上傳云未知爲魯公子與邾婁公子也臣有鮑廣父與梁買子者聞有賊趨而至臧氏之母曰公不死也在是吾以吾子易公矣【疏】列女傳遇稱舅魯大夫於外舅問稱死乎義保曰不死在此舅曰何以得免義保曰以吾子代之義保遂以逃於是負孝公之周訴天子【疏】校勘記云唐石經訴作訢閩監毛本改愬按釋文作周愬云本亦作訴蓋據此所改列女傳魯大夫皆知稱之在保於是訴周天子天子爲之誅顏而立叔術反孝公于魯【疏】列女傳請周天子殺伯御立稱是爲孝公通義云國語所謂宣王伐魯立孝公者也公羊不出賊主名意以賊爲顏所納故誅顏爲重其不言誅賊以此傳主書邾婁事故於魯賊從略也顏夫人者嫗盈女也【疏】舊疏云謂此老嫗是盈姓之女說文嫗母也廣雅釋親嫗

謂之妻王氏念孫疏證云妻與嫗不同義蓋因下文數妻字而誤妻當爲姁說文姁嫗也方言十三嫗色也注嫗煦好色貌俞氏樾公羊平議云既云夫人不得又謂之嫗疏義非也嫗盈疑是顏夫人之母以其老故尊之曰嫗耳古婦人或繫於母而稱之襄十九年左傳齊侯娶於魯曰顏懿姬無子其姪鬷聲姬生光杜注曰顏鬷皆二姬母姓然則盈亦夫人母姓也按俞說是說文女部嫗母也是也通義云自是以下弁傳所不信聊廣異聞言之國色也**疏**僖十年傳驪姬者國色也注其顏色一國之選其

言曰有能爲我殺殺顏者吾爲其妻**注**殺顏者鮑廣父梁買子也

婦人以貞一爲行云爾非德也**疏**校勘記出非德也云閩監毛本無德此誤蜀大字本脫也字按紹熙本亦無德字

叔術爲之殺殺顏者而以爲妻**注**利其色也有子焉謂之盱**疏**唐石經諸本同釋文盱許于反本或作䀹一音夸說文繫傳引下文盱有餘作䀹有餘䀹䀹盱音義通方言盱揚雙也䁱瞳子燕代朝鮮之閒曰盱或謂之揚郭注盱舉眼也蓋與黑眩黑瞖之屬同取身體爲名也通義云嫁叔術所生夏父

者其所爲有於顏者也**注**爲顏公夫人時所爲顏公生也**疏**注爲顏至生也〇校勘記按下爲顏公三字誤衍複上當刪正釋文盱及夏父邾顏公之二子按盱與夏父同母異父之昆弟也公羊問答云盱是叔術所生陸氏之說誤

盱幼而皆愛之**注**叔術嫗盈女皆愛盱食必坐二

子於其側而食之**疏**釋文而食音飼

有珍怪之食**注**珍怪猶奇異也**疏**注珍

怪猶奇異也○荀子正論云食飲則重太牢而備珍怪期臭味注珍怪奇異之食禮記王制云八十常珍注常食皆珍味也又九十者天子欲有問焉則就其食以珍從注天子就而問珍味從之以往致尊養之義也周禮膳夫珍用八物內則有八珍皆謂奇異之食也盱必先取足焉夏父曰以來注猶曰以彼物來置我前人未足

注人夏父自謂也而盱有餘注言盱所得常多叔術覺焉注覺悟也知小爭食長必爭國易曰君子見幾而作知幾其神乎幾者動之微吉事之先見疏注覺悟至爭國○校勘記云鄂本同閩監毛本小作少按紹熙本亦作小孟子萬章篇使先知覺後知注覺悟也廣雅釋言覺害也說文見部覺寤也莊子齊物云且使大覺而後知此大夢焉亦謂大悟也白虎通辟雍云學之爲言覺也悟所不知也○注易曰至先見○易下繫辭文校勘記云鄂本同此本翻刻吉誤爲者閩監毛本承之按紹熙本亦作吉越絕書敘外傳記蓋謂知其道貴微而賤獲易曰知幾其神乎曰嘻此誠爾國也夫疏唐石經原刻無此字起而致國于夏父夏父受而中分之叔術曰不可三分之叔術曰不可四分之叔術曰不可五分之然後受之注五分受其一疏通義云所受即濫是也服氏成長義云邾婁本附庸三十里耳而言五分之爲六里國也廣森謂建國制地要取開方方三十里者其積九百五分之一猶有百八十里何言六里乎豈虔不曉算術抑苟取一時之辨舊疏亦云彼乃左氏之偏辭未足以奪公羊以

爲邾婁本大國但春秋之前在名例隱元年何氏有成解按如孔義則叔術所受不止於濫濫其一邑爾或叔術所都與公扈子者邾婁之父兄也注當夫子作春秋時於邾婁君爲父兄之行公扈者氏也疏注公扈者氏也○公羊問答云後世有此氏否曰說苑公扈子曰有國者不可以不學春秋生而貴者驕生而富者傲生而富貴又無鑑而自得者鮮矣春秋國之鑑也又漢書古今人表公扈子列子魯公扈皆其證習乎邾婁之故注故事也道所以言也疏注故事至言也○襄二十六年左傳問晉故焉杜云故事也周禮占人職以八卦占筮之八故注八故謂八事通義云能知邾婁之故事者也以上或說失實故引其言以證之舊疏云道所以言也謂道下傳所言矣其言曰惡有言人之國賢若此者乎注惡有猶何有甯有此之類也言賢者甯有反妻嫂殺殺顏者之行乎疏注惡有至類也○高注呂覽本生篇云惡安也安有何義故惡有即何有○注言賢至行乎○通義云豈有稱人國之賢者而所行若此乎是叔術妻嫂事公羊固依違其說也誅顏之時天子死疏校勘記云唐石經諸本同惠棟云謂誅顏天子死也作一句讀按時字疑衍通義云時天子猶言時君也叔術起而致國于夏父注言叔術本欲讓迫有誅顏天子在爾故天子死則讓無妻嫂惑兒爭食之事疏注無妻至之事○校勘記云閩監毛本同誤也鄂本惑作感當據正按紹熙本亦作感當此之時邾婁人嘗被兵

于周曰何故死吾天子注猶曰何故死畜吾天子違生時命而立夏父乎此天子死則讓之效也夫子本所以知上傳賢者惡少功大也猶律一人有數罪以重者論之春秋滅不言入是也按叔術妻嫂雖有過惡當絕身無死刑當以殺殺顏者爲重宋繆公以反國與與夷除馮弒君之罪死乃反國不如生讓之大也馮殺與夷亦不輕於殺殺顏者比其罪不足而功有餘故得爲賢傳復記公扈子言者欲明夫子本以上傳通之故公扈子有是言疏注猶曰至父乎○通義云死義如蔑死我君之死按誅君之子不立顏爲天子所誅其子夏父不得立故常加兵于邾婁也○注此天至效也○正以邾婁被兵于周曰何故死吾天子足爲天子死則讓之驗也○注夫子至是也○舊疏云上傳謂五分之然後受之以上矣唐律疏義名例云諸二罪以上俱發以重者論等者從一若一罪先發已經論決餘罪復發其輕若等勿論重者更論之通計前罪以免後數所謂以重者論之也滅不言入見莊十年彼傳云戰不言伐圍不言戰入不言圍滅不言入書其重者也校勘記云鄂本知作如此誤監本夫誤天按紹熙本知亦作如天作夫不誤○注按叔至爲重○舊疏云但當絕其身不合殺之故曰無死刑然則外內亂爲獸行則滅之者謂姑姊妹之徒今一則非父子聚麀二則嫂非姑姊妹故也當以殺殺顏者爲重者謂犯王命殺魯賢臣故以爲

璧○注宋繆至爲賢○舊疏云宋繆公反國之事在隱三年彼傳文具矣其除馮弒君之罪者卽桓三年宋督弒其君與夷注督不氏者起馮當國不舉馮弒爲重者繆公廢子而反國得正故爲之諱是也云死乃反國不如生讓之大者言繆公死乃反國非其全讓之意不如叔術生讓其功大矣云罪不足者謂犯王命殺魯大夫豈如宋馮弒君乎故以爲罪少于馮矣其罪旣少其功有餘故得賢之按叔術之罪在犯王命故何氏以與馮弒君相絜然究不如弒君重且有讓國之美也○注傳復至是言○弒解詁箋云春秋之義事在隱元年前者罪不追治功必追錄所謂惡惡短善善長也叔術之事傳多存疑詞末乃以公扈子之言爲斷意以致國夏父雖以家事干王事而意合於讓夫子追進之以救末世乎讓之禍若宋馮之不書篡而書葬爲盈諱文以明議賢之辟然督當國則已有所見矣猶必曰以成宋亂取郜大鼎于宋此與宣公弒子赤立賂齊以濟西田而書卽位者法無異也若篡弒之罪可除孰不可除乎此非制作意矣公扈子有見夫子通濫之意而爲言亦非包氏愼言云世本言邾顏居邾肥徙郳杜世族譜言夷父顏有功于周其子友別爲附庸居郳則顏非見誅於周者也公羊說顏淫魯宮中而納賊臧氏母以子易公而逃賊湊而弒臧氏子而疑其辭曰邾顏時邾婁女有爲魯夫人者則未知爲武公與爲懿公與又言孝公幼据史記魯世家孝公爲武公子懿公弟懿公薨後尚有兄子伯御立十一年然後孝公繼之武公在位僅二年而其繼立者少子戲是爲懿公懿公被弒而立伯御宣王伐魯而立孝公事見周語然則孝公之立天子爲魯之逆王命因誅魯之所立而立孝公不關於邾顏傳言顏夫人嫗盈女也謂之嫗盈女著其賤也則叔術之妻嫂非嫂也盈女不忘夫而志報夫仇自以色市盈女無罪叔術利色而爲之殺殺顏者則罪無所逃故末述公扈

子之言曰爲有言人之國賢若此者乎誅顏之時天子死叔術起而致國乎夏父當是時邾人嘗被兵于周曰何故死吾天子則叔術者天子誅顏之時所立妻嫂之事言者之妄也据言者之說顏以邾君而淫魯宮外淫當誅納賊而賊魯幼君顏之罪不止於其身天子誅顏反魯君義也誅君之子不立夏父爲顏子本無得國之理叔術者天子所立無嫌於篡致國於夏父非正也然則天子之誅顏必非如言者所云顏誅不以罪叔術有嫌於心故因天子死之而致國于夏父春秋當篡奪之時以讓救爭故不追治其逆天子命之罪而以讓國之功通其所封邑比之列國所謂善善及子孫也黑弓以濫來奔叛也不繫黑弓於邾婁則沒其叛罪益若濫爲黑弓之邑其來奔也如紀季以酅入于齊者然何氏之叔術妻嫂身當絕無死刑當以殺殺顏者爲重意以叔術之殺殺顏者爲國討賊何氏益亦以顏之見誅於天子死於訴而其訴於天子必不如言者之云如言者云云鮑廣父梁買子者魯臣也叔術何得殺之術卽殺之魯能已乎天子能已乎當魯孝公時宣王在上能誅顏不能誅術乎則邾婁國爲墟矣又有何國之可讓公羊記言者之辭傳疑也記公扈子之言解惑也扈爲邾父兄習邾故不信公扈子之言而執言者傳聞之偏辭以譏公羊則公羊非怪而人自怪之耳按包氏所駮深得傳意

通濫則文何以無邾婁注据國未有口繫于人

疏注据國至于人○舊疏云言若通濫是國宜應特達何故文上無邾婁而已其口仍繫邾婁言之乎故注云據國未有口繫于人則傳意謂通濫則文何以止無邾婁又謂春秋之文弟子據以相難也

天下未有濫也注欲見天下實未有濫國春秋新通之爾故口繫于邾婁

疏注欲見至邾婁○正以當時原無濫

國通濫爲國春秋新意也是故口繫邾婁不得更改也天下未有濫則其言以濫來奔何注据上說天下實未有濫者言春秋新通之也春秋所通之君文成矣不言濫黑弓來奔而反與大夫竊邑來奔同文疏注春秋所通之君○校勘記云鄂本所作新此誤上之春秋新通之君可證按紹熙本亦作新○注不言至同文○即襄二十一年春邾婁庶其以漆閭丘來奔之屬是也既成濫爲國則宜書濫黑弓來奔不宜仍與庶其等文同也叔術者賢大夫也絕之則爲叔術不欲絕不絕則世大夫也注此解不言濫黑弓意叔術者賢大夫也如不口繫邾婁文言濫黑弓來奔則爲叔術賢心不欲自絕于國又觸天下實有濫無以起新通之文不可設也如口不絕邾婁文言濫黑弓來奔則嫌氏邑起本邾婁世大夫春秋口繫通之文亦不可施疏注此解至弓意○弟子問文言以濫來奔與竊邑同之意此答爲不言濫黑弓來奔意似相違正以不言濫黑弓意明則文言以濫來奔義著矣○注叔術至設也○叔術賢大夫不欲與邾婁絕若不口繫邾婁嫌叔術已與國絕是失賢者心且似實有濫國春秋新意不明無以見追有功顯有德與滅繼絕之義通義云假令與邾婁庶其同書則黑弓醇爲叛人而叔術子孫無專濫之道是絕之也今爲叔術賢故不欲絕其世亦通毛本實誤寶○注如口至氏邑○舊疏云若口云邾婁

文言濫黑弓來奔則嫌大夫氏邑通義云假令不絕則當云濫黑弓來奔則又嫌大夫皆得世○注起本至可施○舊疏云欲起黑弓本是邾婁大夫口繫于邾婁新通之為世大夫故也按疏意不明何意以黑弓本邾婁世大夫春秋因其口繫于邾婁但可通濫為國不得徑施濫文於黑弓上也蓋通濫為國不言邾婁春秋之賢叔術其言以濫來奔者究係竊邑叛臣設其文不得沒其實也此之故也

大夫之義不得世故於是推而通之也【注】推猶因也因就大夫竊邑奔文通之則大夫不世叔術賢心不欲自絕兩明矣主書者在春秋前見王者起當追有功顯有德與滅國繼絕世【疏】注推猶因也○禮記儒行下弗推注推猶追也舉也皆與因義相足○注因就至明矣○正以不書濫黑弓但就竊已奔文見通濫為國是大夫不世與叔術不絕于國之義兩明也通義云故使仍與大夫以邑叛者同文而又別之于邾婁則黑弓實大夫與叔術不當絕之義皆可推而知也蓋叔術雖世為大夫于邾婁原其始本與夏父分國土地人民皆所固有不得反責其專濫為竊邑也按孔義非春秋但賢叔術故文不繫邾婁而以濫來奔實與竊邑同科也雖文夏父分治諸侯且不得專地何論大夫也○注主書至絕世○舊疏云隱元年注諸大夫立隱不起者在春秋前明王者受命不追治前事今此追之者春秋之義勸其後功是以上二十年傳曰君子之善善也長惡惡也短惡惡止其身善善及子孫賢者子孫故君子為之諱也漢書丙吉傳制詔丞相御史蓋聞褒功德繼絕統所以重宗廟廣賢聖之路也又外戚恩澤侯表自古受命及中興之君必興滅繼絕修廢舉逸然後天下歸仁四方之政行焉又

功臣表云是以內恕之君樂繼絕世隆名之主每立亡國至於不及下車德念深矣後漢書馮異傳安帝詔曰夫仁不遺親義不忘勞興滅繼絕善善及子孫古之典也白虎通封公侯云王者受命而作興滅國繼絕世何爲先生妄殺無辜及嗣子幼弱爲强臣所奪子孫皆無罪因而絕重其先人之功故復立之論語曰興滅國繼絕世韓詩外傳古者天子諸侯受封謂之采地百里諸侯以三十里七十里諸侯以二十里五十里諸侯以十里其後子孫雖有罪而絀使子孫賢者守其地世世以祠其始受封之君此之謂興滅國繼絕世也書曰茲予大享于先王爾祖其從與享之濫本非國無爲興繼春秋意在追有功顯有德故從興滅繼絕起義也

十有二月辛亥朔日有食之注是後昭公死外晉大夫專執楚犯中國圍蔡也疏包氏愼言云十二月書辛亥据曆爲二日大月則十二月朔亦爲辛亥然少餘不得歲增二日劉歆亦以爲月之二日臧氏壽恭推是年正月乙酉朔大二月乙卯朔小三月甲申朔大四月甲寅朔小五月癸未朔大六月癸丑朔小七月壬午朔大八月壬子朔小九月辛巳朔大十月辛亥朔小十一月庚辰朔大十二月庚戌朔二日辛亥也〇注是後至蔡也〇昭公死外卽下三十二年公薨于乾侯是也晉大夫專執卽定元年晉人執宋仲幾歸于京師是也楚犯中國圍蔡卽定四年楚人圍蔡是也舊疏云直言圍蔡足矣何須言楚犯中國欲言日食爲夷狄强諸夏微之象故也五行志下之下三十二年十二月辛亥朔日有食之董仲舒以爲宿在心心天子象也時京師微弱後諸侯果相率而城周宋仲幾亡尊天子之心而不衰城劉向以爲時吳滅徐而蔡滅沈楚圍蔡吳敗楚入郢昭王走出皆與何氏所占異

三十有二年春王正月公在乾侯

取闞

闞者何邾婁之邑也疏左傳疏引土地名東平須昌縣東南有闞城曷爲不繫乎邾婁

諱亟也注與取濫爲亟疏注與取濫爲亟○即上三十一年黑弓以濫來奔是也舊疏云取亦有作受字者按莊二年疏引作受今作取誤二年之間比取兩邑故以爲亟而諱之也通義云公在外而國中取邑宜若無諱然春秋壹不變其常詞者所以存公而正名分也杜預以爲昭公取魯邑彼未知齊侯取運唯繫之齊得言取爾若繫之公而言取則是許隱如專魯而公反爲取季氏之所有矣不亦昧乎順逆之甚按左穀皆誤以取闞與公在乾侯連文

夏吳伐越

秋七月

冬仲孫何忌會晉韓不信齊高張宋仲幾衛世叔申鄭國參曹人莒人邾婁人薛人杞人小邾婁人城成周注書者起時善其修廢職有尊尊之意也孔子曰謹權量審法度脩廢官四方之政行焉言成周者起正居實外之疏注書者至意也○校勘記云蜀大字本閩監本同鄂本無也字毛本誤尊尊穀

梁世叔申作大叔申左傳莒人下脫邾人二字舊疏云隱七年城中丘傳何以書以重書也注云以功重故書也當稍稍補完之至今大崩弛壞敗然後發衆城之猥苦百姓百姓虛空國家故言城明其功重與始作城無異然則天子之城不時脩理至令大壞方始城之而書者正欲起其當時之善故也何者當是之時天子陵遲諸侯奢縱忽能修其廢職有尊尊之心是以書見故曰起時善通義云穀梁傳曰天子微諸侯不享覲天子之在者唯祭與號故諸侯之大夫相帥以城之此變之正也〇注孔子至行焉〇論語堯曰篇文彼不冠孔子曰按漢書律曆志云周衰失政孔子陳後王之法曰謹權量審法度修廢官四方之政行矣明皆孔子語宣十七年注引與滅國全節文亦有孔子曰引之者證修廢職也〇注言成至外之〇校勘記云疏中引注作欲起正居此脫欲字舊疏云正以不言京師而言成周者欲起正居在成周故也言實外之者正以王微弱不能守成周猥苦天下是以不言京師實外天子按外之者春秋內其國而外諸夏與宣十六年書成周意使若國文也漢書地理志雒陽下云周公遷殷民是爲成周春秋昭公三十二年晉合諸侯于狄泉以其地大成周之城居敬王

十有二月己未公薨于乾侯【疏】包氏愼言云十二月書己未月之十七日易林遯之蠱云昭公失常季氏悖狂遜齊處鄆喪其寵身

公羊義疏六十七

句容陳立卓人著

定元年盡是年

春秋公羊經傳解詁定公第十一

疏校勘記唐石經定公第十一卷十魯世家昭公卒于乾侯魯人共立昭公弟宋為君是為定公左傳釋文定公名宋襄公之子昭公之弟謚法安民大慮曰定此釋文又云何以定公為昭公子與左氏異

元年春王

定何以無正月注据莊公雖不書即位猶書正月疏通義以下三月屬春王絕讀云据隱公元年春王正月三月公及邾婁儀父盟于眛莊公元年春王正月三月夫人孫于齊俱事在三月必以正月首時今直舉三月故問之云爾相承此傳橫著元年春王之下竊以于為月設春王斷句理不可通故升三月二字於上輒蹈不知之作抑慙蓋闕之義按穀梁傳注引徐邈曰按傳定元年不書正月言定無正也然則改元即位在於此年故不可以不書王書王必有月以承之故因其執月以表年首爾不以謹仲幾也則徐氏以三月連讀矣按如傳義定哀多微辭去正月者隱起定公不得繼體奉正不於春王絕句無以起定無正月義不嫌如通三統之書春王三月乎○注据莊至正月○即莊元年經云元年春王正月是也舊

疏云莊公之經上有正月下有三月今定公亦下有三月而上無正月故据之又云隱公之經亦云元年春王正月下云三月公及邾婁儀父盟于昧亦是上有正月下有三月而不据之者正以隱公所承不薨于外且欲讓桓位非己有與定公不類其閔僖之屬雖承弒君之後其所承者皆在位見弒元年之下復無三月之文與定不同故不据之然則桓公弒于齊昭公卒于外亦是不類而得据之者正以昭公失道爲臣所逐終死于外恥與桓同故据之耳穀梁疏亦以莊公相例即本此傳爲義 正月者正即位也【注】本有有正月者正諸侯之即位【疏】注本有至即位○校勘記云監毛本同閩本不疊有字按下有字衍文今按紹熙本亦不疊有字通義云本所以不言即位仍言正月者存其踰年即位之實也舊疏云隱元年傳何言乎王正月大一統也以此言之書正月爲大一統而言正諸侯之即位兼二義故也何氏彼注云自公侯至於庶人自山川至於草木昆蟲莫不一一繫於正月即是正月者正諸侯即位之義 定無正月者即位後也【注】雖書即位於六月實當如莊公有正月今無正月者昭公出奔國當絕定公不得繼體奉正故諱爲微辭使若即位在正月後故不書正月【疏】舊疏云謂定公行即位之禮在正月之後也通義云定公即位實在六月則不假存正月矣○注雖書至正月○正以正月以存君昭公歿定公立國不可一日無君故雖未即位亦宜如莊公之有正也左傳疏云六月既改之後方以元年紀事及史官定策須有一統不可半年從前半年從後雖則年初亦統此歲故入年即稱元年也既經改元即宜有正矣○注今無至正月

○漢書梅福傳匡衡議以為春秋之義諸侯不得守其社稷者絕是昭公出奔當絕也舊疏云依經及傳正以定公即位在正月之後故無正月何氏更言昭公出奔國當絕定公不得繼體奉正者正月書正月大一統也明不但即位而已且諸侯之法禮當死位而昭公不君棄位出奔終卒於外為辱更甚論其罪惡君臣共有故知魯國之當絕矣是以何氏消量作如此注故諱為微辭者謂經與傳直作無即位故無正月之義其定公當絕之文沒而不見故謂微辭而包氏慎言云如何氏言誅君之子不立絕君之子亦不得立也鄭伯突出奔以奪正錄不以失衆錄奪正之罪重於出奔失衆律所謂一人犯二罪以重者論然則奪正罪應誅也按穀梁傳不言正月者定無正也定之無正何也昭公之終非正終也定之始非正始也昭無正終故定無正始也又下公即位穀梁傳云即位授受之道也先君有正終則後君有正始也戊辰公即位謹之也定之即位不可不察也是則穀梁義亦不與定公繼體奉正也不可不察蓋亦微辭與何氏謂昭公出奔國當絕謂昭公絕於國爾舊疏謂魯國當絕過矣季氏當誅然叔孫舍叔詣固欲納君矣不得謂魯無臣子也惟定為絕君之子不合即位春秋之義宜於成襄之後擇賢而立焉爾故不書正以示義為論語為政篇或謂孔子曰子奚不為政劉氏逢祿論語述何云政者正也春秋定無正月者昭非正終定非正始也夫子以昭公孫于齊適齊以定公元年反魯不仕故或人問之引書友于兄弟為孝者繼體之君臣子一例定公昭公之弟不宜立者也受國於季孫而不知討賊則為政之本失矣書即位桓公宣公例也癸亥公之喪至自乾侯戊辰公即位微辭也是亦為政婉辭也奚其為為政正辭也按劉氏之說甚是惟以定為昭弟非何氏義若果昭弟責其不討賊可也不得謂其不宜立也北當書鈔引感精符云魯昭公時雉還

環入宋注雖之爲言弟也喻昭公弟爲季氏入之爲君也亦以定爲昭公弟即位何以後注据正月正
即位昭公在外注昭公喪在外疏注昭公喪在外○穀梁傳不言即位喪在外也得入不
得入未可知也疏舊疏云謂昭公之喪在外得入不得入未可知不謂据定公之身也其實定公先在于內是以
上文已稱元年矣但以君喪未入未得正行即位禮是以即位在正月之後而左氏以爲喪及壞隤公子宋乃先入者何氏所不取
按穀梁下公即位傳云於厲之中又有義焉未殯雖有天子猶不敢況臨諸臣乎周人有喪魯人有喪周人弔魯人不弔周人曰固
吾臣也使人可也魯人曰吾君也親之者也使大夫則不可也故周人弔魯人不弔以其下成康爲未久也君至尊也去父之殯而
往弔猶不敢況未殯而臨諸臣乎范注先君未殯則後君不得即位昭公之喪入不入未可知故定公不得行即位禮也曷爲
未可知注据已稱元年疏注据已稱元年○舊疏云謂已稱元年春似行即位之禮訖何言昭公之喪得
入不得入未可知也而即位後乎在季氏也注今季氏迎昭公喪而事之定公得
即位不迎而事之則不得即位疏舊疏云定公是時雖以先君之喪未入未行即位之禮其實爲
君之道已成是以上文得稱元年春矣但猶微弱不敢逆其父喪故云在季氏也通義云昭公之世子衍與公子宋俱從在外季氏
謀黜衍而立宋故雖踰年君位尚未有定屬也定哀多微辭注微辭即下傳所言者是也
定公有王無正月不務公室喪失國寶哀公有黃池之會獲麟故

總言多【疏】注微辭至是也〇文選劉歆移書讓太常博士云及夫子歿而微言絕注引論語讖曰子夏六十四人共撰仲尼微言荀子勸學云春秋之微也楊注謂褒貶沮勸漢書藝文志注李奇曰微言隱微不顯之言也禮記檀弓云禮有微情者疏引何允云微者不見也又坊記云所以章疑別微左傳哀十六年注微匿也蓋匿其實義而隱微其辭也舊疏云定哀二君微辭有五故謂之多不諱餘處更有所對若然昭與定哀同是太平之世所以特言定哀者昭公之篇無微辭之事甯可彊言之乎繁露楚莊王云義不訕上智不危身故遠者以義諱近者以智畏畏與義兼則世愈近而言愈謹矣又觀德云魯十二公等也而定哀最尊史記匈奴列傳太史公曰孔氏著春秋隱桓之間則章至定哀之際則微爲其切當時之文而罔褒忌諱之辭也〇注定公至言多〇定公有王無正者上注云雖書即位於六月實當如莊公有正月今無正月者昭公出奔國當絕定公不得繼體奉正故諱爲微辭使若即位在正月後故不書正月然則書正月所以大一統不但書即位而已惟昭公當絕定公不當立皆宜絕不可直書故退即位於下若似未即位故不書正月然也故爲微辭沒其當絕之文也不務公室者下二年新作雉門及兩觀傳云修舊不書此何以書譏何譏爾不務乎公室也注務猶勉也不務公室亦可施于久不脩亦可施于不務如公室之禮微辭也正以孔子曰祿之去公室五世矣政逮于大夫四世矣譏定公不罪季氏務彊公室乃脩大門觀僭越王制不敢顯言但書新作雉門及兩觀爲若不務公室久不脩治云爾亦得爲微辭也喪失國寶者下八年盜竊寶玉大弓傳云寶者何璋判白注不言璋言玉者起珪璧琮璜五玉盡亡之也傳特言璋者所以郊事天尤重也謂之寶者世世寶用之辭書大弓者使若都以國寶書微辭也則經言盜竊寶用大弓若

似所謂寶玉者即大弓等言可世世保用之其實因定公失政陪臣專權拘執正卿喪失五玉無以合信天子交會鄰邦當絕故也故微其辭也黃池之會者哀十三年夏公會晉侯及吳子于黃池傳其言及吳子何會兩伯之辭也不與夷狄之主中國曷爲以兩伯之辭言之重吳也曷爲重吳吳在是則天下諸侯莫敢不至也注以晉爲大國尚猶汲汲于吳則知諸侯莫敢不至也不書諸侯者爲微辭使若天下盡會之而魯侯蒙俗會之者惡愈是也蓋彼本惡諸侯君事夷狄因書晉及吳見晉尚汲汲於吳知諸侯莫敢不至則魯之往會恥殺矣是亦微辭也獲麟者哀十四年西狩獲麟是也注絕筆於春起木絕火王制作道備當授漢也而經但書獲麟春秋紀以爲瑞明撥亂功成明大平以瑞應爲效亦得謂爲微辭矣

主人習其讀而問其傳【注】讀謂經傳謂訓詁主人謂定公言主人者能爲主人皆當爲微辭非獨定公【疏】舊疏云主人習其讀謂習其經而讀之也而問其傳者謂問其夫子口授之傳訓詁之義矣○注主人至定公○謂若黃池之會獲麟在哀公之世則主人屬哀公蓋凡得位有權勢者皆爲主人故爲微辭以辟害容身也

則未知己之有罪焉爾【注】此假設而言之主人謂定哀也設使定哀習其經而讀之問其傳解詁則不知己之有罪於是此孔子畏時君上以諱尊隆恩下以辟害容身慎之至也【疏】隱二年傳託始焉爾注焉爾猶於是也舊疏云讀其微辭意指難明雖問解詁亦未知己之有罪乎春秋讀定元年經而問其傳之解詁云定何以無正月正月者即位也定無正月

者卽位後也無以知其國當絕定公不得繼體奉正之義假令讀定二年經云新作雉門及兩觀而問其傳之解詁云脩舊不書此何以書譏何譏爾不務乎公室也正以久不脩理不以公室爲急務故書之無以知其僭天子是也○注此假至於是○舊疏云當爾之時未有春秋故知主人習其經而讀之者假設而言之也既未有春秋而彊言主人故云此假設而言之云主人謂定哀者正以上言定哀多微辭下文卽言主人習其讀故知此主人者宜指定哀言之也○往此孔至至也○舊疏云此時君者還指定哀也孔子作春秋當哀公之世定歿未幾臣子猶存故亦畏之爲之諱惡恩隆於定哀故曰上以諱尊隆恩也若不迴避其害則身無所容故曰下以辟害容身也其傳未行口授弟子而作微辭以辟其害亦是謹慎之甚故曰此愼之至也按諱尊者繁露觀德云魯十二公等也而定哀最尊是也隆恩者隱元年注云於所見之世恩己與父之臣尤深又云立愛自親始故春秋據哀錄隱是也漢書藝文志云春秋所貶損大人當時君臣有威權勢力其事實皆形於傳是以隱其書而不宣所以免時難也是辟害容身之義也通義云微詞者意有所託而詞不顯唯察其微者乃能知之蓋所記事皆同時君臣既以諱尊隆恩亦無道言孫之法也是也論語憲問篇邦無道危行言孫注孫順也厲言不危俗順言以遠害又爲政篇云多見闕殆論語述何云謂所見世也殆危也春秋定哀多危辭上以諱尊隆恩下以避害容身愼之至也戴氏望論語注亦云於所見世君大夫有過惡不敢直陳而託諸微辭以見遠害如定無正月書戊辰公卽位及立煬宮不日之類皆是也

三月晉人執宋仲幾于京師 疏 校勘記云唐石經諸本同釋文仲幾本或作機按昭三十一年疏作仲機

左氏穀梁及漢書五行志皆作幾通義云三月雖繫執仲幾其實外執大夫例時非何氏義

仲幾之罪何【注】据言于京師成伯討辭知有罪【疏】舊疏云上言晉人似非伯討言于京師是伯討之文與奪未明故難之○注据言至有罪○成十五年晉侯執曹伯歸之于京師注爲篡喜時是言于京師爲執有罪故成伯討也

不蓑城也【注】若今以草衣城是也禮諸侯爲天子治城各有分丈尺宋仲幾不治所主【疏】校勘記云閩監毛本同唐石經蓑作衰釋文作不衰云或作蓑困學紀聞云按左氏傳遲速衰序於是焉在又云宋仲幾不受功蓑字當從漢志作衰與左氏合按釋文作衰音素戈反則字作衰而音同蓑其或音初危反乃衰本音也經義雜記云五行志不衰城師古曰衰城謂以差次受功賦也衰音初爲反一曰衰讀爲蓑蓑城謂以草覆城也蓑音先和反按釋文及漢志知公羊本作不衰城說文衰艸雨衣从衣象形何注用說文本義作蓑俗字也作衰城義當從師古說通義本作衰云董仲舒讀傳文如是是衰分之衰師古謂以差次受功賦也何邵公讀爲蓑云若今以草衣城然今本竟作蓑字者誤也定从開成石經作衰○注若今至是也○魏志劉馥傳揚州刺史劉馥高爲城壘多積木石編作草苫數千萬枚爲備及吳圍合肥天連雨城欲崩於是以苫蓑覆之故何氏以時事喻之也故舊疏云衣讀如衣輕裘之衣按五行志下之下宋仲幾亡尊天子之心而不衰城師古注一曰衰讀爲蓑蓑城謂以草覆城蓑音先和反是顏氏亦二說備存按說文衣部衰下段注云艸部草雨衣一曰衰衣小雅何蓑何笠傳蓑所以備雨齊語注襏襫蓑襞衣也六一韜曰蓑薜簦笠衰俗從艸作蓑而衰遂爲等衰衰經

字以草為雨衣必層次編之故引伸為等差也郭璞注山海經蓑辟雨之衣也音摧衰以辟雨因即用以衣城即謂衰城管子謂水官之吏常按行隄有大雨各葆其所可治者趣治隄防可衣者衣之即蓑城之法也○注禮諸至丈尺○周禮大司馬云大役與慮事屬其植注植築城植也屬賦丈尺與其用人數鄭意植即春秋傳華元為植巡功之植屬即聚會之要者簿書左傳諸侯城成周屬役賦又書以授帥及會城而栽注栽即植也謂楨幹書者要也謂役要即何氏所謂治城各有分丈尺顏氏所謂差次受功賦也經義襍記又云衰城之義有從師古說謂以差次受功賦顏氏必本漢魏人舊注故勝於何邵公陸德明亦一音初危反國語齊語管子曰相地而衰征則民不移韋注衰差也視土地之美惡及所生土以差征賦之輕重也可證顏注之有本左傳孟懿子會城成周庚寅栽宋仲幾不受功乃執仲幾以歸三月歸諸京師與顏注正合徐疏謂昭之二年既城訖於此責其不養而已此臆說也按何氏此云各有分丈尺亦即衰次之義公羊禮說云公羊之義不絶異說一事兩義往往並載傳不蓑城也詩傳蓑以備雨何氏望文生義以漢法況之故云若今以草衣城劉敞傳天雨城欲崩以苫蓑覆之是也何又云諸侯為天子治城各有分丈尺此即九章所謂差分謂衰分也何氏蓋見京師有作衰城者師古五行志注與何氏後說同何氏据胡毋生條例與董仲舒不同是所受之本異故兩存其說也按何氏自以以草衣城為正解即此所云分丈尺亦謂分丈尺以草衣城上年城訖恐未堅牢故更以草覆蔽用防雨雪崩弛之事舊疏亦非無見也○注宋仲至所主○即左傳之宋仲幾不受功也即不受役要也彼傳仲幾曰滕薛郳吾役也云云是其事也

其言于京師何【注】据城言成周執不地【疏】○注据城言成周○即昭三十二

年冬仲孫何忌會晉韓不信以下城成周是也○注執不地○舊疏謂春秋上下大夫見執例不舉地即下六年晉人執宋行人樂祁黎七年齊人執衛行人北宮結之屬是也若然成十六年晉人執季孫行父舍之于招丘彼傳云執未有言舍之者此其言舍之何仁之也曰在招丘悕矣注悕悲也仁之者若曰在招丘可悲矣閔錄之辭執未言仁有之者此其言仁之何代公執也是也伯討也注大夫不得專執執無稱名氏見伯討例故地以京師明以天子事執之得伯討之義疏注大夫不得專執○正以上年經書城成周皆大夫此年左傳云士伯怒謂韓簡子曰薛徵於人宋徵於鬼宋罪大矣必以仲幾為戮乃執仲幾以歸是大夫專執事也下傳云大夫之義大夫不得專執也是大夫不得專執○注無稱至之義○僖四年傳稱侯而執者伯討也稱人而執者非伯討也是諸侯執人之例其大夫不得專執既執之有理故沒其名氏地以京師從伯討之例明以天子事執為得伯討義也伯討則其稱人何注据城稱名氏諸侯伯執不稱人也復發此難者弟子未解嫌大夫稱人相執與諸侯同例疏注据城稱名氏○即昭三十二年書仲孫何忌會晉韓不信以下城成周是也○注諸侯至人也○即僖四年傳稱侯而執者伯討也稱人而執者非伯討也又成十五年書晉侯執曹伯歸之于京師是伯討不稱人例也○注復發至同例○正以經稱晉人嫌大夫相執亦稱人以執非伯討○與諸侯同故發此難貶注故稱人爾不以非伯討故疏注故稱至討故○故稱人爾義與下傳所謂文不與者是也曷為貶注据晉

侯伯執稱人以他罪舉疏注据晉至罪舉○卽僖二十八年晉人執衞侯歸之于京師是也彼傳云此晉人侯也其稱人何貶曷爲貶衞之禍文公爲之也文公爲之奈何文公逐衞侯而立叔武使其兄弟相疑放乎殺母弟者文公爲之也所謂以他罪舉也文公執衞侯得伯討之義稱侯但以致衞侯殺叔武之禍故貶稱人也宜不與大夫專執也疏穀梁傳此其大夫其曰人何也微之也曷爲微之不正其執人於尊者之所也不與大夫之伯討也曷爲不與注据伯討實與注言于京師是也而文不與注文不與者貶稱人是也文曷爲不與大夫之義不得專執也注大夫不得專相執辟諸侯也不言歸者諸侯當決於天子犯之惡甚故錄所歸大夫當決主獄爾犯之罪從外小惡不復別也無例不在常書又月者善爲天子執之疏舊疏云据實與但何氏省文不復言大夫之義不得專執則其曰實與之何上無天子下無方伯天下大夫有爲無道者力能執之則執之可也異僖元年二年救邢城楚丘之傳者正以諸侯相執伯者之常事大夫相執例之所略詳尊略卑之義也通義云不發上無天子下無方伯傳者與弗克納同義惠氏士奇春秋說云晉人執宋仲幾于京師說者謂京師非執人之地非也吾不知執之者有所受之與抑無所受之與諸侯之大夫會城成周是奉天王之命也宋仲幾不受功則執之可乎曰可執之當其鼻且既有所受之矣雖執人于天子之側可也雖然宋仲幾固有可執之罪而晉士伯非執之之人晉士伯不告于天

子而專執之仍以憾而執也故書曰晉人○言士伯非執之人也按惠氏多本左氏立義○注大夫至侯也○僖四年齊人執陳袁濤塗傳發稱侯稱人之例明諸侯得專執但別伯討不伯討爾大夫則雖伯討亦不得專執也○注不言至所歸○伯即僖二十八年晉人執衛侯歸之于京師成十五年晉侯執曹伯歸之于京師是也其不錄所歸則襄十六年晉人執莒子邾婁子以歸是也以諸侯執諸侯當決之天子僖二十八年注云但欲明諸侯尊貴不得自相治當斷之于天子爾是也犯之惡甚故分別錄之明執衛侯執曹伯歸京師得正執莒子邾婁子以歸失正也故襄十六年注云錄以歸者惡晉也有罪無罪皆當歸京師不得自治之是也其襄十九年晉人執邾婁子亦是諸侯相執而不錄所歸蓋盟祝柯時執之或即釋之實無所歸也○注大夫至別也○舊疏云若執大夫當決於主獄之人耳若其犯之但為小惡故從外小惡例不復分別之也若然所見之世錄其外小惡而言從外小惡不復別之者正謂時時錄之以見大平之世諸夏小惡在治之限文不盡錄故得然解按此不書所歸是其例也杜云晉執人於天子之側而不以歸京師故但書其執不書所歸○注無例至常書○舊疏云欲道春秋上下更無大夫相執之義即是無其比例不在常書之限又引舊云此事所以無歸于以歸之例正由大夫相執不在當書故也○注又月至執之○舊疏云今而書之又書其月詳錄之與諸侯相執同例者善為天子執故也知諸侯相執例書月者襄十六年三月晉人執莒子邾婁子十九年正月晉人執邾婁子之屬是也皆書月通義云三月雖繫執宋仲幾其實外執大夫例時按執大夫無例不得援外執大夫例時也

夏六月癸亥公之喪至自乾侯【注】至自乾侯者非公事齊不專中去

之晉竟不見容死于乾侯【疏】包氏慎言云六月有癸亥月之二十三日白虎通號篇云故春秋曰公之喪至自乾侯昭公死于晉乾侯之地數月歸至急當未有謚也〇注非公至乾侯〇穀梁隱五年傳非隱也注非責也淮南氾論訓而墨子非之注非譏也昭二十五年公孫于齊又齊侯唁公于野井又齊侯取運二十六年公至自齊居于運二十七年公如晉次于乾侯注月者閔公內爲强臣所逐外如晉不見答又二十九年公至自乾侯注不致以晉者不見容于晉是皆事齊不專中去之晉竟不見容事也

戊辰公卽位【疏】包氏慎言云六月又書戊辰卽位月之二十八日公穀皆言正棺於兩楹之間然後卽位言須殯而後卽位癸亥去戊辰蓋五日殯期也

癸亥公之喪至自乾侯則曷爲以戊辰之日然後卽位【注】据癸亥得入已可知【疏】注据癸至可知〇而以上傳云卽位何以後昭公在外得入不得入未可知也今癸亥喪已至國合卽卽位而至戊辰故据以難

正棺於兩楹之間然後卽位【注】正棺者象既小斂夷於堂昭公死於外不得以君臣禮治其喪故亦盡始死之禮禮始死于北牖下浴于中霤飯含于牖下小斂于戶內夷于兩楹之間大斂于阼階殯于西階之上祖于庭葬于墓奪孝子之恩動以

遠也禮天子五日小斂七日大斂諸侯三日小斂五日大斂卿大夫二日小斂三日大斂夷而經殯而成服故戊辰然後即位凡喪三日授子杖五日授大夫杖七日授士杖童子婦人不杖不能病故也【疏】穀梁傳殯然後即位也通義云正棺者殯也周人殯于西階之上殷人殯于兩楹之間魯有王禮辟時天子故多雜殷法也檀弓曰殷朝而殯于祖而左氏說魯喪殯廟即殷法也喪自外來當盡始死哀禮故五日而後殯其明日即位顧命成王乙丑崩康王癸酉即位鄭以爲殯之明日此亦死與往日生與來日者也〇注正棺至之禮〇喪大記云小斂主人即位于戶內主婦東面乃斂卒斂主人馮之踊主婦亦如之主人袒說髦括髮以麻婦人髽帶麻于房中又云徹帷男女奉尸夷于堂降拜注夷之言尸也於遷尸主人主婦以下從而奉之孝敬之心降拜拜賓也士喪禮設牀第于兩楹之間衽如初有枕卒斂徹帷士舉男女奉尸侇于堂幠用夷衾男女如室位踊無算注侇之言尸也夷衾覆尸柩之衾也堂謂楹間牀第上也是則夷於堂在兩楹之間故何氏以正棺兩楹之間爲象夷堂之節也曾子問云君出疆君薨其入如之何孔子曰共殯服則子麻弁經疏衰菲杖注棺柩未安不忍成服於外也此云象既小斂則宜服而殯服矣曾子問又云入自闕升自西階注闕謂毀宗也柩毀宗而入異於生也升自西階亦異生也所毀宗殯宮門西也於此正棺而服殯服既塗而成服是此昭公喪自外來亦宜如是故先象斂後後乃塗之爲未得盡君臣之禮故此略存其儀節焉孔氏以此正棺即爲殯不毋急遽曾子問又云如小斂則子免而從柩入自門升自阼階此昭公去小斂

已遠自不限此禮也又雜記云至於廟門不毀牆遂入適所殯唯輤爲說於廟門外注廟所殯室牆裳帷也適所殯謂兩楹之間去輤乃入廟門以其入自有宮室也毀或爲徹几柩自外來者正棺於兩楹之間尸亦僎之於此皆因殯焉異者柩入自闕升自西階尸入自門升自阼階其殯必於兩楹之間者以其死不於室而自外來留之於中不忍遠之如賓也禮記檀弓云夏后氏殯于東階之上則猶在阼也殷人殯于兩楹之間賓主夾也周人殯于西階之上則猶賓之也或以魯殯於兩楹之間爲魯多用殷禮如牲用白牡之類亦以意言也若然僖八年左傳弗殯于廟則弗致也則正禮當殯于廟而正棺于兩楹間者禮記疏引服虔注云不殯于廟廟謂殯宮鬼神所在謂之廟也至朝廟時亦殷周不同檀弓云殷朝而殯于祖周朝而遂葬疏殷人尚質敬鬼神而遠之死則爲神故云朝而殯于祖廟周則尚文親雖亡歿故若猶存在不忍便以神事之故殯于路寢及朝廟遂葬又雜云鄭康成以爲春秋變周之文從殷之質故殯于廟也與服意以廟爲殯宮異然則如鄭意兩楹間卽廟之楹間既夕禮遷于祖亦正棺于兩楹之間或魯用殷禮亦正棺于廟之兩楹間與○注禮始至遠也○校勘記云北牖宋本同閩監毛本牖作墉按釋文作北墉云音容本又作牖鄭注禮記北牖下云或爲北墉蓋何注本作北墉卽鄭所云或本是也今公羊注作北牖則後人從禮記改轉毛本于卽改於所非自虎通崩薨篇人死必沐浴于中霤何示潔淨反本也禮檀弓曰死于牖下沐浴于中霤飯唅于牖下小斂于戶內大斂于阼階殯于客位祖于庭葬于墓所以卽遠也奪孝子之恩以漸也按今檀弓無死于牖下二語禮記坊記云賓禮每進以讓喪禮每加以遠浴于中霤飯于牖下小斂于戶內大斂于阼殯于客位祖于庭葬于墓所以示遠也注遠之所以崇敬也按始死于北墉下者喪大記云疾病

寢東首於北牖下注病者恆居北牖下士喪禮記寢東首于北墉下士喪禮死于適室注疾時處北墉下彼釋文作庸云牆也張氏識誤李氏集釋並同按彼記上云北墉下云設牀第當牖則作墉爲是淩氏廷堪禮經釋例云室在堂後南有牖北惟牆無牖也士大夫以上皆同詩豳風七月塞向墐戸毛傳向北出牖也庶人蓽戸然則北牖蓋庶人之室士大夫不爾也任氏啓運宮室考云或以爲室北有牖非也惟私室有北出小牖亦據詩塞向爲說私室即謂燕寢也段氏玉裁曰凡室之北有墉無牖郊特牲曰薄社北牖使陰明也此可證宗廟正寢之牖不北矣胡氏培翬儀禮正義士昏禮婦盥饋席于北墉下注墉牆也室中北牆又婦廟見席于北方注北方墉下是北唯有墉無牖諸說甚確論語伯牛有疾自牖執其手皇疏牖南窗也君子有疾寢於北壁下東首今師來故遷出南窗下皇疏言北壁足爲北墉之證實勝賈孔疏朱子集注作北牖下亦承疏文之誤禮記檀弓坊記俱有飯於牖下之文惟注室南有牖無牖室內止有一牖故言牖下即知其處不必分別南北也浴于中霤者檀弓云掘中霤而浴注周人浴不掘中霤以喪大記云浴水用盆沃水用枓沐用瓦盤爲周制故也中霤室中也故檀弓記曾子之喪浴于爨室爲不合于禮也士喪禮云管人汲不說繘屈之祝淅米于堂南面用盆管人盡階不升堂受潘煑于垼用重鬲祝盛米于敦奠于貝北士有冰用夷槃可也外御受沐入主人皆出戶外北面乃沐櫛挋用巾浴用巾挋用浴衣渜濯棄于坎是其事也飯含于牖下沐浴者士喪禮云主人入即位商祝襲祭服襐衣次主人出南面左袒扱諸面之右盥于盆上洗貝執以入宰洗柶建於米執以從商祝執巾從入當牖北面徹枕設巾徹楔受貝奠于尸西主人由足西牀上坐東面祝又受米奠于貝北宰從立于牀西在右主人左扱米實于右三實一貝左中亦如之

又實米唯盈白虎通云所以有飯含何緣生食今死不欲虛其口故含用珠寶物何也有益死者形體故天子飯以玉諸侯以珠大夫以米士以貝是也小斂於戶內者士喪禮云厥明陳衣于房南領西上綪絞橫三縮一廣終幅析其末緇衾赬裏無紞祭服次散衣次凡十有九稱陳衣繼之不必盡用又云士盥二人以並東西立于西階下布席于戶內下莞上簟商祝布絞衾散衣祭服祭服不倒美者在中士舉遷尸反位設牀第于兩楹之間衽如初有枕卒斂徹帷喪大記凡斂者六人正義凡者貴賤同也兩邊如三人故用六人夷于兩楹之間說見上大斂于阼階者士喪禮云厥明滅燎陳衣于房南領西上綪絞紟衾二君襚祭服散衣庶襚凡三十稱紟不在算不必盡用又云帷堂婦人尸東西面主人及親者升自西階出于足西面袒士盥位如初商祝作絞紟衾衣美者在外君襚不倒有大夫則告士舉遷尸復位主人踊無算卒斂徹帷主人馮如初主婦亦如之又記云大斂于阼階末忍便離主人位也主人奉尸斂于棺則西階上賓之喪大記小斂於戶內大斂於阼是也殯於西階之上者士喪禮主人奉尸斂于棺踊如初乃蓋主人降拜大夫之後至者北面視肂眾主人復位婦人東復位設熬旁一筐乃塗踊無算記云既殯主人脫髦注既殯置銘於肂復位時也士喪禮又云掘肂見衽注肂埋棺之坎也掘之於西階上衽小要也喪大記曰君殯用輴欑至于上畢塗屋大夫殯以幬欑置于西序塗不暨于棺士殯見衽塗上帷之是也祖于庭者禮既夕云俟牀饌于階間注俟之言尸也朝正柩用此牀疏謂柩至祖廟兩楹之間尸北首之時乃用此牀又云遷于祖用軸重先奠從燭從柩從主人從升自西階奠俟于牀下正柩于兩楹間用夷牀又云薦車直東榮北輈注車薦進也進車者象生時將行陳駕也車當東榮東陳西上於中庭又云有司請祖期曰日側主人入祖乃

載注乃舉柩卻下而載之李氏如圭云下柩於階閒載之褚氏寅亮云復以軸降自西階載於車此時柩仍北首也既夕又云乃祖注還柩鄉外爲行始是祖於庭也白虎通云祖於庭何盡孝子之恩也祖者始也始載于庭也乘軸車辭祖禰故名爲祖載也禮曰祖于庭葬于墓又曰適祖升自西階是也葬于墓者既夕云至于壙陳器于道東西北上茵先入屬引注於是脫載除飾更屬引於縅耳喪大記凡封用綍去碑負引君封以衡大夫士以咸君命毋譁以鼓封大夫命毋哭士哭者相止也既夕又云乃窆主人哭踊無算注窆下棺也是也飯含于牖下毛本牖誤墉按紹熙本不誤士喪既夕所載多是士禮大夫以上容有異用其率儀節均不外是○注禮天至大斂○白虎通又云崩薨三日乃小斂何尊孝子之恩以漸也一日之時屬纊于口上以俟絶氣二日之時尙冀其生三日之時魂氣不通終不可奈何故禮士喪經曰御者四人皆坐持體屬纊以俟絶氣禮曰天子諸侯三日小斂大夫士二日小斂屬纊于口者孝子欲生其親也與何氏所說惟天子禮異士喪禮說陳小斂衣云厥明陳衣于房張氏爾岐儀禮句讀云厥明者者繼昨日而言死之第二日也卿大夫蓋與士同下天子諸侯也士喪禮說大斂云厥明滅燎陳衣于房胡氏培翬儀禮正義云厥明者小斂之次日死之第三日也蓋士幷死日數卿大夫除死日數三日大斂也大斂與殯同日王制云天子七日而殯七月而葬諸侯五日而殯五月而葬大夫士三日而殯三月而葬是也○注夷而至即位○士喪禮云卒斂主人髺髮袒衆主人免于房又云士舉男女奉尸俟于堂主人即位踊襲絰于席東楊復儀禮圖云小斂變服有二節謂主人主婦馮尸後主人髺髮袒絞帶婦人髽于室衆主人免于房布帶此一節也奉尸俟于堂主人拜賓後即位踊襲絰于序東此又一節也又云爲父母有小異據喪服小記

斬衰括髮以麻爲母括髮以麻免而以布喪大記主人卽位襲帶
經踊母之喪卽位而免之文也小記孔疏云爲母小斂後括髮與
父禮同至尸出堂子拜賓之時猶與爲父不異至拜賓竟卽堂下
位時爲父猶括髮襲經帶以至成服爲母則不復括髮乃著布免
襲經帶以至成服蓋爲母易括髮爲免卽在此經卽位踊襲經于
序東時也曾子問記君在外薨入時禮云共殯服注此謂君已大
斂殯服謂布深衣苴經散帶垂又云則子麻弁經疏衰苴杖注棺
柩未安不忍成服於外麻弁經者布弁而加環經也布弁加爵弁
而布按殯服者小斂後未殯前之服士喪禮云小斂苴經大鬲散
帶垂又禮親始死布深衣至成服不改故鄭如彼注也何氏特舉
經言之男子重經故也其首服彼疏引崔氏云小斂之前大夫士
皆素冠小斂括髮之後士則加素冠大夫加素弁又雜記云小斂
環經是也凡弔服視主人之服爲節檀弓疏云凡弔喪之禮主人
未變之前弔者吉服而弔吉服謂羔裘元冠緇衣素裳又襲裼衣
則子游裼裘而弔是也主人旣變之後雖著朝服而加武以經又
掩其上服若是朋友又加帶則記云主人記小斂袒括髮子游趨
而出襲裘帶經而入蓋小斂夷堂一時事故子游經而入明主人
時亦經也金氏榜禮箋云弔服錫衰總衰疑衰皆有經帶弔者加
經與衰咸視主人爲節未小斂吉服而往天子爵弁加經諸侯卿
大夫皮弁加經謂之弁經士則易元冠爲素委貌加經焉雜記曰
小斂環經公大夫士一也謂此主人旣成服則弔者亦服衰而往
天子爲三公六卿錫衰爲諸侯總衰爲大夫士疑衰諸侯卿大夫
弔服錫衰士弔服疑衰其尊卑之差也是小斂後弔者經知主人
亦經故何云夷而經明小斂後卽夷也殯而成服謂大斂後也士
喪禮三日成服杖注旣殯之明日全三日疏上厭明滅燎是三日
之朝行大斂之事今別言三日成服則除上三日更加一日是四

日矣而言三日者謂除死日數之爲三日也又既夕記云三日絞垂注成服日絞要絰之散垂者又云冠六升外縪纓條屬厭衰三升屨外納杖下本竹桐一也敖繼公曰云成服者鄭已經帶矣今復以冠衰之屬足而成之也按絞垂亦謂主人及大功以上親其小功緦麻初則絞之不待三日也戊辰然後卽位者癸亥至丁卯五日大斂次日卽位也卽位吉服白虎通爵篇天子大斂之後稱王者明民臣不可一日無君也故尚書曰王麻冕黼裳此大斂之後也又云故先君不可得見則後君繼體矣故尚書曰王再拜興對乃受銅瑁也明爲繼體君也緣終始之義不可有二君故尚書曰王釋冕反喪服吉冕服受銅稱王以接諸侯明已繼體爲君也釋冕藏銅反喪服明未稱王以統事也彼本顧命康王之誥立義是大斂後卽殯前吉服卽位禮畢後釋冕反喪服明諸侯之禮亦宜然也書疏引鄭書注云王釋冕反喪服禮喪服臣爲君諸侯爲天子皆斬衰知君臣皆同反服矣○注凡喪至士杖○喪服四制云三日受天子杖五日授大夫杖七日授士杖喪大記云君之喪三日子夫人杖五日既殯授大夫世婦杖注三日者死後之三日也爲君杖不同日人君禮大可以見親疏也按士三日成服時始杖据彼二記文則天子諸侯杖在大斂前蓋尊卑之差也喪大記疏云下文云士之喪二日而殯三日之朝主人杖知君大夫三日者與士同死後三日也疏又云下云大夫之喪既殯主人主婦室老皆杖今君喪親疏杖不同日是人君禮大可以見親疏也熊氏云經云子杖通女子在室者若嫁爲他國夫人則不杖嫁爲卿大夫之妻與大夫同五日杖也喪服四制七日授士杖君之女及內宗外宗之屬嫁爲士妻及君之女御皆七日杖也○注童子至故也○喪服傳杖者何爵也無爵而杖者何擔主也非主而杖者何輔病也童子何以不杖不能病也婦人何以不杖亦不能病也喪

服四制云杖者何也爵也或曰擔主或曰輔病婦人童子不杖不能病也鄭喪服注云爵謂天子諸侯卿大夫士也無爵謂庶人也擔猶假也無爵者假之以杖尊其爲主也非主謂衆子也喪服傳又云苴杖竹也削杖桐也杖各齊其心皆下本賈疏杖所以扶病病從心起故杖之高下以心爲斷也又云有爵之人必有德有德則能爲父母致病深故許其以杖扶病雖無爵然以適子故假取有爵之杖爲之喪主衆子雖非爲主子爲父母致病是爲輔病也敖繼公云傳意蓋謂此杖初爲有爵者居重喪而設所以優貴者也其後乃生擔主輔病之義焉白虎通崩薨篇所以必杖者孝子失親悲哀哭泣三日亦食身體羸病故杖以扶身明不以死傷生也是卽輔病之義也白虎通又云禮童子婦人不杖者以其不能病也皆本喪服傳也按喪服小記云婦人不爲主而杖者姑在爲夫杖母爲長子削杖女子子在室爲父母其主喪者不杖則子一人杖注一人杖謂長女也又如喪大記所載授杖之制有夫人世婦等在內則婦人亦有杖孔氏小記疏以婦人謂童女也以彼注云女子子在室亦童子也無男昆弟使同姓爲攝主不杖則子一人杖謂長女也許嫁及二十而笄笄爲成人成人正杖也則鄭以喪服之婦人皆童女也賈疏以彼傳童子爲庶童子謂當室童子則杖引問喪曰禮曰童子不緦惟當室緦緦者其免也當室則免而杖矣謂適子也雜記云童子哭不偯不踊不杖不菲不廬注未成人者不能備禮也直有緦喪經帶而已賈疏又云彼傳疏人爲童子婦人引喪大記云三日子夫人杖云云諸君皆有婦人杖文故知成人婦人正杖也明此童子婦人又云童子得稱婦人者小功章云爲姪庶孫丈夫婦人之長殤是未成人稱婦人也與喪服四制孔疏云婦人謂未成人之婦人小記疏爲鄭學者則謂爲童子婦人同而賈疏引雷次宗則謂此喪服妻爲夫妾爲君女子子

在室爲父女子子嫁反在父之室爲父三年如傳所云婦人者皆不杖喪服小記婦人不爲主而杖者姑在爲夫唯著此一條明其餘不爲主者皆不杖矣孔疏引賀循亦云婦人不杖謂出嫁之婦人不爲主則不杖其不爲主而杖者唯姑在爲夫皆與鄭說異沈氏彤儀禮小疏云童子何以不杖包女子子言小記云女子子在室爲父母其主喪者不杖則子一人杖鄭云女子子在室亦童子也一人杖謂長女也則非長女不杖且有男昆弟主喪者則女子子皆不杖矣不能病以稚弱不龍致哀故婦人何以不杖承上文言婦人則成人矣雖非主而宜杖故問也此婦人謂異姓來嫁之婦人喪大記君之喪夫人世婦杖大夫之喪主婦杖士之喪婦人皆杖則婦人皆杖者唯士之喪耳若大夫之喪則主婦而外有不杖者矣君之喪則夫人世婦而外有不杖者矣凡此不杖者恩皆疏故曰不能病楊氏復儀禮圖云不杖者蓋婦人不皆杖非不杖也金氏榜禮箋云婦人唯爲主者杖不爲主者不杖以經校之妻爲夫母爲長子爲主而杖者也妾爲君女子子在室爲父母不爲主不杖者也故喪服小記申其義曰婦人不爲主而杖者姑在爲夫杖明他婦人不爲主者不杖矣又曰女子子在室爲父母其主喪者不杖則子一人杖明主喪者杖則女子子爲父母不杖矣小記之文正與喪服傳婦人不杖義相發明喪大記士之喪三日之朝婦人皆杖此謂主婦於三日之朝皆主人而杖不得下通衆婦人君之喪五日世婦杖君之世婦尊同大夫所謂杖者爵也不得下通於大夫士之妾鄭君於小記注謂婦人成人者皆杖違失經意胡氏培翬儀禮正義云此傳鄭無注細繹傳意自以成人婦人爲是而沈氏金氏之說尤詳蓋傳層遞問下其問童子者以男子非主皆杖童子何以不杖其問婦人者以童子未成人非主不杖婦人已成人非主何以不杖此兩問俱跟非主而杖說下若童子

當室而杖婦人爲主而杖則其義已該於擔主中矣童子自包女子子在內若以上句爲問童男下句爲問童女則童男既以稚弱不能病豈童女又能病乎此問所不必問者也賈孔之說失之子沈子曰疏齊氏召南考證云穀梁引沈子正棺乎兩楹之間曰然後卽位也卽用此傳文可知卽此子沈子但非穀梁家師故不冠以子字耳定君乎國注定昭公之喪禮於國疏注定昭至於國○兪氏樾公羊平議云定當讀爲正古字通用尙書堯典以閏月定四時史記五帝紀定作正國語齊語正卒伍漢書刑法志正作定並其證也正君乎國卽所謂正國正棺於兩楹之間上文云正棺於兩楹之間然後卽位說其事也此引子沈子曰定君乎國然後卽位說其理也穀梁傳曰何爲戊辰之日然後卽位也正君乎國然後卽位也沈子曰正棺乎兩楹之間然後卽位也與此傳文雖互異而義實相同蓋惟正君乎國卽是正棺於兩楹之間故以正君乎國爲沈子之言可也以正棺於兩楹之間爲沈子之言亦可也古經師口授但求大旨之無乖不斤斤於字句閒也孔氏通義不據穀梁傳讀定爲正而自爲之說曰季氏立定公之謀至戊辰然後定謂穀梁傳與此相反弟子乖其師說如此失之甚矣國然後卽位疏通義云此後師別自爲說謂季氏立定公之謀至戊辰然後定也然穀梁傳云正君乎國然後卽位也沈子曰正棺乎兩楹之間然後卽位也均稱沈子語而與此傳正相反弟子乖其師說如此按孔氏非是何注明云定昭公之喪禮於國卽穀梁所引沈子曰正棺于兩楹之間也定卽正義兪氏之說當矣昭公之喪既正卽於殯前行卽位禮稱君與天子大斂後稱王同也卽位

不日此何以日注据卽位皆不日錄乎內也注內事詳錄善得五

日變禮或說危不得以踰年正月即位故日主書者重五始也【疏】通義云即位不日者有常日也今而非常故錄之也何言乎有常正始必以月之朔書曰月正元日是也○注內事至變禮○繁露天道施云近者詳遠者略故內事詳錄也舊疏云書月所以得變禮者癸亥之日公喪乃至戊辰之日然後君即位象五日殯訖即位之禮故錄日以明之言其變而合禮矣杜云定公不得以正月即位失其時故詳而日之亦謂失即位之常日也按此書日似兼有二義也○注或說至故日○穀梁傳內之大事日即位君之大事也其不日何也以年決者不以日決也此則其日何也著之也何著焉踰年即位厲也注厲危也公喪在外踰年六月乃得即位危故日之○注主書至始也○左傳疏引春秋緯稱黃帝坐於扈閣鳳皇銜書至帝前其中得五始之文又云說公羊者元者氣之始春者四時之始王者受命之始正月者政教之始公即位者一國之始即此也禮記中庸云辟如天地之無不持載無不覆幬鄭注聖人制作其德配天地如此唯五始可以當焉禮記疏引合誠圖云黃帝立五始制以天道又引元命包云諸侯不上奉王之正則不得即位正不由王出不得為正王不承於天以制號令則無法天不得正其元則不能成其化也是則五始者元年也春也王也正月也公即位也此則元年也春也王也公即位也無正月者微辭也解詁箋云本例應追書元年春王正月公即位如桓宣之文因定哀多微辭故小變其例從其實即位之日書之則纂文顯而微矣傳所云主人習其讀而問其傳則未知己之有罪焉爾其說是也

秋七月癸巳葬我君昭公【疏】包氏慎言云七月有癸巳月之二十四日

九月大雩注定公得立尤喜而不恤民之應

立煬宮

煬宮者何注据十二公無煬公煬公之宮也注春秋前煬公也疏注春秋前煬公也○杜云煬公伯禽子也魯世家魯公伯禽卒子考公酋立考公四年卒立弟熙是謂煬公左疏謚法好內怠政曰煬煬公伯禽子世本世家文祭法鄭注云魯煬公伯禽之子也至昭公定公久已爲鬼而季氏禱之而立其宮則鬼之主在祧明矣疏引世本煬公伯禽之子是春秋前也世本云煬公徙魯宋衷曰今魯國

立者何立者不宜立也疏穀梁傳立者不宜立者也杜云其廟已毀季氏禱之而立其宮書以譏之公穀無季氏禱煬公事要之無論爲何皆在親盡不宜立者也

立煬宮非禮也注不日嫌得禮故復問立也不日者所見之世諱深使若比武宮惡愈故不日疏舊疏云春秋之例失禮於宗廟例書日故此不日嫌得禮也注言此者正以六年已有此傳今復發之故解云爾按隱四年冬十有二月衞人立晉傳云立者何立者不宜立也成六年春二月辛巳立武宮傳立者何立者不宜立也立晉爲篡發例書月者大國篡例也立武宮書日爲失禮立宮發例也昭二十三年尹氏立王子朝不發傳從立晉例可知也此不日與立武宮日異故復發傳闕嫌爲得禮異也故也○注不日至不日○舊疏云例既書日而不日者正以當所見之世故也莊二十三年秋丹桓宮楹注失禮宗廟例時與向說違者蓋失禮於鬼神例日故隱五年初獻六羽下何

珍倣宋版印

氏云失禮宗廟例日是也若失禮修營宗廟則例書時即莊二十三年秋丹桓宮楹注失禮宗廟例時也莊二十四年刻桓宮桷書月者注云功重於丹楹是也若其失禮始造宗廟者例書日即成六年春王二月辛巳立武宮是也所以然者刻桷功重於丹楹猶變例書月況始造宗廟爲費實深甯不日乎通義云昭公之世季孫隱如禱于煬公今立其宮以報之趙汸曰立煬宮不日明事出叛臣又與立武宮不同也按趙氏牽涉左氏孔氏何爲從之煬宮是否季氏所立本傳無文然親盡之廟非所宜立與武宮同而日不日殊其爲所見世所聞世之別明甚定哀多微辭諱之愈甚譏之愈深也

冬十月霣霜殺菽 疏 差繆略云叔公羊作菽趙氏坦春秋異文箋云唐石經左氏初刻作叔磨改作菽石經穀梁作菽左傳釋文正作叔云本或作菽說文作尗校勘記監本冬字空缺

何以書記異也 注 菽大豆時猶殺菽不殺他物故爲異 疏 注菽大豆○詩小雅采菽云采菽采菽箋菽大豆也左傳成十八年云不能辨菽麥注菽大豆也左傳此經疏云菽者大豆之苗又是耐霜之穀五行志注師古曰菽大豆也○注時猶至爲異○校勘記云閩監毛本同誤也鄂本猶作獨解云知獨殺菽不殺他物者當據以訂正按紹熙本猶亦作獨舊疏云若更殺他物則經直云霣霜不舉穀名傳云記災也即桓元年秋大水傳云何以書記災也彼注云災傷二穀以上是也此則但傷一穀既不成災故謂之異穀梁傳未可以殺而殺舉重注舉殺豆則殺草可知可殺而不殺舉輕注不殺草則不殺菽亦顯僖三十三年隕霜不殺草是也其曰菽舉重也非公羊義

此災菽也曷爲以異書 注

据無麥苗以災書疏注据無至災書○莊七年秋大水無麥苗傳何以書記災也是也舊疏云向解若更殺他物則經直云霣霜不舉殺名何故莊七年經云無麥苗者彼傳云一災不書待無麥然後書無苗注水旱螟蟲皆以傷二穀乃書然不舉殺名至麥苗獨書者民食最重故也然則一災不書今此書者示以早當誅季氏故不得不錄也俞氏樾公羊平議以傳文菽爲衍文蓋無麥苗以災書則此霣霜殺菽亦當以災書而傳乃曰記異也故弟子問曰此災也曷爲以異書亦通異大乎災也注異者所以爲人戒也重異不重災君子所以貴教化而賤刑罰也周十月夏八月微霜用事未可殺菽菽者少類爲稼强季氏象也是時定公喜於得位而不念父黜逐之恥反爲淫祀立煬宮故天示以當早誅季氏疏注異者至罰也○隱三年傳注云異者非常可怪先事而至者隱五年注云災者有害於人物隨事而至者是則先事而至人君可以爲戒若其變改則不害人物若災則害事已見無及變更故君子重異不重災也故詩疏引洪範五行傳及鄭駁異義皆云非常曰異害物曰災異爲非常上天垂象教先乎殺故爲教化災已害物譴罰已及故爲刑罰也繁露必仁且智云天地之物有不常之變者謂之異小者謂之災災常先至而異乃隨之災者天之譴也異者天之威也譴之而不知乃畏之以威詩云畏天之威殆此謂也凡災異之本盡生於國家之失國家之失乃始萌芽而天出災異以譴告之譴告之而不知變乃見怪異以驚駭之驚駭之尚不知畏恐其殃咎乃至以此見天意之仁而不欲害人也謹按災異以見天

意天意有欲也有不欲也所欲所不欲者人內以自省宜有懲於心外以觀其事宜有驗於國故見天意者之於災異也畏之而不惡也以爲天欲振吾過救吾失故以此報我也是異爲人戒義也五行傳又曰害物爲災不害物爲異災散於已至異戒於未來未來者可追已至者無及故君子視不害物大於異物也說苑政理云夫化之不變而後威之威之不變而後脇之脇之不變而後刑之夫至于刑者則非王者之所得已也是以聖王先德教而後刑罰○注周十至殺菽○說文尗豆也荅小豆也淮南子墜形訓菽夏生冬死農桑輯要引四民月令云杏花盛桑椹赤可種大豆四月時雨降可種大小豆又引氾勝之書曰三月榆莢時有雨高田可種大豆夏至後二十日當可種則種菽有早晚南方早者六月可穫晚者亦至冬令也詩小雅小明云歲聿云莫采蕭穫菽是夏正之八月非穫菽時而爲微霜所殺故爲異也○注菽者至象也○舊疏云菽爲第三之稱故爲少類季氏於叔孟爲弟亦是少之義故得爲其象菽雖第三爲稼最強季氏雖幼彊於叔孟故曰菽者少類爲稼強季氏之象也按說文尗象豆生之形尗於五穀中莖植最低故叔季之字从尗廣雅釋詁叔少也古多聲義相兼也故菽亦作叔禮記檀弓啜叔飲水盡其歡三公山碑叔粟如火是也古微書春秋考異郵云菽者稼最強五行志云菽草之難殺者也又引董仲舒說亦云菽草之彊者也○注是時至季氏○五行志中之下云定公元年十月隕霜殺菽劉向以爲周十月今八月也消卦爲觀陰氣未至君位而殺誅罰不由君出在臣下之象也是時季氏逐昭公死于外定公得立故天見災以視公也釐公三十二年隕霜不殺草爲嗣君微失秉事之象也其後卒在臣下則災爲之生矣異故言草災故言菽重殺一曰菽草之難殺者也言殺菽知草皆死也言不殺草知菽亦不死也本穀梁爲說志又

云董仲舒以爲菽草之彊者天戒若曰加誅於彊臣言菽以微見季氏之罰也何氏之意本此韓非子七術篇必罰云故仲尼說隕霜而殷法刑棄灰注仲尼對哀公言隕霜不殺草則以宜殺而不殺故也按韓非當斥此實霜殺菽言故下云魯哀公問於仲尼曰春秋之記曰冬十二月霣霜不殺菽何爲記此仲尼對曰此言可以殺而不殺也夫宜殺而不殺桃李冬實天失道草木猶犯干之而況於人君乎御覽引考異郵云定公即位隕霜不殺菽者稼最強季氏之萌惠氏士奇春秋說云吳嘉禾三年九月隕霜殺穀說者謂誅罰不中君出政在臣下是時呂壹專作威福與漢元帝石顯用事永光元年九月隕霜殺稼同應定元年十月乃夏之八月而隕霜殺菽較漢吳在九月更早一月而菽乃穀之尤勁者而能殺之則稼與菽更不足言矣蓋石呂一後皆復誅而魯自襄昭以後三家四分公室定公受國季氏爲寄食之君其後哀公客死於外故當定即位之後夏之八月即有隕霜之異君弱臣強之象也舊疏云何氏以爲定公者昭公之子與賈服異既爲昭公之子而喜於得位者正以父見放逐薨於乾侯讐人秉政有年歲矣忘其恥辱欲求福於淫祀天怪其所爲故示之戒也又引舊疏云定公爲昭公弟立非其次是以喜之而謂昭公爲父者臣子一例故也

公羊義疏六十八

公羊義疏六十九

南菁書院

句容陳立卓人著

定二年盡四年

二年春王正月

夏五月壬辰雉門及兩觀災【疏】包氏慎言云五月無壬辰四月之二十七日

其言雉門及兩觀災何【注】据桓宮僖宮災不言及不但問及者方於下及聞其文問之故先俱張本於上【疏】注据桓至言及○即哀三年書桓宮僖宮災是也○注不但至於上○校勘記云鄂本闕作問此誤言傳文不但問及者何而連言雉門及兩觀災問也爲下方復問曷爲雉門災及兩觀故先於此俱問張本於上也

兩觀微也【注】雉門兩觀皆天子之制門爲主觀爲其飾故微也【疏】注雉門至微也○禮記明堂位云太廟天子明堂庫門天子皋門雉門天子應門注言廟及門如天子之制也正義謂制度高大如似天子耳昭二十五年傳子家駒曰諸侯僭天子久矣設兩觀云云是雉門兩觀皆天子之制也彼傳不及雉門者舊疏云天子諸侯皆有雉門但形制殊耳按諸侯三門他國不聞有雉門或唯魯有而又制如應門故爲天子制也史記魯世家煬公築茅闕門徐廣曰茅一作第又作夷雉字古文作鴺雉亦與夷通左傳昭十七年服注雉者夷也又漢書揚

雄傳注引服虔云雉夷聲相近爾雅釋詁樊光注雉夷也是也古微書引感精符云雉之爲言弟也故弟闕門卽雉闕門也蓋卽觀也周禮閽人注鄭司農云王有五門外曰皋門二曰雉門三曰庫門四曰應門五曰路門一曰畢門元謂雉門三門也春秋傳曰雉門災及兩觀疏元謂雉門爲三門者破先鄭雉門爲二必知雉門爲中門者凡諸侯三門有皋應路詩云乃立皋門皋門有亢乃立應門應門將將是也若魯三門則有庫雉路故明堂位云庫門天子皋門則庫門向外兼皋門矣又云雉門天子應門則雉門向內兼應門矣既言庫門向外兼皋門雉門向內兼應門則天子五門庫門在雉門外明矣按毛氏大雅緜傳云王之郭門曰皋門王之正門曰應門箋云諸侯之宮外門曰皋門朝門曰應門內有路門天子之宮加以庫雉蓋皋應本太王爲諸侯之門文王增爲天子之制諸侯不得更有皋應之名故魯唯庫雉路也江氏永鄉黨圖考云集傳云太王之時未有制度特作二門其名如此及周有天下遂尊以爲天子之門而諸侯不得立焉朱子又云書天子有應門春秋書魯有雉門禮記云魯有庫門家語云衛有庫門皆無云諸侯有皋應者則皋應爲天子之門明矣此爲定說注疏言魯有庫雉他國諸侯有皋應者皆非江氏又云明堂位言魯之庫門擬天子之皋雉門擬天子之應耳非謂唯魯有庫門雉門而餘諸侯不得立也檀弓言庫門者四除魯莊公既葬而經不入庫門之外言君復於庫門宰夫命舍故諱之新自寢門至於庫門軍有憂則素服哭於庫門之外皆通諸侯言之非專爲魯記也禮器言繹之於庫門內家語謂孔子爲衛莊公言之則諸侯皆有庫門可知有庫門則亦有雉門矣按諸侯之門或路門同爾魯有雉門者正以有兩觀故通典引三禮義宗云雉門雉施也其上有觀闕以藏法象魏故以施政教爲名周禮乃縣治象之法于象魏闕是也他國無

兩觀中門未必名雉則大門不必如魯有庫門也魯有庫門或因魯有大庭氏之庫得名其檀弓所記多是魯諸儒假魯事以明經
制不必他國皆然家語多王肅私竄不可據焉戴氏震三朝三門考云天子之宮有皐門有應門有路門路門一曰虎門一曰畢門
不聞天子庫門雉門也諸侯之宮有庫門有雉門有路門不聞諸侯皐門應門也皐門天子外門庫門諸侯外門應門天子中門雉
門諸侯中門異其名殊其制辨等威也天子三朝諸侯三朝天子三門諸侯三門其數同君國之事侔體合朝與門無虛設也王氏
塗鄉黨正義云戴氏謂天子亦三門與宋劉氏敞之說同既以為三門則皐門即庫門雉門即應門亦可通名故郊特牲云獻命庫
門之內是指王朝也戴氏以為據魯以合於天子始非也作雉解路寢明堂咸有庫臺庫庫門臺臺門即雉門是天子亦得稱庫雉
也考工記匠人云廟門容大扃七个闈門容小扃參个路門不容乘車之五个應門二徹參个注云大扃牛鼎之扃長三尺每扃為
一个七个二丈一尺廟中之門曰闈小扃膷鼎之扃長二尺參个六尺路門者大寢之門乘車廣六尺六寸五个三丈三尺言不容
者是兩門乃容之兩門乃容之則此門半之丈六尺五寸正門謂之應門謂朝門也二徹之內八尺三个二丈四尺焦氏循羣經宮
室圖說路門為人君視朝之地宜廣於諸門不應小至一丈六尺五寸視應門三之二也以考工記門堂門室注參之東西當得三尺
十步而兩室與門各居其一則中亦十步也一步六尺則十步為六丈矣然古尺比今尺為短如注言一丈六尺五寸得今九尺彊
則與記文不容之言不合而焦氏所言亦太後劉氏寶楠論語正義云細繹記文但謂以乘車五个略狹故曰不容車耳乘車五个
三丈三尺度以今尺為二丈強而路門稍狹則為二丈內外矣記又云王宮門阿之制五雉注阿棟也雉長三丈高一丈度高以高

度廣以廣疏謂門之屋兩下爲其脊高五丈不著門丈之制又此皆爲天子言之若諸侯宮廟之門其高廣經無明文然必當殺於天子王氏塗引進氏愛蓮曰據鄭氏說諸侯三門其高與天子同其廣路門丈六尺五寸雉門二丈四尺皐門之廣與應門同諸侯之庫雉亦與天子同其說合理始非是也門爲主觀爲其飾者釋名釋宮室云闕在兩旁中間闕然爲道也禮記疏引白虎通云闕者所以飾明別尊卑也崔豹古今注云闕觀也古每門樹兩觀於其前所以標表宮門也其上可居登之則可遠觀故謂之觀人臣將朝至此則思其所闕故謂之闕其上皆丹堊其下皆畫雲氣仙靈奇禽怪獸以昭示四方焉然闕止在雉門旁崔謂每門皆有於禮乖也元和郡縣志兩觀在縣東南五十步定公二年雉門及兩觀災卽孔子戮少正卯處是也穀梁桓三年禮逆女諸母兄弟不出闕門或謂卽此然諸母並不得出路門也恐非指是在傳莊二十一年鄭伯享王于闕西辟樂備疏引服虔云西辟西偏也當謂兩觀之內道之西也是有兩觀則一東西有兩宮室可設享而舞樂不止門上作臺也按觀與闕似是一處而二物詳昭二十五年義疏雉門爲正兩觀在門旁瞻觀之物故以兩觀爲微

然則曷爲不言雉門災及兩觀注据下新作雉門及兩觀先言作者主災者兩觀也注時災從兩觀起疏注時災從兩觀起○穀梁傳其不曰雉門災及兩觀何也災自兩觀始也注始災者兩觀也通義云實兩觀災延及雉門非雉門災延及兩觀

時災者兩觀則曷爲後言之注据欲使言兩觀災及雉門若言宋督弑其君與夷及其大夫孔父疏校勘記云唐石經作主災者兩觀諸本皆誤作時孫

志祖云左傳疏引作主按紹熙本作主不誤○注據欲至孔父○見桓二年正以兩觀先災宜書兩觀災及雉門也不以微

及大也疏穀梁傳先言雉門尊尊也注欲言兩觀災及雉門則卑不可以及尊災不從雉門起故不得言雉門災及兩觀兩觀始災故災在兩觀下也鄭嗣曰欲以兩觀親災則經宜言兩觀災及雉門雉門尊兩觀卑卑不可以及尊故不得不先言雉門而後言兩觀欲令兩觀始災故災在兩觀下矣通義云兩觀先災而後言之稱言有序猶孔父先死而曰弒其君與夷及其大夫孔父也若然仲子以微不言及兩觀又以微言及者言及而後其微見者加及以絕之也不待言及而其微見者不加及以絕之也

何以書注不復言雉門及兩觀災何以書者上已問雉門及兩觀災故但言何以書疏注不復至以書○舊疏云隱三年秋武氏子來求賻傳云武氏子來求賻何以書注云不但言何以書者嫌以主覆問上所說二事不問求賻又七年城中丘傳云中丘者何內之邑也城中丘何以書注云上言中丘者何指問邑也欲因其何以書嫌但問書中丘故復言城中丘何以書也僖二十年傳云西宮災何以書然則彼三傳文皆舉句而問之今此不嫌不以微及大何以書而不舉句問之者正以上傳已云其言雉門及兩觀災何不能復重言之故省文也記災也

注此本子家駒諫昭公所當先去以自正者昭公不從其言卒為季氏所逐定公繼其後宜去其所以失之者故災亦云爾立雉門兩觀不書者僭天子不可言雖在春秋中猶不書疏注此本至云爾○見昭二

十五年穀梁疏引劉向云雉門天子之門而今魯過制故致天災也五行志上定公二年五月雉門及兩觀災董仲舒劉向以爲此皆奢僭過度者也先是季氏逐昭公昭公死于外定公卽位既不能誅季氏又用其邪說淫於女樂而退孔子天戒若曰去高顯而奢僭者一一曰門闕號令所由出也今舍大聖而縱有辠亡以出號令矣京房易傳曰君不思道厥妖火燒宮何氏劉氏皆以魯雉門爲僭天子皆與漢志所載董劉說合是公穀義同惟此傳云記災不云記異董劉說及受女樂事在後與傳例不合○注立雉至不災書○隱五年初獻六羽傳云何以書譏何譏爾譏始僭諸公也始僭諸公昉於此乎前此矣前此則曷爲始乎此僭諸公僭諸公猶可言也僭天子不可言也此義與彼同解詁箋云傳春秋見者不復見也此因災見且以張王文猶郊禘也例

秋楚人伐吳

冬十月新作雉門及兩觀

其言新作之何注据俱一門兩觀如故常疏通義云据新延廄不言作○注据俱至故常○莊二十九年傳云有所增益曰作此仍故常無所增益而言作故据以難脩大也注天災之當減省如諸侯制而復脩大僭天子之禮故言新作以見脩大也疏毛本脩作修○注天災至大也○繁露王道云作雉門及兩觀譏驕溢不恤下也驕溢卽脩之義穀梁傳言新有舊也作爲也有加其度也俱與何氏有所增益曰作義合彼注又云繕故曰新此言新作蓋有舊而又增大之也僖二十年新作南門傳何以書譏何譏爾門有

古常也亦以其奢泰不奉古制惡之也脩舊不書此何以書注據西宮災復脩不書

疏注據西至不書〇見僖二十年西宮災復脩以理度知也譏何譏爾不務乎公室也注務勉也不務公室亦可施于久不脩亦可施于不務如公室之禮微辭也月者久也當卽脩之如諸侯禮

疏注務勉也〇呂覽士節云不可不務求此人也又聽言云不可不務也高注並云務勉也荀子富國云儯然要時務民注務勉强也〇注不務至辭也〇舊疏云卽文十三年傳世室屋壞何以書譏何譏爾久不脩也何氏云簡忽久不以時脩治至令壞敗故譏之然則此文不務公室者亦可見魯人簡忽五月有災十月乃作之義故云亦可施於久不脩也校勘記出亦可施于久不脩云蜀大字本閩監毛本同鄂本于作於下同作於是按主人習其辭而聞其傳則但責其久不脩其實則責其僭天子不務如公室也故為微辭也通義云譏季氏當國不勉務公室之事朝闕重地被災彌五月然後脩之魯雉門如天子應門而兩觀尤非諸侯之法春秋雖若以譏久不脩書其僭已據事直見矣所謂微辭也〇注月者至侯禮〇舊疏云正以莊二十九年春新延廏僖二十年春新作南門皆書時此特月者譏其久不脩也舊云如天子之門大不可卽成故月以久之按舊說是也時魯宜因陋就簡及時脩治今乃務為驕溢工作繁多曠日持久故書月以起之也

三年春王正月公如晉至河乃復注月者內有彊臣之讎外不見荅於晉故危之

疏注月者至危之〇正以凡朝例時此月故解之書月為危者襄二十八年十一月公如楚注如楚書

月者危公朝夷狄之屬是也而僖十年注云故如京師則月榮之
如齊晉則月安之者美惡不嫌同辭故也知不見答於晉者昭二
年冬公如晉至河乃復傳其言至河乃復何不敢進也注時聞晉
欲執之不敢往君子榮見與恥見距故諱使若至河河水有難而
反又十二年十三年二十一年皆書公如晉至河乃復之屬皆不
見答之辭此與彼文同故也內有季氏彊臣外不見答盟主故爲
危

三月辛卯邾婁子穿卒**疏**校勘記云唐石經原刻三月磨改作二月
解云公羊穀梁皆作三月左氏作二月未
知孰正按此則當從唐石經原刻包氏慎言云三月有辛卯月之
朔日春秋杜氏釋例長曆定公三年甲午二月癸亥朔辛卯二十
九
日

夏四月

秋葬邾婁莊公

冬仲孫何忌及邾婁子盟于枝**注**後相犯時者諱公使大夫盟又未
踰年君薄父子之恩故爲易辭使若義結善事**疏**釋文校二傳作
拔校勘記云枝
唐石經諸本同按枝當爲拔字之誤也如公孫拔之誤爲公孫枝
按枝與拔字形相近易混漢書地理志北海郡下樂都云侯國莽
曰拔龜一作枝一作枝又荀子彊國云拔戟加乎首注拔或作枝
是也左傳校勘記顧炎武云石經拔誤枝按石經此處殘缺炎武

所据乃補刻本杜云拔地闕左傳作郯杜云郯即拔也大事表云當在今兗州府嶧陽縣境〇注後相至善事〇會盟之例大信時小信月不信日此後相犯不信明即哀元年仲孫何忌帥師伐邾婁之屬是也今而書時爲大信辭故解之閔二年注君臣無相適之道故大夫不敵君莊九年注鄰國之臣猶吾臣也此公使大夫盟諸侯非禮又邾婁子穿卒於三月冬會其孤又失禮故皆爲諱作易辭也易者莊十三年冬公會齊侯盟于柯傳何以不日易也注易猶佼易也相親信無後患之辭是也通義云不月者入春秋來邾婁數伐我邊鄙内亦亟取其邑唯終定公之世二國修禮未嘗相犯故特大信辭也義亦通又云未踰年稱爵者與其所可與譏其所可譏

四年春王二月癸巳陳侯吳卒 疏 包氏慎言云二月無癸巳据曆三月之九日正月之八日也

三月公會劉子晉侯宋公蔡侯衞侯陳子鄭伯許男曹伯莒子邾婁子頓子胡子滕子薛伯杞伯小邾婁子齊國夏于召陵侵楚 注 月而不舉重者楚以一喪之故拘蔡昭公數年然後歸之諸侯雜然侵之會同最盛故善錄其行義兵也拘不書者惡蔡侯吝一裘而見拘執故匹夫之執歸不書者從執例 疏 左傳疏引土地名云召陵楚地舊疏云上文二月陳侯吳卒下之六月葬陳惠公然則其父未葬宜稱子某而言陳子僖九年宋子之下注云宋未葬不稱子某者出會諸侯非尸

柩之前故不名然則今此陳子亦然但從宋子省文故不復注之
○注月而至兵也○正以侵伐例時然此月若其舉重宜云公會劉
子晉侯以下侵楚不言于召陵也而今會侵並舉是書月又不舉
重故解之善錄其行義兵者傳十五年秋七月齊師曹師伐厲注
月者善錄義兵傳十八年春王正月宋公會曹伯以下伐齊注月
者與襄公之征齊善錄義兵此與同也舊疏云傳四年春王正月
公會齊侯以下侵蔡何氏云月者善義兵也然則彼亦是義兵而
舉重者正以彼下經云楚屈完來盟于師盟于召陵傳云其言盟
于師盟于召陵何師在召陵也師在召陵則曷為再言盟喜服楚
也則以下有喜服楚之文為義兵可知是以不勞具錄也桓十五
年冬十有一月公會齊侯宋公以下于後伐鄭彼注云月者善諸
侯征突善錄義兵也不舉伐為重者用兵重於會嫌月為桓伐有
危舉不為義兵錄故復錄會也按詳錄多為善辭所謂書之重辭
之復其中必有美者焉是也此書月已為義兵錄復以蔡昭見執
諸侯雜然侵之會同最盛故又詳錄所會地著其善也蓋侵伐書
月不必皆錄義兵如莊十年二月公侵宋書月為危僖四年冬十
有二月公孫慈會齊人以下侵陳書月為刺下六年二月公侵鄭
八年春王正月二月比侵齊為危莊三年正月溺會齊師伐衛書
月為惡齊魯是不皆為義兵錄故此復不舉重以起之也拘蔡昭
公者即下傳云蔡昭公朝乎楚有美裘焉囊瓦求之昭公不與為
是拘昭公於南郢數年然後歸之是其事也○注拘不至夫之○
傳二十一年執宋公以伐宋二十八年晉侯執曹伯之屬皆書執
此不書故解之匹夫之者舊疏云所以不直言賤之而言匹夫之
者以楚人執良霄之屬大夫猶書今反不書賤於大夫故言匹夫
之○注執歸至執例○舊疏云即僖二十一年注云凡出奔歸書
執獲歸不書歸者出奔已失國故錄還應盜國與執獲者異臣下尙

隨君事之未失國不應盜國無爲錄也是其被執而歸不書之義今此蔡侯之執經雖不書其實見執故得從其例矣

夏四月庚辰蔡公孫歸姓帥師滅沈以沈子嘉歸殺之注爲不會召陵故也不舉滅爲重書以歸殺之者責不死位也日者定哀滅例日定公承黜君之後有彊臣之讎故有滅則危懼之爲定公戒也

疏包氏愼言云四月書庚辰月之二十六日校勘記出公孫歸姓云唐石經諸本同釋文公孫歸姓二傳無歸字姓音生按昭二十三年注作歸生疏引此經同左氏釋文作公孫生云本又作姓按姓生通昭元年會于虢三傳皆作公孫歸生左穀此經蓋脫也〇注爲不至故也〇舊疏云召陵之會蔡爲謀首召陵之經不見沈子而今滅之故知義然也〇注不舉至位也〇襄六年傳人滅萊傳曷爲不言萊君出奔國滅君死之正也注明國當存不書殺萊君者舉滅國爲重彼萊君死位故但舉滅國爲重今欲責沈子不死位故幷書以歸殺之也〇注日者至戒也〇正以滅例月此日故解之定哀滅例日者舊疏云定哀之時文致大平若有相滅爲罪已重故皆書日以詳其惡即此經及六年春王正月癸亥鄭游遫帥師滅許以許男斯歸之屬是也又云既言定哀滅例日乃是滅爲例矣而又言定公承黜君之後有彊臣之讎故有滅則危懼之爲定公戒者欲道哀公之篇若有相滅例合日按哀公八年春王正月宋公入曹以曹伯陽歸傳曷爲不言其滅諱同姓之滅也何諱乎同姓之滅力能救之而不救也注不日者深諱之定哀滅例日此不日者諱使若不滅故不日故舊疏謂欲見他殺者容不書之是也舊疏又云哀公之篇更無書滅之經而知例日者正

以文承定公之下定公猶日則哀公明矣定公承黜君之後偏有危懼是以有滅則書日哀公無此義故諱其滅以沒不救同姓之罪但知例合書其日故何氏云焉按定哀滅例日何氏此語必有所受故据以爲例

五月公及諸侯盟于浩油【注】再言公者昭公數如晉不見答卒爲季氏所逐定公初即位得與諸侯盟故喜錄之後楚復圍蔡不救不日者善諸侯能翕然俱有疾楚之心會同最盛故褒與信辭【疏】釋文浩油二傳作皋鼬校勘記云唐石經諸本同九經古義云鹽鐵論作誥鼬爾雅釋訓皋皋琄琄樊光本作浩浩按鹽鐵論見和親篇桓寬多用公羊說或亦公羊異本也惠氏棟云古讀皋爲浩鼬爲由皋浩同部油鼬皆从由聲故也大事表云鄭氏曰鄭地城皋也杜注繁昌縣東北有成皋亭今在許州府臨潁縣界按在臨潁者近是水經注潁水篇潁水又東南逕皋城北即古皋城亭矣春秋書公及諸侯盟于皋鼬者也皋澤字相似名與字乖耳一統志城皋亭在許州府臨潁縣南定四年盟于皋鼬即此地是也○注再言至錄之○舊疏云正以僖五年夏公及齊侯以下會王世子于首戴秋八月諸侯盟于首戴九年夏公會宰周公以下于葵丘九月戊辰諸侯盟于葵丘之屬皆不再言公今此再言公故於此解之昭公數如晉不見答者即昭十二年夏公如晉至河乃復十三年公如晉至河乃復二十三年公如晉至河公有疾乃復是數如晉之文也不見晉人來聘之經故云不見答也卒爲季氏所逐者即二十五年公孫于齊是也而再言公故知其喜似若僖四年楚屈完來盟于師盟于召陵傳曰曷爲再言盟喜服楚也之類注云

孔子曰書之重辭之複嗚乎不可不察其中必有美者焉義亦通於此按上年公如晉亦至河乃復此得與諸侯盟故尤喜錄之鹽鐵論和親云春秋存君在楚詰鼬之會書公殆夷狄也三傳皆無此義蓋嚴氏春秋說通義云彼意似以楚強無信侵之有危爲公危錄此盟蓋會盟異地間有他事又劉子不與盟備此三者合書諸侯例也但葵丘重丘之等不書公及今再言公即與會于宋再言豹同意故知是殆之也按春秋於中國勝楚事俱有辭故下經伯莒之戰吳進稱子此突爲殆諸侯與全經例乖○注後楚至信辭○鄂本褒作褒卽下經楚人圍蔡是也下傳云夷狄也而憂中國又曰蔡請救于吳明在會諸侯無救之者故無救文也宜書日而書月爲小信辭者正以諸侯能翕然疾楚故猶與之也

杞伯戊卒于會注不日與盟同日疏釋文戊音茂又音恤二傳作成按戊戌成三字混未知孰是作史記杞世家平公十八年卒子悼公成立與二傳同校勘記云戊唐石經諸本同○注不日與盟同日○舊疏云考諸古本日亦有作月者若作日字宜云所見之世小國之卒例合書日卽上言三月辛卯邾婁子穿卒之文是也今不日者正以與盟同日文不可施故也何者若言五月甲子公及諸侯盟于浩油甲子杞伯戊卒于會則嫌上會非信辭若言五月公及諸侯盟于浩油甲子杞伯戊卒于會則嫌與盟別日是以進退不得日也若作月字宜云所見之世雖例書日若有內行失亦但月之卽昭六年春王正月杞伯益姑卒何氏云不日者行微弱故略之入所見之世責小國詳始錄內行也諸侯內行小失不可勝書故於終略責之見其義是也今杞伯亦有內小失宜合書月而不書月正以與盟同月故也通義云不日者與益姑同義蓋用古本爲說

六月葬陳惠公

許遷于容城 疏 大事表云在今南陽府葉縣西應劭以漢華容縣爲許所遷之容城非也定四年許遷後二年鄭卽滅許傳云因楚敗也漢華容爲今荊州府監利縣在郢都之側鄭豈能至此又哀元年許復從楚圍蔡似未嘗滅或云楚復封之則不可考其何地矣方輿紀要云容城在荊州監利縣東五里應劭以爲楚遷許之容城沈氏欽韓云其地當在南陽府或曰葉縣西蓋本顧氏棟高說水經注夏水篇又東過華容縣南縣故容城矣春秋許遷于容城是也北臨中夏水自縣東北逕成都郡故城南按昭十八年許遷于白羽卽析也在今南陽府之內鄉鄭許世仇許避鄭患豈有復遷葉縣之理葉去鄭近於白羽也則應劭謂在華容者近是楚新復國鄭承其敝滅許鄭去之後許仍復封故哀元年得見于經故水經注同應說也

秋七月公至自會 注 月者爲下劉卷卒月者重錄恩 疏 注月者至卷卒○舊疏云春秋之義致公例時桓二年冬公至自唐之屬是也若其有危乃合書月卽下八年三月公至自侵齊之屬是也今此上會有義兵之錄上盟有信辭之美又再言公爲喜文則知公於時無危事而有七月故知月爲下事爾若然桓十六年秋七月公至自伐鄭何氏云致者善桓公能疾惡同類比與諸侯行義兵伐鄭致例時此月者善其比與善行義故以致復加月也似月爲善者正以桓是簒賊動作有危而能疾簒脫危而至故致之何氏彼注必言此者欲對桓元年垂會之注云不致之者爲下去王適足以起無王未足以見無王罪之深淺故復奪臣子辭成誅文也以此言之則桓十六年注云以致復加月仍是危文但善其比行義故能脫危而

至與此仍不妨矣○注月者重錄恩○此解劉卷卒書月義也舊疏云大夫之卒宜又降于微國之君但合書時而已而書月者正以新奉王命主會于召陵於魯有恩故重而錄之故云月者重錄恩也

劉卷卒

劉卷者何天子之大夫也外大夫不卒此何以卒我主之也注劉卷即上會劉子我主之者因上王魯文王之張義也卒者明主會者當有恩禮也言劉卷者主起以大夫卒之屈於天子也不日者此尹氏以天子喪爲主重也此卷主會輕故不日疏通義云我主之者蓋劉子反自召陵遘疾道卒魯人爲之辯護其喪事與按劉子會召陵伐楚由楚返周不入魯竟魯無爲辯護喪事穀梁傳此不卒而卒者賢之也實內諸侯也非列土諸侯此何以卒也天王崩爲諸侯主也則公羊義亦當然○注劉卷至義也○校勘記出因上王魯文王之云閩本作故主之是也此作王之誤監毛本故亦作文上屬與疏合主之作王之同誤舊疏云正以召陵之經劉子爲首今而書卒故知一人也不然大夫之卒例則不書劉卷何事獨錄見也今而書見明一有恩於魯傳曰我主之亦其一隅矣又云劉子天子之大夫奉天子之命致諸侯於召陵主會明矣此傳宜云外大夫不卒此何以卒主我也而云我主之者正以春秋王魯因魯之文故言我主之不言主我也言張義者欲張魯君爲王之義○注卒者至禮也○舊疏云若主會有恩禮即違例書卒也僖九年公會

宰周公成十六年十七年之時數有公會尹子單子之文而皆不卒言卒等有恩當論遠近蓋在主會之年卒者恩而錄之若期外者當從恩殺略之是以尹子單子之徒不見卒文若奔喪主我使來會葬之屬其恩差重三年之外方始略之即隱三年夏四月辛卯尹氏卒傳外大夫不卒此何以卒天王崩諸侯之主也彼注云時天王崩魯隱往奔喪尹氏主儐贊諸侯與隱交接而卒恩隆於王者則加禮錄之明當有恩禮又文三年王子虎卒傳外大夫不卒此何以卒新使乎我也彼注云王子虎即叔服也新為王者使來會葬在葬後三年中卒君子恩隆於親親則加報之故卒明當有恩禮也按尹氏卒在期內舊疏述之者為亦當在加隆之例其卒若在期外亦宜恩錄也○注言劉至天子○舊疏云襄十五年劉夏之下傳云劉夏者何天子之大夫也劉者何邑也其稱劉何以邑氏也注諸侯入為天子大夫不得氏國稱本爵故以所采邑氏稱子也今此劉卷乃是圻外諸侯入為天子大夫所以不言劉子卷卒從諸侯之例而言劉卷其但字者正欲起大夫卒之屈於天子故也通義云劉敞曰何以不言爵圻內之君也不世爵故不與爵稱也王者之制內諸侯祿外諸侯嗣此三代之禮最所重者也於經未有以言之觀乎劉卷卒則可信矣故生稱爵其祿也卒稱名從正也解詁箋云著劉者明天子大夫得世祿去子者明爵不得世也按劉卷之本國與爵不可考其是否劉夏之後亦不可定要皆外諸侯而食采於劉者也左氏家以為夏後者公羊所不取○注不日至不日○正以尹氏卒書辛卯故解之舊疏云文三年夏五月王子虎卒注云尹氏卒日此不日者在期外也然則尹氏之主諸侯由其在期內故日之今此劉卷之主諸侯亦在期內而不日者正以尹氏之主諸侯乃是天王崩儐贊隱公其恩重劉卷之主諸侯乃在召陵之會故不書日見其輕矣

葬杞悼公

楚人圍蔡注囊瓦稱人者楚爲無道拘蔡昭公數年而復怒祭歸有言伐之故貶明罪重於圍疏注囊瓦至伐之○哀元年楚子陳侯隨侯許男圍蔡稱爵此稱人故解之知人爲囊瓦者以下傳云使囊瓦將而伐蔡也下傳云蔡昭公朝乎楚有美裘焉囊瓦求之昭公不與爲是拘昭公于南郢數年然後歸之於其歸焉用事乎河曰天下諸侯苟有能伐楚者寡人請爲之前列楚人聞之怒爲是興師是其事也○注故貶至於圍○隱二年注凡書兵者正不得也故圍亦有罪但不爲其惡此囊瓦貶稱人故罪重於圍也繁露王道云觀乎楚昭王之伐蔡知無義之反

晉士鞅衛孔圄帥師伐鮮虞疏釋文圄左氏作圉虞本或作吳校勘記云諸本同唐石經作孔圉虞字缺穀梁同左氏說文口部圉守之也牵部圉囹圉所以拘罪人圉圄聲義皆同也漢書地理志天水郡冀禹貢朱圄山在縣南師古曰圄讀與圉同隸釋堯廟碑韶磬祝圉大饗碑下及陪臺隸圉皆段圉爲圄也

葬劉文公

外大夫不書葬此何以書錄我主也注其實以主我恩錄之故云爾舉采者禮諸侯入爲天子大夫更受采地於京師天子使大夫

爲治其國有功而卒者當益封其子時劉卷以功益封故不以故

國而以采地書葬起其事因恩以廣義也稱公者明本諸侯也　疏

注其實至云爾○正以傳云我主實劉卷主會爲主我也通義云明內有恩禮當錄之○注舉采至其子○白虎通京師云諸侯入爲公卿大夫得食兩家采否曰有能然後居其位德加於人然後食其祿所以尊賢重有德也今以盛德入輔佐得兩食之故王制曰天子之縣內諸侯祿也外諸侯嗣也兩家采則謂更受采地於京師也公羊禮說云采有二始封之時則有采地入爲天子大夫更受采地其始封所受者書大傳云古者諸侯始受封則有采地百里諸侯以三十里七十里諸侯以二十里五十里諸侯以十五里其後子孫雖有罪黜其采地不黜使其子弟賢者守之世世以祠其始受封之人紀季以酅入于齊酅即紀之采也此國滅而采不滅之證其入爲天子大夫更受采者詩所謂還予授子之粲兮傳諸侯入爲天子卿士受采祿是也按諸侯受采京師之制亦有二有受而傳之子孫者此注所云有功而卒者當益封其子是也召公封燕仍爲太保周公封魯別子仍爲周大夫其圻內采地子孫世守故春秋周有召伯周公也一則入爲大夫時有采地沒後仍歸采地于王朝其子孫本爵如故王制所云內諸侯祿也注選賢置之於位其國之祿如諸侯不得世又云大夫不世爵注謂圻內及列國諸侯入爲天子大夫者不但守其祿位而已不得據有其地故衞武公齊丁公並入爲卿士不聞有子孫世守采地于京師也即鄭武公莊公爲平王卿士當亦有采地故鄭風緇衣有授子之粲語其子孫亦不聞世有采地于周也明卿士於王室有館舍於圻內有采祿矣又諸侯入爲天子大夫其命數仍如其本國故

詩王風大車云毳衣如菼箋古者天子大夫服毳冕以巡行邦國而決男女之訟則是子男入爲大夫者蓋天子大夫四命出封始加一等不得服毳冕諸侯入爲大夫者本爵故尊直以入仕爲榮不得加其命數故詩疏引鄭志答趙商云諸侯入爲卿大夫與在朝仕者異各依本國如其命數是由尊諸侯使之以其命也其采地所在則周禮載師云以小都之田任縣地以大都之田任畺地鄭以卿之采地在小都去王城四百里公之采地在大都去王城五百里也陳氏奐毛詩傳疏以尙書大傳所記采地爲湯沐邑非大傳明云子孫雖有罪黜其采地不黜子孫世守之不得還至京師也韓詩外傳亦有是語○注時劉至義也○漢書毋將隆傳隆奏封事言古者選諸侯入爲公卿以褒有德是則諸侯入仕爲褒故錄劉卷不以故國爲善辭又書葬以起褒以功益封也○注稱公至侯侯也○正以春秋五等之爵葬皆稱公故劉卷稱公明本諸侯也蔡邕議○按古之以子配者魯之季文子孟懿子衞之孫文子公叔文子皆諸侯之臣也至於王室之卿大夫其尊與諸侯並故以公配春秋曰劉卷卒葬劉文公公羊曰劉卷者何天子之大夫也按何以本諸侯故稱公蔡以其尊同故稱公二義並通

冬十有一月庚午蔡侯以吳子及楚人戰于伯莒楚師敗績疏包氏慎言云十一月書庚午月之二十日伯莒左氏作柏舉穀梁作伯舉伯柏莒舉音義通杜云柏舉楚地水經注江水篇江水又東逕上磧北山名也仲雍謂之大小竹磧北岸烽火洲即舉洲也北對舉口仲雍作莒字得其音而忘其字非也又云舉水南流注于江謂之舉口南對舉洲左傳定公四年吳楚戰于柏舉京相璠曰漢東地矣江夏有涺水或作舉疑即此也於漢爲鄳屬江夏郡元和郡縣

志龜頭山在黃州麻城縣東南八十里舉水之所出春秋吳楚戰于柏舉卽此方輿紀要黃州府麻城縣東北三十里有柏子山吳楚陳于柏莒蓋合柏山舉水而名一統志舉水源出麻城縣東北黃蘗山西南流入黃岡縣西三十里入江在麻城名岐亭河入黃岡縣界謂之舊州河其入江處謂之三江口大事表云名勝志云湖廣黃州府麻城縣東北三十里有柏子山縣東南有舉水柏舉之名蓋因柏山舉水而得今案傳文子常濟漢自小別至于大別又三戰而陳于柏舉是在漢之東北其地應在麻城縣境也

吳何以稱子【注】据滅徐稱國【疏】注据滅徐稱國○卽昭三十年冬十二月吳滅徐徐子章禹奔楚是也

夷狄也而憂中國【注】言子起憂中國言以明爲蔡故也與桓十四年同【疏】注言子起憂中國○穀梁傳吳其稱子何也以蔡侯之以之舉其貴者也蔡侯之以之則其舉貴者何也吳信中國而攘夷狄吳進矣繁露觀德云雖父之戰吳不得與中國爲禮至於伯莒黃池之行變而反道乃爵而不殊白虎通號篇云蔡侯無罪而拘于楚吳有憂中國心興師伐楚諸侯莫敢不至知吳之霸也○注言以至年同○桓十四年冬宋人以齊人以下伐鄭傳以者何行其意也注以己從人曰行言四國行宋意也是惠氏士奇春秋說云借人之力以救己之亡旣不能左右之又不能行其意如楚人圍蔡蔡方望救于吳焉敢以吳而柏舉之戰春秋亦書以者蓋憫蔡之危善吳之救吳之謀楚也數十年矣伍員謀于前宰嚭謀于後然則柏舉之戰吳之志也名爲救蔡吳實主兵而春秋特書蔡侯以吳子者蔡無罪而楚圍之吳能救之蓋惡楚而進吳也按春秋進吳閔中國也楚自熊通僭號凌轢諸夏二百餘年桓文亦特小挫其鋒吳能假救蔡入其都滅其國實足以張

王法雖其志不必尊王春秋即攘夷大之亦重義不重事之意也其憂中國奈何伍子胥父誅乎

楚疏新序九云楚平王殺伍子胥之父史記楚世家無忌讒太子建於王平王囚其傅伍奢而召其二子而告以免父死伍尙謂伍胥曰聞父免而莫奔不孝也父戮莫報無謀也度能任事智也子其行矣我其歸死伍尙遂歸伍胥彎弓屬矢奔吳伍奢聞之曰胥亡楚國危哉楚人遂殺伍奢及子尙左傳亦具有其事挾弓而去楚注挾弓者懷格意也禮天子雕弓諸侯彤弓大夫嬰弓士盧弓疏注挾弓至意也○穀梁傳子胥父誅于楚也挾弓持矢而干闔廬新序云子胥出亡挾弓而干闔廬釋名釋姿容云挾挾夾也在旁也越絕書吳內傳云吳憂中邦奈何乎伍子胥父誅於楚子胥挾弓身干闔廬吳越春秋王僚使公子光傳云楚遣使追捕子胥胥乃貫弓執矢去楚楚使者追及無人之野胥乃張弓布矢欲害使使者俯伏而走是即懷格意也舊疏云格猶拒也謂若君使追之時已即懷拒之意故曰挾弓者懷格意也若似今人謂不順之處爲格化之類也或云格來也言所以挾弓者懷欲到人來復仇之意按來意不明訓拒是也○注禮天至盧弓○蓋逸禮文也舊疏云古禮無文則禮緯亦無是語詩大雅行葦敦弓既堅傳敦弓畫弓也天子敦弓釋文云敦音彫正義敦與彫古今之異彫是畫飾之義故曰敦弓畫弓也冬官弓人爲弓唯言用漆不言畫則漆上又畫之彼不言畫文不具耳此述天子擇士宜是天子之弓故云天子敦弓其諸侯公卿與射者自當各有其弓不必畫矣孟子萬章篇弤朕趙注弤彫弓也天子曰彫弓堯禪舜天下故賜之彫弓也音義云弤都禮切丁音彫云義與惇同焦氏循孟子正義云氏周皆訓至說文車部輩抵也鄭氏士喪禮注

朝蟄也蟄韝字同朝之爲抵猶彫之爲弫矣說文彈畫弓也即詩之敦弓此之雕弓也段云雕弓者蓋五采畫之凡經傳言彫有謂刻鏤者如玉謂之彫金謂之鏤禮記玉豆彫篹論語朽木不可彫是也有謂繪畫者即此雕弓是也彡部曰彫琢文也古繪畫與刻畫無二字諸侯彤弓則天子當五采石鼓詩有秀弓秀即繡五采備謂之繡或曰天子之弓但刻畫爲文也東京賦彫弓斯彀薛注彫弓謂有刻畫也弴與雕語之轉敦弓者弴之段借字詩禮又段敦爲之敦弴可讀如自不得竟讀彫也孟子作弤亦雙聲又子虛賦左烏號之雕弓注張揖曰黃帝乘龍上天小臣不得上挽持龍鬚鬚拔墮黃帝弓臣下抱弓而號名爲號也郭璞曰雕畫也然則天子畫弓其來尚矣諸侯彤弓者詩小雅彤弓弨兮毛傳朱弓也以講德習射書文侯之命云彤弓一彤矢百是也嬰弓者釋文云見司馬法段云嬰即江賦之纓字蓋朱黑相間而嬰繞也盧弓即旅弓黑弓也文侯之命云旅弓一旅矢百是也荀子大略云天子雕弓諸侯彤弓大夫黑弓禮也黑弓即此之盧弓也

以千闔廬注不待禮見曰干欲因闔廬以復讎闔廬曰士之甚注言其以賢士之甚疏穀梁傳闔廬曰大之甚注子胥匹夫乃欲復仇於國君其孝甚大俞氏樾公羊平議云士當作大穀梁傳可據以訂正大字隸書每變作士字如赤幸壺壹等字其上皆從大而今皆作士是其證也大之甚譌作士之甚何氏因曲爲之說於義終不安也按越絕書吳內傳亦云闔廬曰士之甚與公羊同蓋士之者猶言人之也言其誠足爲士也武叔曰是謂我不成丈夫也亦此義故何云言其以賢士之甚也

勇之甚疏穀梁傳越絕書同

將爲之興師而復讎于楚伍子胥復曰諸侯不爲匹夫

興師【注】必須因事者其義可得因公託私而以匹夫興師討諸侯則不免爲亂【疏】繁露王道云諸侯不得爲匹夫興師越絕書荆平王內傳云子胥居吳三年大得吳衆闔廬將爲之報仇子胥曰不可臣聞諸侯不爲匹夫興師又吳內傳云將爲之報仇子胥曰不可諸侯不爲匹夫報仇說苑至公篇吳王闔廬爲伍子胥興師復仇于楚子胥諫曰諸侯不爲匹夫興師〇注則不免爲亂〇鄂本爲作於紹熙本亦作於

且臣聞之事君猶事父也虧君之義復父之讎臣不爲也於是止【疏】說苑至公篇亦載子胥曰且事君猶事父也虧君之義復父之讎臣不爲也於是止其後因事而後復其父仇也如子胥可謂不以公事趨私矣此與何氏上注其義可得因公託私義相足越絕書吳內傳亦云虧君之行報父之仇不可於是止穀梁傳爲是欲興師而伐楚子胥諫曰臣聞之君不爲匹夫興師且事君猶事父也虧君之義復父之仇臣弗爲也意謂若爲匹夫興師不免於亂是爲陷君於不義也通義云言若使君爲匹夫興師則是虧君之義是也

蔡昭公朝乎楚有美裘焉囊瓦求之昭公不與爲是拘昭公於南郢數年然後歸之【疏】穀梁傳蔡昭公朝於楚有美裘焉是日囊瓦求之昭公不與爲是拘昭公於南郢數年然後行歸新序云蔡昭公朝于楚有美裘楚令尹囊瓦求之昭公不予於是拘昭公於郢數年而后歸之史記一蔡世家昭侯十年朝楚昭王持美裘二獻其一於昭王而自衣其一楚相子常欲之不與子常讒蔡侯留之楚三年蔡侯知之乃獻其裘於子常子常受之乃言歸蔡侯越絕書吳內傳云蔡昭公南朝楚被羔裘囊瓦求之昭公不與即

拘昭公南郢三年然後歸之上三年左傳云蔡昭侯爲兩佩與兩裘以如楚獻一佩一裘於昭王昭王服之以享蔡侯蔡侯亦服其一子常欲之弗與三年止之三傳所記大同易林泰之恒云蔡侯適楚留連江濱踰日歷月思其后君是也宣十二年傳南郢之與鄭注云南郢楚都范注同

於是歸焉用事乎河【注】時北如晉請伐楚因濟河【疏】毛本事誤是經傳釋詞云焉猶也用事猶禮器所云魯人將有事于上帝之事也○注時北至濟河○正以蔡侯由楚返蔡不渡河也管蔡世家蔡侯歸而之晉請與晉伐楚何氏所本穀梁傳歸乃用事乎漢左傳云蔡侯歸及漢執玉而沈曰余所有濟漢而南者有若大川蔡侯如晉以其子元與其大夫之子爲質焉而請伐楚新序云昭公濟漢水沈璧曰云云皆作漢蓋皆可通傳者不一紀載或殊也

曰天下諸侯苟有能伐楚者寡人請爲之前列楚人聞之怒【注】見侵後聞蔡有此言而怒【疏】新序亦云諸侯有伐楚者寡人請爲前列楚人聞之怒越絕書吳內傳云昭公去至河用事曰天下誰能伐楚乎寡人願爲前列穀梁傳苟諸侯有欲伐楚者寡人請爲前列焉楚人聞之而怒前列猶前驅也左傳昭二十九年實列授氏疏列謂行列謂先啓行也故在內蕃衞者爲內列周禮師氏云朝在野外則守內列注內列蕃營之在內者也是也○注見侵至而怒○以上經楚人圍蔡在侵楚後故也

爲是興師使囊瓦將而伐蔡【疏】郎上經楚人圍蔡是也舊疏云圍而言伐舉總名故也新序云於是興師伐蔡管蔡世家楚怒攻蔡越絕書楚聞之使囊瓦與師伐蔡穀梁傳爲是興師而伐蔡

蔡請救于吳伍子胥復曰蔡非有罪也楚人

爲無道君如有憂中國之心則若時可矣注猶曰若是時可與師矣激發初欲興師意疏左傳楚自昭王即位無歲不有吳師蔡侯因之以其子乾與其大夫之子爲質於吳穀梁傳蔡請救于吳子胥曰蔡非有罪楚爲無道君若有憂中國之心則若此時可矣越絕書昭公聞子胥在吳請救蔡子胥於是報闔廬曰蔡非有罪楚爲無道君若有憂中國之心意者時可矣新序云蔡請救于吳子胥諫曰蔡非有罪也楚人無道也君若有憂中國之心則若此時可矣○注猶曰至師意○詩秦風駟鐵奉時辰牡傳時是也大雅生民時維姜嫄箋時是也爾雅釋詁時是也按若猶此也單言之則曰若連言之則曰若此通義云若時言如此時也荀子儒效云行一不義殺一不辜而得天下不爲也此若義信乎人矣彼此若即此若時也初欲興師意即上傳闔廬將爲之興師而復讎于楚也

於是興師而救蔡注不書與子胥俱者舉君爲重子胥不見於經得爲善者以吳義文得成之也雖不舉子胥爲非懷惡而討不義君子不得不與也疏穀梁傳爲是與師而伐楚越絕書闔廬於是使子胥興師救蔡而伐楚荊平王內傳又云其後荊將伐蔡子胥言之闔廬即使子胥救蔡而伐荊新序云於是與師伐楚遂敗楚人於柏舉而成霸道子胥之謀也故春秋美而褒之通義云傳主釋經進吳子之意善其救蔡非善其爲子胥復仇云爾舊疏云不書救蔡者正以蔡爲兵首故也○注不書至爲重○正以傳文有善子胥之意經不書與子胥俱故解之也其實春秋重吳能救蔡以夷狄而憂中國故舉君爲重也○注子胥至之也○舊疏云子胥不見於經而

得爲善之者正以吳得進而稱子是其義文以是之故得成子胥之善故曰以吳義文得成之也穀梁疏云此傳開端之似同公羊及其結絢不言子胥之善夫資父事君尊之非異重服之情理宜共均既以天性之重降於義合之輕故令忠臣出自孝子孝子不稱忠臣今子胥稱一體之重忽元首之分以父被誅而痛纏骨髓得耿介之孝失忠義之臣而忠孝不得並存傳不善子胥者胥兩端之間忠臣傷孝子之恩論孝子則失忠臣之義春秋科量至理尊君卑臣子胥有罪明矣君者臣之天天無二日土無二王子胥以藉吳之兵戮楚王之尸可謂失矣雖得壯士之偏節失純臣之具道傳舉見其事不言其義蓋吳子爲蔡討楚申中國之心屈夷狄之意理在可知按楊氏斯言自爲正論古之君臣與後微殊分土而治固無分民三諫不從得去所以孤惡人君楚王信任讒邪子胥父兄無罪受誅慘痛之情血氣所共君臣之義既絕責求之備可寬然春秋不見子胥但爲褒吳之辭蓋亦實與文不與爾○注雖不至與也○鄂本與下有之字舊疏云吳子若直救蔡討楚而敗之也是其憂中國尊周室之義但親用子胥之謀兼有爲復仇之意是以傳家取而說之遂舉子胥之辭以見之雖舉子胥之辭但非懷惡而討不義是以君子與之昭十一年楚子誘蔡侯之下傳云懷惡而討不義君子不予也故注者取而況之按越絕書敘外傳記云今荊平何善以次太伯何曰非善荊平也乃勇子胥也賢其免於無道之楚困不死也善其以匹夫得一邦之衆並義復仇傾諸侯也非義不爲非義不死也是其義也

曰事君猶事父也疏韓詩外傳六親尊故父服斬衰三年爲君亦服斬衰三年禮記坊記云喪父三年喪君三年示民不疑也注君無骨肉之親不重其服至尊不明

此其爲可以復讎奈何疏通義云就舉上子胥辭責其事楚君

何不如事父曰父不受誅注不受誅罪不當誅也疏越絕書外傳紀策考云伍子胥父子奢爲楚王大臣爲世子聘秦女大有色王私悅之欲自御焉奢盡忠入諫守朝不休欲匡正之而王拒之聽讒邪之辭係而囚之待二子而死是子胥父以無罪被誅也新書耳痺云昔者楚平王有臣曰伍子胥王殺其父而無罪奔走而之吳父不受誅事詳左傳史記○注不受至誅也○禮喪服注受猶承也呂覽圜道注受亦應也爾雅釋詁應當也承應皆有當義子復讎可也注孝經曰資於事父以事君而敬同本取事父之敬以事君而父以無罪爲君所殺諸侯之君與王者異於義得去君臣已絕故可也孝經云資於事父以事母莊公不得報讎文姜者母所生雖輕於父重於君也易曰天地之大德曰生故得絕不得殺疏通義云可也者亦可也緣孝子言之卽復讎爲愛父緣忠臣言之卽不復讎亦爲善成其父之志子胥適託憂蔡與師得免於惡假令正爲匹夫復讎春秋猶當責之故不與足可之辭也禮記疏引異義凡君非理殺臣公羊說子可復仇故子胥伐楚春秋賢之左氏說君命天也是不可復仇鄭駁異義稱子思云今之君子退人若將隊諸淵無爲戎首不亦善乎子胥父兄之誅隊淵不足喻伐楚使吳首兵合於子思之言也白虎通誅伐云父母以義見殺子不復仇者爲往來不止也春秋傳曰父不受誅子不復仇可也後漢書張敏傳春秋之義子不報仇非子也是皆用公羊爲說○注孝經至事君○孝經士章文舊疏引孝經鄭注云資者人之行也又引喪服四制

注云資猶操也然則言人之行者謂人操行也故與何氏訓取義異唐元宗注用孔傳亦以資爲取四制云其恩厚者其服重故爲父斬衰三年以恩制者也資於事父以事君而敬同貴貴尊尊義之大者也故爲君斬衰三年以義制者也注貴貴謂爲大夫君也尊尊謂爲天子諸侯也蓋有父子然後有君臣故事君之義取於事父所以求忠臣於孝子之門也○注而父至可也○諸侯之君與王者異古者有分土無分民故諸侯之臣於義得去也是以禮記雜記云違諸侯之大夫不反服違大夫之諸侯不得反服不言違天子明天子之臣無去義天子四海爲家無出故也○注孝經至君也○莊元年夫人孫于齊傳夫人固在齊矣其言孫何念母也又云念母者所善也則曷爲於其念母焉貶不與念母也注念母則忘父背本之道也蓋重本尊統使尊行於卑上行於下貶者見王法所當誅是則文姜之罪王法誅之可也故僖元年善齊桓誅哀姜也莊公但責其念母耳故莊元年注又云言孫者明當推逐去之亦不可加誅誅不加上之意也喪服四制云資于事父以事母而愛同取事父以事母故母厭于父喪服父在爲母期是也緣所生之義則重於君爾故臣有大喪君三年不呼其門不以義斷恩故也○注易曰至得殺○易繫辭下傳文左傳莊元年云絕不爲親禮也故於義得絕也

父受誅子復讎推刃之道也【注】子復因非當復討其子一往一來曰推刃【疏】注子復推刃○校勘記云鄂本因作讎當據正毛本討誤封按紹熙本亦作讎一切經音義引蒼頡篇云推斲也前也墨子小取云推也者以其所不取之同於其所取者予之也淮南汜論云故恩推則懦注推猶移也亦即一往一來之義也後漢書臧洪傳洪曰惜洪力劣不能推刃爲天下報仇

復讎不除害【注】取讎

身而已不得兼讎子復將恐害己而殺之時子胥因吳之衆墮平王之墓燒其宗廟而已昭王雖可得殺不除云【疏】○注時子至而已舊疏云春秋說文彼文又云鞭平王之尸血流至踝此注不言之者省文也昭二十六年秋九月楚子居卒至今十餘年矣而言血流至踝者非常之事甯可以常理言之或者蓋以子胥有至孝之至精誠感天使血流所以快孝子之心也說苑奉使云昔者荊平王爲無道殺子胥父與其兄子胥被髮乞食於吳闔廬使爲將三年將吳兵復仇於楚戰勝乎柏舉級頭百萬囊瓦奔鄭王保於隨引師入郢軍雲行乎郢之都子胥親射宮門掘平王冢笞其墳數以其罪曰吾先人無罪而子殺之士卒人加百焉然後止吳越春秋二云伍胥以不得昭王乃掘平王之墓出其屍鞭之三百左足踐腹右手抉其目誚之曰誰使汝用讒諛之口殺我父兄豈不寃哉楚世家吳兵遂入郢辱平王之墓以伍子胥故也吳世家子胥伯嚭鞭平王之尸以報父讎越絕書荊平王內傳云使子胥救蔡伐荊十五戰十五勝將卒六千操鞭捶笞平王之墓而數之曰昔者吾先人無罪而子殺之今此報子也又吳內傳云吳王已死子胥將卒六千人操鞭捶笞平王墳曰昔者吾先君無罪而子殺之今此以報子也均無燒其宗廟語唯穀梁傳云易無楚者壞宗廟徙陳器撻平王之墓校勘記出時子胥因吳之罪云云蜀大字本闔監毛本同鄂本無之此衍○注昭王至陳云○校勘記云闔本云缺上畫監毛本改作去

朋友相衛【注】同門曰朋同志曰友相衛不使爲讎所勝時子胥因仕於吳爲大夫君臣言朋友者闔廬本以朋友之道爲子胥

復讎孔子曰益者三友損者三友友直友諒友多聞益矣友便辟
友善柔友便佞損矣疏注同門至曰友○舊疏以爲出蒼頡篇白
虎通三綱六紀篇引禮記曰同門曰朋同
志曰友周禮大司徒云五曰聯朋友注同師曰朋同志曰友同師
卽同門也論語學而與朋友交集解鄭曰同門曰朋同志曰友皇
疏同處師門曰朋同志曰友詩周南關睢琴瑟友之箋同志曰友
說文又部友同志爲友从二又相交友也其實對文異散則通論
語稽求篇云同門曰朋此是古注說文及詩注左傳注公羊注皆
然同師便不如同門之當蓋朋是門戶之名凡曰朋黨曰朋比比
是鄉比黨是黨塾皆里門閭戶學僮居處名色故朋爲同門此是
字義本爾不可易也○注相衛至所勝○禮記曲禮云交遊之讎
不同國注讎不吾辟則殺之交遊或爲朋友又云父母存不許友
以死知父母歿得爲朋友報讎也周禮調人職從父兄弟之讎
不同國又云主友之讎視從父兄弟不爲戎首故不但相衛檀弓云
主人能則執兵而陪其後注爲其負當成之負卽不勝也是也○
注時子至復讎○繁露滅國上云故伍子胥一夫之士也去楚干
闔廬遂得意于楚所託者誠是何可禦耶越絕書敘外傳記子胥
以固干闔廬闔廬勇之甚將爲復讎名譽甚著詩云投我以桃報
之以李是闔廬亦謂闔廬以朋友之道爲子胥復讎也舊疏引詩云朋
友攸攝攝以威儀箋云朋友謂羣臣與成王同志好者義亦通於
此又云書傳散宜生等受學於太公太公除師學之禮酌酒切脯
約爲朋友然則太公爲師既除師學之禮連朋言之亦何傷○注
孔子至損矣○論語季氏篇文舊疏云引之者道闔廬子胥相與
益友蓋以闔廬爲諒何者謂一許爲之與師終不變悔是也蓋以
子胥爲直與多聞何者不敢虧君之義復父之讎是其直也子胥

賢者博古今之事是其多聞矣便辟者舊疏謂巧爲譬論今世間有一論語音便辟爲便僻者非鄭氏之意則讀辟爲譬鄭氏義也集解引馬曰便辟巧辟人之所忌以求容媚蓋讀辟爲避故皇本注中作避惠云馬鄭皆讀辟爲避誤矣善柔者舊疏謂口柔面柔體柔之屬蓋亦鄭義馬氏專以面柔釋之便佞者釋文作辯佞云本亦作便佞校勘記云疏本亦作辯佞云辯爲佞矣今本作便佞蓋据何晏論語本改按便辯古通書辯秩亦作便秩御覽四百六引論語注云便佞辯以爲佞也與公羊疏文異義同蓋亦鄭氏義也

而不相迿 注 迿出表辭猶先也不當先相擊刺所以伸孝子之恩

疏 注迿出至先也○說文無迿字古从辵字多與从彳字混疑迿卽侚也陳氏壽祺左海經辨云說文侚侚卽明友相衞而不相迿之迿史記韓世家將以楚侚韓注侚從死也文選吳都賦侚蹲鴟之沃劉注亡身從物曰侚漢書賈誼傳注臣瓚曰以身從物曰侚蓋謂朋友相衞不得以身從死也侚之以身有敢勇爭先之義故何訓爲先也不相迿卽禮記居從父昆弟之讎不爲魁也彼注魁猶首也天文北斗星魁爲本故爲末謂人謂主友之讎視從父昆弟則亦不爲魁也玉篇迿出表辭也集韻先也蓋皆本此爲說左傳襄十年云帶其斷以徇于軍亦卽出表之意舊疏云依大司馬田獵習戰之時云爲表百步則一爲三表又五十步爲一表然則表者謂其戰時旅進旅退之限絢迿者謂不顧步伍勉力先往之意故曰出表辭所以伐吳之經不使子胥爲兵首者蓋以吳王討楚兵爲蔡故且舉君爲重是以不得見也○注不當至之恩○原文闕

古之道也 疏 通義云已上二事因方論復讎故旁及之

楚囊瓦出奔鄭 疏 越絕書吳內傳囊瓦者何楚之相也

庚辰吳入楚 疏 包氏慎言云十一月書庚辰月之三十日左氏經作入郢史通雜說云春秋左氏傳釋經云滅而不有其地曰入如入陳入衛入許入鄭即其義也至柏舉之役子常之敗庚辰吳入郢獨書以郢夫諸侯列爵並建國都唯取國名不稱都號何爲郢之見入遺其楚名比于他例一何乖踳尋二傳所載皆云入楚豈左氏之本獨爲謬與

吳何以不稱子 注 据狄人盟于邢有進行稱人 疏 ○注据狄至稱人僖二十年齊人狄人盟于邢注狄稱人者能常與中國也是也

反夷狄也其反夷狄奈何君舍于君室大夫舍于大夫室蓋妻楚王之母也 注 舍其室因其婦人爲妻日者惡其不義 疏 穀梁傳何以謂之吳也狄之也何謂狄之也君居其君之寢而妻其君之妻大夫居其大夫之寢而妻其大夫之妻蓋有欲妻楚王之母者不正乘敗人之績而深爲利居人之國故反其狄道也吳越春秋二云闔廬妻昭王夫人伍胥孫武白喜亦妻子常司馬成之妻以辱楚之君臣也按昭當作平繁露王道云楚昭王行無度殺伍子胥父兄蔡昭公朝之因請其裘昭公不與吳王非之舉兵加楚大敗之君舍乎君室大夫舍乎大夫室妻楚君之母貪暴之所致也又仁義法云闔廬能正陳蔡之難矣而春秋奪之義辭以其身不正也按陳字衍越絕書敘外傳記子胥妻楚王母無罪而死于吳其行如是何義乎曰孔子固貶之矣賢其復讎惡其妻楚王母也通義云此左傳所謂以班處宮者也反其故俗故不足進按哀元年左傳蔡人男女以班襄

二十五年左傳男女以班賂晉侯士虞記注班次也蓋謂男與女相次故左氏云以班處宮此傳云舍其室也惠氏士奇春秋說云春秋義之曷爲狄之其入郢也以班處宮故狄之柏舉之戰以義始以狄終春秋不遺善不隱惡先進而後貶直書其事而義自見者如此列女傳云伯嬴者楚平王之夫人昭王之母也昭王時吳入郢王亡吳盡妻其后宮伯嬴持刀曰諸侯外淫者絕卿大夫放士庶人宮割妾以死守之不敢承命耳且凡所欲妾者爲樂也近妾而死何樂之有如先殺妾又何益於君王於是吳王慙遂退舍是妻楚王母事也越絕書以子胥妻楚王母蓋傳聞之誤楚王母即平王所爲大子建娶于秦者也○注日者惡其無義○校勘記云鄂本無作不此誤舊疏云正以春秋之義入例書時傷害多則月即定五年夏於越入吳傳三十三年春王二月秦人入滑之屬今而書日故須解之

公羊義疏六十九

公羊義疏七十

南菁書院

句容陳立卓人著

定五年
盡八年

五年春王正月辛亥朔日有食之注是後臣恣日甚魯失國寶宋大夫叛疏包氏慎言云正月書辛亥朔左傳作三月劉歆以爲正月二日則劉氏所据左氏作正月也漢書楚元王傳注亦云五年正月辛亥朔師古所據疑是穀梁經而二傳釋文不言與左氏異〇注是後至夫叛〇舊疏云蓋謂下八年秋晉趙鞅帥師侵鄭遂侵衞之文是也魯失國寶卽下八年盜竊寶玉大弓是也宋五大夫叛卽下十一年宋公之弟辰及仲佗石彄公子池自陳入于蕭以叛宋樂世心自曹入于蕭注不言叛者從叛臣叛可知是也校勘記云疏中引作宋五大夫叛何校本同此脫五字當据補五行志下之下定公五年三月辛亥朔日有食之董仲舒劉向以爲後鄭滅許魯陽虎作亂竊寶玉大弓季桓子退仲尼宋三臣以邑叛按五行志作三月蓋後人据杜本左氏經改之

夏歸粟于蔡疏周禮大司徒云大荒大札則令邦國移民通財注移民辟災就賤其有守不可移者則輸之穀春秋定五年夏歸粟于蔡是也賈疏彼雖非荒札之事直取歸粟一道證經通財之義

孰歸之諸侯歸之曷爲不言諸侯歸之注据齊人來歸衞寶疏注据

齊至衛寶見莊六年○

離至不可得而序故言我也【注】時爲蔡新被彊楚之兵故歸之粟與戍陳同義【疏】穀梁傳諸侯相歸粟正也孰歸之諸侯也不言歸之者專辭也注不言歸之者主名若獨是魯也彼傳又云義邇也注此是邇近之事故不足具列諸侯賈逵取彼爲說云不書所會後也○注時爲至之粟○鄂本彊作疆○舊疏云即老子云大兵之後必有凶年彼注云言妨其耕稼是也○注與戍陳同義○襄五年戍陳傳孰戍之諸侯戍之曷爲不言諸侯戍之離至不可得而序注離至離別前後至也陳坐欲與中國被彊楚之害中國宜雜然同心救之乃解怠前後至故不序以刺中國之無信故言我也注言我者以魯至時書與魯微者同文舊疏云微者同文者使若城楚丘辟魯獨戍之今歸粟于蔡之義亦然故云與戍陳同義矣是也亦刺諸侯不能翕然同救恤蔡難也

於越入吳

於越者何越者何【注】不言或者嫌兩國【疏】校勘記云唐石經原刻脫越者何三字後磨改補刻故三行每行十一字於越者何此經及下十四年於越敗吳于醉李是也越者何昭三十二年吳伐越之屬也舊疏云此文加於字是以單言越者翻然可怪故執不知問○注不言至兩國○舊疏引舊云正以僖四年傳云執者曷爲或稱侯或不稱人稱侯而執者伯討也稱人而執者非伯討也然則彼言或者乃是兩事之辭今此若云曷爲或言越或言於越則嫌爲兩國是以別之舊疏又云隱元年傳云曷爲或言會或言及之屬此何故不云曷爲或言於越或言越者弟子之意本疑於越與越爲兩國是以分別而

問之按舊疏義則詁注嫌爲疑於越者未能以其名通也越者能以其名通也注越人自名於越君子名之曰越治國有狀能與中國通者以中國之辭言之曰越治國無狀不能與中國通以其俗辭言之因其俗可以見善惡故云爾赤狄以赤進者狄於北方總名赤者其別與越異也吳新憂中國士卒罷敝而入之疾罪重故謂之於越疏注於越至曰越○杜云於發聲正義言有此發聲是也越於本語詞易繫辭傳云於稽其類書堯典黎民於變時雍皆是越之發聲曰於猶吳之發聲爲句吳也於越雙聲句吳疊韻皆夷音也釋名釋州國云越夷蠻之國也度越禮義無所拘也穀梁傳注舊說於越夷言也春秋即其所以自稱者書之見其不能慕中國故以本俗名名自通按稱越稱於越春秋新例也故曰越人自名曰於越君子名之曰越○注治國至云爾○舊疏云此狀謂模狀也模狀猶規矩若有規矩○是得先王之術故謂之進若無規矩是失治國之法當獲咎禍故謂之退凶儀云無狀招禍義亦通於此亦有一本狀皆作禮字但非古本是以不能得從之也通義云本受中國一封號曰越其俗自名曰於越先言倪而後言小邾婁進之也先言越而後言於越退之也楚病中國繼之以吳春秋所不樂言也未復繼之以越君子尤惡之故深絕而外之按越其正稱於越其俗所自稱或曰越或曰於越當時本有二稱春秋即因以示褒貶進退也○注赤狄至異也○舊疏云正以宣十一年晉侯會狄于欑函單言狄宣十五年晉師滅赤狄潞氏傳潞子之爲善也離于夷狄是其

加赤為進之事也但狄者北方之總名乃鄙賤之號赤者是其別稱故得加之為進矣今越者乃是其國名若似齊晉魯衛之屬諸夏之人有禮儀者其國名之上不見加於處唯有越為此文尋檢其事此時入吳實合罪貶故注之按此亦所謂因其可貶而貶之也○注吳新至於越○釋文作罷音皮弊亦作敝少儀云國家罷敝是也毛本罪誤最吳世家越聞吳王之在郢國空乃伐吳吳使別將擊越吳越春秋二云越王允常恨闔廬破之檇里興兵伐吳吳在楚越盜掩襲之是其事也吳新憂中國謂其救蔡伐楚上歸粟于蔡為予辭故於越入吳為疾辭舊疏云夷狄之稱止有七等之名州不若國最其賤者今乃加於見其入吳之疾故以罪重言之

六月丙申季孫隱如卒注仲遂以貶起弒是不貶著其逐君者舉君出為重故從季辛起之猶衛孫甯疏包氏慎言云六月書丙申月之十九日○注仲遂至起之○釋文作起殺云音試宣八年仲遂卒于垂傳仲遂者何公子遂也何以不稱公子貶曷為貶為弒子赤貶是其貶去氏以起弒君也隱如逐君合貶經無貶文以君出為重故昭二十五年公孫于齊次于陽州是隱如之罪已見矣又書季辛相起即彼年經云秋七月上辛大雩季辛又雩注云不言下辛言季辛者起季氏不執下而逐君是也故何氏以季辛已起其逐君之惡故於卒時不復貶也解詁箋云不貶者著所見世例亦微辭也通義云隱如之罪重矣比之於翬是不卒者也比之于遂是不日者也今卒而又日者定公之大夫也定公德其立己而不能正出君之罪則如其恩禮以錄之云爾蓋惟君臣之大義於翬遂既明之矣故於此得施

微詞焉此之謂所見異辭按彙亦桓之大夫何以於桓世不見其卒日者所見世大夫有罪無罪皆日故也〇注猶孫甯〇襄十四年衛侯衎出奔齊注不書孫甯逐君者舉君絕爲重是也

秋七月壬子叔孫不敢卒疏包氏慎言云七月書壬子月之四日

冬晉士鞅帥師圍鮮虞

六年春王正月癸亥鄭游遬帥師滅許以許男斯歸疏包氏慎言云正月書癸亥月之十九日左氏穀梁游遬作游速大事表云此所滅之許非許本國也成十五年許遷于葉其地已悉歸于鄭爲舊許矣至定四年楚遷許于容城則在今南陽府葉縣西至此年鄭復滅之則係容城楚所遷之地也傳云因楚敗蓋以四年入郢之難而滅其與國耳按容城當以在華容者是說詳定四年意當時鄭雖滅許僅將其君歸未必即有其地即以爲在葉縣亦未必爲鄭所有以沈諸梁在葉也

二月公侵鄭注月者內有彊臣之讐不能討而結外怨故危之疏注月者至危之〇正以侵例時此月故解之

公至自侵鄭

夏季孫斯仲孫何忌如晉疏通義云列數之者各以事往非相爲副也不各言如晉者其事不正故其辭不

繁按孔氏取左傳爲義

秋晉人執宋行人樂祁犂【疏】唐石經同閩監毛本祁作祈

冬城中城【疏】穀梁傳城中城者三家張也或曰非外民也

季孫斯仲孫忌帥師圍運【疏】校勘記云唐石經諸本同解云古本無何字有者誤也穀梁及賈經皆無何字而賈氏云公羊曰仲孫何忌者蓋誤按上文夏季孫斯仲孫何忌如晉有何字蓋誤指上經也哀十三年晉魏多帥師侵衞傳此晉魏曼多也曷謂爲之晉魏多譏二名二名非禮也與此傳文同故知此經無何字

此仲孫何忌也曷爲謂之仲孫忌譏二名二名非禮也【注】爲其難諱也一字爲名令難言而易諱所以長臣子之敬不逼下也春秋定哀之間文致大平欲見王者治定無所復爲譏唯有二名故譏之此春秋之制也【疏】舊疏云正決上文夏仲孫何忌如晉之文也○注爲其至下也○舊疏云難言者謂言難著既不言君父之名即是臣子之敬故曰長臣子之敬也動不違禮爲下之易故曰不逼下也白虎通姓名云春秋譏二名何所以譏者乃謂其無常者也若乍爲名祿甫元言武庚按彼以二名猶言更名也與何氏異然傳明以何忌爲難則以二字爲名爲二名矣禮記疏引異義云公羊說譏二名謂二字作名若魏曼多是也左氏說二名者楚公子棄疾即位之後改爲熊居是爲二名愼謹

按文武賢臣有散宜生蘇忿生則公羊之說非從左氏義是則白虎通所載左氏說也鄭駮無考○注春秋至制也○舊疏云春秋定哀之間文致大平者實不大平但作大平文而已故曰文致大平也春秋說昭公亦爲所見世而此注偏指定哀爲大平者正以昭公之時未譏二名故也文王之臣散宜生孔子門人宓不齊之屬皆親事聖人而以二名二字爲名者謂依古禮若似堯名放勳舜名重華禹名文命宣王名子爲宮湦之屬但孔子作春秋欲改古禮爲後王法是以譏其二名故注即言此春秋之制也則傳云二名非禮者謂非新王禮不謂非古禮也是也按越絕書敘外傳記云賜見春秋改文尚質譏二名與素王亦發憤記吳越章句其篇以喩後賢隱元年注云至所見之世著治大平夷狄進至于爵天下遠近小大若一用心尤深而詳故崇仁義譏二名晉魏曼多仲孫何忌是也繁露兪序云故始言大惡殺君亡國終言赦小過是亦始于麤糲終于精微教化流行德澤大洽天地之大人人有士君子之行而少過矣亦譏二名之意也通義云春秋之制者君子所託新意損益周制以爲後王法若周人尊尊弟兄不得以屬通春秋親親母弟稱弟母兄稱兄成王旣殯康王冕服受朝春秋之義則踰年即位於其封內三年稱子凡此類非一欲見周禮本得二名但春秋譏之耳而許叔重橫引文武賢臣蘇忿生散宜生爲難爲足與議也杜預輒以不稱何爲闕文名闕一字復何難曉而君子不敢增也何忌自昭末年見經至此獨一年有兩事取其同節異名易以相起故就此譏之如子服何忌左傳又謂之子服何或單言何蓋時多有此春秋取其單言者爲正焉

七年春王正月

夏四月

秋齊侯鄭伯盟于鹹

齊人執衛行人北宮結以侵衛【疏】穀梁傳以重辭也衛人重北宮結注齊以衛重結故執以侵之若楚執宋公以伐宋凡言以皆非所宜以

齊侯衛侯盟于沙澤【疏】通義云再盟皆不月者齊聯衛鄭晉始失伯伯主不信信在諸侯矣左氏穀梁經無澤字左傳作瑣杜云郎沙也陽平元城縣東南有沙亭在今大名府元城縣東按左氏書地往往省文于公羊如此公羊作沙澤左氏作沙僖二年公羊作貫澤左氏作貫蓋皆從省文也釋例土地名衛地沙沙璅二名陽平元城縣東南有沙亭方輿紀要沙亭在大名府東左氏謂之瑣晉地道記方城縣南有瑣陽城是郎沙亭矣經學卮言云左氏經作沙傳作瑣公羊作沙澤成十二年公會齊侯衛侯于瑣澤公羊經亦作沙澤然則瑣即瑣澤公羊曰沙左氏曰瑣齊魯讀之異今此左氏作沙與傳不合寫誤也杜於此注云地在陽平元城于瑣澤下云地闕是未考沙瑣沙澤瑣澤同是一地耳語極明晰

大雩【注】先是公侵鄭城中城季孫斯仲孫忌如晉圍運費重不恤民之應【疏】注先是至之應〇即上六年二月公侵鄭又冬城中城又夏季孫斯仲孫何忌如晉又冬季孫斯仲孫忌圍運是也城中城先言者舊疏云蓋逐重者先言之也五行志中之上定公七年九月大雩先是定公自將侵鄭歸而城中城二大夫帥師圍

鄹與何義反

齊國夏帥師伐我西鄙

九月大雩【注】承前費重不恤民又重之以齊師伐我我自救之役【疏】注承前至之役○即上齊國夏帥師伐我西鄙是也校勘記云蜀大字本閩監毛本同鄂本無下我字按有我字是紹熙本重我字左疏引賈逵云旱也

冬十月【疏】左氏經無此句杜亦無說宜是脫文左傳校勘記云纂圖本閩本監本毛本亦脫此三字據石經宋本淳熙本岳本補

八年春王正月公侵齊【疏】舊疏云侵伐例時而此月者正以內有強臣之讎而外犯彊齊故危之按義具下注

公至自侵齊【疏】舊疏云以例言之不蒙上月矣

二月公侵齊

三月公至自侵齊【注】出入月者內有彊臣之讎外犯彊齊再出尤危於侵鄭故知入亦當蒙上月【疏】注出入至上月○校勘記云閩監毛本同蜀大字本脫再字鄂本尤誤大紹熙本無脫誤舊疏云春秋之例是也故何氏分疏之云此定公侵齊所以出入月者正以內有強臣之讎不能討而外犯強

齊頻煩再出尤危於六年侵鄭之時故知其入亦當蒙月也上六年三月公侵鄭彼注云月者內有强臣之讎不能討而外結怨故危之也下經始云公至自侵鄭則知何氏以爲至不蒙月故此決云再出尤危於侵鄭則知入亦當蒙月也穀梁傳公如往時致月危致也往月致時危往也往月致月惡之也

曹伯露卒

夏齊國夏帥師伐我西鄙

公會晉師于瓦 疏 杜云瓦衛地東郡燕縣東北有瓦亭大事表云今衛輝府滑縣東南瓦岡集古瓦亭也水經注濟水篇酸瀆首受河于酸棗縣東逕酸棗城又東北逕燕城北又東逕滑臺城南又東南逕瓦亭南春秋定八年公會晉師于瓦是也一統志云在衛輝府滑縣西

公至自瓦 注 此晉趙鞅之師也但言晉師者君不會大夫之辭也公會大夫不別得意雖得意不致此致者諱公爲大夫所會故使若得意者 疏 注此晉至師也○舊疏云正以下經云晉趙鞅帥師侵鄭遂侵衛故知此亦趙鞅之師也○注但言至辭也○宣元年趙盾帥師救陳宋公以下會晉師于斐林伐鄭傳此晉趙盾之師也曷爲不言趙盾之師君不會大夫之辭也此與彼同故据以解之通義云按左傳時趙鞅等來救魯也瓦內地按如彼傳士鞅居首注止言趙鞅恐不取左氏爲義瓦爲內地書至當有解說何無注亦不以爲內地也○注公會至不致○莊六年注云公與二國以上出會盟得意致會不

得意不致公與一國出會盟得意致地不得意不致彼謂公與鄰國諸侯尊同勢敵故分別得意與否若大夫以下尊卑異等自宜得意故無區別故傳二十五年注公與未踰年君大夫盟不別得意雖在外猶不致也此與趙鞅會可不致而致者以諱與大夫會似與晉君會依得意恆例書矣故使若得意者疏及閩監毛本同鄂本脫使字

秋七月戊辰陳侯柳卒疏包氏慎言云七月書戊辰月之八日左傳釋文柳本或作抑

晉趙鞅帥師侵鄭遂侵衛疏左氏經作士鞅按左氏公會晉師于瓦傳云晉士鞅趙鞅荀寅救我士鞅居首故侵鄭之師亦書士鞅也杜云兩事故曰遂

葬曹靖公疏校勘記云唐石經諸本同釋文作曹竫云才井反本亦作靖按段校本作竫周書謚法共以解信曰靖

九月葬陳懷公疏謚法慈仁短折曰懷

季孫斯仲孫何忌帥師侵衛

冬衛侯鄭伯盟于曲濮疏杜云曲濮衛地

從祀先公

從祀者何順祀也注復文公之逆祀疏注復文公之逆祀○左傳云順祀先公而祈焉杜云從順也先公閔公僖公也將正二公之位次所順非一親盡故通言先公禮記疏引服虔云自躋僖公以來昭穆皆逆穀梁傳責復

正也漢書郊祀志春秋大復古善順祀後漢書質帝紀詔曰孝殤
皇帝雖不永體祚而即位踰年君臣禮成孝安皇帝承襲統業而
前世遂令恭陵在康陵之上先後相踰失其次序非所以奉宗廟
之重垂無窮之制昔定公追正順祀春秋善之其令恭陵次康陵
憲陵次恭陵以序親秩爲萬世法又周舉傳春秋魯閔公無子庶
兄僖公代立其子文公逆躋僖公於閔上孔子譏之書曰有事于
大廟躋僖公傳曰逆祀也及定公正其序經
曰從祀先公爲萬世法也皆以從祀爲順 文公逆祀去者三人
注諫不從而去之疏文二年八月丁卯大事于大廟躋僖公是也
彼傳云躋者何升也何言乎升僖公譏何譏
爾逆祀也其逆祀奈
何先禰而後祖也 定公順祀叛者五人注諫不以禮而去曰叛
去與叛皆不書者微也不書禘者後祫亦順非獨禘也言祀者無
已長久之辭不言僖公者閔公亦得其順疏公羊問答云順祀而
叛者何也曰論衡曰
魯文公逆祀去者三人定公順祀叛者五人貫於俗者謂則禮爲
非曉禮者寡則知是者稀解詁箋云叛者謂陽虎之屬也逆祀當
出季氏之意欲章其立僖之功文公不知正之耳從祀亦非定公
之意陽虎欲更季氏之政定公亦不能違爾義或然也惟劉氏又
以叛者謂陽虎之屬自相矛盾通義引左傳曰季寤公鉏極公山
不狃皆不得志于季氏叔孫輒無寵于叔孫氏叔仲志不得志于
魯故五人因陽虎陽虎欲去三桓以季寤更季氏以叔孫輒更叔
孫氏己更孟氏冬十月順祀先公而祈焉辛卯禘于僖公此傳云
叛者五人虎叛已見下文故略舉其黨即寤也極也不狃也輒也
志也傳意明順祀非實得正亦微辭耳季氏專魯國然後舍中軍

陽虎專季氏然後從祀先公而春秋書之壹若國之典制者稱其美不稱其惡臣子之義重其禮不重其事制作之意也案於此可以治公羊之學矣〇注諱不至曰叛〇舊疏云諱君全不以禮不從之而去之者謂之叛也〇注不書至祫也〇謂左傳辛卯禘于僖公注不於大廟者順祀之義當退僖公懼於僖神故於僖廟行順祀舊疏云何意以三年一祫五年一禘謂諸侯始封之年禘祫並作但夏禘則不礿秋祫則不嘗而已一祫一禘隨次而下其間三五參差亦有禘祫同年時矣若其有喪正可於喪廢其禘祫之年仍自乘上數之即僖八年禘于大廟之時禘祫同年矣至文二年大事于大廟之下傳云大事者何大祫也注從僖八年禘數之知爲大祫是從僖八年禘祫同年數之即文二年爲祫年五年爲禘祫同年又隨次而數之至今定八年亦禘祫同年矣凡爲祭之法先重而後輕禘大於祫固當先之則知從祀先公者是禘明矣故云不書禘者後祫亦順非獨禘也若然既言是禘理宜在夏而在冬下者當之矣按陽虎爲欲去季氏故不必正時也〇注言祀至之辭〇說文祀祭無已也从示已聲釋名釋天云殷曰祀祀已也新氣升故氣已也皆本已爲義以其一年稱祀之義則取其已以其大祭稱祀之義則取其無已反正互訓古人多有此例〇注不言至其順〇舊疏云閔二年夏五月乙酉吉禘于莊公僖八年秋七月禘于大廟文三年八月丁卯大事于太廟之文皆道其人今此經文所以不言從祀僖公而言先公者正以閔公亦得其順是以不得特指之

盜竊寶玉大弓

盜者孰謂【注】微而竊大可怪故問之【疏】注微而至問之〇舊疏云哀四年傳云弒君賤者窮

諸人此其稱盜以弒何賤乎賤者也是盜爲微賤之稱寶玉大弓國之重寶故云微而竊大也謂陽虎也陽虎者曷爲者也季氏之宰也注季氏之陪臣爲政者疏○注季氏至政者論語陽貨篇陽貨欲見孔子集解孔曰陽貨陽虎也季氏家臣而專魯國之政孟子滕文公篇陽虎曰趙注陽虎魯季氏家臣也下九年左傳齊鮑文子曰夫陽虎有寵於季氏而將殺季孫以不利魯國而求容焉論語季氏篇陪臣執國命謂此季氏之宰則微者也惡乎得國寶而竊之陽虎專季氏季氏專魯國陽虎拘季孫注季氏逐昭公之後取其寶玉藏於其家陽虎拘季孫奪其寶玉季孫取玉不書者舉逐君爲重也疏注季氏至寶玉○季氏逐昭公在昭二十五年取其寶玉藏於其家何氏蓋以理知之或別有所見左傳謂陽虎說甲如公宮取寶玉大弓以出按陽虎之時已與孟氏戰敗奔亡之不暇安能尙說甲如公宮取寶玉大弓故何氏不取注取玉至重也○各本無也字依鄂本補○孟氏與叔孫氏迭而食之睋而鍥其板注以爪刻其饋斂板疏校勘記云唐石經諸本同石經原刻作俄後改睋下同釋文作睋又云鍥本又作鐵七廉反又且審反本或作鍛誤按桓二年傳俄而可以爲其有矣莊三十二年傳俄而牙弒械成字皆作俄何注桓二年云俄者謂須臾之間創得之頃也此从目非通義本作睋云臥而睨之曰睋按臥而睨之無謂石經原刻是也○注以爪至斂板○廣雅釋器云鍥錐也又釋詁鐵銳也集韻鍥或作鐵說文金部鐵鐵器也一曰鑴也鍥本以錐刻物之名

不必專指以爪刻也爪爲人手掌之稱時季氏被囚或無鐵物故直以爪刻字於上求救蓋當時急切所爲何氏非訓鋟爲以爪刻板也通義云鋟刻也板饋食器上蓋按說文無板字當作版古音方反皆重脣音故訓方爲版因之斂藏衣物之器亦謂之板曰某月某日將殺我于蒲圃【疏】校勘記云唐石經諸本同釋文蒲本又作甫葉鈔本作滿圃按左傳亦作蒲圃力能救我則於是【注】於是時至乎日若時而出【疏】舊疏云謂至于某日如約之時也以此言之則知上文云某月某日宜亦言其時但傳家省去之至此乃言若時以刻日也左傳云壬辰將享季氏于蒲圃而殺之蓋是日若時也校勘記云疏及諸本同唐石經乎磨改日誤曰臨南者陽虎之出也【疏】舊疏云姊妹之子謂之出蓋是虎之外生也或曰從其家出而仕于公亦不妨下季氏云世世有子是矣通義云臨南臨楚字出姊妹之子也蓋舊疏前一說是也御之【注】爲季孫御【疏】注爲季孫御○左傳陽虎前驅林楚御桓子虞人以鈹盾夾之陽越殿將如蒲圃林楚御臨南也於其乘焉【疏】舊疏云於其乘焉謂於其上車之時矣季孫謂臨南曰以季氏之世世有子【注】言我季氏累世有女以爲臣【疏】俞氏樾羣經平議云何解未得有字之意有者相親有之謂也昭二十年左傳是不有寡君也杜注有相親有也宣十五年公羊傳潞子離於狄而未能合於中國晉師伐之中國不救狄人不有不有亦言不相親有也以季氏之世世有子謂季氏累世親厚於子異於它人若如何解則爲不辭按如何義亦未爲不可通子可以不免我死乎【注】以義責之【疏】左傳桓子咋謂林楚

曰而先皆季氏之良也爾以是繼之杜云欲使林楚免己於難以繼其先人之良臨南曰有力不足臣何敢不勉【疏】左傳林楚對曰臣聞命後陽虎爲政魯國服焉違之徵死死無益於主桓子曰何後之有而能以我適孟氏乎對曰不敢愛死懼不免主桓子曰往也陽越者陽虎之從弟也爲右【注】爲季孫車右實衛之【疏】左傳陽越殿注云越陽虎從弟○注爲季至衛之○舊疏云謂守衛季孫不令走乘車中有車右也諸陽之從者車數十乘至于孟衢【注】孟氏衢四達可以橫去【疏】注孟氏至橫去○舊疏云卽釋宮四達謂之衢李巡曰四達各有所至曰衢孫氏曰交通四出是也釋名釋道云四達曰衢齊魯謂四齒杷爲欋欋杷地則有四處此道似之也時臨南奉季孫適孟氏此衢蓋卽近孟氏之舍故曰孟衢左傳云及衢而騁卽此衢也臨南投策而墜之【注】策馬捶也見二家迭食之欲將季孫由孟氏免之恐陽越不聽故詐投策欲使下車【疏】釋文作而隊唐石經缺○注策馬捶也○襄十七年左傳左師爲己短策正義引服虔注策馬捶也淮南道應訓杖策錣上貫頤注策馬捶文十三年左傳繞朝贈之以策杜注策馬撾也呂覽審爲云杖策而去注策箠也說文竹部策馬箠也陽越下取策臨南駷馬【注】捶馬銜走【疏】校勘記云唐石經諸本同釋文駷本又作㯉字書無此字相承用之按廣雅釋詁敵擊也王氏念孫疏證云玉篇敵擊也公羊傳駷敵並音素蕫反其義同也是也○注捶馬銜走○鄂本捶作搖按依說文當作箠段借字捶譌作搖按紹熙本亦作搖廣韻駷馬搖銜

走也則作搖亦通左傳林楚怒馬及衢而騁是也而由乎孟氏陽虎從而射之矢著于莊門【注】莊門孟氏所入門名言幾中季孫賴門閉故著門【疏】釋文莊本或作嚴亦音莊蓋漢人避諱改也○注莊門至著門○左傳孟氏選圉人之壯者三百人以爲公期築室於門外又曰陽越射之不中築者闔門注季孫既得入乃閉門此以爲陽虎射之異然而甲起於琴如【注】甲公斂處父所帥也琴如地名二家知出期故於是時起兵【疏】注甲公至帥也○卽下云公斂處父帥師而至是也○左傳陽虎劫公與武叔以伐孟氏公斂處父帥成人自上東門入○注二家至起兵○卽上傳云力能救我則於是是也下注云公斂處父孟氏叔孫氏將兵之將左氏以爲孟氏家臣何所不取弒不成卻反舍于郊皆說然息【注】說解舍然猶如【疏】舊疏云正以季孫於陽虎爲君故謂之弒也卻反舍于郊者謂上文陽虎從而射之時逐之鄉孟氏今而還去舍于郊故曰卻反舍于郊不謂元從郊來左傳與陽氏戰于南門之內弗勝又戰于棘下陽氏敗陽虎說甲如公宮取寶玉大弓以出舍于五父之衢卽此之卻反舍于郊也校勘記云唐石經諸本同釋文弒作殺云音試下同卻本又作卻說然本又作稅○注說解舍然猶如○易遯六二莫之勝說虞注說解也國語齊語脫衣就功注脫解也禮士昏禮主人說服于房又既夕記主人說髦注今文說爲稅稅亦訓舍詩碩人稅于農郊是也然猶如者詩魏風葛屨云宛然左辟說文人部引作宛如左辟然如雙聲字得通用故論語憲問云子曰其然皇疏然如此也禮記大傳其義然也注然如是也通義云說然猶脫然也按此

卽左傳之寢而爲食也兪氏樾羣經平議云何氏此解殊未明了說猶脫脫也詩野有死麕篇舒而脫脫兮毛傳脫脫舒遲也重言之
爲脫脫單言之卽爲脫淮南子精神訓則脫然而喜矣高注脫舒也此傳云說然猶彼云脫然乃舒遲之意蓋陽虎意中無所畏憚
故與其徒脫然止息耳脫與說古字通用荀子正名篇楊倞注曰說讀爲脫義亦通或曰弒千乘之主〔注〕時
季氏邑至於千乘〔疏〕注時季至千乘○禮記坊記云故制國不過千乘都城不過百雉家富不過百乘鄭注古
者方十里其中六十四井出兵車一乘此兵賦之法也成國之賦千乘又鄭注小司徒云井十爲通通士一人徒二人通十爲成成革車
一乘士十人徒二十人十成爲終終革車十乘士一百人徒二百人十終爲同同革車百乘士千人徒二千人此謂公卿大夫采地出軍
之制也禮記疏引司馬法又云甸方八里出長轂一乘鄭注小司徒云若通溝洫之地則爲十里若除溝洫之地則爲八里則方十
里者六十四井也季氏爲大夫極于百乘而得千乘者蓋初作中軍三分公室各有其一及舍中軍四分公室季氏擇二皆盡征之
公車千乘皆季所專故目爲千乘之主焉論語先進云季氏富於周公亦以季氏專執魯政盡征其民故也而不克舍
此可乎〔注〕嫌其近而無所依〔疏〕左傳其徒曰追其將至陽虎曰夫孺子得國
而已〔注〕得免專國家而已〔疏〕通義云孺子謂季桓子按謂季孫仍得國政而已也左傳虎曰魯人聞余
出喜於徵死何暇追余如丈夫何〔注〕如猶奈也丈夫大人稱也〔疏〕注如猶奈也○文選
東京賦如之何其以溫故知新薛注如奈也昭十二年傳子苟如之何注如猶奈也論語子罕篇匡人其如予何皇疏如予何者猶

言奈我何也〇注丈夫大人稱也〇說文夫丈夫也从大一以象簪也周制以八寸爲尺十尺爲丈人長八尺故曰丈夫禮記郊特牲注夫之言丈夫也曲禮云若夫注言若欲爲丈夫也廣雅釋器男子謂之丈夫哀十一年傳是謂我不成丈夫也是丈夫爲美大之稱也易隨六二係小子失丈夫以丈夫與小子對故何氏謂大人稱也通義云丈夫陽虎自謂言必不敢追己

眣而曰彼哉彼哉注望見公斂處父師而曰彼哉彼哉再言之者切遽意

疏注望見至彼哉〇即下傳云公斂處父帥師而至是也經義述聞云家大人曰何以眣字从目故訓爲望其實非也眣讀爲佚佚謂須臾之頃也虎舍于郊而說然息謂魯人必不來追我也佚而思謂公斂處父必來追故曰彼哉彼哉此意中之處父非目中之處父也處處父至則不及爲故曰趣爲非望見處父之師而後爲也佚而二字傳文屢見桓二年傳曰佚而可以爲其有矣莊三十二年傳曰佚而牙弒械成作眣者段借字耳上文曰眣而錄其板亦是借眣爲佚而佚也漢書外戚傳始爲少使蛾而大幸則又借用蛾字按此陽虎實望見公斂處之師故趣爲既爲而師至故曰懂然後得免作見解作佚讀俱無不可通彼哉彼哉論語憲問篇亦有是語夫子論子西也宋氏翔鳳過庭錄云何意謂彼哉言彼地不可久處禍將及也楚令尹子西之治亂足以招亂故孔子思速去之與公羊言趣爲語義同蓋魯齊兩論也論語稽求篇云埤蒼曰佊者邪也佊字省作彼字而廣韻集韻遂各收佊字在上紙韻且各引論語彼哉彼哉爲證於是傳會之家遂謂魯論舊本原是佊字然按公羊定八年陽虎謀弒季氏不得見公斂處父之甲眣而曰彼哉彼哉則彼本如字且陽虎時未有魯論此必古成語而夫子引以作答者按論語集解引馬曰彼哉彼哉言無足稱也皇疏彼

哉彼哉者又答或人言人自是彼人耳無別行可稱也蓋陽虎初見甲起不知何人倘脫然息及見公斂處父乃懼而疾走曰彼哉彼哉彼卽彼公斂處父蓋畏詞也與論子西語氣同而語義異也何晏論語序云古論至順帝時馬融爲之訓詁則馬習古文也說文無彼字玉篇人部彼邪也廣韻所本說文用古論故不收彼字過庭錄又云廣韻五寘彼哀也論語云子西彼哉言子西不若子產治政之有遺愛管仲治齊之無怨言終於掩面而死固可哀也廣韻所載蓋古文論語之遺彼字當在史籀亡篇中故說文不載彼字也按玉篇云邪也廣雅云袤也則廣韻之哀卽袤之譌子西之死在孔子後孔子何得逆知其事而哀之且作邪字解亦不可通以之說論語則論子西太過以之說公羊則陽虎不得以公斂處父爲邪也彼彼哉者若曰是彼也哉○注再言至遽意○原文闕

趣駕【注】使疾駕【疏】注使疾駕○後漢光武紀注趣急也讀曰促管子國蓄云則君雖强本趣耕注趣讀爲促說文走部趣疾也漢書翟方進傳督趣司隸注趣讀曰促謂促其疾行故曰趣駕也左傳從者曰嘻速駕公斂陽在卽處父也

旣駕

公斂處父帥師而至【注】公斂處父孟氏叔孫氏將兵之將【疏】注公斂至之將○左傳成宰公斂處父告孟孫成爲孟氏邑則公斂處父孟氏家臣也與何異

懂然後得免【疏】通義云懂僅也一切經音義引字林云僅才能也國策云邯鄲僅存注僅裁懂卽僅字之借言僅僅得免也左傳公斂陽請追之孟孫弗許故得免也

自是走之晉【疏】左傳陽虎入于讙陽關以叛魯世家云陽虎欲盡殺三桓適而更立其所善庶子以代之載季桓子將殺之桓子詐而得脫三桓共攻陽虎陽虎居陽關魯伐陽虎陽虎奔齊已而奔晉趙氏左傳下十年具詳其事

寶者

何璋判白【注】判半也半圭曰璋白藏天子青藏諸侯魯得郊天故錫以白不言璋言玉者起珪璧琮璜璋五玉盡亡之也傳獨言璋者所以郊事天尤重詩云奉璋峨峨髦士攸宜是也禮珪以朝璧以聘琮以發兵璜以發衆璋以徵召【疏】穀梁傳寶玉者封圭也左傳注謂夏后氏之璜孔疏以爲劉歆說皆何氏所不取○注判半也○周禮媒氏掌萬民之判注判半也楚辭注引字林胖半也一切經音義判古文胖又作胖詩大雅訪落繼猶判渙傳判分也周禮朝士職凡有責者有判書注判半分而合者是判爲半也○注半圭曰璋○詩大雅棫樸左右奉璋傳半圭曰璋白虎通瑞贄篇引禮半珪爲璋周禮大宗伯以赤璋禮南方注半圭曰璋象夏物半死按璋本半圭之名又言判白者蓋半白下天子也亦玉人職天子用全○上公用尨之義毛本判圭作珪下珪璧字皆从玉○注白藏至以白○舊疏云尨白藏天子青藏諸侯春秋說文蓋諸侯○純青天子純白魯降於天子異於諸侯故判白也藏字釋文無音○注不言至之也○周禮小行人云合六幣圭以馬璋以皮璧以帛琮以錦琥以繡璜以黼此唯無琥蓋彼周禮也周禮圭璋以朝聘璧琮用以享琥璜用以大饗所用亦與下注所記不合○注傳獨至是也○校勘記云峨峨鄂本閩監毛本同此本翻刻者峨字誤从虫旁釋文峨峨本又作娥按廣雅釋訓娥娥容也與何氏引詩正合毛詩作義段借字也舊疏云官文王祭皇天上帝時在助祭者奉此半圭之璋其儀容峨峨威莊矣盡是俊士之所宜利何氏與鄭同按舊疏所云即鄭氏箋義公羊禮說云此疏大謬鄭箋璋璋瓚也祭祀之禮王祼以圭

瓚諸臣助之亞祼以璋瓚疏禮圭以進君璋以進夫人則圭當統名不得言璋冬官玉人大璋中璋邊璋皆是璋瓚也小宰注云唯人道宗廟有灌天地大神至尊不灌莫稱焉則嘗灌事祭宗廟也按何氏謂判半也半圭曰璋與毛同鄭以爲璋瓚與何異何以爲郊天鄭以爲宗廟之祭絕然兩途徐謂何與鄭同不察之甚矣何氏郊天之說出于仲舒繁露四祭云已受命而王必先祭天乃行王事文王之伐崇是也詩曰濟濟辟王左右奉璋奉璋峩峩髦士攸宜此文王之郊也是也鄭以上章爲郊天此章爲祭宗廟舊疏亦沿上章而致誤與詩疏引孫毓異同評云國事莫大乎祀祀神莫大乎天必擇後士與共其禮故舉祭天之事以明官人之義亦以此節爲郊天之詩毛氏本上章爲說蓋亦以爲郊天之禮謂君王行禮之時其左右之臣奉璋而助行之也彼疏引王肅申之云羣臣從王行禮之所奉引顧命曰大保秉璋以酢皆與鄭以璋爲璋瓚者異○注禮珪至徵召○白虎通瑞贄篇云五玉者各何施蓋以爲璜以徵召璧以聘問璋以發兵珪以質信琮以起土功之事也與此互異蓋皆逸禮文也珪以朝者白虎通云珪以爲信何珪者兌上象物始生見於上也信莫著于作見故以珪爲信而見萬物之始莫不自潔珪之爲言圭也上兌陽也下方陰也陽尊故其理順備也位在東陽見義于上也又云合符信者謂天子執瑁以朝諸侯執圭以覲天子是此之珪以朝即彼之珪以質信也說文玉部珪瑞玉也禮記禮器云諸侯以圭爲瑞注瑞信也荀子大略云聘人以珪楊注謂使人聘他國以珪璋皆因圭以質信故用以朝臣下所執則瑑圭也諸侯所執以朝天子則大宗伯云公執桓圭侯執信圭伯執躬圭之類是也璧以聘者白虎通云璧以聘問何璧者方中圓外象地地道安寧而出財物故以璧聘問也方中陰德方也圓外陰繫于陽也陰德盛于內故見象于內位在中

央璧之爲言積也中央故有天地之象所以據用也內方象地外圜象天也按禮聘禮受享束帛加璧注君享用璧知聘用璧也其子男朝天子亦以璧大宗伯子執穀璧男執蒲璧是也琮以發兵者白虎通云琮以起土功發衆何琮之爲言宗也象萬物之宗聚也功之所成故以起土功發衆也位在西方西方陽收功于內陰出成于外內圜象陽外直爲陰外牙而內湊象聚會也故謂之琮后夫人之財也按琮之見於禮者大宗伯以黃琮禮地玉人云䮂琮五寸宗后以爲權聘禮享夫人以琮此謂琮以發兵與諸書不合璜以發衆者白虎通云璜所以徵召何璜者半璧位在北方北陰極而陽始起故象半陰陽氣始施徵召萬物故以徵召也不象陽何陽始物微未可見也璜者橫也質尊之命也陽氣橫于黃泉故曰璜璜之爲言光也陽光所及莫不動也象君之威命所加莫敢不從陽之所施無不節也徵召與發衆事近也璋以徵召者白虎通云璋以發兵何璋者半珪位在南方南方陽極而陰始起兵亦陰也故以發兵也不象其陰何陰始起象物尚凝未可象也璋之爲言明也賞罰之道使臣之禮當章明也南方之時莫不章故謂之璋亦與徵召取義爲近按周禮典瑞牙璋以起軍旅蓋周禮也璋以徵召又以郊天者蓋郊天之璋璋判白此或卽青藏者與

弓繡質【注】質拊也言大者力千斤【疏】穀梁以爲武王之戎弓也杜預用劉歆以來說以大弓也卽封父之繁弱與何氏異舊疏云千斤之文何氏有所見也〇注質拊也〇校勘記云閩監毛本同釋文質柎此从手旁譌按廣雅釋言柎柢也考工記弓人云於挺臂中有拊焉注柎側骨釋名釋兵云中央曰弣弣撫也人所撫持也拊卽敝故下云柎方其峻而高其柎長其畏而薄其敝鄭司農云敝謂弓人所握持也戴氏震考工記圖補正云挺臂中有柎柎嚮弦宜高而薄之以便握持敝與柎

皆弓把柎者其內側骨謂之質之周禮疏云柎把中居弓之正中質亦有正義司弓云矢以授甲革椹質者注質正也是也蓋唯繡爲異爾○注言大者力千斤○舊疏云家語云三十斤爲鈞謂之石然則千斤之弓其力八石三斗有餘故左傳云可以威不軌戒不虞也按斤數不合段校本謂字上有百二十斤四字下文三斗有餘四字乃衍文

龜青純 注 純緣也謂緣甲頿也千歲之龜青髯明于吉凶易曰定天下之吉凶成天下之亹亹者莫善乎蓍龜經不言龜以先知從寶省文謂之寶者世世寶用之辭此皆魯始封之錫不言取而言竊者正名也定公從季孫假馬孔子曰君之於臣有取無假而君臣之義立主書者定公失政權移陪臣拘其尊卿喪其五玉無以合信天子交質諸侯當絶之不書拘季孫者舉五玉爲重書大弓者使若都以國寶書微辭也 疏 注純緣至吉凶○周禮司几筵云設莞筵紛純司農注純緣也禮既夕記云緇純注飾衣曰純謂領與袂士冠禮青絇繶純注純緣也凡衣履之飾邊者皆曰純故亦謂龜之緣曰純也毛本頿誤頰說文龜部龝甲邊也从龜冄聲天子巨龜尺有二寸諸侯尺大夫八寸士六寸段注云頿者龝之省龝之段借字劉淵林注蜀都賦引譙周異物志曰涪陵多大龜其甲可以卜其緣中又似瑇瑁俗名曰靈又郭注爾雅亦用其說而今本多訛字漢書食貨志元龜岠冄長尺二寸冄亦段借字孟康曰冄龜甲緣也

蚳至也度背兩邊緣尺二寸也緣者甲之邊也甲文象木載孚甲也
之象故介蟲外骨謂之甲禮記樂記云青黑緣者天子之寶龜也
史記樂書同卽此之青純也青黑色近故禮器注云秦時或以青
爲黑故也千歲之龜髯色成青黑故曰青緣樂記疏謂寶龜之甲
並以青黑爲之緣非也○注易曰至蓍龜○繫辭上傳文韓康伯
本作莫大乎蓍龜釋文大作善與此同漢書藝文志儀禮疏引皆
作莫善賈公彥云凡草之靈莫善於蓍凡蟲之靈莫善於龜中山
經云江水出焉其中多良龜郭注良善也亦取易爲義也舊疏云
今易善作大爲異文彼注云凡天下之善惡及沒沒之衆事皆成
定之言其廣大無不包也舊疏多用鄭說疑亦鄭氏注也校勘記
云惠棟云古易皆作莫善乎蓍龜王弼本善作大後人皆仍其誤
按今文易作莫善古文易作莫大鄭注本及王弼本皆費氏古文
也故作大鄭注云言其廣大無不包也可證是大字○注經不至
之辭○校勘記云疏引作世世保用之辭此以保訓寶也今本仍
作寶非定元年疏引同按何校本正作保郊特牲云龜爲前列先
知也故云以先知從寶省文通義云經未見龜者虎止竊弓璋傳
廣言魯所有寶爾明堂位曰封父龜卽此也大弓繁弱之弓也按
明堂位所記魯寶多矣傳何爲不敘及但廣言龜蓋龜亦虎所竊
也龜謂之寶者禮記禮器云諸侯以龜爲寶注古者貨貝寶龜大
夫以下有貨耳易曰十朋之龜是寶龜唯天子諸侯有之也白虎
通蓍龜云天子龜長一尺二寸諸侯一尺大夫八寸蓋尋常卜龜
大夫得有也士喪禮有卜日知士亦有矣故臧氏守龜有句僂者
論語公冶長篇臧文仲居蔡包注蔡國君之守龜也長尺有二寸
皇侃疏蔡大龜也禮唯諸侯以上得畜大龜以卜國之吉凶大夫
亦得卜用龜之小者不得畜蔡也則臧氏居蔡蓋亦僭越故孔子
譏其不知不獨山節藻梲也○注此皆至之錫○舊疏云左傳定

四年具有其文也穀梁傳亦以爲周公受賜藏之魯書召誥云大
保乃以庶邦冢君出取幣乃復入錫周公疏引鄭注云所賜之幣
蓋璋以皮及寶玉大弓此時所賜召公見衆殷之民大作周公德
隆功成有反政之期而欲顯之因大戒天下故與諸侯出取幣使
戒成王立於位以其命賜周公是爲始封之錫也若然定四年左
傳又云分魯公以大路大旂夏后氏之璜封父之繁弱者彼蓋賜
魯公此爲賜周公同爲始封之錫也此傳璋卽寶玉書鄭注以璋
與寶玉殊言之者寶玉雜色有琮璧圭璜而璋祀天之物尤重故
特舉之與○注不言至名也○穀梁傳非其所以與人而與人謂
之亡非其所取而取之謂之盜彼蓋以盜卽竊其實盜爲賤者之
稱竊者乃其正名也○注定公至義立○舊疏云家語文校勘記
今家語無君臣之義立按韓詩外傳五云孔子侍坐于季孫季孫
之宰通曰君使人假馬其與之乎孔子曰吾聞君取於臣謂之取
不曰假季孫悟告宰通曰今以往君有取謂之取無曰假孔子曰
正假馬之言而君臣之義定矣論語曰必也正名乎詩曰君子無
易由言名正也新序五亦載此事蓋何氏所本家語多王肅僞竄
非何所据也大戴禮少間云臣故曰君無言情於臣君無假人器
君無假人名論語子路篇必曰正名乎注馬曰正百事之名皇疏
孔子答曰爲時昏禮亂言語翻雜名物失其本號故爲政必以正
名爲先也○注圭書至絕之○校勘記出喪其五玉云鄂本同閩
監毛本作寶玉非此本訛作玉玉今訂正包氏慎言云五玉爲天
子所錫以鎭國者也爲盜所竊當坐不謹故絕奪其爵解詁箋云
魯郊非禮辨已見前詩云奉璋當是周官璋瓚尚書顧命所謂秉
璋以酢者也此盜竊寶玉當是魯之命圭失之定公坐重故爲微
辭傳順經諱文別舉三物以寶之爾按三傳無以寶玉專指命圭
者公羊之義命圭亦在其中所以合信天子交質諸侯若以璋爲

璋瓚則宗廟之祭臣子所執傳無緣特舉之也○注不書至爲重○律所謂二罪俱發以重者論也陪臣執大夫辱莫大焉蓋定哀之世文致大平故爲深諱辭與○注書大至辭也○舊疏云言大弓與龜皆可保用所以龜得從寶省文而特書大弓不省文使若都以國寶書作微辭之義何者經言盜竊寶玉大弓若似所謂寶玉卽大弓是言可世世傳保而金玉之然故得爲微辭也按大弓得爲寶玉者明堂位云越棘大弓天子之戎器也與越棘並故知亦國寶也其爲微辭者道大弓謂之寶實爲褒其五玉當坐絕也

公羊義疏七十

公羊義疏七十一

南菁書院

句容陳立卓人著

定九年盡十三年

九年春王正月

夏四月戊申鄭伯蠆卒疏毛本脫伯字包氏慎言云四月書戊申据曆四月無戊申三月之十二日也下書葬鄭獻公卒在四月相距僅一月經當以慢葬書日而不日恐經月有誤蠆左氏作蠆

得寶玉大弓

何以書國寶也喪之書得之書注微辭也使若都以重國寶故書不以罪定公者其寶失之當坐得之當除以竊寶不月知得例不蒙上疏注微辭至故書○舊疏云寶玉大弓者乃是周公初封之時受賜于周之物而必藏之魯者欲使世世子孫無忘於周而定公失之季氏奪之皆當合絕而上文直言盜竊寶玉大弓此文直云得寶玉大弓傳云何以書國寶也喪之書得之書不見貶之者正言作微辭使若都以重國寶之故而書之文更無刺譏之義也然則此言微辭者仍與上文共為一事通義云先王之賜先君之世守失之足以為辱得之足以為重故兩錄之也此陽虎歸之也然可言為盜所竊不可言為盜所歸故但舉得之而已莊

子曰春秋以道名分按孔氏之義甚是惟於何氏微辭意未合○注不以至當除○舊疏云上注云無以合信天子交質諸侯當絕今知不復絕之者以得之當除故也杜氏云弓玉魯之分器得之足以為榮失之足以為辱故重而書之義亦通於此○注以竊至蒙上○校勘記出知得例不蒙上云鄂本下有月字諸本皆脫疏云不蒙上月按紹熙本有月字上八年冬下無月知書盜竊寶玉大弓不月故此亦不蒙上四月文矣穀梁傳惡得之得之堤下或曰陽虎以解衆也左傳陽虎歸寶玉大弓公羊不言得之故故孔氏据左氏為說

六月葬鄭獻公

秋齊侯衛侯次于五氏【注】欲伐魯也善魯能却難早故書次而去【疏】杜云五氏晉地大事表云亦曰寒氏十年傳午以徒七十人門于衛西門曰請報寒氏之役即此今直隸廣平府邯鄲縣有五氏城一統志五氏城在廣平府邯鄲縣西按何氏云欲伐魯則五氏非晉地矣○注欲伐至而去○舊疏云知欲伐魯者正以直書其次上下更無起文乃與莊十年夏六月齊師宋師次于郎公敗宋師于乘丘之文同故知正欲伐魯也故彼傳云其言次于郎何伐也我能敗之故言次也是也彼注云此解本所以不言伐言次意也二國纔止次未成于伐魯即能敗宋師齊師罷而去故不言伐言次也明國君當強折衝當遠魯微弱深見犯至於近邑賴能速勝之故云爾所以強內者是其書次云欲伐魯善其却難早之文釋文作卻難云亦作却解詁一箋云文十年楚子蔡侯次于屈貉解詁魯恐故書刺微弱也當為一例劉氏蓋用杜氏說以五氏為晉地

然邯鄲去魯絶遠魯何爲恐之而書以刺微弱也

秦伯卒

冬葬秦哀公

十年春王三月及齊平注月者頰谷之會齊侯欲執定公故不易疏注月者至不易○正以平例時下十一年冬及鄭平是也此月故解之齊侯欲執定公事詳下注解詁箋云月者魯盜在齊晉欲藉齊晉以襲國上齊衛次五氏是也魯汲汲與齊平故不易按不易謂不佼易也莊十三年冬公會齊侯盟于柯傳何以不日易也注易猶佼易也相親信無後患之辭此下頰谷之會齊侯欲執定公故不爲易易辭也宣十五年夏五月宋人及楚人平注月者專平不易昭七年春王正月暨齊平注月者刺內暨暨也皆各有爲也齊未與晉合於魯盜在齊晉無涉

夏公會齊侯于頰谷疏左氏作夾谷杜云即祝其水經注淮水篇游水又北逕祝其縣故城西春秋經書公會齊侯于夾谷左傳定十年公及齊平會于祝其實夾谷也服虔曰地二名王莽更之曰猶亭縣之東有夾口浦史記注引服又云東海祝其縣是也大事表云舊以濟南淄川縣西南三十里有夾山上之有夾谷是爲定公會齊侯處按齊魯兩君相會不應去齊若此之近在魯若此之遠今泰安府萊蕪縣有夾谷峪名勝志以爲萊兵劫魯侯處庶幾近之顧氏炎武杜解補正云在今萊蕪縣杜解及史記服虔注皆云在東海祝其縣今淮安之贛榆遠非此水經注齊萊蕪縣曰城在萊蕪谷當路險絶兩山間道由南北門舊說云齊

靈公滅萊萊民播流此谷邑落荒蕪故曰萊蕪禹貢所謂萊夷也夾谷之會齊侯使萊人以兵劫魯侯宣尼稱夷不亂華是也是則會于此地故得有萊人非召之東萊千里之外也又曰知錄云金史淄川有夾谷山一統志夾谷山在濟南淄川縣西南三十里舊名祝其山其陽卽齊魯會盟之處萌水發源於此水經注萌水出般陽縣西南甲山是以甲山爲夾谷也而萊蕪縣志又云夾谷在縣南三十里接新泰縣界未知所据然齊魯之境正在萊蕪東至淄川則已入齊地百餘里二說俱通沈氏欽韓云一統志夾谷峪在泰安府萊蕪縣南三十里又云夾谷山在海州贛榆縣西四十里此本寰宇記而以春秋之夾谷在海州者爲是云祝其漢縣在贛榆縣西五十里之夾谷宜在此地按齊魯好會宜就兩國竟上胡爲遠至海濱漢之祝其不必卽傳之祝其當從顧氏爲允按顧氏之日知錄尙未實指所在杜解補正定在萊蕪故沈氏依而用之

公至自頰谷【注】上平爲頰谷之會不易故月致地者頰谷之會齊侯作侏儒之樂欲以執定公孔子曰匹夫而熒惑於諸侯者誅於是誅侏儒首足異處齊侯大懼曲節從教得意故致也【疏】注致地至致也〇鄂本誅侏儒下疊侏儒二字又故致也鄂本作故致地按紹熙本與鄂本同當從之莊六年注云公與一國出會盟得意致地此上平書月爲頰谷之會不易不得意可知今而致地故云頰谷之會至曲節從教舊疏云家語及晏子春秋文也穀梁傳頰谷之會孔子相焉兩君就壇兩相相揖齊人鼓譟而起欲以執魯君孔子歷階而上不盡一等而視歸乎齊侯曰兩君合好夷狄之民何爲來爲

命司馬止之齊侯逡巡而謝曰寡人之過也退而屬其二三大夫曰夫人率其君與之行古人之道二人三子獨率我入夷狄之俗何爲罷會齊人使優施舞於魯君之幕下孔子曰笑君者罪當死使司馬行法焉首足異門而出齊人來歸鄆讙龜陰之田者蓋爲此也左傳犂彌言於齊侯曰孔丘知禮而無勇若使萊人以兵劫魯侯必得志焉齊侯從之孔丘以公退曰士兵之兩君合好而裔夷之俘以兵亂之非齊君所以命諸侯也裔不謀夏夷不亂華俘不干盟兵不偪好於神爲不祥於德爲愆義於人爲失禮君必不然齊侯聞之遽辟之史記齊世家與魯定公好會夾谷犂鉏曰孔丘知禮而怯請令萊人爲樂因執魯君可得志景公害孔丘相魯懼其霸故從犂鉏之計方會進萊樂孔子歷階上使有司執萊人斬之以禮讓景公景公慚乃歸魯侵地以謝孔子世家齊有司趨而進曰請奏宮中之樂景公曰諾優倡侏儒爲戲孔子趨而進歷階而登不盡一等曰匹夫而熒惑諸侯者罪當誅請命有司有司加法焉手足異處景公懼而動知義不若歸而大恐新語五云魯定公之時與齊侯會于夾谷孔子行相事兩君升壇兩相處下兩相欲揖君臣之禮濟濟備焉齊人鼓譟而起欲執魯公孔子歷階而上不盡一等而立謂齊侯曰兩君合好以禮相率以樂相化臣聞嘉樂不野合犧象之薦不下堂夷狄之民何來爲命司馬請止之定公曰諾齊侯逡巡而避席曰寡人之過退而自責大夫罷會齊人使優旃儛于魯公之幕下傲戲欲候魯君之隙以執定公孔子歎曰君辱臣當死使司馬行法斬焉首足異門而出漢書陳湯傳車騎將軍許嘉右將軍王商以爲春秋夾谷之會優施笑君孔子誅之後漢書陳禪傳昔齊魯爲夾谷之會齊作侏儒之樂仲尼誅之又張升傳昔仲尼暫相誅齊之侏儒手足異門而出故能威震強國反其侵地皆用公羊說其穀梁左傳史記新語與公羊詳

略互見蓋皆傳聞之異也

晉趙鞅帥師圍衛

齊人來歸運讙龜陰田【疏】杜云三邑皆汶陽田泰山博縣北有龜山大事表云博縣爲今之泰安府龜山在新泰縣之西南泗水縣之東北與泰安府境相接一統志龜山在泰安府新泰縣西南四十里山之南即兗州府泗水縣水經注汶水篇其水自谿而東濬波注壑東南流逕龜陰之田龜山在博縣北十五里昔夫子傷政道之陵遲望山而懷操故琴操有龜山操焉山北即龜陰之田春秋齊人來歸龜陰之田是也史記注引服虔云三田汶陽田也龜山名陰之田得其田不得其山也漢書五行志引來作倈地理志引讙作鄻說文亦作鄻歸者復還所取之物之謂禮記祭義云子全而歸之孟子盡心云久假而不歸皆歸還之義也

齊人曷爲來歸運讙龜陰田【注】据齊嘗取魯邑【疏】注据齊嘗取魯邑○舊疏云即宣元年六月齊人取濟西田哀八年齊人取讙及僤之文是也

孔子行乎季孫三月不違【注】孔子仕魯政事行乎季孫三月之中不見違過是違之也不言政行乎定公者政在季氏之家【疏】舊疏云孔子家語亦有此言若以家語言之孔子今年從邑宰爲司空既爲大夫故有行於季孫之義孔子世家定公以孔子爲中都宰一年四方皆則之由中都宰爲司空由司空爲大司寇是也○注孔子至

之也○左傳哀十四年傳且其違者不過數人注違不從也後漢書朱景等傳注違失也廣雅釋詁違偝也者無有偝失故無不從也○注不言至之家○孟子萬章云於季桓子見行可之仕也趙注行可冀可行道也魯卿季桓子秉國之政孔子仕之冀可得因之行道按世家季孫使人召孔子欲往子路不說止孔子然亦卒不行是孔子未仕季氏孟子所言即謂仕於定公也季氏執政故曰於季桓子故此傳曰行乎季孫三月不違也

齊人爲是來歸之

注齊侯自頰谷會歸謂晏子曰寡人或過於魯侯如之何晏子曰君子謝過以質小人謝過以文齊嘗侵魯四邑請皆還之歸濟西田不言來此其言來者已絕魯不應復得故從外來常文與齊人來歸衛寶同夫子雖欲不受定公貪而受之此違之驗

疏注齊侯至還之○舊疏云皆晏子春秋及家語孔子世家之文校勘記出或過云閩監毛本同誤也鄂本或作獲當据正穀梁注引作獲按紹熙本亦作獲世家云景公歸而大恐告其羣臣曰魯以君子之道輔其君而子獨以夷狄之道教寡人使得罪於魯君爲之奈何有司進對曰君子有過則謝以質小人有過則謝以文君若悼之則謝以質於是齊侯乃歸所侵魯之鄆汶陽龜陰之田以謝過穀梁敘此語在斬侏儒之前不合史記正義鄆今鄆州鄆城縣在兗州龔丘縣東北五十四里故謝城在龔丘縣東七十里齊歸侵魯龜陰之田以謝魯魯築城於此以旌孔子之功因名謝城新語又云於是齊人懼然而恐君臣易操不安其故行乃歸魯四邑之侵地終無乘魯之心鹽鐵論備胡云孔子仕於魯魯無敵

國之難鄰境之患强臣變節而忠順故季桓墮其都城大國畏義而合好齊人來歸鄆讙龜陰之田故爲政而以德非獨辟害折衝
也所欲不求而自得是也舊疏云其四邑者蓋運也讙也龜也陰也也邑而言田者桓元年傳云田多邑少稱田然則此等皆是土地
頃畝多邑內人民少故稱田龜亦是邑非山名賈服異若欲同於賈服卽云上二邑邑內人民多故舉邑名龜陰言田者龜是山名
直得田而不得邑而言侵魯四邑請皆歸之者謂雖有此請齊君不全許是以但得三邑而已蓋非何氏之意按何注四邑蓋三邑
之譌運也讙也邑也龜陰田也据左傳皆在汶陽也索隱引左傳鄆讙及龜之田是鄆讙與龜陰別○注歸濟至寶同○齊人來歸
衛寶見莊六年按宣十年齊人歸我濟西田是不言來也彼傳云齊已取之矣其言我何未絕乎我也曷爲未絕乎我齊已言取之
矣其寶未之齊也注齊已言語許取之其人民貢賦尚屬于魯寶未歸于齊不言來者明不從齊來不當坐取邑是彼與魯未絕故
不言來與此異也舊疏云言魯不應復得之者正以不能保守先君世邑而失之故也是也○注夫子至之驗○正以魯不應復得
故夫子不欲受也舊疏云四邑屬齊年歲淹久已絕於魯魯不應得頰谷之會討殺侏儒威劫齊侯方始歸之雖曰獲田君子不貴
也解詁箋云傳此注義例闊遠得聖人之心矣魯任用孔子則聖化及天下豈以區區反侵地爲得意反侵之地者正齊人欲沮撓魯
政卽歸女樂之幾受女樂大惡不可言也而左氏穀梁以反侵地爲聖功陋矣頰谷書致者蓋齊以魯有聖人有加禮焉故也齊桓
衣裳之會猶云朝服濟河而無怵惕會以聖人相君而置之危地且效曹沫屈建之詐設兵刑以偪好哉何君依違之辭去之而義
益長矣劉意以上注頰谷之會致地此注及謝過一節須刪去按孔子誅侏儒事左穀史記新序並載其事則當時容或有之孔子

珍倣宋版印

不必藉此威齊而齊人之歸田亦未嘗不因此存之固無損聖德焉聖人固不畏君危地而危殆之來亦聖人所不能預禦則有不如此而不可者禮記儒行云鷙蟲攫搏不程勇者引重鼎不程其力疏此喻艱難之事言儒者見艱難之事遇則行之不豫度量也其此實暴虎之事而得爲儒者實自述也若夾谷之會孔子欲斬齊之侏儒是也舊疏云言此違之驗者欲對上傳去孔子行乎季孫三月不違文也

叔孫州仇仲孫何忌帥師圍郈 疏 齊乘云郈城在沂州東三十六里水經注無鹽縣之郈鄉城郈即昭伯之故邑定十二年叔孫氏墮郈今其城無南面一統志在東平州南四十二里是也通義云郈費皆內邑不聽者

秋叔孫州仇仲孫何忌帥師圍費 疏 校勘記云唐石經諸本同解云左氏穀梁費爲郈公羊正本作費字與二家異賈氏不云公羊曰費者蓋文不備或所見異也春秋異文箋云謹案左氏傳明云秋復圍郈穀梁亦作郈自當以郈字爲正且郈邑屬叔孫氏故圍郈叔孫爲主費邑屬季氏若有事於費帥師者當爲季氏不當獨任叔孫也以是知公羊作費或傳受之譌

宋樂世心出奔曹 疏 舊疏云世字亦有作泄字者故賈氏言焉左氏穀梁作大字校勘記云唐石經諸本同按禮記檀弓泄柳唐石經作世柳

宋公子池出奔陳 疏 釋文池左氏作地校勘記云唐石經諸本同鄂本奔作犇按池與地皆从也得聲於古讀若它

莊子大宗師篇相造乎水者穿池而養給釋文池本亦作地崔同顧氏炎武唐韻正云五支池古音駝六至地古音沱陳第曰詩稱地在斯干韻裼與今音同及讀屈原橘頌以過韻地讀平聲正叶沱字揚雄羽獵賦亦同此例按斯干九章以地瓦儀議罹而子裼二字可不入韻不當以此證其爲今音也閭監毛本誤以釋文池左氏作地爲注語

冬齊侯衛侯鄭游速會于牽疏左氏穀梁牽作安甫舊疏云賈氏不云公羊曰牽者亦是文不備穀梁經甫亦有作浦字者差繆略云安甫公羊作牽父

叔孫州仇如齊

宋公之弟辰暨宋仲佗石彄出奔陳注復出宋者惡仲佗悉欲帥國人去故舉國言之公子池樂世心石彄從之皆是也辰言暨者明仲佗彊與俱出也三大夫出不月者舉國危亦見矣疏左氏經脫下宋字〇注復出至言之〇舊疏云如此注者正決昭二十年宋華亥向甯華定出奔陳不重言宋向甯也左傳公子地出奔陳公弗止辰爲之請弗聽辰曰是我迋吾兄也吾以國人出君誰與處冬母弟辰暨仲佗石彄出奔陳則以欲帥國人出爲辰事不可同於公羊也〇注公子至是也〇下十一年云宋公之弟辰及仲佗石彄公子池自陳入于蕭以叛皆在惡之科也又樂世心自曹入于蕭注不言叛者從叛臣叛可知〇注辰言至出也〇隱元年傳暨猶暨暨也及我欲之暨不得已也是則辰爲不得已從仲佗等出矣舊疏

云知非辰强之者正以莊三十二年公子牙昭元年招之屬以其有罪皆去弟以貶之今不去弟故知仲佗强之矣穀梁注云辰爲佗所强故曰暨用何氏義釋文强作彊葉鈔本作强是也通義云佗彊起意而辰序上者既加暨又序下嫌辰全無罪矣義或然也○注三大至見矣○昭二十年冬十月宋華亥向甯華定出奔陳注月者危三大夫同時出奔將爲國家患明當防之此亦三大夫出奔不月故解之

十有一年春宋公之弟辰及仲佗石彄公子池自陳入于蕭以叛注不復言宋仲佗者本舉國已明矣辰言及者後汲汲當坐重疏注不復至明矣○舊疏云以奔時舉言宋仲佗是其率國人去已明矣是以此經不復言宋也○注辰言至坐重○隱元年傳及猶汲汲又云及我欲之明上奔爲不得已故書暨此叛爲辰汲汲故變暨言及舊疏云言當坐重者惡其母弟之親而汲汲于叛故當合坐重於疏者通義云胡康侯曰出奔陳則稱暨入于蕭以叛則稱及及非不得已之辭得已而不已者也夫事君者可貧可賤可殺而不可使爲亂今不得已而輕於去國猶之可也得已而不已而果於叛君則無首從之別其罪一施之

夏四月

秋宋樂世心自曹入于蕭注不言叛者從叛臣叛可知疏注不言至可知○決上宋公之弟辰以下自陳入于蕭以叛文也

冬及鄭平【疏】鹽鐵論備胡云孔子仕于魯前仕三月及齊平後仕三月及鄭平務以德安近而綏遠當此之時魯無敵國之難鄰境之患强臣變節而忠順故季桓隳其都城大國畏義而合好齊人來歸鄆讙龜陰之田

叔還如鄭莅盟【疏】校勘記云閩監毛本同唐石經蜀大字本莅作莅鄂本作莅一从艸一从水此合并爲莅非通義云平六年侵鄭之怨也既平之後遂終春秋未嘗相犯故特與莅盟同爲大信辭

十有二年春薛伯定卒【注】不日月者子無道當廢之而以爲後未至三年失衆見弒危社稷宗廟禍端在定故略之【疏】○注不日至略之釋文弒作殺云音試所見世小國卒例書日月昭三十一年夏四月丁巳薛伯穀卒之屬是也今不日月故解之子未三年失衆見弒者郎下十三年薛弒其君比是也知失衆者以其稱國以弒故也又十八年莒弒其君庶其傳稱國以弒者衆弒君之辭注一人弒君國中人人盡喜故舉國以明失衆當坐絕也例皆時者略之也然則此亦宜日月而不日月亦略辭也校勘記云解云禍端在定亦有作在是者今解從定按薛弒其君比郎在定十三年則此作定非也定當從是今按禍端在定郎謂禍端在定之當廢不廢也不必改是字

夏葬薛襄公

叔孫州仇帥師墮郈【疏】穀梁傳墮猶取也注陪臣專强違背公室恃城爲固是以叔孫墮其城若新得之故云墮

墮猶取也墮非訓取言今但毀其城則郈永屬己若更取邑於他然彼疏云何休難云當言取不言墮實壞耳無取於訓詁鄭君如此釋之則范注皆鄭釋廢疾語諸本脫去釋廢疾曰皆誤作范注矣劉氏逢祿難云夫子辨家邑之制爲此墮也若叔孫討陪臣安得書於春秋是也通義云啖助曰毀全除之墮但損之水經注汶水篇汶水自桃鄉四分其左二水雙流西南至無鹽之郈鄉城南郈昭伯之故邑也禍起鬬雞矣春秋定十二年叔孫氏墮郈今其城無南面

衛公孟彄帥師伐曹

季孫斯仲孫何忌帥師墮費

曷爲帥師墮郈帥師墮費 注 据城費 疏 注据城費見襄七年 ○ 孔子行乎季孫三月不違 疏 史記孔子世家定公十四年孔子年五十六由大司寇攝相事誅魯大夫亂政者少正卯與聞國政三月粥羔豚者弗飾賈男女行者別于塗塗不拾遺四方之客至乎邑者不求有司皆予之以歸續漢五行志注引風俗通劭曰孔子攝魯司寇非常卿也折僭濫溢之端消纖介之漸從政三月惡人走境邑門不闔外收强齊侵地內虧三桓之威是其事也通義云再言三月不違者前据爲中都宰時此据爲司空時也舊疏云上十年傳云孔子行乎季孫三月不違以此言之三月之外違之明矣故上有注云定公貪而受之此違之驗此傳復言之者家語定十年時孔子從邑宰爲司空十一年又從司空爲司寇則爲司空時爲季孫所重齊人遂懼求歸四邑及作司寇時攝行相事國無姦民誅少正卯政化大行季孫重之復不違三月是以作傳文

言其事矣按此三月蓋猶論語雍也篇回也其心三月不違仁之三月言其久耳不必僅三月不違也曰家不藏甲
疏禮記禮運云冕弁兵革藏于私家非禮也是爲脅君漢書毋將隆傳春秋之誼家不藏甲所以抑臣威損私力也邑無
百雉之城疏禮記坊記云都城不過百雉注雉度名也高一丈長三丈爲雉百雉爲長三百丈方五百步於是
帥師墮郈帥師墮費注郈叔孫氏所食邑費季氏所食邑二大夫
宰吏數叛患之以問孔子孔子曰陪臣執國命采長數叛者坐邑
有城池之固家有甲兵之藏故也季氏說其言而墮之故君子時
然後言人不厭其言書者善定公任大聖復古制弱臣勢也不書
去甲者舉墮城爲重疏注二大至患之○即上十年叔孫州仇仲孫何忌帥師圍郈秋叔孫州仇仲孫何忌帥師圍費又昭十三年叔弓帥師圍費之屬是按左傳歷記南蒯公山弗狃等以費叛侯犯以郈叛等事明二邑大夫數叛故患之也○注以問至墮之○舊疏云春秋說及史記皆有此言按孔子世家云定公十三年夏孔子言於定公曰臣無藏甲大夫毋百雉之城使仲由爲季氏宰將墮三都於是叔孫氏先墮郈季氏將墮費公山弗狃叔孫輒率費人襲魯入及公側孔子命申句須樂頎下伐之費人北國人追之二子奔齊遂墮費是其事也○注故君至其言○論語憲問篇文○注不書至爲重○舊疏云以傳云家不藏甲邑無百雉之城明其並從二事而特舉墮城不書去家之甲者舉重故也必知去甲亦合書者正以成元年三月作丘甲書

之於經明知去甲亦合書矣

雉者何五板而堵注八尺曰板堵凡四十尺疏校勘記毛詩小雅鄭箋引而作爲下而雉同〇注八尺至十尺〇舊疏云八尺曰版者韓詩外傳文校勘記云當作內傳傳注版作板當從此說文木部栽下段注云古築牆先引繩營其廣輪方制之正詩其繩則直是也繩直則豎楨幹題曰楨植于兩頭之長杙也旁曰幹植于兩邊之長杙也而後橫施板于兩邊幹內以繩束幹實土築之一板竣則層纍而上詩曰縮版以載是也何注八尺曰板堵凡四十尺曰戴禮韓詩也鄭箋詩引此傳而釋之曰雉長三丈則版六尺自用其說也

五堵而雉注二百尺疏校勘記云唐石經諸本同詩鴻雁正義引王愆期公羊云諸儒皆以爲雉長三丈堵長一丈疑五誤當爲三

百雉而城注二萬尺凡周十一里三十三步二尺公侯之制也禮天子千雉蓋受百雉之城十伯七十雉子男五十雉天子周城諸侯軒城軒城者缺南面以受過也疏注二萬至制也〇舊疏云公侯方百雉春秋說文也古者六尺爲步三百步爲里計一里有千八百尺十里卽有萬八千尺更以一里三十三步二尺爲二千尺通前爲二萬尺也故云二萬尺凡周十一里三十三步二尺也按坊記注以長三丈爲雉百雉爲長三百丈方五百步子男之城方五里百雉者此謂大都三國之一與何注絕殊然如鄭說則百雉之城不及二里未免過隘左傳疏引異義戴禮及韓詩說八尺爲板五板爲堵五堵爲雉板廣二尺積高五板爲一丈五堵爲雉雉長四丈古周禮及左氏說一丈爲板板廣二尺五板爲堵一堵之牆長十高丈三堵爲雉一雉之牆長三丈高

一丈以度其長者用其長以度其高者用其高也何說雉積與韓詩說合雉此未及板之廣耳毛詩疏引異義周禮說雉高一丈長三丈韓詩說八尺爲板五板爲堵五堵爲雉鄭辨之云左氏傳說鄭莊公弟段居京城祭仲曰都城過百雉國之害也先王之制大都不過參國之一中五之一小九之一今京不度非制也古之雉制書傳各不得其詳今以左氏說鄭伯之城方五里積千五百步也大都三國之一則五百步也五百步爲百雉則知雉五步五步於度長三丈則雉長三丈也雉之度量於是定可知矣按如左傳則大都三國之一卽正得百雉正合大夫之正孔子何爲言邑無百雉之城墮郈墮費耶如其合制郈費大夫有辭以對聖人能違禮爲之耶周禮典命注云公之城蓋方九里侯伯之城蓋方七里子男之城蓋方五里典命疏引書無逸傳曰古者百里之國九里之城玄或疑焉周禮匠人營國方九里謂天子之城今大國與之同非也然大國七里次國五里小國三里之城爲近可也或者天子實十二里之城諸侯大國九里次國七里小國五里如是鄭自兩解不定隱公元年祭仲云都城不過百雉大都三之一是公七里侯伯五里子男三里矣此賈服杜君等與鄭一解也鄭又云鄭伯之城方七里大都三里之一方七百步實過百雉矣而云都城不過百雉舉子男小國之大都以駮京城之大其實鄭之大都過百雉矣又据天子城十二里而言也按鄭爲兩解者以匠人營國方九里据天子而言則公宜七里侯伯宜五里子男宜三里以典命國家宮室以命數爲節則公九命當九里侯伯七命當七里子男五命當五里詩大雅文王有聲云築城伊淢適與城方十里等小於天子大於公侯也賈公彥云雖改殷制仍服事殷未敢十二里則周之天子十二里公宜九里侯伯宜七里子男宜五里則匠人云九里或据異代法以其匠人有夏殷法故也按此則鄭駮異

義所主所謂天子城九里公七里侯伯五里子男三里見坊記疏者也通義云今按此城每面五百丈近三里之城墨子曰率萬家而城方三里若以六尺爲步三百步爲里計之三里之城實周百有八雉容舉成數也周禮城郭以命數爲節公九里侯伯七里子男五里者皆謂外城孟子言三里之城七里之郭乃侯伯之正制天子外城十有二里而攷工記云匠人營國方九里者以公之外城爲其中城也左傳曰先王之制大都不過三國之一中五之一小九之一三里之城其積九里九里之城其積八十一里爲方九一里者九十里之城其積三十九里爲方九里者五而強五里之城其積二十五里爲方九里者三而弱然則都城百雉於了男爲大都於侯伯爲中都於公爲小都今云家私邑悉如中都之利不利公室故諷使隳之按舊疏云公侯方百雉春秋說文疑何注二萬尺脫公侯方百雉語故舊疏如此也所謂方者不必如開方積數故下注引禮天子千雉伯七十雉子男五十雉無方字也何注明云周十一里有奇孔氏以每面五百丈近三里之城計之亦合其實何氏之一說不可通於周禮何氏引禮說云天子千雉則奚止十二里哉孟子言三里之城七里之郭舉其邑之至小者而言今縣城有周三里者矣不必卽指國都亦不必泥方字立說郎匠人典命亦不必強合孔氏以典命所記爲外城匠人所記爲內城亦以意言耳百雉之城公侯之制家邑不得同之今三家私邑僭擬國都故孔子云然也孔氏又云古周禮說三堵爲雉與此傳不合或當以五堵者度長三堵者度高若然一堵之牆高丈長四丈一雉之牆高三丈長二十丈義亦可通然周禮說與禮戴詩韓春秋公羊不必強爲合也存之○注禮天至十雉○舊疏以天子千雉及伯七十雉子男五十雉皆春秋說文按何注引禮或逸禮禮緯亦有是語蓋受百雉之城十何氏申春秋說文也匠人疏引異義古

周禮說天子城高七雉隅高九雉公之城高五雉隅高七雉侯伯之城高三雉隅高五雉都城之高皆如子男之城高蓋子男城亦與伯等是以周禮說不云子男城及都城之高也何氏自論周城之數與彼不同○注天子至軒城○舊疏云春秋說文初學記引白虎通云天子曰崇城言崇高也諸侯曰干城言不敢自專禦於天子也干城即軒城音義通軒城闕一面即不敢自專之義○注軒城至過也○說文𩫏部𩫏缺也古者城闕其南方謂之𩫏段注云闕之義同缺○引何氏公羊此注軒城者闕南面以受過也按毛詩出其東門傳闉曲城也闍城臺也城門上有臺謂之闍周官匠人詩靜女所謂城隅也天子南城門有臺故新序雜事五云天子居闉闕之中是也闉即宣十五年傳之堙堙即包城臺言韓詩外傳司馬子反乘闉而窺宋城即堙也亦即說文之闉闉樓上戶也闉在高處可以眺望故也鄭爲諸侯無南城門其三面皆有城皆有臺故子衿詩云在城闕兮是也闕即𩫏隸變爲𩫏三面有臺南方獨無故爲𩫏軒懸之缺南方故亦曰軒猶泮水之缺北方皆爲下乎天子也毛詩之闕乃𩫏之段借非象魏之闕陳氏奐詩毛傳疏引爾雅觀謂之闕說文闕門觀等語釋之誤矣毛詩傳曰乘城而見闕箋申之曰登高而見於城闕即謂城門之闕非見觀闕之闕也南方亦有城垣但無臺爾不必如舊疏所云不設射垣以備守也舊疏又云舊古城無如此者蓋但孔子設法如是然至作舊疏時未必春秋古城仍有存者且後代小邑亦有四門不全其一面無城樓者蓋即𩫏之遺象與

秋大雩【注】不能事事信用孔子聖澤廢【疏】注不能至澤廢○舊疏云謂三月之後違之按如受齊人所歸田其一事也

冬十月癸亥公會晉侯盟于黃疏包氏慎言云十月書癸亥據曆當爲九月之二十八日時曆不閏六月故十月有癸亥下又書十一月丙寅朔是當時於十一月後方置閏也左氏穀梁作齊侯春秋異文箋云公羊作晉侯方音之譌校勘記云唐石經諸本同作晉誤也宋張洽云黃齊地公羊作晉侯誤按古齊晉多混說詳昭十年齊欒施來奔下

十有一月丙寅朔日有食之注是後薛弒其君比晉荀寅士吉射入于朝歌以叛疏五行志劉歆以爲十二月二日楚鄭分臧氏壽恭推是年正月庚午朔大二月庚子朔小二月己巳朔大四月乙亥朔小五月戊辰朔大六月丁卯朔大七月丁酉朔小八月丙寅朔大九月丙申朔小十月乙丑朔二日丙寅〇注是後至以叛〇薛弒君在下十三年冬晉荀寅士吉射叛亦同時舊疏云晉荀寅士吉射叛在弒君之前而後言之者正以弒君之變重故先取以應之五行志下之下定十二年十一月丙寅朔日有食之董仲舒劉向以爲後晉三大夫以邑叛薛弒其君楚滅頓胡越敗吳衛逐世子

公至自黃

十有二月公圍成公至自圍成注成仲孫氏邑圍成月又致者天子不親征下土諸侯不親征叛邑公親圍成不能服不能以一國爲家甚危若從他國來故危錄之疏注成仲孫氏邑〇說文邑部郕古氏邑段注今春秋經傳皆作

成郕成古今字也左傳昭七年晉人來治杞田季孫將以成與之杜云成孟氏邑此年左傳云將墮成公斂處父謂孟孫墮成齊人必至于北門注成在魯北境故按孟氏邑之成非姬姓郕國之郕也隱五年衞師入郕文十二年郕伯來奔僖二十四年左傳管蔡郕郕霍文之昭也各書皆从邑作郕而許於郕下不云姬姓之國者蓋許所据左氏郕成字互易不可以今所据繩許也公羊郕國之字作䣓或䣓爲姬姓國之正字郕爲孟氏邑之正字也古郕國在今兗州府汶上縣北二十里有郕城孟氏之城地當近杞也○國注圍成至叛邑○圍例時宣十二年春楚子圍鄭是也此書月又莊二十七年注云凡圍公出在外致在內不致此在內而致故並須解之舊疏云天子不親征下土者卽公羊說云一國叛王自征之若四國皆叛安得四王而征也是其義也桓五年蔡人衞人陳人從王伐鄭傳云其言從王伐鄭何從王正也彼注云美其得正義也故以從王征伐錄之然則天子不親征下土而注美之者直是美諸侯之得正猶自不言桓王伐鄭之善故彼注又云蓋起時天子微弱諸侯背叛莫肯從王者征伐以善三國之君獨能尊天子死節稱人者刺王者也天下之君海內之主當秉綱撮要而親自用兵故見其微弱僅能從微者不能從諸侯也按何氏彼注卽天子不親征下土之義也王制云諸侯賜弓矢然後征明諸侯有罪天子當命方伯討之也諸侯不親征叛邑者舊疏云征正以諸侯於天子亦宜以國爲家如天子之有天下也而不能全服親自征之故爲非禮爲春秋所刺也沈氏欽韓云書之者所以恥公而惡夫方命者也校勘記出下士云閩監毛本同蜀大字本士作土此本疏中引注亦作土當据正○注公親至錄之○校勘記出故危錄之云蜀大字本閩監毛本同無鄂本下有矣左傳載公斂處父曰且成孟氏之保障也無成是無孟氏也子僞不知我將弗墮十二月公

圍成弗克是其不能服也公親圍成而不克恥甚故爲從他國來文書月以危之莊六年傳不得意致伐注公與一國及獨出用兵得意不致不得意致伐是也穀梁傳何以致危之也何危爾邊乎齊也侵伐人國且不必皆危僅邊齊何危爾通義引趙汸曰昭圍成不月異在國也

十有三年春齊侯衛侯次于垂瑕疏穀梁脫衛侯二字左氏穀梁作葭左傳實鄍氏杜云高平鉅野縣西南有鄍亭大事表云鉅野縣今屬山東曹州府

夏築蛇淵囿疏水經注汶水篇蛇水又西南逕鑄城西左傳所謂蛇淵囿也京相璠曰濟北有蛇丘城城下有水魯囿也大事表云蛇在今濟南府肥城縣南成十八年注云刺奢泰妨民也

大蒐于比蒲疏桓六年注云五年大簡車徒謂之大蒐又昭八年蒐于紅傳蒐者何簡車徒也何以書蓋以罕書也此蓋與彼同釋文作大廋云本又作蒐

衛公孟彄帥師伐曹

秋晉趙鞅入于晉陽以叛疏大事表云即今太原府之太原縣唐叔始封時故都也成王封叔虞于唐在河汾之東方百里古唐國昭元年子產曰昔高辛氏有二子伯曰閼伯季曰實沈不相能日尋干戈帝遷實沈于大夏主參唐人是因及成王滅唐而封太叔故參爲晉星杜注大夏晉陽也曰大夏曰太原曰大鹵曰夏墟曰唐曰晉曰鄂左傳所稱凡七名皆指晉陽

一地後爲趙氏食邑古唐國在今縣治北古晉陽城在縣治東北包氏愼言云鞅意非叛無君命而持兵向國事同於叛論罪當誅潛研堂答問云欒盈之入曲沃趙鞅之入晉陽書之以戒大都耦國之漸人君不可專其私邑也穀梁傳以者不以者也叛直叛也疏入者內弗受也以其無君命於義不受是罪也雖非實叛未奉君命擅据私邑故書入書以叛罪之

冬晉荀寅及士吉射入于朝歌以叛疏襄二十三年左傳齊侯伐晉取朝歌大事表云朝歌卽今河南衛輝府淇縣衛始封時故都後入于晉孔疏衛爲狄所滅東徙渡河遷楚丘河內殷虛更屬于晉左穀無及字此及衍文也釋文不言左穀無及字知陸所見本無矣荀寅士吉射位鈞罪等非有首從無爲言及也通義云晉陽趙氏之私邑朝歌寅吉射之私邑也實自國出居其私邑而春秋不言出奔反與彭城曲沃同以入言之者唯君有國臣不專地荀專私邑以叛卽與入公邑同誅

晉趙鞅歸于晉

此叛也其言歸何注据叛與出入惡同疏注据叛至惡同〇桓十五年傳云歸者出入無惡此上已書叛明出入惡矣今此反書歸故難之以地正國也注軍以井田立數故言以地疏舊疏云趙鞅以井田之兵逐君側之惡人故云以地正國也穀梁傳此叛也其以歸言之何也貴其以地反也貴其以地反則是大利也非大利也許悔過也許悔過則何以言叛也以地正國也注地謂晉陽也蓋以晉陽之兵還正國也〇注軍以至以地〇昭元年有千乘之國注云十井爲一乘是也按十井八十家賦長轂一乘以魯頌及司馬法計之每乘三十人也其以

地正國奈何晉趙鞅取晉陽之甲以逐荀寅與士吉射荀寅與士吉射者曷爲者也君側之惡人也此逐君側之惡人曷爲以叛言之無君命也【注】無君命者操兵鄉國故初謂之叛後知其意欲逐君側之惡人故錄其釋兵書歸赦之君子誅意不誅事晉陽之甲者趙簡子之邑以邑中甲逐之【疏】注無君至誅事○哀三年疏引作書歸而赦之穀梁注引凱曰專入晉陽以與甲兵故不得不言叛實以驅惡而安君則釋兵不得不言歸春秋善惡必著之義舊疏云君子之人探端知緒但誅其意若輕而難原不誅其事若重而可恕以趙鞅意實非逆但以持兵鄉國爲罪是以春秋書歸以赦之故曰誅意不誅事也後漢書董卓傳昔趙鞅興晉陽之甲逐君側之惡人楊秉傳春秋趙鞅以晉陽之甲逐君側之惡傳曰除君之惡唯力是視皆取公羊爲說通義云時荀寅士吉射作亂攻趙氏趙鞅奔晉陽興師以拒二子君爲之逐荀士而復鞅其復有君命故以歸言之其出無君命故以叛言之然書歸者非與使無惡也所以起其叛爲以地正國明雖逐惡人苟無君命不免爲叛鞅自以與寅吉射情有曲直而春秋之誅壹施之此臣道之大防也後世蕭高宇文之徒猶託名清君側之惡爲義師者唯春秋之教不明而亂臣賊子不知所懼也董仲舒曰天子受命于天諸侯受命于天子子受命于父臣妾受命于君妻受命于夫諸所受命者其尊皆天也天子不能奉天之命則廢而稱公王者之後是也公侯不能奉天子之命則名絕而不得就位衛侯朔是也子不奉父命則有伯討之罪衛世子蒯

贖是也臣不奉君命雖善以叛言晉趙鞅入于晉陽以叛是也妾不奉君之命則媵女先至者是也妻不奉夫之命則絶夫不言及是也解詁箋云傳例言復歸者出惡歸無惡歸者出入無惡趙鞅荀寅士吉射皆亂賊故上入邑以叛同文趙鞅挾君勢惡尤甚故變文以起之曰歸者著其以清君側爲名書入則不能著非爲善辭也歸者出入無惡其出也入邑以叛其入也必挾君以令故反與以出入無惡之文此變例中之正例與趙盾復見同義若欲赦之則當以出惡歸無惡之文書復歸矣按趙世家晉定公十四年范中行作亂明年春簡子謂邯鄲大夫午曰歸我衛士五百家吾將置之晉陽午許諾歸而其父兄不聽倍言趙鞅捕午囚之晉陽乃告邯鄲人曰我私有誅午也諸君欲誰立遂殺午荀寅范吉射與午善謀作亂十月范中行氏伐趙鞅鞅奔晉陽晉人圍之十一月荀躒韓不佞魏哆奉公命以伐范中行氏不克范中行反伐公公擊之范中行敗走奔朝歌韓魏以趙氏爲請十二月趙鞅入絳盟于公宮孔子聞趙簡子不請晉君而執邯鄲午保晉陽故書春秋曰趙鞅以晉陽畔是亦以其無君命故也又云定公十八年簡子圍范中行氏于朝歌中行文子奔邯鄲二十一年簡子拔邯鄲中行文子奔柏人簡子又圍柏人中行文子范昭子遂奔齊按史記所載本之左傳以事而論趙鞅與韓魏相比同以私怨逐荀范荀范始亂又有伐公之罪故趙鞅雖惡然其歸也有君命明知晉君之命卽韓魏所挾之命但既奉君命春秋卽以權屬君故其不奉君命也則曰叛其奉君命也則曰歸尊君抑臣尊綱紀於一綫而已○注晉陽至逐之○左傳注云晉陽趙鞅邑按趙衰始封于溫故文五年傳趙衰稱溫季其封晉陽不知何代

薛弑其君比

公羊義疏七十一

公羊義疏七十二

南菁書院

句容陳立卓人著

定十四年盡十五年

十有四年春衛公叔戌來奔疏禮記檀弓云公叔朮有同母異父之昆弟死注朮當為朱春秋作戌衛公叔文子之子定公十四年奔魯正義引世本云衛獻公生成子當當生文子拔拔生朱按朮朱戌古音同部得通也

晉趙陽出奔宋疏校勘記云唐石經鄂本閩監本同毛本陽誤鞅疏同解云穀梁與此同左氏作衛趙陽字也杜云陽趙黶孫疏引世本云懿子兼生昭子舉舉生趙陽兼即黶也按左傳以陽為戌黨證之世本當從左氏作衛此及穀梁蓋四上年冬有晉趙鞅入于晉陽以叛之文故誤衛為晉毛本又誤陽為鞅鞅已歸于晉無復有奔宋事也差繆略云衛公羊作晉按今公穀並作晉

三月辛巳疏校勘記云閩監毛本同誤也左穀皆作二月唐石經原刻作三月後磨改去上一畫經義述聞云三當為二左氏穀梁並作二据杜預長曆是年二月己未朔辛巳二十三日也若三月則戊子朔不得有辛巳矣釋文但云公子佗人二傳作公孫佗人牄二傳作牂而不言三月二傳作二月則此傳亦作二月可知唐石經始誤二為三包氏愼言云二月書辛巳月之二十三日

楚公子結陳公子佗人帥師滅頓以頓子牄歸注不別以歸何

國者明楚陳以滅人爲重頓子以不死位爲重疏左氏穀梁作公孫佗人唐石經佗字人旁磨改䑐舊疏云左氏穀梁皆作頓子牂字賈氏不注文不備按牂䑐音近說文羊部牂从羊爿聲倉部䑐从倉爿聲皆从爿得聲也鄂本䑐誤搶蜀大字本誤愴○注不別至爲重○舊疏云正以上四年滅沈以沈子嘉歸六年以許男斯歸之屬其上文皆直一國大夫而已是以其經言以歸不暇分別今此經上載二國其下直言以歸而已似非詳備之義是以解之明楚陳以滅人爲重者二國之卿擅相滅獲其過已深假言歸楚不足輕陳之罪假言歸陳不足滅楚之惡故也頓子以不死位爲重者諸侯之禮當合死位頓子不死其過已深何假書言歸于某乎故云頓子以不死位爲重也按襄六年傳國滅君死之正也故注云然不言所以歸略也

夏衞北宮結來奔

五月於越敗吳于醉李注月者爲下卒出疏釋文醉李本又作檇漢書地理志會稽郡下由拳云故就李鄉吳越戰地應劭曰古之檇李也大事表云今嘉興府治嘉興縣南有醉李城句踐歸吳後夫差增封其地至此然則與闔廬戰時檇李猶爲吳地杜氏通典吳國南百四十里與越分境吳伐越越子禦之于檇李則今嘉興府之地也古檇李城在今浙江嘉興府嘉興縣南四十五里左氏穀梁作檇李杜云檇李吳郡嘉興縣南醉李城說文木部檇以木有所擣也春秋傳曰越敗吳于檇李史記吳世家越王句踐迎擊之檇李集解檇音醉賈逵曰檇李越地漢書地理志敗之雋李師古曰雋音醉越絕書語兒

鄉故越界名曰就李吳疆越地以爲戰地至于柴辟亭句踐更就李爲語兒鄉沈氏欽韓謂就李卽檇李也嘉興府志檇李城在秀水縣西南七十里按就檇醉皆方音之轉○注月者爲下卒出○隱六年注戰例時偏戰日詐戰月此兩夷相敗宜略於諸夏不合月今此書月故云爲下卒出也吳子光卒月者襄十二年吳子乘卒注云卒皆不日吳遠於楚是也

吳子光卒【疏】越絕書吳內傳吳人敗于就李吳之戰地敗者言越之伐吳未戰吳闔廬卒敗而去也卒者闔廬死也左傳吳伐越越子句踐禦之陳于檇李大敗之靈姑浮以戈擊闔廬闔廬傷將指取其一屨還卒于陘去檇李七里通義云趙汸曰吳楚之君雖卒於外不地

公會齊侯衛侯于堅【疏】釋文堅本又作擊音牽左氏作牽按穀梁亦作牽易睽六四牽羊悔亡子夏傳牽作掔是牽堅擊音義同杜云魏郡黎陽縣東北有牽城大事表云路史內黃西南三十里有故牽城今在內黃之西南濬縣之北二縣本連壤內黃今屬河南彰德府濬縣屬衞輝府一統志牽城在衞輝府濬縣北十八里水經注淇水篇淇水東北逕枉人山東牽城西春秋公會齊侯衛侯于牽是也

公至自會

秋齊侯宋公會于洮【疏】馬氏宗槤左傳補注云酈元曰今甄城西南五十里有桃城或謂之洮洮按洮城宋滅曹爲宋地

天王使石尚來歸脤【疏】通義云黃道周曰歸脤而不舉日月何也其來者遠矣紀受者則不尊紀賜者則不親爲其之紀時焉脤說文作祳鄭人注周禮地官掌蜃引作蜃

石尚者何天子之士也【注】天子上士以名氏通【疏】注天子至氏通○周禮大宗伯疏云石尚天子之上士故稱名氏言來者自外之辭歸者不反之稱舊疏云傳直言天子之士而知上士者何氏以爲春秋之例天子上士以名氏通中士以官錄下士略稱人今此經書其名氏故知之穀梁傳其辭石尚士也何以知其士也天子之大夫不名杜云石尚天子之士石氏尚名釋例王之公卿皆書爵大夫書字元士中士稱名劉夏石尚是也下士稱人公會王人是也舊疏云何氏意必知例然者正以傳云石尚者何天子之士隱元年傳云宰者何官也咺者何名也曷爲以官氏宰士也僖八年傳云王人者何微者也曷爲序乎諸侯之上先王命也然則以此三處之傳言之則知單名繼官不以名氏通單稱王人云者不以名見故隱元年注云天子之上士以名氏通中士以官錄下士略稱人是也杜以上士中士稱名非

脤者何俎實也【注】實俎肉也【疏】周禮掌蜃云祭祀共蜃器之蜃注飾祭器之屬也鬯人職曰凡四方山川用蜃器春秋定十四年秋天王使石尚來歸蜃蜃之器以蜃飾因名焉鄭司農云蜃可以白器令色白彼疏云注引左氏云石尚來歸蜃公羊以爲宜社之肉以蜃器而盛肉故名肉爲蜃是祭社之器爲蜃也按周禮直云蜃器之蜃不別宜社者爲蜃故鄭氏總謂祭器明社稷宗廟四望山川皆同故引鬯人文爲證蜃灰可以飾物祭器皆用之因謂祭器爲蜃也而鄭氏注鬯人凡山川四方用蜃則又云蜃畫爲蜃形蚌曰含漿尊

之象則又與地官注不同蓋無正文故說不定也今三傳本皆作脤公羊傳云俎實穀梁傳亦云脤者何俎實也祭肉也何注云實俎肉也則脤即俎中肉分賜臣下者大行人歸脤以交諸侯之福是也不云宜社社之肉周禮大宗伯疏引異義左氏說脤社祭之肉盛之以蜃又成十三年左傳成子受脤于社注脤宜社之肉則以爲宜社之肉者左氏說也然彼傳因成子受脤于社故云脤宜社之肉因社肉亦謂之脤非脤專爲宜社之肉也○注實俎肉也○說文俎禮俎也从半肉在且上漢書項籍傳乃爲高俎注俎者所以薦肉一切經音義引字書俎肉几也士冠禮注煑於鑊曰亨在鼎曰升在俎曰載故謂實爲俎肉也

腥曰脤熟曰燔【注】禮諸侯朝天子助祭於宗廟然後受俎實時魯不助祭而歸之故書以譏之【疏】周禮引異義左氏說脤社祭之肉盛之以蜃宗廟之肉名曰膰則以脤與膰分社廟之祭說文示部祳社肉盛以蜃故謂之脤天子所以親遺同姓春秋傳曰石尚來歸脤說文多用古文春秋說也又鐇下云宗廟火熟肉春秋傳曰天子有事燔焉以饋同姓諸侯周禮大宗伯以脤膰之禮親兄弟之國鄭注脤膰社稷宗廟之肉以賜同姓之國同福祿也兄弟有共先王者亦引是經蓋亦用左氏義穀梁傳與此同則今文春秋說也按釋文燔本亦作膰又作繙唐石經諸本同作燔盧氏文弨考證云繙疑燔字之誤說文火部爇燔也詩小雅楚茨或燔或炙箋云燔燔肉也炙肝也大雅生民云載燔載烈傳傅火曰燔左傳僖二十四年天子有事燔焉襄二十二年左傳與執燔焉孟子告子燔肉不至皆謂熟肉焉似不必分別社廟亦謂之胙僖九年天子使宰孔賜齊侯胙是也○注禮諸至俎實○論語鄉黨云祭於公不宿肉集解周曰助祭於君所得牲體歸則班賜不留神

惠曲禮云凡祭于公者必自徹其俎注臣不敢煩君使也大夫以下或使人歸之疏此謂士助君祭也若大夫以上則君使人歸之以則彼注以下當作以上是故史記孔子世家孔子曰魯今且郊如致膰乎大夫則吾猶可以止明孔子大夫故候君之頒致後膰肉不至故不脫冕而行也然徹俎與歸俎不同徹俎謂當祭末徹俎時尸與主人主婦俎有司徹之臣得獻之俎自徹之置堂下祭畢後士自持俎歸大夫以上君使人歸之曲禮所云乃助祭之臣各獻俎肉所謂賓俎與君賜之胙同名賑膰也故左傳昭十六年云爲嗣大夫喪祭有職受賑歸賑受賑卽受賜之肉賓賑卽賓俎也彼大夫助祭諸侯之禮雜記所謂冕而祭於公者知諸侯助祭天子亦有歸賑之事詩大雅文王云殷士膚敏祼將于京厥作祼將常服黼冔是也諸侯助祭事也禮記祭統云俎者所以明祭之必有惠也又曰俎者所以明惠之必均也則異姓諸侯助祭亦必致膰故孔子異姓大夫有不宿肉之事則古文家以賑膰事遺同姓之國非也故左傳有賜齊侯胙事說文胙祭福肉也又有宋先代之後於周爲客天子有事膰焉之事蓋二王後及有功德者亦得賜爲○注時魯至譏之○舊疏云正以魯無朝聘天子之處而書歸賑以譏之按如左傳所記賜齊桓胙及有事膰宋則似天子賜賑不專及助祭諸侯矣然春秋書之不得無故何云譏之或春秋制與穀梁以爲久矣周之不行禮于魯也請行賑貴復正也何氏所不取

衞世子蒯聵出奔宋注主書者子雖見逐無去父之義疏注主書至之義○白虎通諫諍云子諫父父不從不得去者父子一體而分無相離之法猶火去木而滅也明君臣以義故得去父子以恩不得去也舊

疏云父子天倫無相去之義子若大爲惡逆人倫之所不容乃可竄之深宮闇人固守若小小無道當安處之隨宜罪諫會其克改甯有逐之佗國爲宗廟羞且子之事父雖其見逐止可起敬起孝號泣而諫諫若不入悅則復諫自不避殺如舜與宜咎之徒甯有去父之義乎今大子以小小無道衛侯惡而逐之父無殺己之意大子懟而去之論其二三上下俱失衛侯逐子非爲父之道大子去父失爲子之義今主書此經者一則譏衛侯之無恩一則甚大子之不孝故曰子雖見逐無去父之義若其父大爲無道一如獻公幽王之類若不迴避必當殺己如此之時甯得陷父於惡是以申生不去失至孝之名宜咎奔申無刺譏之典但衛侯爾時無殺子之意是以蒯聵出奔書氏譏之耳按疏語甚通惟責備申生太過檀弓云天下豈有無父之國哉不得去之義明矣孔子責曾子小則受大則走亦止謂暫避其怒耳宜臼之事書缺有間不得据爲典要

衛公孟彄出奔鄭

宋公之弟辰自蕭來奔 疏 上十年出奔陳十一年入于蕭以叛此乃自蕭來奔也

大蒐于比蒲 注 譏亟也 疏 注譏亟也〇舊疏云大蒐之禮五年一爲若數于此則書而譏亟若緩於此則書而譏罕上十三年夏已大蒐于比蒲今始一年復行此禮故曰譏亟也

邾婁子來會公 注 書者非邾婁子會人於都也如入人都當脩朝禮古者諸侯將朝天子必先會閒隙之地考德行一刑法講禮義正

文章習事天子之儀尊京師重法度恐過誤言公者不受于廟**疏**注書者至都也○舊疏云曲禮下云諸侯相見於郤地曰會今乃會人于都故書而非之通義云杜元凱以爲會公于比蒲是也大蒐大閱公雖在不書國內常禮省文可知也郎鄗言公者乃特譏也按杜注亦以意言耳○注如入至朝禮○桓六年注諸侯相過至竟必假塗入都必朝所以崇禮讓絕慢易戒不虞也是則凡入人都皆當修朝禮矣杜云會公于比蒲而不用朝禮故曰會按若會于比蒲儘可書地不地明在國內故譏其不修朝禮也若在外何朝之有若其行朝則當如僖二十八年書公朝于王所之例矣杜說恐未當○注古者至之地○曲禮下文○注考德至過誤○舊疏云謂考校其德行齊一其刑法也講禮義者謂習其禮儀也○王制云天子無事與諸侯相見曰朝考禮正刑一德以尊於天子義亦通於此○注言公至于廟○隱七年齊侯使其弟年來聘注不言聘公者禮聘受之于廟孝子謙不敢以己當之歸美於先君且重賓也是則朝重於聘更宜受之于廟矣故隱十一年滕侯薛侯來朝注不言朝公者禮朝受之于太廟是也故莊二十三年公及齊侯遇于穀蕭叔朝公傳云其言朝公何公在外也彼注云時公受朝於外故言朝公惡公不受于廟是則朝聘皆當于廟也今此會在外故言來會公明不受之於廟也

城莒父及霄**注**去冬者是歲蓋孔子由大司寇攝相事政化大行粥羔豚者不飾男女異路道無拾遺齊懼北面事魯饋女樂以間之定公聽季桓子受之三日不朝當坐淫故貶之歸女樂不書者本

以淫受之故深諱其本文三日不朝孔子所以去附嫌近害雖可書猶不書或說無冬者坐受女樂令聖人去冬陰臣之象也【疏】杜云魯邑大事表云莒繫以父者魯人語音如梁父亢父單父是也子夏爲莒父宰卽此今爲沂州府莒州地霄在今莒州竟杜云公叛晉助范氏故懼而城二邑閻氏若璩四書釋地曰是時荀寅士吉射據朝歌晉人圍之魯與齊衞謀救之朝歌在魯正西將八百里則莒父屬魯之西鄙子夏爲宰邑去其家密邇要亦約略言之耳一統志春秋時有三莒一爲周境內邑昭二十六年陰忌奔莒是也一爲齊東境昭二年齊侯田于莒昭二十六年陳桓子請老于莒是也一爲魯邑定十四年城莒父是也惟莒州爲莒國之莒與大事表同山東通志謂莒始封在萊州府高密縣東南乃莒子之都而子夏所宰之莒父也春秋時莒子遷於城陽漢封劉章爲城陽王置莒縣郎今青州府之莒州莒父之邑蓋以莒子始封得名耳王氏謨四書地理考云杜氏備晉之說本屬臆度高氏士奇曰取地於莒遂謂之莒如鄭取許田而謂之許楚取沈邑而謂之沈魯有訾地而謂之訾然則莒父或係莒地而魯取之卽以爲莒州之地在魯東南與莒接壤可也說文邑部有邶字地名从邑少聲玉篇亦云魯地名占霄邶聲同但未知在今何地○注去冬至不朝○史記孔子世家定公十四年孔子由大司寇攝相事齊人聞而懼曰孔子爲政必霸霸則吾地近焉我爲之先幷矣盍致地焉犂鉏曰請先嘗沮之沮之而不可則致地庸遲乎於是選國中女子好者八十人皆衣文衣而舞康樂文馬三十駟遺魯君陳女樂文馬於魯城南高門外季桓子微服往觀再三將受乃語魯君爲周道游往觀終日怠于政事

子路曰夫子可以行矣孔子曰魯今且郊如致膰乎大夫則吾猶可以止桓子卒受齊女樂三日不聽政郊又不致膰俎於大夫孔子遂行此何氏所本江氏永鄉黨圖考云世家歸女樂去魯適衛皆敘於定公十四年非也定十三年夏有築蛇淵囿大蒐比蒲皆非時勞民之事使夫子在位而聽其行之則何以爲夫子考十二諸侯年表及魯世家皆於定十二年書女樂去魯事年表及衛世家皆於靈公三十八年書孔子來祿之如魯衛靈三十八當魯定之十三蓋女樂事在十二十三冬春之間去魯實在十三年春魯郊當在春故經不書當以衛世家爲正按孔子雖攝相事而執政究係三家如築囿大蒐雖曰勞民尙於國政未爲大害孔子必事諫阻是孟子所謂不可磯也不得據以證孔子世家非而年表世家是也韓非內儲說仲尼爲政于魯齊景公患黎且謂景公曰衛君何不迎之重祿高位遺哀公女樂以驕縱其志哀公新樂之必怠于政仲尼必諫諫必輕絕於魯景公曰善乃令黎且以女樂六遺哀公哀公樂之果怠於政仲尼諫不聽去而之楚按孔子爲政在定公時黎且口中不得稱謚當是魯公之誤諫之不聽乃去於聖人去父母邦之道尤爲周到觀齊歸女樂不敢直陳魯廷或因孔子諫止之與後漢書馮衍傳顯志賦曰誅犂鉏之介聖兮注介間也韓子曰仲尼爲政於魯道不拾遺齊景公患之犂鉏曰去仲尼猶吹毛耳君何不遺魯公以女樂以驕其志魯君樂之必怠於政仲尼必諫諫而不聽必輕絕魯景公曰善乃令犂鉏以女樂遺魯公魯公樂之公怠於政事仲尼諫之不聽遂去之不言其何年也舊疏云隱六年傳春秋編年四時具然後爲年今此無冬四時不具故解之是歲蓋孔子由大司寇攝相事者即家語始誅篇云孔子爲魯大司寇攝行相事有喜色是也若以家語言之則定九年始爲邑宰十年爲司空十一年爲大司寇從大司寇攝行相事之時

年月不明故此注云蓋也云政化大行粥羔豚者不飾男女異路道無拾遺者皆家語相魯文也按校勘記出粥羔肶者不飾云此本及閩監本疏中引注皆肶作豚毛本始改爲肶非按史記家語皆作羔豚不飾者舊疏引舊說云魯前之時粥羔豚者皆以彩物飾之自孔子爲相此事乃止故曰粥羔豚者不飾也按世家云與聞國之政三月粥羔豚者弗飾賈男女行者別於塗塗不拾遺四方之客至乎邑者不求有司皆予之以歸是也齊懼北面事魯世家無文或何以意增之饋女樂以間之論語微子作歸女樂彼釋文歸如字鄭作饋後漢書蔡邕傳齊人歸樂孔子斯征注引論語作饋文選鄒陽上書注引論語亦作饋並與何鄭本同漢書禮樂志云是時周室大壞桑間濮上鄭衛宋趙之聲並出內則致疾損壽外則亂政傷民巧僞因而飾之以營亂富貴之耳目庶人以求利列國以相間故秦穆遺戎而由余去齊人歸魯而孔子行顏注餽亦饋字引論語作餽疑亦饋字也季桓子受之三日不朝論語亦有是語注孔曰桓子季孫斯也使定公受齊之女樂君臣相與觀之廢朝禮三日孔子行是也○注當坐淫故貶之○舊疏云推尋古禮無女樂之文魯人受之故當坐淫泆之惡去冬則見之按桓六年蔡人殺陳佗傳陳佗者何陳君也陳君則曷爲謂之陳佗絕也曷爲絕之賤也其賤奈何外淫也是諸侯外淫者絕受女樂差於外淫故貶去冬也冬者四時之名也春秋以天之端正王之政王者不承天以制號令則無法今魯受女樂怠政事故去冬明不能承天成化也春秋正辭云去冬何也不終也是年也齊歸女樂季孫受之而孔子行故曰不終易曰無喪無得其吾聖人與汔至亦未繘井羸其瓶凶夫季桓子與通義云去冬者師說以爲齊人歸女樂之歲也魯君臣受之三日不朝雖諱而削其事事繫于冬故去冬以起之史記曰定公十四年齊人遺魯君女樂文馬季桓子微服往觀再三

將受乃語魯君爲周道游往觀終日怠於政事子路曰夫子可以行矣孔子曰魯今且郊如致膰於大夫則吾猶可以止云且郊者謂明年春當郊實受女樂在是冬之證○注歸女至不書○校勘記出故深諱其本文云閩監毛本同誤也○鄂本蜀大字本文作又屬下讀當据正按此與莊二十三年書公如齊觀社同義彼注云觀社者觀祭社諱淫言觀社者與親納幣同義蓋淫大惡不可言故諱以觀社小惡書此亦諱淫故去冬以起劉氏逢祿論語述何云解齊人歸女樂章云定公十四年齊人歸女樂春秋不書者內大惡諱定哀多微詞也故唯去冬以明聖功之不終也是也舊疏云附嫌近害雖可書猶不書者正以其獲麟之後得端門之命而制春秋乃自因之即云己之本出由饋女樂之故魯國之人悉知所由若其書之即是附於嫌疑近於禍患是以雖非國家之諱依例可書于經孔子亦不書之故曰附嫌近害雖可書猶不書何意以魯受女樂雖不爲諱亦不書爲其附嫌近害非謂受女樂可不諱也○注或說至象也○舊疏云孔子自書春秋而貶去冬失謙遜之心違辟害之義蓋不修春秋已無冬字孔子因之遂存不改以爲王者之法宜用聖臣故曰如有用我者朞月則可三年乃有成是也又春秋之說口授相傳達於漢時乃著竹帛去一冬字何傷之有按或說恐未然時季孫當國史臣載筆未必顯著國惡直如南董舊疏春秋之說下似是駁或說也蓋去冬之屬孔子作春秋新義未必不修春秋已有此例毛本令誤今

十有五年春王正月邾婁子來朝疏通義云月者爲下錄郊牛之變是也正以朝例時故也

鼷鼠食郊牛牛死改卜牛

曷爲不言其所食【注】据食角【疏】注据食角○即成七年春王正月鼷鼠食郊牛角改卜牛鼷鼠又食其角乃免牛是也漫也【注】漫者偏食其身災不敬也不舉牛死爲重復舉食者内災甚矣錄内不言火是也【疏】校勘記云鄂本閩監毛本同唐石經元本漫作曼按釋文作漫也○注漫者偏食其身○列子黃帝篇漫言曰釋文漫散也文選甘泉賦指東西之漫漫注漫漫無厓際之貌也漢書揚雄傳爲其泰曼漶而不可知注曼漶不分別貌牛身偏爲鼠傷散漫無際故曰漫也兪氏樾公羊平議云漫即曼字唐石經元本作曼是也說文又部曼引也漢書禮樂志世曼壽師古注曼延也是曼有延及之義故曰曼衍莊子齊物論因之以曼衍是也亦曰曼羨文選封禪文㳭濡曼羨是也古字本止作曼以水言之則从水作漫猶以艸言之則從艸作蔓也詩野有蔓草傳蔓延也此經不言所食者蓋初食雖止一處而其傷蔓延不能知其初食之處故曰曼也何氏謂偏食其身於義尚未盡得揚雄傳爲其泰曼漶而不可知即此曼字之義按何云偏食其身即包有曼延之義因傳文作漫是漫散意當是其身偏食之象○注災不敬也○穀梁傳不敬莫大焉注定公不敬最大故天災最甚疏今牛體偏食不敬之罪大也五行志中之上定公十五年正月鼷鼠食郊牛牛死劉向以爲定公知季氏逐昭公罪惡如彼親用孔子爲夾谷之會齊人倈歸鄆讙龜陰之田聖德如此反用季桓子淫於女樂而退孔子無道甚矣詩曰人而亡儀不死何爲是歲五月定公薨牛死之應也京房易傳曰子不子鼠食其郊牛經義雜記云禮記牛曰一元大武說文牛大牲也故牛死爲定公薨之象以示不能誅賊臣而用聖人也○注不舉至甚矣○舊疏云春秋之義悉皆舉重食死並

書故解之食在死前而言復者以食輕於死故對重以爲復矣所以爲內災甚之也○注錄內至是也○卽襄九年春宋火傳云大者曰災小者曰火然則內何以不言火內不言火者甚之也注春秋以內爲天下法動作當先自克責故小有火如大有災也此牛死復舉食以甚之猶彼義也

二月辛丑楚子滅胡以胡子豹歸疏包氏愼言云二月書辛丑月之十九日上四年滅沈注云定哀之滅例日定公承黜君之後有強臣之仇故有滅則危懼之爲定公戒也傳二十六年秋楚人滅隗注不月者略夷狄滅微國也昭三十年冬十二月吳滅徐注至此乃月者所見世始錄夷狄滅小國也此亦所見世夷狄滅小國而書日者從滅沈例也

夏五月辛亥郊疏包氏愼言云五月書辛亥月之朔日

曷爲以夏五月郊注据魯郊正當卜春三正也又養牲不過三月

疏注据魯至正也○成十七年傳郊用正月上辛注魯郊轉卜春三月言正月者因見百王正所當用也僖三十一年注云魯郊非正故上三卜吉則用之不吉則免牲者是其魯郊轉卜春三正義也舊疏云何氏必知然者正以哀元年穀梁傳云郊自正月至于三月郊之時夏四月郊不時五月郊不時之文也○注養牲不過三月○宣二年傳帝牲在于滌三月注滌宮名養帝牲三牢之處也謂之滌者取其蕩滌潔清三牢者各主一月取三月一時足以充其天牲禮記祭義亦云帝牛必在滌三月稷牛唯具所以別事天神與人鬼也正月郊牛死應卽復養帝牛五月郊已過三月限矣

三卜之運也注運轉也已卜

春三正不吉復轉卜夏三月周五月得一吉故五月郊也易曰再三瀆瀆則不告不得其事雖吉猶不當爲也不舉卜者從可知 疏注已卜至郊也○舊疏云猶言轉卜夏之正也必知得吉者正以經有郊文故也若其不吉宜言乃免牲或言乃免牛乃不郊矣知其二吉者以僖三十一年傳三卜禮也三卜何以禮求吉之道三彼注云三卜吉凶必有相奇者可以決疑故求吉必三卜也是其得二吉乃可爲事之義今此五月而郊故知得二吉也胡氏匡衷儀禮釋官云卜筮古者貴賤並用三兆三易洪範立時人作卜筮三人占則從二人之言鄭注卜筮各三人大卜掌三兆三易是三意卜則掌三兆者各一人筮則掌三易者各一人故金縢乃卜三龜士喪禮占者三人注以爲掌玉兆瓦兆原兆者是也按此太卜注子春云玉兆帝顓頊之兆瓦兆帝堯之兆原兆有周之兆此三卜也太卜又云掌三易之法一曰連山二曰歸藏三曰周易蓋或魯卜或筮得一卦三人共占之其從多者爲吉所謂二吉也通義云魯郊本以十月上甲繫牲十二月下辛卜日今爲改卜牛故正月始繫牲更以三月下辛卜四月上辛不從又以四月下辛卜五月上辛得吉卜乃郊也然失穓牲唯具之正哀元年穀梁傳曰自正月至于三月郊之時也夏四月郊不時也五月郊不時也夏之始可以承春以秋之末承春之始蓋不可矣注凱曰不時之中有差劇也夏始承春方秋之末猶爲可也意以郊在四月五月是以夏始承春比之秋九月郊猶爲可也又曰郊三卜禮也四卜非禮也五卜強也注以十二月下辛卜正月上辛如不從則以正月下辛卜二月上辛如不從則以二月下辛卜三月上辛所謂三卜也鄭駟曰謂卜一辛而三也求吉之道三故曰禮也按四卜見僖三十一

年襄十一年五卜見成十年此亦五月而非五卜彼不易牲此因牛死至三月末始卜四月上辛不吉又於四月末卜五月上辛得吉始郊故也○注易曰至爲也○易蒙象傳文舊疏引鄭注云弟子初問則告之以事義不思其三隅相況以反解而筮者此勤師而功寡學者之災也瀆筮則不復告欲令思而得之亦所以利義而幹事是也按四卜五卜皆再三瀆也故二傳皆云非禮舊疏云引之者欲道魯人瀆卜故五月非郊之月而得吉非是龜靈厭之不復告其所圖之吉凶故也卦象之義乃弟子請問師之事義故言筮以況之今此乃卜也而引者龜筮道同亦何傷乎不得其事者謂不得其事之宜卽五月郊天是也雖吉猶不當爲者謂吉凶會以事之善惡爲本郊非其月雖吉亦不得爲何者正以靈龜正厭之不復告其吉凶故也義或然也○注不舉至可知○舊疏云正以僖三十一年夏四月四卜郊不從云云舉卜今此直言五月辛亥郊不舉卜者正以言郊則知卜吉明矣故曰從可知

壬申公薨于高寢疏包氏愼言云五月書壬申月之二十二日杜云高寢宮名不於路寢失其所胡氏培翬燕寢考云云左傳魯有楚宮晉有固宮皆是隨意所欲爲之不在燕寢之數魯之高寢當亦似此按說苑修文云春秋曰壬申公薨于高寢傳曰高寢者何正寢也曷爲或曰高寢或言路寢曰諸侯正寢三一曰高寢二曰左路寢三曰右路寢高寢者始封君之寢也二曰路寢者繼體之君寢也其二何曰子不居父之寢故二寢繼體君世世不可居高祖之寢故有高寢名曰高也路寢其立奈何高寢立中路寢左右然則天子之寢奈何曰亦三承明繼體守文之君之寢曰左右之路寢謂之承明何曰承明堂之後者也故天子諸侯三寢立而名實正父子之義章尊卑之事別小大之德異矣穀梁傳曰非正也公羊左氏無傳何氏莊三十二年注云天子諸侯皆

三寢一曰高寢二曰路寢三曰小寢父居高寢子居路寢與劉子政義大同

鄭軒達帥師伐宋【疏】釋文軒達左氏作罕達

齊侯衛侯次于遽篨【疏】舊疏云左氏作遽挐字賈氏無說文不備也校勘記云唐石經閩本同監毛本遽誤蘧疏同盧文弨曰左氏經作渠篨傳作蘧挐按蘧篨蘧渠篨挐音義皆通左氏成八年傳與渠丘公立於池上注渠丘邑名莒縣有蘧里困學紀聞云崔駰七依云夏屋渠渠文選注引七依作蘧蘧可證范云地也差繆略云左氏作蘧按唐石經左氏穀梁並作渠篨石經公羊作蘧篨也舊疏云上九年齊侯衛侯次于五氏注云欲伐魯也善魯能卻難早故書次而去然則今此亦然故省文不注而賈氏云欲救宋善恤鄰也者蓋與何氏異或者九年之次以其無起文故解為欲伐魯今此上有軒達伐宋之文下即云齊侯衛侯次于遽篨此則知欲救宋明矣不注之者從可知省文按何氏之意未必與賈氏同

邾婁子來奔喪

其言來奔喪何【注】据會葬以禮書歸含且賵不言來【疏】注据會葬以禮書○文元年天王使叔服來會葬傳其言來會葬何會葬禮也○注歸含至言來○文五年王使榮叔歸含且賵是也奔喪非禮也【注】但解奔喪者明言來者常文不為早晚施也禮天子崩諸侯奔喪會葬諸侯薨有服者奔喪無服者會葬邾婁與魯無服故

以非禮書禮有不弔者三兵死壓死溺死

疏 杜云諸侯奔喪非禮不別同姓異姓與何氏異○注但解至施也○隱元年傳其言來何不及事也明彼言來者有刺譏此自如常文言來非爲早晚施但解奔喪非禮雖及事亦非禮也釋名釋姿容云奔變也有急變奔赴之也穀梁傳喪急故以奔言之○注禮天至禮書○禮記疏引異義公羊說諸侯之喪遣大夫弔君會其葬左氏說諸侯之喪士弔大夫會葬文襄之伯令大夫弔卿共葬事謹案周禮諸侯無會葬事知不相會葬從左氏義鄭駁無考然當周初千八百國若皆會葬列土封疆輕棄所守似非蕃屏之義蓋同姓同盟者有會葬禮故左傳隱元年衞侯來會葬無譏文彼傳又云諸侯五月而葬同盟至是也通義云會葬亦當遣大夫而已異義曰公羊說同盟諸侯薨君會葬其夫人薨君又會葬是其不違國政而常在路也按同盟諸侯不得過多何至不違國政而常在路奔喪專指有服者言則奔喪之國亦僅矣無服者會葬亦必同姓之國也邾婁與魯既非同姓又非甥舅姻亞是無服也故以非禮書○注禮有至溺死○舊疏云春秋說文釋文壓死作厭死於甲反禮記檀弓云死而不弔者三畏厭溺鄭注畏者人或以非罪攻己己不能有以說之死之者孔子畏於匡是厭者行止危險之下溺者不乘橋船通典引盧植注云畏者兵刃所殺也又引王肅聖證論以犯法獄死謂之畏臧氏琳經義雜記云若如所難則肅謂犯法獄死謂之畏古不有非其罪而在縲絏之中者乎欲異乎鄭實乖舊義按畏死之說盧王二注均勝鄭義三者皆謂死於非命者孟子盡心云莫非命也順受其正是故知命者不立乎巖牆之下盡其道而死者正命也桎梏死者非正命也王氏原謂犯法獄死者若其非罪而在縲絏則不爲犯法矣盧氏所云則祭義所謂戰陳無勇非孝也故皆非正命也

白虎通喪服云有不弔三何爲人臣子常懷恐懼深思遠慮志在全身今乃畏厭溺死用爲不義故不弔也檀弓曰不弔三畏厭溺也畏者兵死也禮曾子問曰大辱加于身支體毀傷卽君不臣士不官祭不得爲昭穆之尸食不得居昭穆之位死不得葬昭穆之域也是也喪服殤小功章大夫公之昆弟大夫之子爲其昆弟庶子姑姊妹女子子之長殤通典引馬注云大夫無昆弟之殤此言殤者關有罪若畏厭溺當殤服之又緦麻章夫之姑姊妹之長殤通典引馬注云禮三十乃娶而夫之姊殤者關有長厭溺者然則此三者不弔故服亦降於成人矣檀弓疏云除此三事之外其有死不得禮亦不弔故昭二十年孟縶被殺而死宗魯亦死之孔子弟子琴張欲往弔之孔子止之曰齊豹之盜而孟縶之賊女何弔焉杜預云言齊豹所以爲盜孟縶所以見賊皆由宗魯是失禮者亦不弔也夫兵死溺死果其身殉君父損軀成仁亦能不弔乎又不可概論矣舊疏云邾婁子來奔喪魯人無此三事而引之者以明不弔之類非謂禮實同也按何氏因論奔喪會葬廣論弔禮爾

秋七月壬申姒氏卒疏包氏愼言云七月書壬申月之二十三日姒氏穀梁作弋氏

姒氏者何哀公之母也注姒氏杞女哀公者卽鄭公之妾子疏注姒氏至妾子○校勘記出鄭公云諸本同誤也鄂本作定公當據正按紹熙本亦作定公姒氏杞女者以杞爲夏後姒姓也不稱夫人知其爲妾穀梁傳妾辭也哀公之母也

何以不稱夫人注据母以子貴疏注据母以子貴○隱元年傳文也彼注云禮妾子立則母得爲夫人成風是也按襄公母定弋昭公母齊歸皆妾子爲君稱夫人者也故据以難哀

未君也【注】未踰年不稱公【疏】注未踰年不稱公○文九年傳以諸侯之踰年即位亦知天子之踰年即位也以天子三年然後稱王亦知諸侯於其封內三年稱子也踰年稱公矣則曷爲於其封內三年稱子緣民臣之心不可一日無君緣終始之義一年不二君不可曠年無君注君薨稱子某既葬稱子踰年稱公是未踰年不稱公也踰年稱公亦係臣子之稱故其生母即尊稱夫人而諸侯自稱猶稱子也通義云未踰年未成爲君猶未得遽尊其母魯之末失妾齊於嫡故因其可正者正之

八月庚辰朔日有食之【注】是後衞蒯聵犯父命盜殺蔡侯申齊陳乞弑其君舍【疏】臧氏壽恭推是年正月癸未朔小二月壬子朔大閏月壬午朔小三月辛亥朔大四月辛巳朔小五月庚戌朔大六月庚辰朔○注是後至君舍○衞蒯聵犯父命即哀二年晉趙鞅納衞世子蒯聵于戚是也盜殺蔡侯申見哀四年齊陳乞弑其君舍見哀六年五行志下之下十五年八月庚辰朔日有食之董仲舒以爲宿在柳周室大壞夷狄主中夏之象也明年中國諸侯果累累從楚而圍蔡蔡恐遷于州來晉人執戎蠻子歸于楚京師楚也劉向以爲盜殺蔡侯齊陳乞弑其君而立陽生孔子終不用皆與何氏所占詳略互見劉歆以爲六月晉趙分

九月滕子來會葬【疏】上注云無服者會葬故不發非禮傳也通義云不發傳者與奔喪同非禮可知范云郳滕魯之屬國近則來奔喪遠則來會葬於長帥之喪同之王者書非禮皆以會葬非禮非公羊義

丁巳葬我君定公雨不克葬戊午日下昊乃克葬【注】昊日西也易曰

日中則昊是也下昊蓋晡時【疏】校勘記出日下昊云宋本閩本同監毛本昊改昃非注及疏同按釋文唐石經作昊穀梁傳葬既有日不爲雨止禮也雨不克葬喪不以制也乃急辭也不足乎日之辭也按庶人葬不爲雨止非諸侯禮也穀梁作日下稷漢隸字原所載靈臺碑日稷不夏鄗閣頌劬勞日稷兮維惠勤費鳳別碑乾乾日稷皆與穀梁合昊稷音義同故尚書中候握河紀至于日稷運衡篇退俟至于下稷考河命篇至于下稷鄭注稷讀曰側按白虎通謚篇引春秋曰丁巳葬戊午日下側乃克葬明應葬而有謚也作側與鄭氏書緯注合伏環齊地記云齊城西門側系水出故曰稷門是側稷音義亦近側者不正之謂日過中則不正故曰側說文作昃在日部从日仄聲其正字也昊昃皆俗體側取其義稷叚借也包氏慎言云九月丁巳爲月之九日戊午月之十日也○注昊日至晡時○易豐卦象辭也彼云日中則昊月盈則食鄭注言皆有休己無常盛見舊疏公羊問答云問昊日西也何也孟喜周易章句昃日在西方時側也問又曰下昊蓋晡時何也曰此如前漢五行志曰日中時食從東北過半晡時復淮南子日至於悲谷是爲晡時玉篇曰晡申時也按說文昃日在西方時側也从日仄聲易曰日昃之離又中候注下側日西之時周禮司市云大市日昃而市注日昃昳中也淮南墬形訓東西方日昃區

辛巳葬定姒【疏】包氏慎言云九月又有辛巳爲葬定弋之日十月之三日不蒙上月也此定姒穀梁亦作定弋

定姒何以書葬【注】据不稱小君子般不書葬【疏】注据不稱小君○正以春秋夫人皆書葬我小君故也○注子般不書葬○莊三十二年書子般卒不書葬是也子般未踰年君不書葬今定姒之子亦未踰年而書葬

故据以難正以哀此時雖未踰年終是成君母以子貴故成其母葬與子般之終不成君者殊也是以隱公之母稱夫人書其薨明
隱公時已踰年故曰夫人子氏薨宜書葬而不書其葬者隱二年傳云何以不書葬成公意也何成乎公之意子將不終爲君故母
亦不終爲夫人也明乎此則左氏於隱三年書君氏卒爲聲子者其誤不攻自明矣 未踰年之君也 注 哀未
踰年也母以子貴故以子正之 疏 注哀未至正之○正以哀雖未踰年然已君矣故得稱其母尊
所以書葬母以子貴義也沈氏彤左傳小疏云儀禮喪服云庶子爲父後者爲其母緦傳曰與尊者爲一體不敢服其私親也注云
君卒庶子爲母大功疏云今庶子承重故緦是嗣君及公子於妾母之喪皆不以年斷故得數閏月也按辛巳先儒皆以爲閏九月
春秋凡失禮則書閏不告月及閏月葬齊景公是也此妾子禮得數閏故不書閏若如左氏以定姒實是夫人臣子怠慢不成其禮
則適母之喪不以閏數則當書閏月矣 有子則廟廟則書葬 注 如未踰年君之禮稱
謚者方當踰年稱夫人曾子問曰並有喪則如之何何先何後孔
子曰葬先輕而後重其奠也其虞也先重而後輕禮也 疏 舊疏云未踰年
之君有子則廟廟則書葬者但當連作一勢讀之乃可解按喪服小記云慈母與妾母不世祭也鄭注以其非正春秋傳曰於子祭
於孫止彼所引穀梁說也穀梁隱五年傳云禮庶子爲君爲其母築宮使公子主其祭也於子祭於孫止仲子者惠公之母隱孫而
修之非隱也彼以仲子爲孝公之妾當築宮以祭至隱則止則子之立廟即穀梁之築宮與又雜記上曰妾祔于妾祖姑無妾祖姑

則亦從其昭穆之妾彼下文主妾之喪疏引庾蔚之曰妾祖姑無廟爲壇祭之崔靈恩曰於廟中爲壇祭之是也漢書韋元成傳元成言古者制禮別尊卑貴賤國君之母非適不得配食則薦於寢身歿而已陛下躬至孝承天心建祖宗定迭毀序昭穆大禮既定孝文太后孝昭太后寢祠園宜如禮勿復修又云孝莫大於嚴父故父之所尊子不敢不承父之所異子不敢同禮公子不得爲母信爲後則於子祭於孫止尊祖嚴父之義也李奇曰不得信尊其父也爲公子去其所而爲大宗後尙得私祭其母爲孫則止不得祭公子母也明繼祖不得顧其私祖母也按崔氏所云謂攝女君者若不攝女君之妾則不得得爲主別爲壇以祭使其子主祭者不在廟中其子爲君者則穀梁所謂爲其母築宮使公子主其祭矣范注云公子者長子之弟及妾之子也皆以築屈父之尊不得伸其私恩故也是以喪服天子諸侯庶子父在爲其母練冠麻衣縓緣喪服記所記公子爲其母之服在五服外者是也父歿爲後則爲緦之緦麻章庶子爲父後者爲其母是也其不爲後者大功章公之庶昆弟爲母是也大夫卒庶子爲母三年大功章大夫之庶子爲母謂父在者也士庶子爲其母如衆人也又服問曰君之母非夫人則羣臣無服唯近臣及僕驂乘從服唯君所服服也君卽緦麻章所云是也馬融云承父之體四時祭祀不敢申私親服廢尊者之祭故服緦也所以緦者彼傳云有死於宮中者則爲之三月不舉祭故也若然曾子問又云古者天子練冠以燕居鄭注天子爲練冠以燕居蓋謂庶子王爲其母彼疏云練冠乃異代之法是也禮經所記周制也○注如未至夫人○舊疏云未踰年之禮則無謚今此定姒如未踰年君之禮而稱謚者正以方當踰年稱夫人故也通義云雖未踰年其義成爲君當得爲其妾母別築宮廟故從廟則書葬之例辛巳距戊午二十三日蓋定公七虞卒哭既畢

然後啓禮也○注曾子至禮也○舊疏云引之者欲道定公五月
薨定姒七月卒非其並有喪禮是以先葬定公後葬定姒若其同
月當定姒先葬矣按舊說非是定姒後定公兩月死定公之喪猶
在殯仍是並有喪所以不從先輕後重之禮者以定姒妾母不得
援尊同常禮相例也彼記云曾子問曰並有喪如之何何先何後
注並謂父母若親疏並謂父母也親同者祖父母及世叔兄弟明
妾母與父不得云並也鄭又云同者同月死然下皆言葬事明葬
前皆然不必泥同月也故記又云孔子曰葬先輕而後重其奠也
先重而後輕禮也自啓及葬不奠行葬不哀次反葬奠而後辭於
殯遂脩葬事其虞也先重而後輕禮也鄭注不奠務於當葬者不
哀次輕於在殯者殯當爲賓辭於賓謂告將葬啓期也何氏總而
引之故但云其奠也其虞也而已謂如父喪在殯先葬母時從啓
母殯之後及葬柩欲出之前唯設母之啓殯之奠朝廟之奠及祖
奠遣奠而已不於殯宮爲父說奠其母殯未啓之先哀次之朝夕
奠則先父後母與後日之虞祭同也故正義引皇氏曰葬是奪情
故從輕者爲首奠是奉養故令重者居先也又引鄭志崇精問曰
葬母亦朝廟否其虞父與母同日異日乎焦氏答曰婦未廟見不
朝廟耳內豎職云王后之喪朝廟則爲之蹕也是母喪亦朝廟明
也虞當異日也是也又喪服小記云父母之喪偕先葬者不虞祔
待後事其葬服車衰注偕俱也謂同月若同日死也先葬者母也
引曾子問曰葬先輕而後重又曰反葬奠而後辭於殯遂修葬事
其虞也先重而後輕待後事謂如此也其葬服斬衰者喪之隆衰
宜從重也假令父死在前月而同月葬猶服斬衰不變服也言其
葬服斬衰則虞祔各以其服矣及練祥皆然卒事反服重然則並
沒則先葬母葬母既竟不即虞祔而更修葬父之禮爲虞祔稍飾
父喪在殯未忍爲故云待後事後事謂葬父也雖葬母仍服斬衰

以父未葬不合變服也然則爲母虞祔練祥皆齊衰卒事之日卽反服重也故通典引周續之喪服答問云葬與之禮何先何後答曰父母之喪偕其葬也先輕而後重其虞也先重而後輕葬服斬衰是也又喪服小記云除喪者先重者易服者易輕者注謂大喪旣虞卒哭而遭小喪也其易喪服男子易乎帶婦人易乎首正義重謂男首經女要經男重首女重要凡所重者有除無變所以卒哭不受以輕服至小祥各除其重也謂練男子除乎首婦人除乎帶是也若先遭重喪後葬遭輕喪變先者輕則謂男子要婦人首也謂先遭斬衰虞卒哭已變葛經大小如齊衰之麻若又遭齊衰之喪齊衰要首皆牡麻牡麻則重於葛服宜從重之而男不變首女不易要以其所重故也但以麻易男要女首是所輕故也男子易乎帶婦人易乎首若未虞卒哭則後喪不能變也所喪服小記又云斬衰之葛與齊衰之麻同齊衰之葛與大功之麻同麻同皆兼服之注皆者皆上二事也兼服之謂服麻又服葛也男子則經上服之葛帶下服之麻婦人則經下服之麻固自帶其故帶也所謂易服易輕者也兼服之文主於男子正義此一節明前遭重喪後遭輕喪麻葛兼服之義斬衰旣虞受服之葛首經要帶與齊衰初喪麻經帶同經則俱七寸五分之一帶則俱五寸二十五分寸之十九齊衰變服之葛與大功初死之麻同經俱五寸二十五分寸之十九帶俱四寸百二十五分寸之七十六兼服之者謂斬衰旣虞遭齊衰新喪男子則要服齊衰之麻帶首服斬衰之葛經婦人則首服齊衰之麻經要仍服斬衰之麻帶婦人上下皆麻故也以前文云易服者易輕者閒傳篇云男子重首則要輕也是男子易要帶不易首經故云則經上服之葛帶下服之麻也婦人經下服之麻同自帶其故帶者以下服初死故服下服之麻故檀弓篇云婦人不葛帶是也前服受服之時不變葛仍服前之麻帶故云帶其故

帶也兼服之文主於男子者言婦人絰帶俱麻今絰云麻葛兼服
之故云主於男子也又雜記云有父之喪如未殁喪而母死其除
父之喪也服其除服卒事反喪服注殁猶竟也除服謂祥祭之服
也卒事既祭反喪服服後死者之服又云雖諸父昆弟之喪如當
父母之喪其除諸父昆弟之喪也皆服其除喪之服卒事反喪服
注雖有親之大喪猶爲輕服者除骨肉之恩也唯君之喪不除私
服故曾子問云大夫士有私喪可以除之矣而有君服焉其除之
也如之何孔子曰有君喪服於身不敢私服又何除焉是有君服
其父母以下服皆不得除也其非殤長中降在緦小功者亦弗除
服問云緦之麻不變小功之葛小功之麻不變大功之葛明正服
在緦小功者不得除故下又云殤長中變三年之葛爲其降在緦
小功爲本服在大功以上服中故爲之著服而又爲之除也雜記
又云如三年之喪則既顈其練祥皆行注言今之喪既服顈乃爲
前三年者變除而練祥祭也此主謂先有父母之服今又喪長子
者其先有長子之服今又喪父母其禮亦然然則言未殁喪者已
練祥矣疏云依禮父在不爲長子三年今云先有長子之服今又
喪父母者庾氏又云後喪既顈前喪練祥皆行若後喪既殯得爲
前喪虞祔也顈卽葛謂既虞受服之後也知雜記前文之未殁喪
是練後祥前也此並有喪除服之殊也閒傳又云斬衰之喪既虞
卒哭遭齊衰之喪輕者包重者特既練遭大功之喪麻葛重齊衰
之喪既虞卒哭遭大功之喪麻葛兼服之鄭注輕者可施於卑齊
衰之麻以包斬衰之葛謂男子帶婦人絰也重者宜主於尊謂男
子之絰婦人之帶特其葛不變之也吳射慈云斬縗既葬縗裳六
升男子絰帶悉易以葛婦人易首絰以葛要帶故麻也但就五分
去一殺小之爾仍遭母及伯叔兄弟齊縗之喪其爲母更以四升
布爲要帶謂之包言包斬衰帶也絰斬衰之葛絰謂之重者主於

尊也婦人易首經以麻亦謂之包帶斬縗之麻帶謂之特期喪既葬服上服六升之縗裳男子帶上服之葛帶婦人經上服之葛經既也若斬衰既練後遭大功之喪麻葛重謂斬衰既練男子除首經婦人除要經男子唯有要帶婦人唯有首經是其單也今遭大功之喪男子首空著大功麻經婦人要空著大功麻帶男子又以大功麻帶易練之葛帶婦人又以大功麻經易練之葛經婦人經其練之故葛經著斯之葛帶是謂之重葛然則檀弓所謂婦人不葛帶者謂齊斬之婦人也其齊衰之喪既虞卒哭遭大功之喪則麻葛兼服之兼猶兩也謂齊衰既虞卒哭遭大功之喪易換輕者男子則大功麻帶易齊衰之葛帶其首服猶服齊衰葛經是首有葛要有麻故云麻葛兼服矣專据男子言婦人則首服大功之麻經要服齊衰之麻帶上下俱麻不得云麻葛兼服之也服問云小功無變也注無所變於大功齊衰之服不用輕累重也又云小功不易喪之練冠如免則經其總小功之經因其初葛帶總之麻不變小功之葛小功之麻不變大功之葛以有本為稅謂小功以下之喪不合變易三年喪之練冠其期之練冠亦不得易也此哀公服妾母之喪依禮經止總又在三月以內其無所變易可知

冬城漆【疏】杜云漆邾庶其邑在高平南平陽縣東北有漆鄉大事表云今在兖州府鄒縣北馬氏宗槤左傳補注云郡國志山陽南平陽有漆亭顧容釋例云漆邾之舊邑凡邑有先君之廟曰都漆有邾先君之廟是亦邾之大都故魯得漆而遂都之彼依左氏凡邑有宗廟先君之主曰都邑曰築都曰城傳為說也

公羊義疏七十二

南菁書院

句容陳立卓人著

哀元年盡五年

春秋公羊經傳解詁哀公第十一

疏 校勘記云唐石經哀公第十二下注卷十一魯世家定公卒子將立是爲哀公注引世本將亦作蔣穀梁疏云公名蔣定公之子敬王三十六年卽位十四年西狩獲麟春秋終矣二十七年薨諡曰哀周書諡法恭仁短折曰哀左傳釋文哀公名蔣定公之子蓋夫人定姒所生

元年春王正月公卽位

楚子陳侯隨侯許男圍蔡 注 隨微國稱侯者本爵俱侯土地見侵削故微爾許男者成也前許男斯見滅以歸今成復見者自復斯不死位自復無惡文者滅以歸可知 疏 注隨微至微爾〇舊疏云正以入春秋以來不稱爵大夫名氏不得見經故知其微隱五年傳云大國稱侯小國稱伯子男此微國而稱侯故須解之也言本爵俱侯者謂其初封之時與齊晉之屬俱稱侯今爲小國者但以土地見侵削故也知非得褒乃得稱侯如滕侯薛侯之類者正以滕薛入桓篇之後或稱滕子或稱薛伯故知隱篇稱侯由朝新王得褒今此隨侯一無善行可褒二無稱伯子之處故知本爵爲侯也杜云隨世服於楚不通中國

吳之入楚昭王奔隨隨人免之卒復楚國楚人德之使列於諸侯
故得見經按春秋爲明義之書豈以楚之德怨爲進退楚爲諸國
僭亂之渠隨卽復楚有何足錄杜之謬妄可爲極矣特以先時無
事可紀適此年有隨楚圍蔡之事因仍其本爵書之非義所繫亦
如胡頓牟葛之屬偶一二見耳穀梁注云隨久不見者衰微也稱
侯者本爵俱侯土地見侵削故微爾卽本何義○注許男至自復
○下十三年有許男戌卒知許男爲戌也許男斯見滅在定六年
知戌爲自復者以昭十三年蔡侯廬歸于蔡陳侯吳歸于陳爲楚
所歸書以見不與專封專受今戌不見復歸之文故知自復也通
義云何書氏必知許自復者令諸侯復之當有不與專封之文陳蔡
爲楚所封春秋以自復之辭書之許實自復卽不復書足與彼相
起也○注斯不至可知○校勘記出滅以歸云閩監毛本同鄂本
上有從字此脫定六年書鄭游遫帥師滅許以許男斯歸書以歸
是斯不死位文也左傳疏引世族譜云許男斯後有元公成悼公
孫也按下十三年釋文戌本亦作成則戌卽成宜爲斯子斯不死
位當絕戌不得繼體奉正其自復雖不似專受封亦宜有惡文而
春秋不見者正以許男斯書滅以歸其不死位惡已見是以此處
從省可知也舊疏云斯不死位其國合絕今而自復不爲惡文正
以定六年書已著是
以此處不見是也

鼷鼠食郊牛注災不敬故疏注災不敬故○與定十五年同彼注亦
云災不敬也穀梁作鼷鼠食郊牛角傳
云志不敬也郊牛日展斛角而知傷展道盡矣杜云書過也不言
所食非一處蓋卽此定十五年傳漫也之義公羊亦不言所食宜
與彼同五行志中之上哀元年正月鼷鼠食郊牛劉向以爲天意
汲汲於用聖人逐三家故復見戒也哀公年少不親見昭公之事

故見敗亡之異已而哀不寤身奔于粵此其效也

改卜牛【疏】穀梁傳全曰牲傷曰牛未牲曰牛此斥未牲者也

夏四月辛巳郊【疏】包氏慎言云四月書辛巳郊月之六日通義云亦以改卜牛故三月下辛始卜郊特此一卜得吉爾穀梁傳自正月至于三月郊之時也夏四月郊不時也又曰子不忘三月卜郊何也郊自正月至于三月郊之時也我以十二月下辛卜正月上辛如不從則以正月下辛卜二月上辛如不從則不郊矣此傳不云非禮從省文可知例也

秋齊侯衛侯伐晉

冬仲孫何忌帥師伐邾婁【注】邾婁子新來奔喪伐之不諱者期外恩殺惡輕明當與根牟有差【疏】注邾婁至惡輕○邾婁子來奔喪見定十五年夏去年來奔喪於魯有恩今卽伐之內惡已明而不諱者爲在期外故恩殺惡輕也○注明當至有差○宣九年取根牟是也傳曰曷爲不繫乎邾婁諱亟也注亟疾也屬有小君之喪邾婁子來加禮未期而取其邑故諱不繫邾婁也然則彼以加禮未期其恩猶重伐之惡故諱此恩殺惡輕可不諱也

二年春王二月季孫斯叔孫州仇仲孫何忌帥師伐邾婁取漷東田及沂西田【注】漷沂皆水名邾婁子來奔喪取其地不諱者義與上同【疏】舊疏云公羊之義言田者田多邑少故也穀梁傳云取漷東田漷東未盡也及沂西田沂西未盡也注以其言東西則知

其未盡也與此別左氏以瀞東沂西爲邑名按瀞東田沂西田謂近瀞之東與沂之西之田也穀梁說是也公羊亦無異義〇注瀞沂皆水名〇穀梁注同水經注泗水篇瀞水出東海合鄉縣其水西南流入邾春秋哀二年季孫斯伐邾取瀞東田及沂西田是也大事表云瀞水出鄒山東則流于邾魯之間今滕縣南十五里有瀞水即襄十九年取邾田自瀞水者前所取未盡故邾復以賂魯沂水小沂水也出太山武陽之冠石山今兗州府費縣爲邾之沂田此沂西田是也出曲阜縣尼丘山西流經魯之雩門者爲魯城南之沂昭二十五年季孫請待于沂上以察罪是也出沂州府沂水縣西北一百七十里者爲齊之沂水襄十八年晉師東侵及濰南及沂是也大事表又云此爲邾之沂俗呼小沂水非沂水縣之沂也出兗州府費縣瀞水在今滕縣南十五里〇注邾婁至上同〇亦以在期外惡輕故

癸巳叔孫州仇仲孫何忌及邾婁子盟于句繹【注】所以再出大夫名氏者季孫斯不與盟【疏】包氏慎言云二月書癸巳月之二十二日杜云句繹邾地方輿紀要葛嶧山在兗州府嶧縣東南十五里句葛聲同而誤〇注所以至與盟〇左疏引服虔云季孫尊卿敵服先歸使二子與之盟穀梁傳曰三人戰而二人盟何各盟其得也其意言季孫不得田故不與盟也與公羊左氏異舊疏云正以宣元年公子遂如齊逆女三月遂以夫人婦姜至自齊傳云一事而再見者卒名何氏云卒竟但舉名省文然則今此伐邾婁及邾婁子盟于句繹之經亦是一事而再舉大夫名氏者正由季孫斯不與盟故也舊疏又云此注氏字或有或無故疏又云此注內直云所以再出大夫名者即決昭十三年秋公

會劉子及諸侯者間無異事可知矣今此二經亦間無異事而再出大夫之名故解之也按有氏字是也注若無氏字則經文宜云州仇何忌及邾婁子云云矣

夏四月丙子衛侯元卒 疏 包氏愼言云四月書丙子月之六日

滕子來朝

晉趙鞅帥師納衛世子蒯聵于戚

戚者何衛之邑也 疏 水經注河水篇故瀆東北逕戚城西春秋哀公二年晉趙鞅率師納衛太子蒯聵于戚宵迷陽虎曰右河而南必至焉今頓丘衛國縣西戚亭是也爲衛之河上邑 曷爲不言入于衛 注 据弗克納未入國文言納于邾婁納者入辭故傳言曷爲不言入于衛 疏 注据弗至于衛〇文十四年晉人納捷菑于邾婁弗克納彼捷菑實未入國故曰弗克納作未入國辭而文言納于邾婁與納頓子于頓文同是又爲已入國辭故曰納于邾婁以納者入辭也今此上亦有納文亦是入國之辭而言于戚不言于衛故据而難之正以戚與帝丘相去非遠既已納于戚即是入衛而經只云于戚故傳言曷爲不言入于衛注疊言之也 父有子子不得有父也 注 明父得有子而廢之子不得有父之所有故奪其國文正其義也不貶蒯聵者下曼姑圍戚無惡文嫌曼姑可爲輒誅

其父故明不得也不去國見挈者不言入于衛不可醇無國文輒出奔不書者不責拒父也主書者與頓子同【疏】注明父至義也○通義云以蒯聵對輒言之固父也雖若得有其子之國以蒯聵對靈公言之則子也靈公不以衛與蒯聵卽蒯聵不得而有衛也鄭康成曰蒯聵欲殺母靈公廢之是也若君薨有反國之道當稱子某如齊子糾也今稱世子如君存是春秋不與蒯聵得反立明矣解詁籤云書世子與蔡世子友同例明不得立也郤缺貶趙鞅不貶者略亂賊也丁履恒曰父有子者蒯聵爲父輒爲子蒯聵似可有輒之衛子不得有父者蒯聵爲子靈公爲父蒯聵靈公所逐輒乃靈公所立蒯聵不得有靈公之衛也按父有子宜如何義傳爲申答不言入于衛則父子止据靈公蒯聵言之也穀梁傳不繫戚於衛子不有父也○注不貶至得也○舊疏云正以犯父之命理宜貶之然則文十四年郤缺納不正貶之稱人今趙鞅亦納不當得位之人而不貶者以納父罪不至貶也故明不得也者正蒯聵無惡又知曼姑不得誅之明矣按注義極正蒯聵得罪于父但不能得國耳其於輒則父也輒受國于祖義不合讓有悖祖命得國之後卽宜遣迎尊崇不改如禮經所謂廢疾不立者庶爲仁至義盡故曼姑可以無惡而不得爲輒拒父故不貶蒯聵以起之也○注不去至國文○舊疏云正以文十四年晉人納接菑注接菑不繫邾婁者見挈于郤缺也今此不見挈者不可醇無國文是也○注輒出至父也○舊疏云知輒出奔者正以蒯聵之入故也諸侯之禮當死位若其出奔皆書責之此不書不責輒之拒父故也按何氏不知何据蓋亦公羊外傳諸書語則公羊家以此年蒯聵卽得國輒卽出奔矣史記衛世家云簡子送蒯聵衛人發兵擊蒯聵蒯聵不得入入宿

而保衞人亦罷兵出公輒十二年孔悝納蒯聵輒奔魯孔悝立太子蒯聵是爲莊公左傳大同均與公羊說異如何氏義則輒未嘗拒父矣惲氏敬先賢仲子廟立石文曰衞公未嘗拒父也衞靈公生于魯昭公二年其卒年四十七而蒯聵爲其子出公爲其子之子蒯聵先有姊衞姬度出公之卽位也內外十歲耳元年蒯聵入戚二年春圍戚衞之臣石曼姑等爲之非出公也夏氏炘衞出公輒論世以衞公輒爲拒父輒非拒父者也其拒蒯聵君夫人南子爲之非輒意也輒尙可與爲善者也惜乎有孔子而不能用終身負惡名而不敢辭耳靈公薨時輒至長亦年十餘歲耳以十餘歲之童子卽位則拒蒯聵者非輒也蒯聵有殺母之罪斯時南子在堂其不使之入明矣輒不得自專也及輒漸長而君位已定勢不可爲矣彼皆据左傳輒雖久立而未嘗拒父爲說也按太史公自序曰南子惡蒯聵子父易位謂不以蒯聵爲子而以孫禰祖也則夏氏之說信矣〇注主書至子同〇卽僖二十五年楚人圍陳納頓子于頓是也彼注云納頓子書者前出奔當絶還入爲盜國當誅書楚納之與之同罪也主書者從楚納之此定十四年蒯聵出奔宋子無去父之義已當合絶今還入爲盜國復當合誅晉納之宜與同罪故曰與頓子同義也舊疏云蒯聵犯父之命其惡已明晉爲伯主而納逆命之子奪已立之侯故云主書者從晉納也則明晉同罪矣

秋八月甲戌晉趙鞅帥師及鄭軒達帥師戰于栗鄭師敗績 **疏** 包氏慎言云八月書甲戌月之七日舊疏云諸家之經軒達之下皆有帥師上帥唯服引經者無與諸家異校勘記云鄭軒達下不言帥師者蒙上師晉趙鞅帥師也今三家下有帥師當衍疏本與服氏無之是也左氏穀梁栗作鐵鐵栗同部字得段借也釋文亦作栗云一本作秩

二傳作鐵舊疏云於鐵者三家同有作栗字者誤也今定本作栗字則疏本亦作鐵校勘記云疏又謂三家同作戰于鐵今定本作栗者誤而釋文同定本作栗區別之云二傳作鐵陸德明所據之本不及疏本也水經注河水篇河水東逕鐵丘南春秋左氏傳哀公二年鄭罕達帥師衞鄭無恤御簡子衞太子爲右登鐵上望見鄭師衆太子自投車下卽此也京相璠曰鐵丘名也杜預曰在戚南河之北岸有古城戚邑也大事表云今大名府開州北有戚城其南爲王合里卽鐵丘也一統志鐵丘在大名府開州北方輿紀要云北五里

冬十月葬衞靈公

疏 解詁箋云蒯聵父子爭國無危文者明適子以罪廢得立適孫文家法也按劉說是所謂父有子不得有父也俞氏樾公羊平議云父有子者謂靈公已有人輒爲子子也輒於靈公孫也非子也而得爲子者成十五年傳曰爲人後者爲之子也彼嬰齊於歸父以弟爲兄後而有子道然則輒於靈公以孫爲王父後其有子道明矣靈公旣不以蒯聵爲子而輒別以輒爲子則蒯聵亦不得以靈公爲父國語晉語秦穆公使公子縶弔公子重耳於翟重耳再拜不稽首此卽不得有父之義也穆公曰吾與公子重耳重耳仁再拜不稽首不沒爲後也章注沒貪也靈公逐蒯聵而立輒蒯聵乃於父死之後介大國以求入是父已有子而必爭之曰此吾父也是貪爲後也故春秋不與也按俞說非是爲人後者爲之子謂支子入後大宗也故大夫士立後必以次非如天子諸侯可以弟後兄以叔後姪也故嬰齊後歸父春秋譏之天子諸侯立後卽喪服斬衰章所謂爲人後者疏引雷次宗曰此文當云爲人後者爲所後之父闕此五字者以其所後之父或早卒今所後其人不定或後祖父或後曾高祖故闕之見所後

不定故也與輒後靈公似同而異以孫後爲祖則喪服不杖期章爲君之父母妻長子祖父母傳曰父卒然後爲祖後者服斬注此爲君矣而有父若祖之喪者謂始封之君也若是繼體則其父若祖有廢疾不立父卒者父爲君之孫宜嗣位而早卒今君受國於曾祖疏引鄭志趙商問父卒爲祖後者三年已聞命矣所問者父在爲祖如何欲言三年則父在欲言期復無主斬杖之宜主喪之制未知所定答曰天子諸侯之喪皆斬衰無期是則孫爲祖後爲之服斬爲其承重故也而祖孫之稱謂仍自無改期自不得以祖爲父故父卒仍宜斬而臣下從服期也若如何氏謂輒卽爲靈公子則輒實置蒯聵於何地論語曰名不正則言不順非蹈夫子所責與是以朱子於宋孝宗之喪主鄭志立論詳宋史禮志及建炎以來朝野雜記也蒯聵雖見逐於父義不合去而謂蒯聵不得以靈公爲父亦於理乖要之爲後與爲子少殊不得混爲一也

十有一月蔡遷于州來注畏楚也州來吳所滅疏水經注淮水篇淮水又北逕下蔡縣故城東本州來之城也吳季札始封延陵後邑州來故曰延州來矣春秋哀公二年蔡昭侯自新蔡遷於州來謂之下蔡淮之東岸又有一城下蔡新城也二城對據翼帶淮濆地理志沛郡下蔡云故州來國爲楚所滅後吳取之至夫差遷昭侯于此後四世侯齊竟爲楚所滅按漢沛郡之下蔡於今爲鳳陽府壽州地○注畏楚也○舊疏云正以上文爲楚所圍今遷而近吳故知然也○杜云畏楚而請遷故以自遷爲文四年左傳蔡昭侯將如吳諸大夫恐其又遷也承明時屬吳故畏楚○注州來吳所滅原文闕

蔡殺其大夫公子駟注稱國以殺者君殺大夫之辭稱公子者惡失

親也 疏 注稱國至之辭○僖七年傳文彼注云諸侯國爲體以大夫爲股肱士民爲肌膚故以國體錄是也

三年春齊國夏衛石曼姑帥師圍戚

齊國夏曷爲與衛石曼姑帥師圍戚 注 据晉趙鞅以地正國加叛文今此無加文故問之 疏 舊疏云公羊之義輒已出奔曼姑稟誰之命而得圍戚者下傳云曼姑受命于靈公而立輒蒯聵奪輒是以春秋與得圍之矣○注据晉至問之○定十三年秋晉趙鞅入于晉陽以叛冬晉趙鞅歸于晉傳此叛也其言歸何以地正國也其以地正國奈何晉趙鞅取晉陽之甲以逐荀寅與士吉射荀寅與士吉射者曷爲者也君側之惡人也此逐君側之惡人曷爲以叛言之無君命也注無君命者操兵鄉國故初謂之叛後知其意欲逐君側之惡人故錄其釋兵書歸而赦之是也趙鞅操兵鄉國春秋加以叛文此曼姑亦操兵鄉國而使齊國夏爲兵首不加叛文故据以難伯討也 注 方伯所當討故使國夏首兵 疏 繁露順命云子不奉父命則有伯討之罪衛世子蒯聵是也此其爲伯討奈何曼姑受命乎靈公而立輒 注 靈公者蒯聵之父以曼姑之義爲固可以距之也 注 曼姑無惡文者起曼姑得拒之曼姑臣也拒之者上爲靈公命下爲輒故義不可以子誅父故伯得拒之而已傳所以曼姑解伯討者推曼姑得拒之則國夏得討之明

矣不言圍衛者順上文辟圍輒

疏通義云曼姑之義爲可距則輒之義不可距父文外自見此傳立言之善也蒯聵本靈公所逐曼姑爲父拒子非爲子距父也假令輒以愛父之故委國而去衛人猶當更立長君將遂可距以悖靈公之命迎蒯聵而君之乎推是以論曼姑不得不距矣按孔氏曼姑之義甚正繁露玉英云難者曰公子目夷祭仲之所爲之者皆存之事君善之可矣荀息曼姑非有此事也而所欲恃者皆不宜立何以得載乎義曰春秋之法君立不宜立不書大夫立則書書之者弗予大夫之得立不宜立者也不書予君之得立也君之立不宜立者非也既立之大夫奉之是也荀息曼姑之所得爲義也○注曼姑至距之○正以不似趙鞅加叛辭故知無惡文也校勘記拒當同傳作距下同○注曼姑臣也○舊疏云欲道曼姑者乃是靈公之臣也受命乎靈公當立輒故得距蒯聵矣引僖十年傳云君嘗訊臣矣臣對曰使死者反生生者不愧乎其言則可謂信矣注言臣者明君臣相與言不可負是按舊疏非是注意以輒既出奔蒯聵已立蒯聵靈公之世子則曼姑亦蒯聵之臣也似不宜距此難辭下答辭也○注拒之至而已○正以曼姑受命于靈公故得距而下爲輒故又不可以子誅父故但得距也禮記疏引異義云妻甲夫乙毆母甲見乙毆母而殺乙公羊說甲爲姑討夫猶武王爲天誅紂鄭駁之云乙雖不孝但毆之耳殺之太甚然則曼姑爲靈公討蒯聵其卽爲天誅紂義與唐律及今律子孫毆父母祖父母皆斬故乙毆母而甲殺之蒯聵得罪靈公公羊說不言其欲殺母則罪不至死此時亦但與子爭國較毆罪輕故曼姑亦但拒之而已不可以子誅父者謂不可以輒而誅父也檀弓云子弒父凡在宮者殺無赦注言諸臣子孫無尊卑皆得殺之疏子之於父天性也父雖不孝於祖子不可不孝於父今云子者因孫而

連言之或容兄弟之子耳則輒之不得拒父更可知矣〇注傳所至明矣〇公羊之義輒雖出奔曼姑受命于先君立輒今蒯聵奪輒故曼姑得從伯討也〇注不言至圍輒〇舊疏云蒯聵去年入衛今而圍者止應圍衛而言圍戚者順上經文且輒上出奔不見于經若言圍衛則恐去年蒯聵入于戚今年圍衛者是圍輒矣故言圍戚以辟之

輒者曷爲者也蒯聵之子也然則曷爲不立蒯聵而立輒【注】据春秋有父死子繼蒯聵爲無道【注】行不中善道靈公逐蒯聵而立輒【疏】通義云周人之法無適子者有適孫靈公廢蒯聵而不廢輒則輒適孫當立者故傳以爲有王父之命也

然則輒之義可以立乎【注】輒之義不可以拒父故但問可立與不【疏】注輒之至與不〇正以上傳云曼姑之義爲固可以距之知輒之義不可距也故此傳但問其可立與不焉

曰可【疏】漢書雋不疑傳昔蒯聵違命出奔輒距而不納春秋是之通義云傳言可者謂衛人可以王父之命立輒非謂輒可仇讎其父偃然居位也按雋不疑傳亦云謂蒯聵違命衛人可拒春秋是之非謂輒可拒父也

其可奈何不以父命辭王父命【注】不以蒯聵命辭靈公命【疏】禮記疏引異義云衛輒拒父公羊以爲孝子不以父命辭王父之命許拒其父左氏以爲子而拒父悖理逆倫大惡也鄭駁異義云以父子私恩言之則傷仁愛鄭意以公羊所言公義也左氏所言私恩也然公羊亦不以輒可拒父故下注云雖得正非義之高者謂僅能得不以父命辭王父命之正也亦即鄭氏傷仁恩之義白虎通五行云不以父命辭王父命何法法金不畏土而畏火後漢

書安帝紀云春秋之義爲人後者爲之子不以父命辭王父命穀梁傳何用弗受也以輒不受也以輒不受父之命受之王父也信父而辭王父則是不尊王父也其弗受以尊父也以王父命辭父命注辭猶不從疏繁露精華云辭父之命而不爲不承親說苑辨物上辭蒯聵之命不爲不聽其父謂以王父命辭也是父之行乎子也注是靈公命行乎蒯聵重本尊統之義也疏注是靈至義也〇莊元年注夫人孫于齊注云念母則忘父背本之道也故絕文姜不爲不孝拒蒯聵不爲不順脅靈社不爲不敬蓋重本尊統使尊行於卑上行於下通義云記曰都邑之士則知尊禰大夫及學士則知尊祖是故輒有王父命爲可立蒯聵無父命必不可立經若惡蒯聵卽似與輒與輒是親親之義不著也惡輒卽似與蒯聵與蒯聵是尊尊之義不著也故但得託齊伯討以兩見其義言乎輒使曼姑距父則不可曼姑以靈公遺命拒蒯聵則可輒之道雖當讓而衞人奉輒自不失尊王父之意若夫論語所言賢者之至行又爲足以責輒也推子貢之問正以叔齊雖幼而有父命合於立輒尊王父命之事故援以爲喻令輒無可立之理冉有子貢皆非中知以下復何所疑而致問耶或詆公羊有助子仇父之說者抑不善讀此傳矣不以家事辭王事注以父見廢故辭讓不立是家私事疏後漢書丁鴻傳鮑駿曰春秋之義不以家事廢王事〇書注以父至私事〇正以父子私恩國者受之天子傳之先君不得顧私恩而昧公義也以王事辭家事注聽靈公命立者是王事公法也疏注聽靈至法也〇校勘記云此本者誤是今据鄂本訂正閩監毛本因誤作是遂刪去此字是上之

行乎下也【注】是王法行於諸侯雖得正非義之高者也故冉有曰夫子爲衛君乎子貢曰諾吾將問之入曰伯夷叔齊何人也曰古之賢人也曰怨乎求仁而得仁又何怨出曰夫子不爲也主書者善伯討【疏】注是王至諸侯○校勘記云蜀大字本閩監毛本同鄂本於作乎何校本疏中同舊疏云唯受靈公之命而拒蒯聵而引王法行於諸侯者正以靈公於蒯聵若似天子於諸侯故取以況之○注雖得至者也○正以曼姑雖受命靈公可以拒蒯聵究屬爲子拒父故不得爲義之高也包氏愼言云衛輒之事夫子不爲而公羊不責其拒父何也曰蒯聵自絕於父出奔義無得國之理夫子之不爲衛君者謂其所以處骨肉之間者未盡其道耳非謂輒之不宜君衛也使輒之事果爲逆天悖倫聖人安肯受其公養者江熙曰經書衛世子蒯聵援鄭世子忽爲比不知春秋異義不嫌同辭蒯聵之稱世子聵自世子之晉人世子之衛人不以爲世子也靈公之語公子郢曰予無子則靈公不以聵爲子也公子郢之對夫人曰亡人之子輒在目蒯聵爲亡人則固絕之於國也自靈公憤於剸澤之盟叛晉連年與齊伐晉晉人雖殺涉佗以謝而衛終不回也繼又謀救范中行氏並與趙氏結怨靈公死趙鞅納蒯聵于戚挾世子之名以要衛衛人弗受也經亦順而書之曰世子耳夫禽獸猶知有母天王且以不能乎母而見絕聵爲人子會其母之不知而欲殺其母是梟獍也以義言之聵者靈公所絕亦春秋所絕也考之左氏聵之居戚且十五年不聞衛人爲通外內之言則國人之不義聵而莫肯戴聵也明矣然國人弗戴聵而輒爲其子能晏然已乎桃應問於孟子曰舜爲天子皋陶

爲士瞽瞍殺人則如之何孟子曰執之而已矣然則舜不禁與曰夫舜烏得而禁之瞶犯父命出而復入齊國夏石曼姑之圍戚與臯曰
陶之執也故公羊曰以曼姑之義爲固可以拒之也桃應曰然則舜如之何曰舜視棄天下猶棄敝屣也竊負而逃遵海濱而處終
身訢然樂而忘天下父子重於天下有司執法爲天下法也法之在天下者君不可枉則甯棄天下以全父子瞶者靈公所弗子而
輒不能不以爲父輒不能竊負而逃然苟超然遠引棄衛國如敝屣瞶雖頑曾其子知有父而己不知有父安然處其位乎夫子之
不爲謂其所以感格者無術也仗義執言穀梁曰信父而辭王父則是不尊王父也其弗受以尊王父也公羊曰不以父命辭王父
命以王父命辭父命是父之行乎子也臯陶之爰書瞶無所逃其罪凡此爲齊國夏言之爲石曼姑之受命於靈公言之非爲輒言
也輒之義知有父子而已春秋於瞶之入沒輒出奔之文亦以始違而其後之所處猶未爲失也江熙范甯徒較量其父子之孰當
立孰不當立則父廢而輒以孫爲祖後固無惡於天下矣況靈公以夏卒蒯瞶以六月入戚父在殯而僩然稱兵以圖復國父死之
謂何又因以爲利苟有人心者則宜於此變矣江范所言所謂設淫辭而助之攻**也**亂臣賊子幾何而不接踵於天下哉包氏此論
極平允而於何氏雖得正非義之高者義猶切當也○注故冉至爲也○論語述而篇文校勘記出曰怨乎求仁而得仁云鄂本元
本閩本同監毛本怨乎下增曰字非何煌曰按文勢不當有曰字**論**語有者衍文**舊**疏云冉有所以疑之者正以輒之立也雖得公
義失於父子之恩矣入曰伯夷叔齊何人也者正以輒之拒父非**義**之高不敢正言故問古賢以測之云子曰古之賢人也者言古
之賢士且有仁行若作仁字如此解之若作人字不勞解也則何氏所引論語當是古之賢仁也今本據何晏論語改之舊疏又云

曰怨乎者謂諫而不用死于首陽然則怨周王乎曰求仁而得仁又何怨者言其兄弟相讓而來正以求爲仁道卒得成讓仁道遂成不欲汲汲乎求仁有何孜孜而怨周王乎出曰夫子不爲也者正以伯夷叔齊兄弟讓國夫子以爲賢而知輒與蒯聵父子爭國者夫子不助明矣○注主書者善伯討○舊疏云一則見輒之得正二則見曼姑可拒但主書善其伯討故曰主書者善伯討

夏四月甲午地震 注 此象季氏專政蒯聵犯父命是後蔡大夫專相放盜殺蔡侯申辟伯晉而京師楚黃池之會吳大爲主 疏 包氏愼言云四月書甲午月之朔日○注此象至爲主○蔡大夫專相放即下蔡人放其大夫公孫獵于吳是也盜殺蔡侯申見下四年辟伯晉而京師楚者即下四年晉人執戎曼子赤歸于楚傳辟伯晉而京師楚是也黃池之會吳大爲主者即下十三年公會晉侯及吳子于黃池傳吳何以稱子吳主會也吳在是則天下諸侯莫敢不至也是也五行志下之上哀公三年四甲午地震劉向以爲是時諸侯皆信邪臣莫能用仲尼盜殺蔡侯齊陳乞弑君通義云占與昭公同哀公孫越事在春秋後

五月辛卯桓宮僖宮災 疏 包氏愼言云五月書辛卯月之二十八日

此皆毀廟也其言災何 注 据禮親過高祖則毀其廟 疏 注据禮至其廟○公羊禮說云春秋之例始封之君其廟不毀其餘親過高祖則毀其廟桓僖當毀而不毀魯廟災故孔子在陳聞之曰其桓僖乎其後董仲舒廟殿火災對本此然有中興之功則不毀經書成周宣謝災是也五經異義魯詩說丞相匡衡以爲殷中宗周成宣王皆以

時毀古文尚書說經稱中宗明其廟宗而不毀謹案公羊御史大夫貢禹說王者宗有德廟不毀宗而復毀非尊德之義按漢之廟制不用周禮每帝即世輒立一廟不止於七後用貢禹之議以復孝文孝武孝宣皆以功德茂盛爲宗不毀用公羊經師之說也

立也曷爲不言其復立注据立武宮言立疏注据立至言立○見成六年孔叢子論書篇云書曰唯高宗報上甲微定公問曰此何謂也孔子對曰此謂親盡廟毀有功而不及祖有德而不及宗故於每歲之大嘗而報祭焉所以昭其功德也公曰先君僖公功德前列可以與於報乎孔子曰丘聞之昔虞夏商周以帝王行此禮者則有矣自此以下未之知也然則僖廟定公時猶未立也

春秋見者不復見也注謂內所改作也哀自立之善惡獨在哀故得省文疏注謂內至省文○舊疏云春秋之義諸是內所改作者但逐其重處一過見之而已其餘輕處不復見之所以然者正以哀自立之還於哀世災之善惡獨在於哀故得省文矣似若襄三十一年公薨于楚宮不言作楚宮者正以襄自作之還復襄自薨之善惡獨在于襄故得不省文之類通義云春秋之大法凡主譏者有所託見則不復特見一省其文一微其義若然經有有事于武宮復言立武宮者武公不在春秋中嫌本有武世室其爲廟毀復立未明故特見也春秋正辭云竊謂書墮郈不書城郈亦是也立武宮書者嫌于不毀也城費書者以季首惡也左疏引服虔云季氏出桓公又爲僖公所立故不毀其廟則以桓僖之廟本未毀與此異按三家皆出桓公而季氏得政在僖公世故僖十五年震其季夷伯之廟此蓋季氏所立

何以不言及注据雉門及兩觀疏注据雉門及兩觀○定二年雉門及兩觀災是

也敵也注親過高祖親疏適等疏注親過至適等○正以桓僖皆在毀廟之數輕重相同故不言及以别之禮記王制云諸侯五廟二昭二穆與太祖之廟而五文王世子云五廟之孫祖廟未毀是則五廟外皆所當毀計桓之於哀八世祖也僖六世祖也按禮皆在宜毀者也左疏引服虔云俱在迭毀故不言及穀梁傳云言及則祖有尊卑由我言之則一也是謂自我言之皆親盡當毀是也通義云自義率祖則太廟而外其尊同自仁率親則高祖而上其疏等故言敵也何以書注上已問此皆毀廟其言災何故不復連桓宮僖宮疏舊疏云隱三年武氏子來求賻傳武氏子來求賻何以書注不但言何以書者嫌主覆問上所以說二事不問求賻今此上文亦有二事之嫌主春秋見者不復見也何以不言及敵也何以書而不復為嫌者正以上傳云此皆毀廟也其言災何復立也分疏已訖是以不復言桓宮僖宮災何以書矣記災也注災不宜立疏注災不宜立○舊疏云謂其宮不宜立若曰以其不宜立故災之然史記注引服虔云桓釐當毀而魯事非禮之廟故孔子聞有火災知其為桓釐也五行志上哀公三年五月辛卯桓釐宮災董仲舒劉向以為此二宮不當立違禮者也哀公又以季氏之故不用孔子孔子在陳聞魯災曰其桓釐之宮乎以為桓季氏之所出使季氏世卿者也左傳司鐸火火踰公宮桓僖災杜云言桓僖親盡而廟不毀宜為天所災經義雜記云公穀及董劉說以桓僖廟為毀後復立者左傳無明文故服杜以為原未毀者也定二年雉門及兩觀災言及此不言及者公穀以為尊卑敵體故不言二服氏則以並毀故不言也哀公時桓僖有廟者服解亦本董劉之義至於桓僖親盡不當有廟天故災之三傳說並同也

季孫斯叔孫州仇帥師城開陽【疏】左氏穀梁作啓陽開者爲漢景帝諱也校勘記云唐石經諸本同按公羊之興正在景世故傳寫者遂改啓爲開也杜云琅邪開陽縣大事表云今沂州府治北十五里有開陽故城本鄅國地季氏本曰昭十八年邾人襲鄅鄅子從帑于邾遂爲邾地近季氏費邑魯既取邾東沂西田則邾不得不以啓陽讓魯矣水經注沂水篇沂水又南逕開陽縣故城東縣故鄅國也春秋左傳昭公十八年邾人襲鄅盡俘以歸鄅子曰余無歸矣從孥于邾是也後更名開陽春秋哀公三年經書季孫斯叔孫州仇帥師城啓陽者是矣縣故琅邪郡治也地理志東海郡開陽下云故鄅國

宋樂髡帥師伐曹

秋七月丙子季孫斯卒【疏】包氏愼言云七月書丙子月之十四日

蔡人放其大夫公孫獵于吳【注】稱人者惡大夫驕蹇作威相放當誅故貶【疏】注稱人至故貶○舊疏云知是大夫者正以春秋之例君殺大夫稱國卽僖七年鄭殺其大夫申侯之屬是大夫自相殺稱人卽文九年晉人殺其大夫先都之屬是則知稱國以放者君自放之卽宣元年晉放其大夫胥甲父于衞是也則稱人以放乃是大夫自相放卽此文是矣而言作威者卽洪範云唯辟作威是也今此大夫作威故貶之言當誅者謂於王法當誅也言故貶之者正以大夫之責平常之時合稱名氏故稱人爲貶之是也

冬十月癸卯秦伯卒【注】哀公著治大平之終小國卒葬極於哀公者

皆卒日葬月【疏】包氏慎言云十月書癸卯月之十三日○注哀公至葬月○正以所見之世昭定哀三世故哀公著治大平之終也小國卒葬極於哀公者舊疏云即此癸卯秦伯卒明年五月葬秦惠公是也按昭元年秦伯之弟鍼出奔晉傳云有千乘之國而不能容其母弟注秦侵伐自廣大故曰千乘然則秦是西方之伯國至千乘此注謂之小國者正以僻陋在夷罕與諸夏交接至於春秋大夫名氏不見於經是以比之小國其實非小者也舊說云地之張翕彼此異時盛闕之數不可同日而語昭元年之時自以千乘爲大國至此還小亦何傷也而有疑焉鄂本閩監毛本大改太非釋文大平音泰按秦伯自昭定而後不至盛國觀於左傳秦哀復楚走吳可見舊疏是所引舊說不可通也

叔孫州仇仲孫何忌帥師圍邾婁

四年春王三月庚戌盜殺蔡侯申【疏】包氏慎言云公羊經三月有庚戌据曆爲二月之二十二日三月無庚戌左氏穀梁均作二月疑公羊誤校勘記出盜殺云閩監毛本同唐石經殺作弒此釋文及左氏釋文皆作殺音弒惟穀梁經作弒按作殺者釋文本也公羊左氏疏本宜皆作弒後人据釋文本改疏本也二傳並云此稱盜以弒何則經文作弒明矣

弒君賤者窮諸人此其稱盜以弒何【注】据宋人弒其君處臼稱人【疏】注据宋至稱人○文十六年宋人弒其君處臼是也彼傳云大夫弒君稱名氏賤者窮諸人此稱盜故据彼以難賤乎賤者也【注】賤於稱人者【疏】注賤於稱人者○舊疏云彼注云賤者謂士也士正自當稱人然則今此非士

故言賤乎賤者也段氏玉裁經韻樓集賤乎賤謂盜爲賤中之賤者也爾雅釋訓微乎微者也謂式微式微言微而又微也法言才乎才謂儀秦才而又才但非聖人所謂才耳其他有習乎習雜乎雜辰乎辰秦閒形乎形神乎神史記淮陰侯列傳時乎時詞略同蓋謂賤者稱人稱盜則又賤之至賤者矣賤乎賤者孰謂注据無主名謂罪人也注罪人者未加刑也蔡侯近罪人卒逢其禍故以爲人君深戒不言其君者方當刑放之與刑人義同疏通義云本賤者又犯罪故尤賤之○注罪人者未加刑也○舊疏云若其刑訖當有刑稱即襄二十九年夏閽弒吳子餘祭是也今此言盜又謂之罪人故知未加刑也○注蔡侯至深戒○舊疏云卒詁爲終也○注不言至義同○即襄二十九年閽弒其君下注云不言其君者公家不畜士庶不友放之遠地欲去聽所之故不繫國故不言其君也舊疏云此處之盜仍未加刑而亦不言其君者正以方當刑放之與刑人義同也鹽鐵論周秦云春秋罪人無名號謂之云盜所以賤刑人而絕人倫也故君不臣士不友於閭里無所容穀梁傳稱盜以弒君不以上下道道也注是直稱盜不在人倫之序是也錢氏大昕答問云書閽弒吳子餘祭戒人君之近刑人也書盜弒蔡侯申戒人君之疏大臣而近小人也

蔡公孫辰出奔吳

葬秦惠公

宋人執小邾婁子

夏蔡殺其大夫公孫歸姓公孫霍【疏】通義云左氏以爲皆弒君之黨然經不以討賊之辭言之則彼未足信

晉人執戎曼子赤歸于楚【疏】大事表云今河南汝州西南有蠻城爲春秋時蠻子國傳云晉執戎蠻子以畀楚師于三戶按三戶今河南南陽府淅川縣西南有三戶城蓋在南陽汝州之間矣水經注伊水篇又東北逕新城縣南胡氏渭云今洛陽縣南七十五里有新城春秋戎蠻子邑漢以爲縣左氏穀梁作戎蠻子古蠻曼同部段借字

赤者何【注】欲以爲戎曼子名則晉人執曹伯言畀宋人不言名歸欲言微者則不當書故以不知問也【疏】注欲以至名歸○即僖二十八年晉侯入曹執曹伯畀宋人是也彼則曹伯不言名畀宋人不言歸故据以難毛本言畀誤以畀○注欲言至問也○舊疏云欲言赤是楚之微者自歸于楚則微者之例不當書見故以不知問之

戎曼子之名也其言歸于楚何【注】据執曹伯畀宋人不言歸于宋【疏】通義云弟子讀經文似晉人執戎曼子爲一事赤歸于楚爲一事疑與赤歸于曹同類故設問云爾按傳已明言赤戎曼子之名也似不必疑赤歸于楚爲一事矣○注据執至于宋○彼傳云其言畀宋人何與使聽之也故與此書歸于楚異

子北宮子曰辟伯晉而京師楚也【注】此解名而言歸意也前此楚比滅頓胡諸侯由是畏其威從而圍蔡蔡遷于州

來遂張中國京師自置晉人執戎曼子不歸天子而歸于楚而不名而言歸于楚則與伯執歸京師同文故辟其文而名之使若晉非伯執而亦微者自歸于楚言歸于楚者起伯晉京師楚主書者惡晉背叛當誅之疏舊疏云成十五年晉侯執曹伯歸于京師是伯執人歸于京師之文今戎曼子不言名直言晉侯執戎曼子歸于楚則是伯者執人歸京師無異故名戎子以辟之言亦歸于楚者似楚之微者自歸不干戎子然故曰辟伯晉而京師楚也○注此解至意也○校勘記云閩監毛本同誤也鄂本作名而言歸當據正按紹熙本亦作言舊疏云言亦歸于楚之意也是也○注前此至于楚○楚滅頓胡郞定十四年楚公子結帥師滅頓以頓子牄歸十五年楚子滅胡以胡子豹歸是也從而圍蔡郞上元年楚子陳侯隨侯許男圍蔡是也蔡遷于州來見上三年通義上云引先師言以正之此實晉爲楚執戎曼子歸于楚欲言晉人執則醇與晉侯執曹伯歸于京師同文嫌若以方伯待晉而言以京師比楚故特避之加名以爲別也所以加名得見別異者正以衛侯曹伯等執歸京師皆不名故也舊疏云不名而言歸于楚則與成十五年晉侯執曹伯歸于京師同文似與伯者執人歸京師同故辟其名而名戎曼子也使若晉非伯執者僖四年傳稱人而執者非伯討也今此經云晉人故云使若晉非伯討也而亦微者自歸于楚者若似楚之微者名亦自歸于楚然猶莊二十四年冬赤歸于曹之類○注言歸至師楚○舊疏云正以僖二十八年晉侯執曹伯畀宋人諸侯相執不言歸今言歸者欲起晉人以楚爲京師故也按此所謂不沒其實也○注主書至誅之○舊

疏云主書此事者正欲惡晉以楚爲京師背叛天子當合誅絕也若然楚人是時京師自置甯知不惡之者正以宣十八年楚子旅卒傳吳楚之君不書葬辟其號也則吳楚僭號不書葬一譏而已自餘京師自置之事理應不譏故云爾包氏慎言云按伯者帥諸侯以供命于天子者也晉爲諸夏諸侯之伯無天子命而擅執人君歸之於楚是爲楚執也晉爲楚執人之君是天子楚也故坐以背叛當誅按晉人而京師楚則諸夏諸侯可知故何氏以爲地震之應

城西郛

六月辛丑蒲社災疏包氏慎言云六月書辛丑月之十五日舊疏引賈氏云公羊曰薄社蓋所見本異左氏穀梁經作亳社唐韻正亳傍各切平聲則音蒲書序作將蒲姑釋文蒲如字馬本作薄左傳昭元年云蒲姑商奄釋文蒲如字又音薄周本紀遷其君薄姑呂覽具備篇湯嘗約於郼薄矣注薄或作亳蓋蒲亳薄三字通讀書叢錄云蒲是薄字之省薄亳古字通用尚書序成王既踐奄將遷其君於蒲姑釋文蒲馬本作薄疏云賈氏曰公羊曰薄社所見本薄字尚不省通義云左氏經作亳社賈逵云公羊曰薄社與亳音訓並同郊特牲曰薄社北牖使陰明也今公羊爲蒲字轉寫脫下寸耳

蒲社者何注据鼓用牲于社不言蒲疏注据鼓至言蒲見莊二十五年○亡國之社也注蒲社者先世之亡國在魯竟疏注蒲社至魯竟○舊疏云公羊解以爲蒲者古國之名天子滅之以封伯禽取其社以戒諸侯使事上今災之者若曰王教絕云爾左氏穀梁以爲亳社者殷社也武王滅殷遂取其社

賜諸侯以為有國之戒然則傳說不同按穀梁傳亳亡國也亡國之社以為廟屏戒也注引劉向說立亳社于廟之外以為屏蔽取其不得通天人君瞻之而致戒心是也左傳杜注亳社殷社諸侯有之所以戒亡國疏云說者以為立亳社於廟門之外以為屏蔽使人君視之而致戒也郊特牲注薄社殷之社殷始都薄此皆以為殷社者也何氏以為亡國之社在魯竟者之蒲雖不可考然左傳有蒲姑與商奄並舉則蒲姑即蒲亦即薄姑薄姑與四國作亂為周公所滅蓋即分其地屬齊魯故齊亦有薄姑氏地吳子所謂薄姑因之是也薄姑是諸侯之號其君號謚不可考因即舉其地為氏也詩疏引書大傳云奄君薄姑鄭注或疑為薄姑齊地非奄君名也薄姑與四國作亂四國即指管蔡商奄是薄姑非奄君名蓋魯既分得薄姑氏地因立彼國之社以示誡所以魯有兩社閔二年左傳所云間于兩社是也若以為殷社則宋亦有亳社左傳襄三十年為鳴于亳社是也豈宋亦故表其先世之惡以自戒周家以忠厚立國恐周公成王不如是之已甚也繫辭王道云周發兵不期會於孟津之上者八百諸侯共誅紂大亡天下春秋以為戒曰亳社災董生所說多與何邵公殊也通義云書序蒲姑馬本作薄姑何邵公云蒲社者先世之亡國在魯竟似別有蒲國誤矣武王伐殷克薄班其社於諸侯呂氏貴直論曰殷之鼎陳于周之廷其社蓋于周之屏按孔氏遷左穀之說以駁何氏然呂氏春秋所云武周所以為屏示戒未必諸國皆有也書缺有間固然何各國不聞有亳社社耶

社者封也注封土為社

疏廣雅釋詁社封也○注封土為社○白虎通社稷云不謂之土何封土立社故變名謂之社別于衆土也禮記疏引異義今孝經說社者土地之主土地廣博不可偏敬故封五土以為社古左氏說共工之子為后土后土為社許君謹按亦曰春秋稱公社今

人稱社神爲社公故知社是上公非地祇玄歐之云社祭土而主陰氣又云社者神地之道謂社神但言上公失之矣今人謂雷曰雷公天曰天公豈上公也何氏此義當同鄭說

其言災何【注】據封土非火所能燒亡國之社蓋揜之【疏】禮記郊特牲云天子大社必受霜露風雨以達天地之氣也是故喪國之社屋之不受天陽也薄社北牖使陰明也注絕其陽通其陰而已舊疏云公羊子不受于師故言蓋也

揜其上而柴其下○【注】故火得燒之揜柴之者絕不得使通天地四方以爲有國者戒【疏】周禮地官媒氏注云亡國之社奄其上而棧其下蓋柴即棧也管子內業篇傳馬棧者最難先傳曲木曲木又求曲木曲木已傳直木無所施矣先傳直木又求直木直木已傳曲木亦無所施矣淮南道應訓柴箕子之門注箕子亡之朝鮮舊居空故柴護之蓋編木圍其四面用之亡國之社則爲柴其下用以護箕子之居則爲柴箕子之門用木爲車箱則爲棧車亦爲柴車用以養魚則謂之涔爾雅釋器云槮謂之涔毛詩疏引孫炎注積柴養魚曰涔說文木部栫以柴木雝也是也編柴養馬則曰校廣雅釋木校橛柴也故周禮夏官主養馬者稱校人也是也左傳哀八年吳囚邾子於樓臺栫之以棘亦即柴其下之象故說文木部以校爲木囚亦謂編木繫人使不得外達此社用柴遮塞故注云火得燒之也莊子馬蹏云編之以皁棧皁棧即草棧也故說文竹木之車皆曰棧又天地云趣舍聲色以柴其內柴亦取義爲塞也○注揜柴至者戒○漢書王莽傳古者畔逆之國既已誅討四牆其社覆上棧下示不得通辨社出門見之著以爲戒師古曰棧謂以簀蔽之也下則棧之上則覆之所以陽塞不通陰陽之氣孟康曰辨布也布崇社國國作一見以

爲戒也白虎通社稷云王者諸侯必有誠社者何示有存亡也明爲善者得之爲惡者失之故春秋公羊傳曰亡國之社奄其上柴其下郊特牲記曰喪國之社屋之示與天地絕也在門東明自下之無事處也或曰皆當著明誠當近君置宗廟之牆南禮曰亡國之社稷必以爲宗廟之屏示賤之也通典禮五引白虎通誠作柴魯有兩社外朝在庫門之內東有亳社西有國社朝廷執政之處在其中也穀梁傳亳亡國也亡國之社以爲廟之屏戒也其屋亡國之社不得上達也獨斷云古者天子亦取亡國之社以分諸侯使爲社以自儆戒屋之掩其上使不通天柴其下使不通地自與天地絕也面北向陰示滅亡也其祭以喪祝掌之周禮春官喪祝云掌勝國邑之社稷之祝號以祭祀禱祠是也以士師爲尸秋官士師云若祭勝國之社稷則爲之尸是也[傳]社災何以書記災也[注]戒社者先王所以威示教戒諸侯使事上也災者象諸侯背天子是後宋事彊吳齊晉前驅滕薛俠轂魯衞驂乘故天去戒社若曰王教滅絕云爾[疏]不直言何以書嫌止士問災也○注戒社至上也○陳氏禮書引韓詩內傳曰亡國之社以戒諸侯故白虎通亦謂諸侯有誠社也俱不云有亳社蓋各國各有誠社與○注災者至云爾○舊疏云是後至驂乘春秋說文謂下十三年黃池之會時也按宋事彊吳未知所指五行志上哀四年六月辛丑亳社災董仲舒劉向以爲亡國之社所以爲戒也天戒若曰國將危亡不用戒矣春秋火災屢見於定哀之間不用聖人而縱驕臣將以亡國不明甚矣一曰天生孔子非爲定哀也蓋失禮不明火災應之自然象也志又云建元六年遼東高廟災高園便殿火董仲舒對曰春秋之道舉往以

明來是故天下有物視春秋所舉與同比者精微眇以存其意通倫類以貫其理天地之變國家之事粲然皆見無所疑矣按春秋魯定公哀公時季氏之惡已孰而孔子之聖方盛夫以盛聖而易孰惡季孫雖重魯君雖輕其勢可成也故定公二年五月兩觀災兩觀僭亂之物天災之者若曰僭禮之臣可以去已見辠徵而後告可去此天意也定公不知省至哀公三年桓宮釐宮災二者同事所爲一也若曰燔貴而去不義云爾哀公未能見故四年六月亳社災兩觀桓釐廟亳社四者皆不當立天皆燔其不當立者以示魯欲其去亂臣而用聖人也季氏亡道久矣前是天不見災者魯未能有賢聖臣雖欲去季孫其力不能昭公是也至定哀迺見之其時可也不時不見天之道也專就魯論義較近切惟謂亳社不當立未知何本何氏取應於天下諸侯者春秋託王於魯蒲社而災聖人故卽假以示王教滅絕焉經義雜記云公穀及董劉義皆以亳社爲殷社故云亡國之社先王立之俾諸侯以亡爲戒今天災之因人君不能爲戒而國將亡也乃何氏見公羊作蒲而以爲先世之亡國疏又云蒲者古國之名天子滅之以封伯禽考禮記薄社北牖注薄社殷之社殷始都薄釋文薄本又作亳書序將遷其君於蒲姑釋文蒲如字徐又扶各反馬本作薄史記周本紀作遷其君薄姑是薄蒲亳三字古通何氏墨守公羊未考左穀之經不知蒲爲亳字之聲借其誤一也又云戒社者先王所以威示教戒諸侯使事上此與立社爲使民戰栗之說無異而反失警戒危亡之義其誤二也又歷指宋齊晉滕薛魯衛之聽命于吳天以爲王教絕滅故災之按經傳及先儒皆無此義其誤三也范注穀梁最得經傳意按如亳爲殷社則古天子之社不得立之侯國宰予失言在使民戰栗何意只使諸侯知所懼戒正得畏天尊王之意何有不合至各國聽命于吳之說何氏本之諸緯並非肊造均

不得据以相難也

秋八月甲寅滕子結卒疏包氏慎言云八月書甲寅月之二十九日

冬十有二月葬蔡昭公注賊已討故書葬也不書討賊者明諸侯得討士以下也疏注賊已至葬也○正以隱十一年傳春秋君弒賊不討不書葬以爲無臣子蔡侯被殺而書葬故知賊已討也○注不書至下也○舊疏云考諸正本何氏之注盡於此若更有注者衍字矣又云孟子曰諸侯不得專殺大夫是以春秋之內殺大夫不問有罪無罪皆書而譏之若殺微者例所不錄今蔡侯之賊乃微者嗣子殺之故不書見故云明諸侯得專討士以下也范云不書弒君之賊而昭公書葬既謂之盜若殺微賤小人不足錄之

葬滕頃公

五年春城比校勘記云唐石經諸本同釋文比本又作芘亦作庇同音毗左氏穀梁作毗按古比密毗輔字祇皆作比後世段用毗字又譌作毗也周易比象傳比輔也說文比部比密也廣韻六脂毗說文曰人齎也今作毗通爲毗輔之毗

夏齊侯伐宋

晉趙鞅帥師伐衛

秋九月癸酉齊侯處臼卒疏包氏慎言云九月書癸酉月之二十四日左氏穀梁作杵臼史記齊世家注徐

廣曰史記多作箸白

冬叔還如齊

閏月葬齊景公

閏不書此何以書【注】据楚子昭卒不書閏【疏】注据楚至書閏○襄二十八年冬十有二月甲寅天王崩乙未楚子昭卒注乙未甲寅相去四十二日蓋閏月也彼卒在閏月不書閏故据以難喪以閏數也【注】謂喪服大功以下諸喪當以閏月爲數【疏】釋文數所主反下及注月數閏數同舊疏云此數讀如加我數年之數非頭數之數也○注謂喪至爲數○毛本諸喪誤諸侯舊疏云此數乃爲頭數之數謂九月五月三月之喪既是數月之物故得數閏以充之是以葬亦書閏矣何者葬亦數月之物故也白虎通喪服云三年之喪不以閏月數何以其言期也期者復其時也大功已下月數故以閏月除禮士虞經曰期而小祥又朞而大祥舊疏引鄭志答趙商云居喪之禮以月數者數閏以年數者雖有閏無與于數也通典引射慈云三年期之喪歲數沒閏九月以下數閏月也然則此傳之以閏數者謂功緦之喪服穀梁傳所謂閏月者天子不以告朔而喪事不數者謂期三年服也通義云葬月當併閏計之故特著其禮五月而葬亦事之以月數者故同得計閏也然何氏竟指大功以下數閏釋此傳非也禮與諸侯爲兄弟者服斬齊之臣子豈有服大功者乎明年傳曰除景公之喪注期而小祥服期者除然景公以九月卒而以七月練是齊之未失雖以年數者亦數閏矣按何特舉大功以下以月

數者得以閏數以明葬之以月數者亦得以閏耳不必謂齊之喪臣子服景公以大功以下也下傳云喪數略也必非拮葬言

曷爲以閏數注据卒不書閏疏舊疏云此喪亦喪服大功以下者喪數略也注略猶殺也以月數恩殺故并閏數疏通義云喪數沽略包氏愼言云九月至十二月方四月未及葬期時曆閏十二月齊以有閏月爲合五月之期故經特書閏以著其失其說是也○注略猶殺也○荀子天論云養略而動希注略減少也文選注引國語賈注略簡也管子侈靡云略近臣注略禮謂不繁也皆與殺義通○注以月至閏數○舊疏云此數亦如加我數年之數大功以下之喪所以得數閏月者正以恩殺故也舊疏引鄭志趙商問曰經曰閏月不告朔猶朝于廟穀梁傳云閏月附月之餘日喪事不數又哀五年閏月葬齊景公公羊傳云喪以閏數喪數略也此二傳義相反於禮斷之何就鄭答曰居喪之禮以月數者數閏以年數者雖有閏無與于數也是則鄭意以彼云喪事不數數者謂期與三年也此云喪以閏數者謂大功以下也舊疏又云若穀梁之意以爲大功以下及葬皆不數閏按穀梁說非是

公羊義疏七十三

公羊義疏七十四

南菁書院

句容陳立卓人著

哀六年盡十三年

六年春城邾婁葭注城者取之也不言取者魯數圍取邾婁邑邾婁未曾加非於魯而侮奪之不知足有夷狄之行故諱之明惡甚疏校勘記云唐石經閩監毛本同鄂本葭作瑕非左氏穀梁作邾瑕此春秋異文箋云定公十三年左氏經次于垂葭葭公羊經作垂瑕此年左氏經作城邾瑕公羊經作城邾婁葭知瑕葭音相近杜云任城亢父縣有邾瑕城大事表云今在兗州府濟甯州南二十里水經注泗水篇又西過瑕丘縣東屈從縣東南流漷水從東來注之瑕丘魯邑春秋之負瑕矣漷水西南流入邾馬氏宗槤左傳補注云按郡國志負瑕屬山陽郡與邾之漆與閭丘近哀七年因邾子負瑕杜云在南平陽縣西北哀二年伐邾取漷東田水經負瑕漷水從東來注之酈元亦云漷水在瑕丘西南是哀二年所取漷東田即負瑕也本邾地故曰邾瑕哀七年傳負瑕故有繹亦瑕丘本爲邾地之證杜注非是○注城者取之也○襄二年遂城虎牢傳虎牢者何鄭之邑也其言城之何取之也今言城邾婁葭文與彼同故知城之爲取之也○注魯數至惡甚○即上二年伐邾婁取漷東田及沂西田又三年叔孫州仇仲孫何忌帥師圍邾婁之屬是也有夷狄行者舊疏云正以貪而無親故也通義云諱取言城與虎牢同義不但言取葭者方將滅其國故諱之益深凡爲內深

諱者正惡之大者也諱亟取不繫國今深諱反繫國者但言城鼓嫌與內邑同文無所起

晉趙鞅帥師伐鮮虞

吳伐陳

夏齊國夏及高張來奔

叔還會吳于柤

秋七月庚寅楚子軫卒【疏】包氏慎言云七月書庚寅月之十七日軫史記世家作珍

齊陽生入于齊【疏】穀梁傳入者內弗受也荼不正何用弗受以其受命可以言弗受也陽生其以國氏何也取國于荼也注引何君廢疾曰卽不使陽生以荼為君不當去公子見當國也又穀梁以為國氏者取國于荼齊小白又不取國于子糾無乃近自相反乎以穀梁上傳曰陽生入而弒其君以陳乞主之何也不以陽生君荼也其不以陽生君荼何也陽生正荼不正故何氏有此難也鄭釋之曰陽生篡國故不言公子不使君荼謂書陳乞弒君爾荼與小白其事相似荼弒乃後立小白立乃後弒雖然俱篡國而受國焉爾傳曰齊小白入于齊惡之也陽生其以國氏何取國于荼也義適相足又何自反乎子糾宜立而小白篡之非受國于子糾則將誰乎按經義述聞云子糾未得入于齊則國非其國也豈得云受國子糾故劉氏逢祿難之曰荼得之不正以不日明之與晉卓子同例荼之弒實陳乞主之故與晉里克同例經曰其君傳曰陳乞之君非陽生之君不亦亂于義乎然則楚棄疾不以

國氏比又不稱其君且得爲誅亂辭乎商人取國于舍又何爲不以國氏乎按大國篡例月此不月者舊疏云陽生之入實是九月但事不宜月故直時若然隱四年注大國篡例月則齊爲大國例宜書月而言事不宜月者正以陽生之篡陳乞爲之故陽生之入欲移惡於陳乞故也似若莊九年夏齊小白入于齊注不月者移惡于魯也之類也然則大國之篡所以月者以其禍大故也既移惡于陳乞是以不月正得述事之宜矣

齊陳乞弒其君舍【疏】釋文左氏穀梁舍作荼云音舒舍荼同部故通唐韻正舍古音署詩小雅何人斯云亦不遑舍與車盱韻熊朋來曰舍非但與車盱協韻音作舒便合讀作舒春秋哀六年齊陳乞弒其君荼公羊作舍音舒此經中明證史記律書日月所舍舍者舒氣也九經古義云史記律書舍者日月所舍舍者舒氣也是舍有舒義故有舒音

弒而立者不以當國之辭言之此其以當國之辭言之何【注】据齊公子商人弒其君舍而立氏公子【疏】通義云弒而立者謂繼弒君而立者若宋督弒殤公而立莊公不言宋馮入于宋趙盾弒靈公而立成公不言晉黑臀入于晉之類是也〇注据齊至公子〇文十四年齊公子商人弒其君舍故疑陽生不氏公子爲諼也【疏】馮黑臀等皆君弒而後復國此則先復國乃以諼弒舍故特爲篡詞與齊小白入于齊而後殺糾者同罪也此其爲諼奈何【注】問其義景公謂陳乞曰吾欲立舍何如【疏】齊世家云景公寵妾芮姬生子荼左氏傳諸子鬻姒之子荼嬖未知孰是陳乞曰所樂乎爲君

者欲立之則立之不欲立則不立注貴自專也疏舊疏云此乃有爲而言非正道
也君如欲立之則臣請立之注陳乞欲拒言不可恐景公殺陽生
疏齊世家云景公病命國惠子高昭子立少子荼爲太子與左傳同與此異陽生謂陳乞曰吾聞子蓋
將不欲立我也陳乞曰夫千乘之主將廢正而立不正必殺正者
注晉世子申生是也疏注晉世至是也○即僖五年晉侯殺其世子申生是也穀梁傳云陽生正荼不正世
家荼少其母賤無行明不正也吾不立子者所以生子者也走矣注教陽生走疏
左傳史記皆以陽生奔在景公卒後與之玉節而走之注節信也析玉與陽生留其
半爲後當迎之合以爲信防稱矯也奔不書者未命爲嗣疏注節信也
○周禮掌節云守邦國者用玉節注諸侯於其國中公卿大夫王子弟於其采邑有命者亦自有節以輔之玉節之制如玉爲之以
命數爲小大是也○注析玉至矯也○漢書孝文紀除關無用傳張晏曰傳信也若今過所也如淳曰兩行書繒帛分持其一出入
關合之乃得過謂之傳也李奇曰傳棨也師古曰古者或用棨或用繒帛棨者刻木爲合符也又終軍傳關吏予軍繻郎師古所謂
或用繒帛也蓋古或有用木者說文木部棨傳信也自謂木爲之者又孝文紀初與郡守爲銅虎符竹使符注應劭曰銅虎符第一
至第五國家當發兵遣使者至郡合符符合乃聽受之竹使符皆以竹箭五枚長五寸鐫刻篆書第一至第五張晏曰符以代古之

珪璋從簡易也師古曰與郡守爲符者謂各分其半右留京師左以與之後漢書杜詩傳兵者國之凶器聖人所愼舊制發兵皆以虎符其餘徵調竹使而已符策合會取爲大信所以明著國命斂持威重也注云說文符信也漢制以竹長六寸分而相合皆古玉節之遺也通義云使詐以使命出防關稽也周禮有金節竹節此言玉者蓋若龍輔之類○注弃不至爲嗣○通義云子糾來弃亦不書同此例按定十四年衛世子蒯聵出奔宋此陽生出奔不書明未命爲嗣矣然則上傳云廢正而立不正必殺正者立子以貴蓋陽生雖非嫡出但其秩次宜立故亦爲正或貴妾之子也舊疏引舊云陽生實是世子但未命爲嗣故出入不兩書若命爲嗣則是大國之君出入合兩書者非按左傳史記皆云諸大夫願擇諸子長賢者爲嗣景公惡言嗣事是未命爲嗣若陽生是適則諸大夫宜請立陽生矣

景公死而舍立陳乞使人迎陽生于諸其家注于諸寘也齊人語也疏齊世家田乞敗二相乃使人之魯召公子陽生至齊私匿田乞家左傳僖子使召公子陽生逮夜至于齊國人知之僖子使子士之母養之

除景公之喪注期而小祥服期者除疏注期而至者除○期而小祥士虞記文喪服斬衰章父傳曰父至尊也又曰君傳曰君至尊也則君父皆應三年景公死於上年之九月至此年秋未始及期舍及陳乞並諸大夫皆無除喪之禮蓋時無三年喪禮也故孟子盡心云齊宣王欲短喪公孫丑曰爲朞之喪猶愈於已乎又滕文公篇滕定公薨然友反命定爲三年之喪父兄百官皆不欲曰吾宗國魯先君莫之行吾先君亦莫之行也襄十四年左傳吳子諸樊既葬而除喪注乘卒至此春十七月既葬而除閔二年傳譏始不三年論語陽貨篇宰我問三年之喪期已久矣

是當時各國皆不行三年喪也詩檜風序素冠刺不能三年也則春秋前已有不三年者矣通義云除義如除喪者先重者之除喪服自卒哭而練而祥而禫皆有變除之節謂之除喪此期而除喪、者所謂男子除乎首婦人除乎帶也義或然也然此距景公之卒並未及期蓋連聞數之耳練祭當以聞數則不能行三年之喪必矣

諸大夫皆在朝陳乞曰常之母

注常陳乞子重難言其妻故云云爾

疏注常陳乞子〇田齊世家田乞卒子常代立是為田成子田常即陳恆也漢博士避文帝諱改恆為常〇注重難至云爾〇今人猶有此稱舊疏云正以妻者己之私故難言之似若今人謂妻為兒母之類是也

有魚菽之祭

注齊俗婦人首祭事言魚豆者示薄陋無所有

疏齊世家十月戊子田乞請諸大夫曰常之母有魚菽之祭幸來會飲〇注齊俗至祭事〇舊疏云主婦設祭禮則有祭之何言齊俗者正以主婦設祭之時助設而已其實男子為首郎君牽牲夫人奠酒君親獻夫人薦豆之類若其齊俗則令婦人為首也故此傳云云即其文是矣〇注言魚至所有〇鹽鐵論散不足篇古者庶人魚菽之祭蓋陳乞自卑之詞也舊疏云依正禮水陸僉陳而止言魚與豆者示薄陋無所有故也公羊問答云問陳乞為大夫而祭以魚菽何也曰祭典國君有牛享大夫有羊饋士有豚犬之奠庶人有魚炙之薦今陳乞大夫而言魚菽之祭故注云示薄陋無所有通義云牲用魚薦用菽家之小祭祀所謂季女尸之者也亦以乞未終君喪不可自首祭事其妻服除故得言之禮為夫之君服期按孔氏此論甚是陳乞本為立陽生事不必實有正祭也

願諸大夫之化我也

注言欲以薄陋餘福共宴飲

疏桓六年傳曷為

慢之化我也注行過無禮謂之化齊人語也意謂魚敖至薄諸大夫不必以禮相將謙若不敢當盛儀然也通義云不將禮而相過謂之化

諸大夫皆曰諾於是皆之陳乞之家坐陳乞曰吾有所爲甲

注 甲鎧請以示焉

諸大夫皆曰諾於是使力士舉巨囊而至于中霤

注 巨囊大囊中央曰中霤

疏 校勘記出巨囊云唐石經諸本同釋文囊乃郎反又音訛按史記齊大公世家囊作橐故音託○注巨囊大囊○陳氏啓源毛詩稽古編云諸家釋囊橐各異毛傳小曰橐大曰囊玉篇解亦同孔疏引左傳趙盾食靈輒簞食與肉於橐及公羊傳陳乞盛公子陽生于囊以橐僅容物證其小囊可容人證其大干寶晉紀論引此詩呂注云大曰橐小曰囊與毛傳反釋文引說文云無底曰囊有底曰橐孫奕示兒編亦引之唐韻橐無底囊漢書注無底曰橐有底曰橐宋董氏及朱傳因之與釋文正反說各異而毛傳最古疏引趙盾陳乞二事似爲確證史記平原君傳若錐之處囊中揚雄傳士或自盛以橐又云范睢扶服入橐則囊未嘗不可盛物橐未嘗不可容人二物本大同小別可以互稱人各以意名之乎按陳說辨論極明晰蓋本無定名故說亦互異○注中央曰中霤○左傳宜二年三進及溜釋文溜屋霤也惠氏棟左傳補注云案熊氏經說云古有中霤禮蓋儀禮之逸而不傳者霤者屋有複穴開其上以取明兩則霤之因名中庭曰中霤鄉飲記有磬階霤即中霤也大記有東霤注云危棟上也雜記有門內霤即賓執脯賜鐘人之處釋名釋宮室云中央曰中霤古者寢穴復室之霤當今之棟下直室之中古者霤下之處也月令其祀中霤注中霤猶中室也古者複穴是以名室爲霤舊疏引庾蔚之云複地上累土穴則穿地也

複穴皆開其上取明故兩霤之是以因名中室為中霤也程氏瑤田釋宮小記云霤之義始于廇之爾雅云杗廇謂之梁言宮室之上覆者廇然隆起也當未有宮室之先民複穴以居地上累土為之謂之複鑿地為之謂之穴其上皆必有廇然者覆之此宮室杗廇之所自始也開上納明兩從此下此則霤之所自始故字从兩而从留也受霤之地在複穴之中則中室名中霤之始也月令中央土其祀中霤祀土神也土為五行主神在室之中央室之中央因於古先納明之霤故名之曰中霤祀之於此故名祀土神曰祀中霤也祀中霤之禮設主於牖下牖象納明之霤故主設之於此郊特牲曰家主中霤而國主社社祀土中霤亦祀土故家國相擬也今世茅屋草舍開上納明以破甕之半側覆之以禦雨即古中霤之遺象與嘗試論之古者初有宮室之時易複穴為蓋構度亦未遠為兩下屋與四注屋也不過為廇然之物以覆於上當如車蓋然中高而四周漸下以至於地中高者棟四周漸下者宇度所謂上棟下宇者或如是亦通謂之壁度即屋之上覆者非如後世牆垣始謂之壁也古者明堂圓其上以法天余以為上棟下宇之初始亦圓其上者與古者屋覆至地必開上納明故霤恆入於室後世制度大備屋宇軒敞四旁皆得納明其霤不入於室而惟外垂故天子諸侯之屋皆四注則有東西南北之霤凡四大夫以下兩下屋則有南北之兩霤燕禮當霤見有南北霤復有西南霤也鄉飲酒禮縮霤則其南霤也此言堂屋之霤也凡門屋又皆有北霤曰門內霤凡此之霤皆外垂皆有木梘承之檀弓所謂池視重霤鄭氏謂屋之承霤以木為之用行水也按此自謂屋之中霤非南北霤也

諸大夫見之皆色然而駭 注 色然驚駭貌 疏 校勘記云唐石經諸本同釋文色然如字本又作垝又或作危按一切經音義引作歘然此作色蓋誤經

義述聞云色者歠之借字也一切經音義卷九歠所力反埤蒼云恐懼也通俗文小怖曰歠公羊傳歠然而駭是也集韻歠恐懼也亦引春秋傳歠然而駭與何本不同蓋出王愆期高龍孔衍三家注也垝危皆色之譌猶脆之譌爲脆矣○注色然驚駭貌○莊子大宗師云且彼有駭形而無損心注以變化爲形之駭動耳說文駭驚也从馬亥聲讀書叢錄云說文歠悲意色歠同聲段借字本作垝危者又因色字而譌經傳釋詞說論語色斯舉矣云斯猶然也鄉黨馬注云見顏色不善則去之憲問篇其次辟色孔傳曰色斯舉矣二注相應然下句翔而後集自指爲言之若謂孔子辟色則與下句意不屬若謂爲見人之顏色不善而飛去則人之顏色不善又豈爲所能喻今按色斯者狀鳥舉之疾也與翔而後集意相反色斯猶色然驚飛貌也呂覽審應篇云蓋聞君子猶鳥也駭則舉公羊傳色然而駭何注驚駭貌與此相近漢人多以色斯連讀論衡定賢云大賢之涉世也翔而後集色斯而舉議郎元賓碑翻翥色斯竹邑侯相張壽碑君常懷色斯遂用高逝堂邑令費鳳碑色斯輕翔翻然高潔費鳳別碑功成事就色斯高舉則色斯郎此之色然也

開之則闖然注闖出頭貌疏

校勘記云唐石經諸本同釋文闖然見貌字林云馬出門貌按說文覫暫見也从見炎聲春秋公羊傳曰覫然公子陽生按釋文闖丑鴆反又丑甚反一音丑今反見貌○注闖然出頭貌○玉篇門部闖敕蔭切馬出門皃引公羊傳開之則闖然何注闖然出頭皃或作䫂按說文見部有覫字則玉篇之或作䫂當云或作覫也段注云猝作之見也倉頡篇曰覫覫視皃按與目部之睒音義皆同說文云闖出門皃从馬在門中讀若郴出門皃與出頭貌取象亦近也說文睍私出頭貌也閃闖頭門中也太元䨟初一䨟復睒天不覩其軫范注睒窺也劇次三鬼睒其室注睒見也禮運注

紾之言閃也凡閃駭䁯闚音義皆相近公子陽生也陳乞曰此君也已諸大夫不得已皆逡巡北面再拜稽首而君之爾【注】時舍未能得衆而陽生今正當立諸大夫又見力士知陳乞有備故不得已遂君之【疏】齊世家會飲田乞盛陽生橐中置坐中央發橐出陽生曰此乃齊君矣大夫皆伏謁將與大夫盟而立之鮑牧醉乞誣大夫曰吾與鮑牧謀共立陽生鮑牧怒曰子忘景公之命乎諸大夫相視欲悔陽生前頓首曰可則立之否則已鮑牧恐禍起乃復曰皆景公子也何爲不可乃與盟立陽生與此大同小異○注時舍至君之○齊世家云苪子故賤而孺子少故無權國人輕之是未能得衆也毛本今正作本正齊世家云鮑牧恐禍起蓋亦見力士知陳乞有備也故諸大夫亦從而君之爾自是往弑舍【注】陽生先詐致諸大夫立於陳乞家然後往弑舍故先書當國起其事也乞爲陽生弑舍不舉陽生弑者譏成于乞也不日者與卓子同【疏】齊世家云悼公入宮使人遷晏孺子於駘殺之幕下左傳使胡姬以安孺子如賴去鬻姒使朱毛遷孺子於駘不至殺諸野幕之下○注陽生至事也○舊疏云先書當國起其事也者謂書陽生入齊乃在弑舍之前所以起其先入後弑也通義云陽生正舍不正而入于齊爲篡辭者舍有父命也此大爲臣子防也穀梁傳不正則其曰君何也荼雖不正已受命矣入者內弗受也荼不正何用弗受以其受命可以言弗受也注先君已命立之於義可以拒之是弑君之謀起於陽生故以當國辭起之○注乞爲至乞也○舊

疏云舉重略輕春秋之常事今而不書者謗成于入乞故也通義云比猶加弒陽生不加弒者彼言歸嫌比無惡此言入不嫌陽生無惡須主見陳乞之罪彼則別書棄疾弒公子比于下謗弒之罪自有所見也此二經文異而義同按弒君之事成于乞不書陳乞弒君乞罪不見陽生已書當國不嫌無罪也○注不日至于同○僖十年春王正月晉里克弒其君卓子注不日者不正遇禍終始惡明故略之今此陳乞弒舍不日亦不正遇禍終始惡明故略之也故曰與卓子同舊疏云鄉解云陽生之入實在九月但事不宜月故不書月則陳乞之事宜云不月而云不日者以卓子之弒不書月若言不月則與卓子同文不可設故曰不日且陳乞弒舍實不書日謂之不日亦何傷則陳乞弒舍與里克弒卓子相類而不月者以文承陽生入齊之下陽生入齊不月是以陳乞之事不得月也僖九年冬晉里克弒其君之子奚齊注不月者不正遇禍終始惡明故略之此亦不月何氏不云不月者與奚齊同義正以奚齊未踰年之君與舍不類也

冬仲孫何忌帥師伐邾婁

宋向巢帥師伐曹

七年春宋皇瑗帥師侵鄭

晉魏曼多帥師侵衞

夏公會吳于鄫疏左傳校勘記云釋文作繒云一本作鄫陳樹華云穀梁史記吳世家魯世家孔子世家並作繒是所

據本有異也

秋公伐邾婁八月己酉入邾婁以邾婁子益來疏包氏慎言云八月書己酉月之十一日

入不言伐此其言伐何注据當舉入爲重疏注据當舉入爲重○莊十年傳戰不言伐圍不言戰入不言圍滅不言入書其重者也內辭也若使他人然注諱獲諸侯故不舉重而兩書使若魯公伐而去他人入之以來者醇順他人來文疏注諱獲至來文○隱六年鄭人來輸平傳諱獲也注明鄭擅獲諸侯魯不能死難皆當絕之又僖十五年獲晉侯注釋不書者以獲君爲惡書者以惡見獲與獲人君者皆當絕也是獲君當絕故爲內諱獲諸侯也舊疏云若不諱宜舉重云公入邾婁今不舉重而伐入兩書故知諱獲諸侯也又云使若魯公伐而去他人入之以來者以來是詣魯之常文故何氏言來者常文不爲早晚施是也今始若不諱宜云以邾婁子益至自某而經言來故如此解又云醇順他人來文者以上諱獲諸侯故不舉重使若魯人伐而去他人自入之今文言來作外來詣魯之常文故曰醇順他人來文也按經若不諱當云以邾子益歸不言來也通義云諱不欲公首其惡與須朐同意不嫌觸日入例者下有獲文惡明

邾婁子益何以名注据以隗子歸不名絕曷爲絕之注据俱以歸疏校勘記云唐石經諸本同按僖二十六年疏引此曷上有之字此脫○注

一珍倣宋版印

據俱以歸○正以經書以來實則歸也不書歸而書以來不沒其實也與以隗子歸同故云據俱以歸獲也疏穀梁傳益之名惡也注惡其不能死社稷左傳師宵掠以邾子益來獻于亳社囚諸負瑕負瑕故有繹曷為不言其獲注據獲晉侯言獲疏○注據獲晉侯言獲見僖十五年內大惡諱也注故名以起之也日者惡魯侮奪邾婁無已復入獲之入不致者得意可知例疏正以擅獲諸侯宜絕故為內大惡也舊疏云隱二年無駭入極之下傳云此滅也其言入何內大惡諱也昭四年取鄫之下傳云滅之則其言取之何內大惡諱也今此又言內大惡諱也重發傳者正以往前二處之入取文異今此上經雖亦言入但書名之由事須備釋是以又言通義云外言以歸內言以來別其辭出醇順諱文不舉公至故特辟不言以至而穀梁以為言來有外魯之辭焉非經意○注故名以起之也○正以內諱獲言來獲之實恐不見故書名以起之正以曲禮云諸侯不生名又曰諸侯失地名是諸侯禮當死位今不能死位故生名見其宜絕知被獲矣○注日者至獲之○隱二年注入例時傷害多則月此書日故解之侮奪無已卽上六年城邾婁葭注云魯數圍取邾婁邑邾婁未嘗加非於魯而侮奪之不知足今又入其國獲其君故書日以惡內也○注入不至知例○莊六年注公與一國及獨出用兵得意不致不得意致伐至入則不書致明得意也此不書致從可知例僖三十三年公伐邾婁取叢注云取邑不致者得意可知例與此同

宋人圍曹

冬鄭駟弘帥師救曹

八年春王正月宋公入曹以曹伯陽歸

曹伯陽何以名【注】據以隗子歸不名【疏】注據以至不名見僖二十六年○絕曷爲絕之【注】據俱以歸滅也【疏】大事表云按宋滅曹而經文書入先儒以爲入與滅不同然哀十四年經書宋向魋入于曹以叛則曹爲宋邑明矣且春秋書入者多矣莒人入向向爲莒邑秦人入滑而滑爲晉邑秦人入鄀而鄀爲楚邑至哀十三年於越入吳豈得謂其非滅耶而宣十二年書楚子滅蕭而蕭反未滅仍屬于宋然則謂入與滅之判然不同者殆未可爲定例也益知隱二年入極公穀以爲滅者其說近是矣曷爲不言其滅【注】據滅隗也諱同姓之滅也【注】故名以起之【疏】注故名以起之○義與書郯妻子益同桓七年穀伯綏來朝鄧侯吾離來朝傳云皆何以名失地之君也何諱乎同姓之滅【注】據衛侯燬滅邢不諱【疏】注據衛至不諱○見僖二十五年力能救之而不救也【注】以屬上力能獲邾婁而不救曹故責之不日者深諱之定哀滅例日此不日者諱使若不滅故不日【疏】通義云滅邢不諱滅曹諱者所見之世爲內恥尤深也此同事而異辭所以各見其義彼主責衛滅同姓此主責魯不救同姓之滅直書宋滅則一責內意無所託變滅言入乃得起其微辭故曰諱之與譏之爲用一也至於滅國之惡前後屢見不待責一宋公

而後顯所謂見者不復見耳春秋用意每略人所易曉而發人所難知亦猶滅虞言執虞公梁亡不言秦滅勿獨嫌責宋公之薄也且入國而以其君歸罪固不滅于滅矣○注以屬至賣之○即上七年公伐邾婁八月己酉入邾婁以邾婁子益來是也○注不日者深諱之○舊疏云既書入以諱同姓見滅而又不日故曰深諱也今疏本脫不字○注定哀至不日○定四年夏四月庚辰蔡公孫歸姓帥師滅沈注云定哀滅例日定公承黜君之後有彊臣之讎故有滅則危懼之爲定公戒也哀承定後亦宜日今不日諱使若不滅然故不日也

吳伐我注不言鄙者起圍魯也不言圍者諱使若伐而去疏解詁箋云所見世著治大平文也董子曰當此之時魯無鄙疆諸侯之伐哀者皆言我中庸述春秋之化施及蠻貊正此意也從吳齊來伐上見者明當與春秋異道不得相干也按董子說見繁露奉本篇○注不言至魯也○莊十九年齊人以下伐我西鄙注鄙者邊垂之辭榮見遠也此見圍故不得言鄙矣通義云不言鄙者近逼城下之辭均與董異○注不言至而去○舊疏云國君當彊折衝當遠魯微弱深見犯至于圍國故諱之但言伐者差輕也按莊十九年齊人以下伐我西鄙注又云榮見遠也則此逼近國都恥可知故深爲諱也

夏齊人取讙及僤疏校勘記唐石經諸本同釋文僤字林作僤左氏作闡解云左氏穀梁作讙闡字杜云闡在東平剛縣北大事表云戰國時爲齊之剛邑故剛城在今兗州府甯陽縣東北三十五里玉篇阜部僤尺善反魯邑名與字林同水經注

汶水篇又西南過剛縣北地理志剛故闡也應劭曰春秋書齊人取讙及闡是也杜預釋地曰闡在剛縣北剛城東有一小亭今剛縣治俗又謂之闡亭京相璠曰剛縣西四十里有闡亭漢書地理志泰山郡剛故闡應劭曰春秋注取鄿及闡今闡亭是也闡僤皆單聲音義通方輿紀要應劭曰剛城故闡邑也戰國時爲齊之剛邑秦昭王三十六年取齊剛壽即此漢置剛縣屬泰山郡後漢屬濟北晉曰剛平後講剛爲堽今有堽城壩紀要又云闡城兗州甯陽縣東北三十五里故剛城北通志亦云闡邑在甯陽縣東北境爾雅注別爲闡應劭又引讙作鄿不知何家本漢地理志亦引作鄿說文有鄿字

外取邑不書此何以書所以賂齊也曷爲賂齊注据上無戰伐之文疏穀梁傳注宣元年傳內不言取言取授之也以是爲賂齊此言取蓋亦賂也爲以邾婁子益來也注邾婁齊與國畏爲齊所怒而賂之恥甚故諱使若齊自取疏注邾婁至自取○穀梁傳惡內也范上注云魯前年伐邾以邾子益來益齊之甥也畏齊故賂之范以邾子益爲齊甥本左氏爲說何以爲邾婁齊之與國未知何氏所本

歸邾婁子益于邾婁注獲歸不書此書者善魯能悔過歸之嫌解邾婁子益無罪書故復名之疏注獲歸至歸之○舊疏云正以僖十五年秦獲晉侯後歸不書故曰獲歸不書今此書者善魯能悔過歸之故錄見之○注嫌辭至名之○監毛本名誤明又經文于誤子穀梁傳益之名失國也注於王法

當絕故解詁箋云正以上來爲獲歸且刺畏齊而後歸益也按桓十五年傳歸者出入無惡今此言歸是無惡之文嫌魯與益皆無罪故復書名以罪之蓋書名有二義一則見邾婁子不能死之罪一則見魯雖解釋邾婁子不能除其獲一人之罪也舊疏所以書益之名得見魯之有罪者正以上七年以益來之時傳云內大惡諱注故名以起之然則初書名起見魯罪則知今復名者其不善明矣

秋七月

冬十有二月癸亥杞伯過卒疏包氏慎言云冬十二月書癸亥月之四日

齊人歸讙及僤注書者善魯能悔過歸邾婁子益所喪之邑不求自得故不言來使若不從齊來與歸我濟西田同文疏注書者至之邑○魯歸邾婁子所喪之邑經傳無文未知何氏所據○注不求至同文○正以書歸知不求自得也若求乃得之則當言取傳三十一年取濟西田成二年取汶陽田是也與歸我濟西田同文者宣十年齊人歸我濟西田傳齊已取之矣其言我何言我者未絕于我也曷爲未絕于我齊已言取之矣其實未之齊也注不言來者明不從齊來不當坐取邑是也則彼以未之齊故不言來此以不求自得使若不從齊來不當坐取邑故亦不言來故云與彼同文矣然則彼言我者以其未絕于我此不言我蓋讙僤已絕于魯濟西田未絕齊不坐取邑則讙僤齊人當坐取邑矣通義云既歸邾婁子齊亦還所賂

九年春王二月葬杞僖公

宋皇瑗帥師取鄭師于雍丘疏杜云雍丘縣屬陳留方輿紀要雍丘城今開封府杞縣治

其言取之何注据詐戰言敗也疏注据詐戰言敗也○莊十年荊敗蔡師于莘昭二十三年吳敗頓胡沈蔡陳許之師于雞父是也敗于雞父傳云此偏戰也曷爲以詐戰之辭言之故春秋各國詐戰者皆書敗易也其易奈何詐之也注詐謂陷阱奇伏之類兵者爲征不義不爲苟勝而已十三年詐反不月知此不蒙上月疾略之爾疏注詐謂至之類○舊疏云何氏蓋取禮記中庸云人皆曰予知驅而納諸罟擭陷阱之中而莫之知辟也又言奇伏者奇兵伏兵之謂也莊十一年左傳覆而敗之曰取某師杜氏釋例覆者謂威力兼備若羅網之所掩覆一軍皆見禽制故以取爲文專制之辭也○注兵者至而已○春秋之義偏戰者日詐戰者月所以然者不爲苟勝故繁露竹林云惡詐擊也○注十三至之爾○即下十三年春鄭軒達帥師取宋師于喦傳其言取之何易也其易奈何詐反也注前宋行詐取鄭師今鄭復行詐取之苟相報償不以君子正道故傳言詐反反猶報也是不月也詐戰者月所以然者疾其行詐故略之也此二經設陷阱奇伏又爲詐之甚者故不月疾之深故略之甚也知此不蒙上月矣

夏楚人伐陳

秋宋公伐鄭

冬十月

十年春王二月邾婁子益來奔注月者魯前獲而歸之今來奔明當尤加禮厚遇之疏注月者至遇之○隱元年注出奔例時故襄二十八年冬齊慶封來奔上六年夏齊國夏高張來奔之屬是今此月故解之舊疏云文十二年春王正月盛伯來奔注月者前爲魯所滅今來見歸尤當加意厚遇之也義亦通於此則知昭二十三年秋七月莒子庚輿來奔月者爲下戊辰吳敗頓胡以下之師書莒子之奔雖在月下不蒙月何氏不注之者正以隱元年冬十有二月祭伯來之下注云月者爲下卒也上已有注故知庚輿之下省文從可知

公會吳伐齊

三月戊戌齊侯陽生卒疏包氏慎言云三月有戊戌月之十六日

夏宋人伐鄭

晉趙鞅帥師侵齊

五月公至自伐齊疏通義云前後公會吳皆不致者恥也此致者魯公因齊喪退師將順其美

葬齊悼公

衞公孟彄自齊歸于衞

薛伯寅卒【注】卒葬略者與杞伯益姑同【疏】左氏穀梁寅作夷書堯典寅賓出日釋文寅又音夷又夙夜惟寅釋文徐音夷古音寅讀如以脂切故得與夷通○注卒葬至姑同○昭六年春王正月杞伯益姑卒注不日者行微弱故略之上城杞已貶復卒略之者入所見世責小國詳始錄內行也諸侯內行小失不可勝書故於終略責之見其義則此不卒日葬月者故亦以內行小失略之

秋葬薛惠公

冬楚公子結帥師伐陳吳救陳【注】救中國不進者陳吳與國救陳欲以備中國故不進【疏】注救中至不進○僖十八年秋救齊又云邢人狄人伐衞注狄稱人者善能救齊雖拒義兵猶有憂中國之心故進之不於救時進之者辟襄公不使義兵壅塞也定四年冬蔡侯以吳子及楚人戰于伯莒傳吳何以稱子夷狄也而憂中國注言子起憂中國則夷狄能憂中國皆進之此稱國不進以救陳欲以備中國故不進也通義云何焯曰救中國不進者吳楚結憾志不在救中國故不進

十有一年春齊國書帥師伐我

夏陳袁頗出奔鄭

五月公會吳伐齊甲戌齊國書帥師及吳戰于艾陵疏方輿紀要艾陵亭在泰安府萊蕪縣北

齊師敗績獲齊國書注戰不言伐舉伐者魯與伐而不與戰不從內與伐使吳爲主者吳主會故不與夷狄主中國也言獲者能結日偏戰少進也疏宣二年春獲宋華元之下注云復出宋者非獨惡華元明恥辱及宋國則此復出齊者亦然但省文從可知故不注○注戰不至與戰○莊十年傳云戰不言伐今此戰伐並舉故解之○注不從至國也○成二年季孫行父以下會晉郤克以下及齊侯戰于鞌齊師敗績注大夫敵君不貶者隨從王者大夫得敵諸侯也然則郤克等得敵齊侯由隨從魯人故得序于上王齊侯也今魯雖與伐實吳主會若與之序于齊上則是夷狄主中國矣是以退之而以齊主之也然則宣十二年晉荀林父帥師及楚子戰于邲林父序楚子上亦宜是不與夷狄主中國而彼注云不與晉而反與楚子爲君臣之禮者以彼楚稱子已成楚爲君此吳止稱國與彼殊也○注言獲至進也○莊十年荊敗蔡師于莘以蔡侯獻舞歸傳曷爲不言其獲不與夷狄之獲中國也此言獲齊國書故云能結日偏戰少進也亦猶昭二十三年獲陳夏齧傳云不與夷狄之主中國則其言獲陳夏齧何吳少進也注能結日偏戰行少進故從中國辭言之是也

秋七月辛酉滕子虞母卒疏包氏愼言云七月書辛酉月之四日左傳本有作母者六經正誤作毋與國本作母

冬十有一月葬滕隱公

衛世叔齊出奔宋

十有二年春用田賦

何以書【注】据當賦稅爲何書譏何譏爾譏始用田賦也【注】田謂一井之田賦者斂取其財物也言用田賦者若今漢家斂民錢以田爲率矣不言井者城郭里巷亦有井嫌悉賦之禮稅民公田不過什一軍賦十井不過一乘哀公外慕彊吳空盡國儲故復用田賦過什一【疏】通義云魯語曰季康子欲以田賦子謂冉有曰先王制土藉田以力而砥其遠邇里以入而量其有無任力以夫而議其老幼於是乎有鰥寡孤疾有軍旅之出則徵之無則已其歲收田一井出稷禾秉芻缶米不是過也五經異義周禮說有軍旅之歲一井九夫百畝之賦出禾二百二十斛芻粟二百四十斤釜米十六斗謂此田賦也古者公田藉而不稅有武事然後取其賦故賦之字从武从貝昔伯禽徂征淮夷芻茭餱糧郊遂峙之此田賦之法也今魯用田賦者是無軍旅之歲亦一切取之厲民甚矣稅畝本無其制故言初田賦本有其制特不宜非時用之故言用傳例曰用者不宜用也○注田謂至率矣○周禮大宰云以九賦斂財賄注玄謂賦口率出泉也今之算泉民或謂之賦此其舊名與疏鄭君引漢法民年二十五已上至六十出口賦錢人百

二十以爲算江氏永周禮疑義舉要云漢之口率出泉周禮亦有之閭師言凡無職者出夫布是也此因閒民一職轉移執事於人不能赴公旬三日之役故使出夫布以當之猶後世之丁錢及雇役錢不可以此通釋賦字也賦者徵取財物之總者自一至六以三農九穀爲主而草木鳥獸器用布帛及閒民夫布皆有之唯臣妾無賦關市則商賈也山澤則虞衡也關市山澤獨別出者自邦中至都鄙皆有關市山澤別爲二賦不與六賦混也幣餘之賦則已用之餘取之於掌事者故居末公羊問答云賦古安得有此制耶曰此舉漢法以況之也食貨志董仲舒曰田租口賦二十倍於古貢禹傳古民無賦筭口錢起武帝征四夷重賦於民民產子三歲以上則出口錢故民重困宜令兒七歲去齒乃出口錢年二十乃筭元帝令產子七歲乃出口錢鹽鐵論田雖三十而以頃畝出稅加之以口賦更繇之役此皆漢法之可考者哀公事強吳而虛國用有類於後世之歛民故何氏以漢法況之按漢書昭帝紀注如淳曰漢儀注民年七歲至十四出口賦錢人二十三二十錢以食天子其三錢者武帝加口錢以補車騎馬貢禹傳元帝時禹以爲古民亡賦筭口錢起武帝征伐四夷重賦於民民產子三歲則出口錢故民重困至於生子輒殺甚可悲痛宜令兒七歲去齒乃出口錢年二十乃筭天子下其議令民產子七歲乃出口錢此傳言之最詳則口錢之制興於漢世然管子山至數篇云邦錢之籍終歲十錢則口賦之法始管子時已有矣按如何注則魯仍按田於正供之外復取民財與口賦殊孔氏說似較通舊疏云蓋知如此者正以家語政論篇云季康子欲以一井之田出賦法焉又魯語下篇云孔子謂冉求曰田一井出稯禾秉芻缶米彼二文皆論此經用田賦之事而言一井故知然也○注不言至賦之○校勘記出里若云閩監毛本同誤也鄂本若作井當據正按紹熙本作城郭里

巷較鄂本尤善蓋計田以井故科賦亦以井起也○注禮稅至什一○穀梁傳古者公田什一用田賦非正也宣十五年傳什一者
天下之中正也什一行而頌聲作矣許愼所稱周禮說軍旅之歲一井九夫百畝之賦出禾二百四十斛芻秉二百四十觔釜米十
六斗周禮無文蓋卽魯語所謂先王制土其歲收田一井出稯禾秉芻缶米不是過也禮記疏引異義左氏說山林之地九夫爲度
九度而當一井藪澤之地九夫爲鳩八鳩而當一井京陵之地九夫爲辨七辨而當一井淳鹵之地九夫爲表六表而當一井疆潦
之地九夫爲數五數而當一井偃豬之地九夫爲規四規而當一井原防之地九夫爲町三町而當一井隰皋之地九夫爲牧二牧
而當一井衍沃之地九夫爲井井賦法積四十五井除山川坑岸三十六井定出賦者九井則千里之圻地方百萬井是仍不外以井
定賦也○注軍賦至一乘○舊疏引鄭氏云公侯方百里井十則賦出革車一乘者義亦通於此○注哀公至什一○上十年公會
吳伐齊十一年公會吳伐齊下云公會吳于橐皋是其外慕強吳也

夏五月甲辰孟子卒**疏**包氏愼言云五月書甲辰月之四日

孟子者何**注**据魯大夫無孟子昭公之夫人也**疏**論語述而云君取於吳爲同姓謂之吳孟子

其稱孟子何**注**据不稱夫人某氏**疏**注据不至某氏○隱二年冬十有二月乙卯夫人子氏薨之屬是也

諱娶同姓蓋吳女也**注**禮不娶同姓買妾不知其姓則卜之爲同宗共祖亂人倫與禽獸無別昭公既娶諱而謂之吳

孟子春秋不繫吳者禮婦人繫姓不繫國雖不諱猶不繫國也不稱夫人不言薨不書葬者深諱之

疏 舊疏云公羊子不受于師故疑之○注禮不至無別○曲禮文鄭注爲其近禽獸也通典引異義云諸侯娶同姓今春秋公羊說魯昭公娶于吳爲同姓也謂之吳孟子春秋左氏說孟子非小君也不成其喪不當譏諱案易曰同人于宗吝言同姓相娶吝道也即犯誅絕之罪言五屬之內禽獸行乃當絕白虎通嫁娶云不娶同姓者重人倫防淫泆恥與禽獸同也論語曰君娶于吳爲同姓謂之吳孟子則白虎通與何氏說同許君駁從左氏言五屬之內禽獸行乃當絕明娶同姓不爾此也按禮記大傳云六世親屬竭矣其庶姓別于上而戚單於下昏姻可以通乎又云繫之以姓而弗別綴之以祀而弗殊雖百世而昏姻不通者周道然也禮記坊記云取妻不取同姓以厚別也注厚猶遠也國語鄭語云史伯曰夫和實生氣同則不繼以它平它謂之和若以同裨同盡乃棄矣故先王聘后于異姓又晉語胥臣曰同德則同姓同姓雖遠男女不相及異姓雖近男女相及也御覽引禮外傳曰夏殷五世之後則通婚姻周公制禮百世不通据大傳云雖百世而婚姻不通目爲周道則禮外傳有來矣○穀梁傳孟子者何也昭公夫人也其不言夫人何也諱取同姓也○注昭公至孟子○禮記坊記云魯春秋猶去夫人之姓曰吳其死曰孟子注吳大伯之後魯同姓也昭公取焉去夫人姓曰吳至其死亦略云孟子卒不書大人某氏薨左傳云昭夫人孟子卒昭公娶於吳故不書姓疏引賈云言孟子若言吳之長女也禮記雜記云夫人之不命於天子自魯昭公始也注周之制同姓百世婚姻不通吳大伯之後魯同姓昭公娶於吳謂之吳孟子不告於天子自此後取者遂不告於天子天子

亦不命之按賈說是也昭公特避孟姬之稱耳杜預以爲諱託宋姓者非也詩齊風載驅云齊子由歸同此通義云孟子者實母姊妹之稱故坊記鄭注云孟子蓋其且字亦不以子爲宋姓也○注春秋至國也○禮記坊記云魯春秋猶去夫人之姓曰吳此謂不修春秋也然則魯春秋或當有夫人至自吳之文聖人修之並沒吳文但存孟子卒舊書法而已婦人人繫姓不繫國者卽隱元年注云仲字子姓婦人以姓配字不忘本也因示不適同姓也故孟子雖不諱猶不繫吳以文姜穆姜之屬亦不繫國言之也○注不稱至諱之○舊疏云若稱夫人又言薨則當書夫人姬氏薨若葬當言葬我小君昭姬皆爲大惡不可言故曰深諱之也而云孟子卒者若言宋之長女爲魯侯之妾而卒之如定十五年書姒氏卒之類

公會吳于橐皐 疏 杜云在淮南逡遒縣東南大事表云孟康曰橐皐音拓姑漢置縣今廬州府巢縣西北六十里有柘皐鎮俗猶名會吳城漢逡遒故城在今廬州府治合肥縣東與巢縣相接壤按漢書地理志九江郡下橐皐云孟康曰音拓姑後譌拓又譌柘宋紹興十一年兀朮屯兵柘皐是也方輿紀要橐皐城在廬州府巢縣西北六十里一名會吳城杜云淮南者沈約州郡志云魏復九江爲淮南郡徙治壽春

秋公會衛侯宋皇瑗于運 疏 左傳運作鄖杜云發陽也廣陵海陵縣東南有發繇口大事表云按晉時海陵縣屬廣陵郡今爲江南泰州發陽無考今通州如皐縣亦係海陵地縣南十里有會盟原相傳爲吳楚會盟處考春秋之世吳楚始終無會盟事意必指此矣名勝志今有立發口在通州如皐縣西北二十里卽發繇口也按通泰地於時屬吳故九年左傳云吳城

邗溝通江淮是其證矣魯衛宋不應遠會至此左氏作鄭者古員聲軍聲同部也通義云諸夏之會止於是故不月不致復爲大信辭所以撥亂世存中國其猶下泉殿曹匪風終檜之意與

宋向巢帥師伐鄭

冬十有二月螽疏校勘記云唐石經諸本同釋文螽本亦作螽注同按注比年再螽疏作比年再螽

何以書記異也何異爾不時也注螽者與陰殺俱藏周十二月夏之十月不當見故爲異比年再螽者天不能殺地不能理自是之后天下大亂莫能相禁宋國以亡齊并於陳氏晉分爲六卿疏解詁箋云左氏記夫子之言曰火伏而後蟄者畢今火猶西流司曆過也是据當時實測非不知歲差也時周不頒朔國自爲正官御廢職閏餘乖次經於十三年再書十二月螽終之以十有四年春西狩獲麟以明改建夏正之數云○注螽者至爲異○五行志中之下哀公十二年十二月螽是時哀用田賦劉向以爲春用田賦冬而螽十三年九月螽十二月螽比三螽虐取於民之效也劉歆以爲周十二月夏十月也火星既伏蟄蟲皆畢天之見變因物類之宜不得以螽是歲再失閏矣周九月夏七月故傳曰火猶西流司曆過也經義雜記云按穀梁三螽范皆無說用田賦傳云古者公田什一用田賦非正也故子政据以爲說歆以爲天之見變因物類之宜不得以螽是陰以父說爲非也杜注左氏云是歲應置閏而失不置雖書十二月實今之九月司曆誤一月九月之初尚溫

故得有螽本劉子駿義與傳合律曆志劉歆說云哀十二年亦以建申流火之月為建亥而怪蟄蟲之不伏也張晏曰周十二月夏八月也再失閏當為八月建酉而云建申誤也仲尼曰火猶西流司曆過矣劉歆徙以詩七月流火為喻不知八月火猶西流也○流注比年至能理○惠棟云二語見荀子理當作理從之比年再螽卽下十三年冬十二月螽是也○注自是至六卿○舊疏云皆在春秋後考諸舊本宋是宗字然則宗國猶大國言天不能殺地不能理天下大亂莫能相禁是其紀綱之國滅亡之象是故齊并於陳氏晉分為六卿若作宋字何氏更有所見春秋說云陳氏篡齊三年于人合葬故螽蟲冬踊者是其螽為齊亡之一隅也何氏取象較廣蓋亦春秋緯義舊疏又云左氏及史記皆云晉亡分為魏趙韓今云晉分為六卿者蓋其初時晉君失政六卿用事不妨其下滅時但三家分之矣漢書五行志中之上傳曰言之不從是謂不艾時則有介蟲之孽介蟲孽者謂小蟲有甲飛揚之類陽氣所生也於春秋為螽今謂之蝗皆其類也故志所引劉向董仲舒說諸螽皆與何氏同大率皆以為煩擾之應惟此注引與前解諸傳異按顯宗紀云魯哀禍火天不降譴注引感精符云魯哀公時政彌亂絕不日食則比年書螽當為天下記異也故何氏推廣之春秋者聖人明義之書此之再螽不必泥為齊亡晉分之應然記之春秋之末則春秋後事皆在所繫若執事實以求之則泥矣

十有三年春鄭軒達帥師取宋師于嵒

其言取之何易也其易奈何詐反也注前宋行詐取鄭師今鄭復行詐取之苟相報償不以君子正道故傳言詐反反猶報也疏前注

宋至詐反〇卽上九年宋皇瑗取鄭師于雍是也〇注反猶報也〇原文闕

夏許男戌卒【注】比陳蔡不當復卒故卒葬略【疏】通義云失國復立尤微弱故不得日卒舊疏云昭八年冬楚師滅陳十一年楚師滅蔡至十三年秋蔡侯廬歸于蔡陳侯吳歸于陳二十年冬十有一月辛卯蔡侯廬卒二十一年春王三月葬蔡平公定四年春王二月癸巳陳侯吳卒夏六月葬陳惠公定六年鄭游遬帥師滅許以許男斯歸今年夏許男戌卒秋葬許元公然則陳蔡之滅非吳廬之罪及其存時乃爲大國所復但以不受封於天子故書君以見之仍以前君死位非其自復其國合存故許錄其卒葬也而許男斯者爲鄭所滅不能死位許國合絶不足存之而戌自復罪惡深矣若比之陳蔡不當合錄而錄之者正欲見其前君不死位後君自復之惡深是以書其卒葬而去其日月以見矣故曰比陳蔡不當復卒故卒葬略之也

公會晉侯及吳子于黃池【疏】杜云陳留封丘縣有黃亭近濟水水經注泗水篇又東過沛縣東黃水注之黃水出小黃縣黃溝國語曰吳子會諸侯于黃池者也大事表云地名考從胡傳以黃池列諸衛地非也公羊傳曰吳在是則天下諸侯莫敢不至趙伯循曰黃池魯地故魯獨會之耳若更有諸侯不當不序是時吳闕爲深溝于商魯之間商卽宋魯會而宋不會故吳王歸欲伐宋殺其丈夫而因其婦人則趙氏之言爲有據矣國語稱北屬之沂西屬之濟以會晉公午于黃池沂水出蓋縣臨樂山入于泗而濟水在封丘縣南今河南開封府封丘縣西南有黃池東西廣三里春秋時爲宋地按漢書地理志魏郡內黃下云清河水出南應劭曰春秋吳子晉侯會于黃池今黃澤在西陳留有外黃故加內云臣瓚曰國語曰吳子會諸侯于黃池掘溝於齊

魯之間今陳外黃有黃溝是也史記曰伐宋取黃池然則不得在魏郡明矣師古曰瓚說是也應說失之續漢志平丘有黃池亭元
和郡縣志黃池在汴州封丘縣南七里按諸說是也黃池不得在內黃

吳何以稱子【注】据救陳稱國【疏】注据救陳稱國○即上十年吳救陳是也吳主會也【注】以言及也時吳彊而無道敗齊臨菑乘勝大會中國齊晉前驅吳衞驂乘滕薛俠轂而趨以諸夏之衆冠帶之國反背天子而事夷狄恥甚不可忍言故深爲諱辭使若吳大以禮義會天下諸侯以尊事天子故進稱子【疏】通義云吳自是遂雄長列國不可復得抑故稱爵存其實齊氏召南考證云按此會左傳謂先晉而國語謂先吳公羊亦謂吳主會以勢度之國語是也晉不競已數世矣自宋之會卽爲楚所先此時能與吳爭乎公羊說非無据但何注引緯書所云齊晉前驅魯衞驂乘滕薛俠轂而趨者則言之太過不可信耳繁露觀德云雞父之戰吳不得與中國爲禮至柏莒黃池之行變而反道乃爵而不殊按柏莒之戰吳有憂中國之心故有與辭此傳無進吳之文董生比類而舉與何氏異○注以言及也○舊疏云以經言及吳卽知吳主會何者正以及者汲汲之辭卽僖五年夏公及齊侯宋公以下會王世子于首戴注云言及者因其文可得見汲汲也然則彼云及齊侯齊侯主會則知此言及吳子吳子主會明矣故云以言及也○注時吳至臨菑○舊疏云菑字有作晉字者若作晉字以黃池爲近晉晉人畏而會之故曰臨晉按卽上十一年五月公會吳伐齊甲戌

齊國書帥師及吳戰于艾陵齊師敗績是也不在臨菑以或本作臨晉爲是○注乘勝至中國○即謂此會也○注齊晉至而趨○舊疏云春秋說文北堂書鈔引考異郵云黃池之會齊晉前驅滕薛俠轂魯衛驂乘文選注引感精符云黃池之會重吳子滕薛挾轂魯衛驂乘左傳有單平公經亦不書亦其一也越絕書吳有子胥之教伯世甚久北陵齊楚諸侯莫敢動者乘薛許邾婁莒旁轂趨走按彼文有讒或即薛許驂乘邾婁莒旁轂趨走是也前驅者詩衛風伯兮云伯也執殳爲王前驅是也驂乘者即史記齊世家齊陳乞僞事高國者每朝必驂乘是也俠轂即夾轂也禮士喪禮婦人俠牀東西冬官考工記注今時鐘乳俠鼓與舞與夾同也漢書叔孫通傳殿下郎中俠陛亦夾義也舊疏云以下傳及注云則天下盡會而春秋說特舉此六國時爲之役故偏舉之或言不盡意故也○注以諸至稱子○穀梁傳吳王夫差曰好冠來孔子曰大矣哉夫差未能言冠而欲冠也注不知冠有差等唯欲好冠是也明不知冠帶故諸夏之衆爲冠帶之國矣彼傳又云黃池之會吳子進乎哉遂子矣吳夷狄之國也祝髮文身欲因魯之禮用晉之權而請冠端而襲其藉於成周以尊天王吳進矣吳東方之大國也累累致小國而以會諸侯以合乎中國吳能爲之則不臣乎吳進矣王尊稱也子卑稱也辭尊稱而居卑稱以會乎諸侯以尊天王然則吳時蓋實有與伯尊周之心故春秋如其意而進之且以殺恥故也

吳主會則曷爲先言晉侯【注】据申之會楚子主會序上【疏】注据申至序上○即昭四年夏楚子蔡侯以下會于申是

不與夷狄之主中國也【注】明其實自以夷狄之彊會諸侯爾不行禮義故序晉於上【疏】通義云國語稱黃池之盟吳公先歃

晉侯亞之春秋不欲以吳長晉故不錄其盟唯存會時之次云爾其言及吳子何注据鍾離之會

殊會吳不言及僖五年公及齊侯齊侯主會益明矣疏注据鍾至言及〇成十五年叔孫僑如會晉士燮齊高無咎以下會吳于鍾離是也〇注僖五至明矣〇僖五年公及齊侯宋公以下會王世子于首戴是也舊疏云按如彼經書公及齊侯齊侯主會此云及吳則是吳子主會益明矣何言不與夷狄之主中國乎是以据而難之會

兩伯之辭也注晉序上者主會文也吳言及者亦以往為主之文也方不與夷狄主中國而又事實當是不可醇奪故張兩伯辭先

晉言及吳子使若晉主會為伯吳亦主會為伯半抑半起以奪見

其事也語在下疏繁露奉本云黃池之會以兩伯之辭言之不以為外以近內也與何義殊〇注晉序至文也〇正以不與夷狄主中國故以晉主會為文也〇注吳言至文也〇舊疏云凡言及者汲汲之辭今言及吳子則似吳子先在是天下之人慕而往事之然故曰人往為主之文是也〇注方不至事也〇舊疏云序晉于上是其抑之言及吳子起其為伯也故曰半抑半起矣序晉于上是其奪言及吳子亦見其為伯之事故曰奪見其事〇注語見下〇即下傳重吳也云云為其重吳故不得不見其事為其不與故不得以奪見其事

不與夷狄之主中國則曷為以會兩伯之辭言之注据伯主人疏舊疏云謂為伯者主領會上之人矣毛本傳文主中作中主誤重吳也注其實

重在吳故言及舉晉者諱而不盈疏注其實至言及〇舊疏云謂其實處權重在于吳故言及吳子作汲汲之文矣是也〇注舉晉至不盈〇僖二十三年宋公慈父卒傳何以不書葬盈乎諱也注盈滿也相接足之辭也此云不盈即取彼傳文也舊疏云公會晉侯是其諱爲吳所主也晉侯之下即言及吳子是其不盈滿其諱文也何者晉是大國而汲汲乎吳還是吳爲會主之義也

曷爲重吳注据常殊吳疏注据常殊吳〇即成十五年叔孫僑如會晉士燮以下會吳于鍾離襄十年公會晉侯以下會吳于相之屬是也

吳在是則天下諸侯莫敢不至也注以晉大國尚猶汲汲於吳則知諸侯莫敢不至也不書諸侯者爲微辭使若天下盡會之而魯侯蒙俗會之者惡愈齊桓兼舉遠明近此但舉大者非尊天子故不得褒也王書者惡諸侯君事夷狄疏注不書至惡愈〇桓二年疏引此惡愈下有甚也字是也通義云諸侯不序者序在晉下則仍似外吳常辭兩伯不顯序在吳下則是外吳而并外中國諸侯矣文不可施故一切削之但張兩伯辭則諸侯皆在可知蓋欲實而言之則天下諸侯豈可悉至若歷言某侯某侯則有不至之國而魯乃與會其恥甚故但舉大國晉見天下諸侯莫敢不至魯因亦蒙俗會之其恥少殺也舊疏云但欲見其重在吳偏至之辭而已〇注齊桓至褒也〇僖二年齊侯宋公江人黃人會于貫澤傳江人黃人者何遠國之辭也遠國至矣則中國曷爲獨言齊宋至爾大國言齊宋小國言江黃則其餘爲莫敢不至也是齊桓之會不但舉大以見小幷舉

遠以見近矣而此但舉大見小明齊桓實尊天子故褒之爲遠近大小皆至之辭吳則春秋使若以禮義會天下諸侯以尊事天子而已故不得同也○注主書至夷狄○舊疏云春秋見義非唯一種一則見吳之強暴一則見晉之衰微但主書之情本惡諸侯君事夷狄餘者兼見之矣

楚公子申帥師伐陳

於越入吳

秋公至自會注有恥致者順諱文也疏注有恥至文也○莊六年注公與二國以上出會得意致會此有恥書致順上諱文使若吳亦尊天子會諸侯然故作得意文也

晉魏多帥師侵衛

此晉魏曼多也曷爲謂之晉魏多注据上七年言曼多疏注据上至曼多○即上七年晉魏曼多帥師侵衛是也左氏穀梁經作魏曼多淺人妄增也譏二名二名非禮也注復就晉見者明先自正而后正人正人當先正大以帥小疏通義云謹按世本獻子荼生簡子取取生襄子多然則曼多本一名多如左傳所載晉文公重耳又稱晉重宋樂祁犂即謂之樂祁當時多有此比故何忌或言忌曼多或言多春秋因兩書之以託譏二名之義亦所謂因其可譏而譏之也非本二字作名而強削其一矣按晉世

家作魏晉後○注復就至帥小○定六年仲孫忌帥師圍運傳此仲孫何忌也曷爲謂之仲孫忌譏二名二名非禮也注爲其難諱也一字爲名令難言而易諱所以長臣子之敬不逼下也春秋定哀之間文致大平欲見王者治定無所復爲譏唯有二名故譏之是則彼於魯已見譏二名之義此復譏晉魏多也所以然者先見於魯爲先自正而後正人復見於晉爲先正大以帥小也繁露觀德云魯晉俱諸夏也譏二名獨先及之是也

葬許元公

九月螺注先是用田賦又有會吳之費疏注先是至之費○用田賦見十二年會吳卽上黃池之會是也

冬十有一月有星孛于東方

孛者何彗星也其言于東方何注据北斗言星名疏据北斗言星名○卽文十四年有星孛入于北斗是也見于旦也注旦者日方出時宿不復見故言東方知爲旦疏舊疏云于字亦有作平字者誤也校勘記云諸本同唐石經于字磨改當本作平宋氏翔鳳論語發微云春秋文十四年有星孛于北斗昭十七年有星孛于大辰哀十三年有星孛于東方公羊說曰孛者何彗星也古文左氏說曰彗所以除舊布新也謂文公繼所傳聞之世當見所以治衰亂昭公繼所聞世當見所以治升平哀公終所見世當見所以治大平者於此之

時天必示以除舊布新之象而後知春秋張三世之法聖人所爲本天意以從事也北斗運於中央中宮之星也蓋除舊布新於內而未違治外也大辰房心明堂也明堂之位公侯伯子男至九采之國內外秩如所謂治升平之世內諸夏而外夷狄故見除舊布新之象於明堂有星孛于東方文王房心之精在東方孔子作春秋明文王之法度將興周道於東方而天命集仁獸至故天所以三見其象而春秋之法備矣○注旦者至爲旦○舊疏云旦者日方出地未相去離之辭故曰旦者日方出當爾之時宿皆不見故曰時宿不復見也星孛仍見餘宿已沒是以不復指與孛之星漫道其方而已故言東方知爲旦也杜云平旦衆星皆沒而孛乃見故不言所在之次

何以書記異也注周十一月夏九月日在房心房心天子明堂布政之庭於此日見與日爭明者諸侯伐主治典法滅絕之象是後周室遂微諸侯相兼爲秦所滅燔書道絕疏注周十至之庭○舊疏引堪輿云九月日體在大火故曰日在房心云房心天子明堂布政之庭出堪輿星經亦云也五行志下之下哀公十三年冬十一月有星孛于東方董仲舒劉向以爲不言宿名者不加宿也以辰乘日而出亂氣蔽君明也明年春秋事終一曰周之十一月夏九月日在氐出東方者軫角亢也軫楚角亢陳鄭也或曰角亢大國象爲齊晉也其後楚滅陳田氏篡齊六卿分晉此其效也劉歆以爲孛東方大辰也不言大辰旦而見與日爭光星入而彗猶見是歲再失閏十一月實八月也日在鶉火周分野也解詁箋云堯典夏時冬至日起虛危周初冬至日起牽牛蓋歲差七十年而一度計堯時至春秋末約一千六百餘年夏正八月辰則伏九月辰

繫於日至春秋末十一月當辰始伏尙未繫於日且司天失閏之一月昏時火尙西流是時斗建申日當在巳翼軫之次秦楚相滅之應按月令季秋之月日在房正義引三統曆九月節日在氐五度九月中日在房五度又元嘉曆九月節日在亢一度九月中日在氐七度亦與房體近也○注於此至道絕○校勘記出諸侯伐主治云閩監毛本同誤也鄂本作諸侯代王治余本伐亦作代當據正按紹熙本亦作代所以引易是類謀云出彗守大辰東方之度天下亡鄭注大辰在東之度七宿之中皆昔周之衰有星守于戶有星茀于東方此其驗之一隅開元占經引運期授云蒼帝亡也大亂星彗東出舊疏引春秋說云趨作法孔聖沒周姬亡彗東出秦正起胡破術書紀散亂孔子不絕也亦言由此孛星周室遂微也彼言秦正起與何氏諸侯相兼爲秦所滅義同秦本紀云始皇名正以二十六年滅周幷六國也燔書道絕見史記本紀惠氏士奇春秋說云晉大安三年彗星見東方與哀十三年同占之曰孛主兵喪咸甯三年五月星孛于東方明年吳亡

盜殺陳夏彄夫【疏】釋文夏戶雅反一本作廉彄苦侯反一本作嫗音同二傳作夏區夫彄从區得聲例得通也經義述聞云夏與廉聲不相近夏字無由通作廉廉蓋廡之誤古聲夏廡相近故夏通作廡檀弓見若覆夏屋者矣鄭注夏屋今之門廡也是廡與夏聲義相近也隸書廉字作廡與廡相似故廡誤爲廉耳公羊古本蓋作廡今作夏者後人以二傳改之也

十有二月蝝【注】黃池之會費重煩之所致【疏】注黃池至所致○見上

公羊義疏七十四

南菁書院
句容陳立卓人著

哀十四年盡是年

十有四年春西狩獲麟 疏 經義雜記云論衡指瑞篇春秋曰西狩獲死麟人以示孔子云云据論衡則春秋經作西狩獲死麟今三傳本無死字而公羊傳云顏淵死子曰噫天喪予子路死子曰噫天祝予西狩獲麟孔子曰吾道窮矣注云天生顏淵子路爲夫子輔佐皆死者天將亡夫子之證麟者太平之符聖人之類時得麟而死此亦天告夫子將沒之證則此傳本作西狩獲死麟與上顏淵死子路死一例吾道窮矣與上天喪予天祝予一例孔仲達引家語云獲麟死折其前足載而歸叔孫以爲不祥棄之於郭外徐疏引孔叢子云以爲不祥棄之五父之衢孔子視之曰玆日麟出而死吾道窮矣二書雖魏晉人託作然以爲麟死而棄之則與公羊合疑公羊經本有死字也王充謂麟爲常有之物無所爲來則非按驎俗麟字水經注濟水篇黃水又東逕鉅野縣北何承天曰鉅野湖澤廣大南通洙泗北連清濟東北出爲大野矣昔西狩獲麟于是處也

何以書記異也 疏 校勘記云唐石經諸本同隸釋載漢石經公羊殘碑何以書上有十有四年字据此及隱公傳知經傳別行傳首皆載某公年數後人以經合傳始刪傳中紀年矣九經古義云按孔舒元公羊傳本云十有四年春西狩獲麟何以書記異也今麟非常之獸其爲非常之獸奈何有王者則至無王者則不至然則孰爲而至爲孔子之作春秋孔穎達曰何休注

公羊無作春秋之事棟案蔡邕石經云何以書記異也何以云云與今本合按下春秋何以始于隱注云据獲麟乃作則獲麟而作春秋何氏本有是語與孔舒元本同不知穎達何以云何休無作春秋事也通義云何氏傳本無此蓋治公羊者强成其說舊疏云麟者仁獸太平之嘉瑞而言記異者當爾之時周室大衰為天下所厭漢高方起堯祚將復興者謂之瑞亡者謂之異然則何吉凶不並瑞災不兼之有乎按麟於春秋為瑞於周為異義各有主也

何異爾非中國之獸也疏校勘記云唐石經諸本同左傳序疏引孔舒元公羊傳本作今麟非常之獸其為非常之獸奈何與注本迥異穀梁傳其不言來不外麟於中國也其不言有不使麟不恆於中國也注雖時道喪猶若不喪頗得聖人作春秋之意故舊疏云謂有聖帝明王然後乃來則知不應華夏無矣然則以其非中國之常物故曰非中國之獸不謂中國不合有似昭二十五年有鸛鵒來巢之下傳云何以書記異也何異爾非中國之禽也之類是也若然皆非中國之物鸛鵒言有來而麟不言有來者正以麟是善物春秋慕之欲其常於中國非今始有非今始來之義

然則孰狩之注稱西言狩尊卑未分据無主名疏注稱西至主名○舊疏云西者四時之叔是為卑稱狩者天子諸侯之事乃是尊名故曰稱西言狩尊卑未分也按大戴禮夏小正云十有一月王狩傳王狩者言王之時田也冬獵為狩又桓四年公狩于郎是天子諸侯之事傳不出主名故据以難

薪采者也注西者据狩言方地類賤人象也金主芟艾而正以春盡木火當燃之際舉此為文知庶人采樵薪者疏舊疏云薪采猶言采薪也言是庶人采薪者矣

吳氏經說云按新一作新以斤斫取曰新故新从斤从亲以手折取曰采故采从爪木木伐更生故凡除舊生新者皆名爲新果孰必采凡采而可食者皆名爲采加艸作新菜以別新舊之新采取之采非古文也包束乾草曰芻攀折木枝曰蕘說文新取木也采取也薪蕘也蕘薪也芻刈艸也象包束之形是薪猶采也左傳以爲叔孫氏之車子鉏商獲麟疏引服云車車士微者也子姓鉏商名家語辯物篇子鉏商采薪於大野獲麟焉折其前左足載而歸叔孫以爲不祥棄之於郭外使人告諸孔子孔子曰麟也然後取之王注傳曰狩此曰采薪時實狩獵鉏商非狩者采薪而獲麟也○注西者至象也○舊疏云正以西方爲兌少女之位女子之卑草木衰落亦非可貴之義故曰類賤人象也左疏引服虔云言西者有意於西明夫子有立言立言之位在西方故著於西也又引賈逵曰周在西明夫子道繫于周皆與此異○注金主至薪者○舊疏云經言西西者賤人象金主芟艾持斧之義而文止以春盡是火當絶木之時今乃舉此爲文即知庶人持斧破木燃火之義故曰庶人採樵薪者似若漢高祖起於布衣之內持三尺之劍而以火應之君臨四海從東向西以應周家木德之象也義或然也校勘記云鄂本元本同閩監毛本采作採下同

薪采者則微者也曷爲以狩言之【注】据天子諸侯乃言狩天王狩于河陽公狩于郎是也河陽冬言狩獲麟春言狩者蓋据魯變周之春以爲冬去周之正而行夏之時【疏】注据天至是也○見僖二十八年桓四年○注河陽至狩者○解詁箋云春言狩下當增不從狩即以正月讖八字乃明微者以狩言是假狩名以著文宜有正月也舊疏云河陽言狩者周之季冬當夏之

十月故得言狩矣又云若使周之正月乃夏之仲冬得冬獵田狩之時即大司馬職云仲冬教大閱遂以狩田是也但孔子作春秋欲改周公之舊禮正朔三而反改當欲行夏之時取夏之孟冬以爲狩時夏之仲冬不是田狩之月是以桓四年春正月公狩于郎注云狩例時此月者譏不時周之正月夏十一月也陽氣始施鳥獸懷任草木萌牙非所以養微者是也舊疏云一今獲麟之經春言狩者蓋据魯爲王而改正朔方欲改周之春以爲冬去其周之正月而行夏之時故春而言狩矣〇注蓋据至之時〇据校勘記云蜀大字本閩監毛本同鄂本据作據孔叢子雜訓篇子縣子問子思曰顏淵問爲邦夫子曰行夏之時若是殷周爲非乎子思曰夏數得天堯舜之所同也殷周之王征伐革命以應乎天因改正朔若云天時之改耳故不相因也夫受禪於人者則襲其統受命於天者則革之所以神其事如天道之變然也三統之義夏得其正是以夫子云淮南子氾論訓夫殷變夏周變殷春秋變周三代之禮不同何古之從是春秋據魯以變周行夏之時也宋書禮志黃武五年詔曰孔子稱行夏之時乘殷之輅服周之冕樂則韶舞此聖人集羣代之美事而爲後王制法也公羊禮說云春秋自用周正公羊於西狩獲麟注乃云河陽冬言狩獲麟春言狩者蓋据魯變周之春爲冬而行夏之時夏小正十有一月王狩此其證已此假以爲後王法當用夏正非顯然改周正也周禮有正歲有正月鄭注正月周之正月正歲夏之正月得四時之正以出教令者審也据此則知夏小正農緯厥耒記於夏之正月邠風三之日于耜傳三之日夏正月也故皇侃以爲三王所尚正朔服色雖異而田獵祭祀播種並用夏時得天之正也是知凡在夏時當用正月者在周時則用三月若夏時與周時無異何以周有正歲又有正月乎審是則三代改正朔不改時月之說其不然乎其不然乎按何氏

此注決桓四年書正月之義書狩者紀事之實不書正月明改周之正也 大之也 注 使若天子諸侯 疏 穀梁傳注非狩而言狩大得麟故以大所如者名之也且實狩當言冬不當言春通義云麟太平之嘉應帝王之極瑞不可以賤者之辭加之故大其文也 曷爲大之 注 据略微 疏 注据略微○隱元年及宋人盟于宿傳孰及之內之微者也注內者謂魯也微者謂士也不名者略微也薪采者又微於士矣 爲獲麟大之也曷爲爲獲麟大之 注 据鸛鵒俱非中國之禽無加文 疏 注据鸛至加文○昭二十五年有鸛鵒來巢 麟者仁獸也 注 狀如麕一角而戴肉設武備而不爲害所以爲仁也詩云麟之角振振公族是也 疏 舊疏引五行傳云東方謂之仁又云視明禮修而麟至是以春秋說云麟生火遊于中土軒轅大角之獸然則麟爲土畜而言仁獸者正以設武備而不害物所以爲仁也禮運疏云按異義說左氏者以昭二十九年傳云水官不修故龍不至以水生木故爲修母致子之說故服虔注獲麟之麟中央土獸土爲信信禮之子修其母致其子視明禮修而麟至思睿信立而白虎擾言從乂成而神龜在沼聽聰知正則名山出龍貌恭性仁則鳳皇來儀又毛詩傳云麟信而應禮又云騶虞義獸有至信之德則應之皆爲修母致子之義也若鄭氏之說則異於此禮記疏引異義公羊說麟木精左氏說麟中央軒轅大角之獸陳欽說麟是西方毛蟲許慎謹案禮運云麟鳳龜龍謂之四靈龍東方也虎西方也鳳南方也龜北方也麒中央也鄭駁之云古者聖賢言事亦有效三者取象天地人四者取象四時五者取象五行今云麟鳳龜龍謂之四靈則當四

時明矣虎不在四靈中空言西方虎者則麟中央得無近誣乎則鄭不以麟爲土精也彼疏又引公羊說麟者木精鄭云金九以木八爲妻金性義木性仁得陽氣性似父得陰氣性似母麟毛蟲得木八之氣是與公羊說同舊疏引異義公羊說又云麟者木精一角赤目爲火候下注亦云麟者木精者正以設武備而不害物有仁之物屬東方赤木爲火候火乃木之子謂之木精亦何傷又騶冠子云麟者北方元枵之獸陰之精者正以五行相配言之水爲土妃水土搆精而生麟得土氣者性似父得水氣者性似母蓋以麟得水氣故云元枵之獸陰之一精也非公羊家義○注狀如至仁也○爾雅釋獸云麐麕身牛尾一角郭注角頭有肉○引此傳云有麕而角廣雅釋獸云麟狼額肉角禮記疏引京房易傳云麟麕身牛尾馬蹄有五彩高丈二尺詩疏引陸璣疏云麟麕身牛尾馬足黃色圓蹄一角角端有肉音中鍾呂行中規矩遊必擇地詳而後處不履生蟲不踐生草不羣居不侶行不入陷穽不罹羅網王者至仁則出今幷州界中有麟大小如鹿非瑞應麟也故司馬相如賦云射麋脚麟謂此麟也是爲仁也○注詩云至是也○詩周南麟趾篇文傳麟角所以表德也箋云麟角之末有肉示有武而不用禮記疏引廣雅云文章斌斌故呼爲大角之獸

有王者則至

注 上有聖帝明王天下太平然後乃至尚書曰簫韶九成鳳皇來儀擊石拊石百獸率舞援神契曰德至鳥獸則鳳皇翔麒麟臻

疏 注上有至乃至○詩疏引李巡爾雅注云麐瑞應獸名孫炎云靈獸也宋書符瑞志引京房易傳聖人清靜行乎中正賢人至民從命厥應麒麟來文選注引感精符云麟一角明海內共一主也王者不刳胎不剖卵則出於郊又類聚引感精符云王者

德及幽隱不肖斥退賢人在位則至明於興衰武而仁仁而有慮禽獸有塯穽非時張獵則至明王動則有義靜則有容麒麟乃見舊疏云若今未太平而麟至者非直爲聖漢將興之瑞亦爲孔子制作之象故先至故孝經說云丘以匹夫徒步以制正法是其賤者獲麟兼爲庶人作法之義也釋文大音泰監毛本后作後○注尙書至率舞○咎繇謨文毛本皇改凰俗字舊疏引鄭注云簫韶舜所制樂又引宋均注樂說云簫之言肅舜時民樂其肅敬而紀堯道故謂之簫韶或曰韶舜樂名舜樂者其秉簫乎鄭氏又云樂備作謂之成簫韶作九備而鳳皇乃來儀止巢乘匹擊石拊石百獸率舞者石磬也百獸服不氏所養者謂音聲之道與政通焉舊疏云欲道上有聖帝明王天下太平瑞物乃來之義○注援神至麟臻○白虎通封禪云德至鳥獸鳳皇翔麒麟臻之据此知本援神契爲說也舊疏引釋獸云驨如馬一角不角者騏舍人云驨如馬而有一角不有角者名麒然則麒麟非直雄雌之異其體亦別

無王者則不至【注】辟害遠也當春秋時天下散亂不當至而至故爲異【疏】校勘記云唐石經諸本同經義雜記云杜元凱春秋左氏傳序云春秋之作左傳及穀梁無明文正義曰据杜云左傳及穀梁無明文則知公羊有其顯說今驗何注公羊亦無作春秋事按孔舒元公羊傳本云十有四年春西狩獲麟何以書記異也今麟非常之獸其爲非常之獸奈何有王者則至無王者則不至然則孰爲而至爲孔子之作春秋是有成文也左傳及穀梁則無明文按孔舒元未詳何時人儒林傳及鄭六藝論皆無之隋志有春秋公羊傳十四卷孔衍集解未知是否杜氏作序既所据用則爲古本可知矣按今何注無下二語亦無今麟非常之獸二語故通義以爲治公羊者增成其說也○注辟害至爲異○舊疏云

謂無道之世刳胎殺夭是以瑞物亦不來游也即家語云孔子曰刳胎殺夭則麒麟不至擿巢毀卵則鳳皇不翔是也故云辟害遠也水經注河水篇續漢書曰延熹九年河水清襄楷上疏曰春秋注記未有河清而今有之易乾鑿度曰上天將降嘉應河水先清京房易傳曰河水清天下平天垂異地吐妖民厲疫三者並作而有河清春秋麟不當見而見孔子書以爲異有以告者

曰有麏而角者【疏】校勘記云唐石經同閩本麏字剜改困作君監毛本承之非也釋文作麏云本又作麇亦作麏按隸釋載漢石經作麐即麏之隸變爾雅釋獸麐麏身牛尾郭注引公羊傳曰有麏而角是古本作麏也石經考文提要云宋景德本鄂泮官書本皆作麏按孔叢子亦作有麏肉角舊疏云即孔叢云叔孫氏之車子曰鉏商樵于野而獲麟焉衆莫之識以爲不祥棄之五父之衢冉有告孔子曰有麏肉角豈天下之妖乎夫子曰今何在吾將觀焉遂往謂其御高柴曰若求之言其必麟乎孔

子曰孰爲來哉孰爲來哉【注】見時無聖帝明王怪爲誰來【疏】舊疏引孔叢又云到視之曰今宗周將滅無主孰爲來哉茲日麟出而死吾道窮矣乃作歌曰唐虞之世麟鳳游今非其時來何由麟兮麟兮我心憂是也類聚引琴操曰魯哀公十四年西狩薪者獲麟擊之傷其左足將以示孔子孔子遂與相逢見俛而泣抱麟曰汝孰爲來哉孰爲來哉反袂拭面仰視其人龍顏日角夫子奉麟之口須臾吐三卷圖一爲赤伏劉季興爲王二爲周滅夫子將終三爲漢制造作改經夫子還謂子夏曰新主將與其人如得麟樂府引獲麟歌曰唐虞世兮麟鳳遊今非其時兮來何求麟兮麟兮我心悲之即本孔叢子舊疏云然則此告者其冉求也若以孔叢合之此傳則鄉云薪采者還是鉏商也而春秋不言之者略微故也不言

爲漢獲之者微辭也故春秋說云不言姓名爲虛主宋氏云劉帝未至故云虛主若書姓名時王惡之是其義也○注見時至誰來○論衡指瑞云春秋曰西狩獲死驎人以示孔子孔子曰孰爲來哉孰爲來哉反袂拭面泣涕沾襟儒者說之以爲天以驎命孔子孔子不王之聖也夫驎爲聖王來孔子自以不王而時王魯君無感驎之德怪其來而不知所爲故曰孰爲來哉孰爲來哉知其不爲治平而至爲己道窮而來望絕心感故涕泣沾襟以孔子言孰爲來哉知驎至爲聖王來也曰前孔子之時世儒已傳此說孔子聞此說而希見其物也見驎之至怪所爲來實者驎至無所爲來常有之物也行邁魯澤之中而魯國見其物遭獲之也孔子見驎之獲獲而又死則自比於驎自謂道絕不復行將爲小人所獲也故孔子見驎而自泣者據其見得而死也非據其本所爲來也然則驎之至也自與獸會聚也其死人殺之也使驎有知爲聖王來時無聖王何爲來乎思慮深避害遠何故爲魯所獲殺乎夫以時無聖王而驎至知不爲聖王來也爲魯所獲殺知其避害不能遠也聖獸不能自免於難聖人亦不能自免於禍禍難之事聖者所不能避而云鳳驎思慮深避害遠妄也蓋亦公羊家說言時無聖帝明王而來宜其遭害而死也舊疏云下注云夫子素案圖錄知庶姓劉季當代周見采薪獲驎知爲其出夫子素知此事而云孰爲來哉以怪之者蓋畏時遠害假爲微辭故注解見時無聖帝明王怪爲誰來矣或者素案圖錄知劉季當代周但初見時未知薪采獲驎爲之出仍自未明故作此言乃後詳審煥然而寤是以泣之

反袂拭面【疏】舊疏云目亦有作面字者知徐本作曰也按杜預左傳序亦作反袂拭面稱吾道窮則宜作面矣校勘記云面唐石經諸本同易林小畜之坤子鉏執驎春秋作元陰將以終尼父悲心

涕沾袍【注】袍衣前襟也

夫子素案圖錄知庶姓劉季當代周見薪采者獲麟知爲其出何者麟者木精薪采者庶人燃火之意此赤帝將代周居其位故麟爲薪采者所執西狩獲之者從東方王於西也東卯西金象也言獲者兵戈文也言漢姓卯金刀以兵得天下不地者天下異也又先是螺蟲冬踊彗金精埽旦置新之象夫子知其將有六國爭彊從橫相滅之象秦項驅除積骨流血之虐然后劉氏乃帝深閔民之離害甚久故豫泣也【疏】注袍衣前襟也○舊疏云袍亦有作衿字者以衣前襟言之袍似得之釋文亦作沾袍音步刀反又步報反經義雜記云說文衣部袍襺也从衣包聲論語曰衣敝縕袍䘳交衽也从衣金聲是當作涕沾䘳衿襟皆俗字作袍非也論衡指瑞云反袂拭面泣涕沾襟是王仲任所見之傳亦作䘳春秋序正義引公羊反袂拭面泣沾袍下又云聖人窮復畏懼死亡下沾衿之泣据下作沾衿疑沾袍或後人改也離騷攬茹蕙以掩涕兮霑余襟之浪浪亦可證按傳若直作衿何注衣前襟成疊語矣經義述聞云家大人曰何以袍爲衣前襟者袍本作褎步報反釋文衣前襟也當以步報之音爲是玉篇褎與袍同又步報反衣前襟也廣韻褎薄報切衣前襟墨子公孟篇楚莊王解冠組纓絳衣博袍然則袍者褎之借字涕沾袍即涕沾襟非衣敝縕袍之袍也論衡引此傳西狩獲麟作西狩獲死麟涕沾袍作涕沾襟蓋据嚴氏春秋故與何本異其實襟與袍一物也春

秋序正義引公羊滯沾袍又曰下沾袷之泣者以袷袍同物而袷為人所易曉故言袷以見袍袍非引公羊本作袷而後人改之也王氏此說可釋臧氏之疑矣說文衣部裾衣褎也段注云上文云褎褎也褎物謂之褎因之衣前襟謂之褎方言襌衣有褎者趙魏之閒謂之袪衣郭云前施袌囊也按前施袌囊即謂右外袷方言無袍者謂之裎衣則今之對襟衣無右外袷者也褻衣無袍禮服必有褎上文之袥衸謂無褎者唐宋人所謂衩衣也公羊傳滯沾袍當作褎褎何注云衸衣前襟也釋器衣眥謂之襟衱謂之裾衱同袷謂交領褎連于交領故曰衱謂之裾郭謂衣後襟非也釋名裾在後之說非是○注夫子至代周○校勘記云鄂本蜀大字本同毛本案改按閩本剜改聖作姓監毛本因之惠棟云當作庶聖參同契曰夫子庶聖雄詩疏引異義鄭駁云孔子作春秋應以金獸賤者獲之則知將有庶人受命而得之說苑君道云孔子曰夏道不亡商德不作商德不亡周德不作周德不亡春秋不作春秋作而後君子知周道亡也文選注引演孔圖云有人卯金刀握天鏡舊疏云蓋見中候云卯金刀帝出復堯之常是其案圖籙從亭長之任而為天子故謂之庶姓矣○注何者至所執○初學記引演孔圖云蒼之滅也麟不榮也麟木精也宋均注麟木精生水故曰陰木氣好土土黃木青故麟色青黃不榮謂見緦柴者也開元占經引異義公羊說孔子獲麟天命絕周天下叛去隱元年疏引春秋說云經十有四年春西狩獲麟赤受命蒼失權周滅火起薪采得麟禮運疏引石渠禮論議郎尹更始待詔劉更生等議以吉凶不並瑞災不兼今麟為周亡天下之異則不得為瑞以應孔子至又引異義公羊說哀十四年獲麟此受命之瑞周亡失天下之異舊疏引舊云木生火火生土麟為土畜亦受氣于祖性合人仁故為木精也又引春秋說云麟生於火游於中土軒轅大角之獸麟為土

畜而言木精者正以公羊說云麟者木精一角赤目為火候既為火候是木木之子謂之木精亦何傷按公羊家自以麟為木畜其以
為土畜者左氏家說不必率涉也舊疏又云庶人采薪本供庖爨意欲燃之故曰采薪庶人燃火之意也木雖生火火復燒木即漢
以火德承周之后而能滅之故曰此赤帝將代周居其位也云故麟為薪采者所執者其若不然麟為異物體形不小薪采雙夫甯
能獲之○注西狩至天下○類聚引演孔圖云有人卯金興於豐擊玉鼓駕六龍又云其人日角龍顏姓卯金刀含仁義後漢書注
引云卯金刀名為劉赤帝後當次周文選注引漢含孳云劉季握卯金刀在軫北字禾子天下服卯在東方陽所立仁且明金在西
方陰所立義成功刀居右字成章力擊秦枉矢東流水神哭祖龍死御覽引考靈曜云卯金出軫握命孔符注卯金劉字之別軫楚
分野之星符圖劉所握天命孔子制圖書初學記引帝命驗云有人雄起戴玉英履赤矛析旦失籥亡其金虎東南紛紛注精起昌
光出軫巳爵之華陽國志公孫述志世祖報曰西狩獲麟讖曰乙木卯金即乙未歲授劉氏按緯言與於豐在軫北即此注言從東
方王於西也以兵得天下者舊疏云言劉季起於豐沛之間提三尺之劍而入秦宮是也○注不地至異也○舊疏云所以不言西
狩于某獲麟者正以麟見于魯乃為周室將亡之異是以不舉小地之名亦得為王魯之義故曰不地者天下異也○注又先至之
象○螺蟲冬踊即上十二年冬十有二月螺十三年冬十有二月螺是也彗金精埽旦置新之象即上十三年冬十有一月有星孛
于東方是也彼傳云孛者何彗星也其言于東方何見于旦也舊疏云字從西方鄉東故曰金精彗者埽除之象鄉晨而見故曰埽
旦也然則螺蟲冬踊者乃是天不能殺地不能理故為六國爭強天下大亂之象也金精埽旦乃是秦項驅除劉氏乃帝之義故何

氏云焉按災異之應俱不大遠此哀公之世螺孛之變得應之數百年後者此春秋之義也春秋為漢制法次年絕筆後無所見適有螺孛之見因即假以示義焉爾○注夫子至乃帝○校勘記出積骨流血之虞云鄂本虞作虐虐不誤解云虐亦有作害者按紹熙本亦作虐是也六國爭強舊疏云即燕齊楚韓魏趙也齊據東蕃燕楚強于南北韓魏趙居于晉洛之間各自保險迭相征伐是也從橫燕楚南北而遠故謂之從蘇秦在東而相六國謂之合從張儀在西而相秦以成謂之連橫故彼下文從成則楚王橫成則秦帝蘇公居趙秦兵不敢東伐張儀在秦楚兵絕于西是也蘇公既死張儀以橫滅從是其相滅也秦項𪊟除者舊疏云始皇據秦籍滅周之資而殄六國項羽因胡亥之虐而籠括天下皆非受命之帝但為劉氏驅其狐狸除其豺狼而已故曰秦項驅除也積骨流血者舊疏云爾時天下土崩英雄鵲起秦項之君視人如芥骰函之處積骨成山平原之地血流如海自此以後高祖乃興故曰然後劉氏乃帝也御覽引文耀鉤云庶人爭權赤帝之精注庶人項羽劉季者也爭權並欲起也越絕書敘外傳記孔子感精知後有彊秦喪其世而漢興也賜權齊晉易林屯之坤採薪得麟大命隕顛豪傑爭名天下四分是其義也○注深閔至泣也○說苑貴德云仁人之德教也誠惻隱于中悃愊於內不能已於其心故其治天下也如救溺人見天人強淩弱衆暴寡幼孤羸露死傷係虜不忍其然是以孔子歷七十二君冀道之一行而得施其德使民生於全育烝庶安土萬物熙熙各樂其終卒不遇故睹麟而泣哀道不行德澤不治於是退作春秋明素王之道以示後人越絕書敘外傳記孔子懷聖承弊睹麟垂涕傷民不得其所非聖人孰能痛世若此

顏淵死子曰噫【注】噫咄嗟貌【疏】校勘記唐石經作孔子曰按下西狩獲麟孔子曰注云加

姓者重終也然則於此不當有孔字矣○注噫咄嗟貌○論語先進云子曰噫注包曰噫痛傷之聲也皇疏同易繫辭傳噫亦要存亡吉凶崔憬注噫歎聲也詩周頌噫嘻成王傳噫歎也漢書董仲舒傳贊噫天喪余注噫歎聲也後漢書袁閎傳未嘗不噫嗚流涕注噫嗚歎傷之貌也或作意淮南繆稱訓意而不戴是也或作懿詩大雅瞻卬懿厥哲婦是也禮記曾子問云祝聲三注聲噫歆警神也緣祝聲不知作何聲故曰噫解之亦爲其有咄嗟義也禮記檀弓云公肩假曰噫是古人發聲多云噫矣

天喪予注予我疏舊疏云聖人之道當須輔佐而成是以家語及殷傳云自予得回也門人加親也今而遺命故曰天喪予翟氏灝四書考異云史記云顏子年二十九髮盡白早死二十九乃其髮白之年非死之年其死年無所記但云蚤耳旁考之則顏子之死乃在哀公十四年獲麟之後其次年子路亦死故公羊傳連識之曰有以麟告者曰云云顏淵死云云子路死云云公羊氏去聖較近所傳述定得本真也通義云子路死事在哀十五年顏淵死年諸書乖互推泗水侯之歿先聖年七十而論語有鯉也死有棺無椁之言則淵卒又少在後蓋亦當哀十二十三年間也比年三見傷痛故子深悼之傳亦連述之矣拜經日記云論語集註短命者顏子三十二而卒也家語顏回少孔子三十歲年二十九髮白三十一而死王肅注校其年則顏回死時孔子年六十一然則伯魚年五十先孔子卒卒時孔子且七十年今此爲顏回先伯魚死而論語顏淵死時孔子曰鯉也死有棺而無槨或爲設事之詞按史記列傳但云顏回少孔子三十歲年二十九髮盡白蚤死並不著卒之年歲夫五十以上而卒皆可謂之早三十一歲之文不知所本必係王肅僞撰公羊傳哀十四年顏淵死云云史記孔子世家顏淵死孔子曰天喪予及西狩獲麟曰吾道窮矣夫曰天喪予曰天

祝予曰吾道窮矣夫曰天喪予曰天祝予曰吾道窮曰吾已矣者皆孔子將歿之年所言故公羊春秋及弟子傳皆連言之則顏子之死必與獲麟子路死夫子卒相先後孔子年七十一獲麟七十二子路死七十三孔子卒顏子少孔子三十歲孔子七十顏子已四十也世家云伯魚年五十先孔子卒以核孔子年二十生伯魚之說尙不甚遠則伯魚卒時孔子年六十九據論語顏淵死在伯魚之後則孔子年七十顏子正四十七魯哀季康之問皆在哀十一年孔子反魯之後時顏子新卒故聖人述之有餘痛焉若王肅說孔子年六十一顏子死此正孔子自陳反蔡之年猶未反魯哀公康子何從問詢且此時去困阨陳蔡首尾三載如六十一顏子已死孔子思從難諸賢何以首及顏淵可知王肅削奪先賢年齒以求勝其私說也○注予我○爾雅釋詁云予我也

子路死子曰噫天祝予【注】祝斷也天生顏淵子路爲夫子輔佐皆死者天將亡夫子之証【疏】注祝斷也○上十三年穀梁傳祝髮文身注祝斷也廣雅釋詁云祝斷也書泰誓祝降時喪傳亦云祝斷也鹽鐵論訟賢云若由不得其死然天其祝予矣舊疏云然天祝惡己之道德亦是斷絕之義矣○注天生至之証○董仲舒傳贊至向子歆以爲伊呂乃聖人之耦王者不得則不與故顏淵死孔子曰噫天喪予唯此一人足以當之師古曰噫歎聲言失其輔佐也舊疏云自予得由也惡言不至於耳是其爲輔佐之義也若欲以理言之則四科十人游夏之徒皆爲夫子之輔佐故孝經說云春秋屬商孝經屬參是也今特言二人皆以其先卒故也㝵輔之內二人先死亦非祐助之義故曰將亡夫子之証校勘記云閩本剜改証作證監毛本承之

西狩獲麟【疏】校勘記云唐石經諸本同經義雜記曰論衡指瑞云春秋曰西

狩獲死麟今三傳本無死字而公羊云顏淵死子路死子曰噫天祝予西狩獲麟孔子曰吾道窮矣注時得麟而死此亦天告夫子將歿之徵則此傳本作西狩獲一死麟與上顏淵死子路死一例吾道窮矣與上天喪予天祝予一例麟俗麟字

孔子曰吾道窮矣注加姓者重終也麟者太平之符聖人之類時得麟而死此亦天告夫子將歿之徵故云爾疏舊疏云麟之來也應於三義一爲周亡之徵即上傳云何以書記異也是也二爲漢興之瑞即上傳云孰爲來哉孰爲來哉雖在指斥意在於漢也三則見孔子將歿之徵故孔子曰吾道窮矣是也史記孔子世家云魯哀公十四年春狩大野叔孫氏車子鉏商獲獸以爲不祥仲尼視之曰麟也取之曰河不出圖雒不出書吾已矣夫顏淵死孔子曰天喪予及西狩見麟曰吾道窮矣喟然歎曰莫知我夫子貢曰何爲莫知子子曰不怨天不尤人下學而上達知我者其天乎又儒林列傳仲尼干七十餘君無所遇曰苟有用我者期月而已矣西狩獲麟曰吾道窮矣故因史記作春秋以當王法其辭微而指博後世學者多錄焉○注加姓者重終也○以舊疏云正以上文再發子曰皆不加姓故也○注麟者至云爾○史記注引服虔云麟非時所常見故怪之以爲不祥也仲尼名之曰麟然後魯人乃取之也明麟爲仲尼至也繁露隨本消息云顏淵死子曰天喪予子路死子曰天祝予西狩獲麟曰吾道窮三年身隨而卒階此而觀天命成敗聖人知之有所不能救命矣夫後漢書何敞傳西狩獲麟孔子有兩楹之殯是皆以爲夫子將歿之徵也舊疏云麟者聖人之類者以皆有聖帝明王乃見故謂之類也時得麟而死者即孔叢子云麟出而死言道窮矣是也

春秋何以始乎隱注据得

麟乃作【疏】注据得麟乃作○舊疏引演孔圖云獲麟而作春秋九月書成是也又隱七年疏引演孔圖云獲孔子修春秋九月而成卜之得陽豫之卦又引說題辭云昔孔子受端門之命制春秋之義使子夏等十四人求周史記得百二十國寶書九月經立舊疏引援命篇云孔子年七十歲知圖書作春秋者何氏以爲年七十歲者大判言之不妨爾時七十二矣左疏引服虔說以爲夫子以哀十一年自衞反魯而作春秋約以周禮故有麟應而至與此不合賈逵穎容等皆同服說以爲修母致子之應蓋左氏家說也而說苑至公篇夫子道不行退而修春秋精和聖制上通於天而麟至此天之知夫子也故夫子曰不怨天不尤人下學而上達知我者其天乎亦與左氏說合通一義云春秋之作存王道於將絕垂治法於不朽孟子以爲亂後之治故左氏先師賈服之徒皆言制作三年文成致麟而胡康侯謂簫韶九奏鳳儀于庭魯史成經麟出于野天人相與之際誠有然者至其出而見獲則聖人道不行終老兩楹之象也但夫子謙不敢當麟爲己出故但傷麟見非時感而致泣方在制作就絕筆于所感爾按孔子世家亦云哀公十四年狩大野獲獸仲尼視之曰麟也曰吾道窮矣乃因史記作春秋上至隱公下訖哀公十四年十二公据魯親周故殷運之三代約其文詞而指博則亦以得麟而作

祖之所逮聞也【注】託記高祖以來事可及問聞知者猶曰我但記先人所聞辟制作之害【疏】校勘記云唐石經諸本同隸釋載漢石經逮作遝九經古義云說文遝迨也玉篇迨遝行相近又自部遝目相及方言云迨遝及也東齊曰迨關之東西曰遝或曰及州輔碑云遝事和熹后孝安皇帝劉寬碑云未遝誅紂陳球後碑云遝完但齊俱以遝爲逮也釋言云逮遝也遝逮古音同也說

文又云逮及也及逮也又云隶及也則亦通隶釋言云逮及也謂祖之所及聞也按爾雅釋言又云遾逮也方言又云噬逮也北燕曰噬逮通語也詩唐風有杕之杜噬肯適我韓詩作逝亦云及也通義云隱公以來之事祖雖不及見猶及聞而知之過是以往文獻不足恐失其實故斷自隱始舊疏云何氏以爲公取十二則天之數故隱元年益師卒之下注云所以二百四十二年者取法十二公天數備足是也今此傳云祖之所逮聞者謂兼有天數之義亦託問聞而知亦取制服三等之義故隱元年注云所以三世者禮爲父母期爲曾祖父母期爲曾祖高祖父母齊衰三月是也〇注託記至之害〇史記儒林傳故因史記作春秋以當王法其詞微而指博後世學者多錄焉舊疏云假託云道我記高祖以來事者謂因己問父得聞昭定哀之事因父問祖得聞文宣成襄之事因祖問高祖得聞隱桓莊閔僖之事故曰託記高祖以來事可及問聞知者以此言之則無制作之義故曰我但記先人所聞辟制作之害也

所見異辭所聞異辭所傳聞異辭【注】所以復發傳者益師以臣見恩此以君見恩嫌義異於所見之世臣子恩其君父尤厚故多微詞也所聞之世恩王父少殺故立煬宮不日武宮日是也所傳聞之世恩高祖曾祖又殺故子赤卒不日子般卒日是也

【疏】注所以至義異〇舊疏云隱元年冬十有二月公子益師卒傳何以不日遠也所見異辭所聞異辭所傳聞異辭然則彼已有傳今復發之者正以益師之卒所以不日者以其恩遠孔子所不見欲道當時之君無恩於其臣是以大夫之卒不問有罪與不例皆不

日以見之是以須發三代異辭之言今此西狩獲麟當所見之世已與父時之事欲道當時之臣有恩於其君故爲微辭不忍正言其惡是以復須發傳道其三代異辭之意然則言益師以臣見恩者言益師之經以臣之故見君恩之薄厚也此以君見恩者此獲麟之經以君之故見臣恩之厚薄其義實異故重發桓二年成宋亂之下傳云內大惡諱此其目言之何遠也所見異辭所聞異辭所傳聞異辭注所以復發傳者益師以臣見恩此以君見恩嫌義異也則桓公時已發見君恩之傳今復發之者正以桓公時欲見其臣無恩於其君是以不爲之諱大惡今時有恩於其君故爲之諱而作微辭也彼注云嫌義異此復注云嫌義異是其一隅何氏不決之者省文也○注於所至辭也○繁露楚莊王云春秋分十二世以爲三等有見有聞有傳聞有見三世有聞四世有傳聞五世故定哀昭君子之所見也所見六十一年於所見微其辭是也定元年傳云定哀多微辭注云定公有王無正月不務公室喪失國寶哀公有黃池之會獲麟故總言多是也○注所聞至是也○繁露又云襄成宣文君子之所聞也所聞八十一年於所聞痛其禍按彼謂子般卒日子赤卒不日故也此立煬宮不日卽定元年秋九月立煬宮是也日武宮日卽成六年二月辛巳立武宮是也公羊之義失禮鬼神例日故所聞世不爲諱恩殺也○注所傳至是也○繁露又云傳聞莊桓隱君子之所傳聞也所傳聞九十六年於所傳聞殺其恩按子赤卒不日卽文十八年冬十月子赤卒是也子般卒日卽莊三十二年冬十月乙未子般卒是也文十八年注云所聞世臣之恩痛王父深厚故不忍言其日與子般異是也通義云所聞者己之所逮聞也至於祖之所逮聞而父受之祖己受之父則所傳聞也世疏者其恩殺若桓之無王莊之不復仇納鼎歸寶文姜淫泆皆得質言之以立其義移於所見之世則義有

所尊恩有所諱是以定公受國於季氏不敢明其篡昭公取同姓不忍斥其惡是以春秋正名分誅亂賊之大用必託始于所傳聞世而後可施也近者微辭遠者目言世以義始之以仁終之別其世而不亂斯異其詞而不猱何以終乎哀十四年注据哀公未終也疏漢書儒林傳因魯春秋舉十二公行事繩之以文武之道成一王法至獲麟而止文選班固答賓戲云孔終篇於西狩○注据哀至終也○舊疏云正以未見公薨之文故也且以左氏言之即哀二十七年公孫於越而因卒則知今未終曰備矣注人道浹王道備必止於麟者欲見撥亂功成於麟猶堯舜之隆鳳凰來儀故麟於周為異春秋記以為瑞明太平以瑞應為效也絕筆於春不書下三時者起木絕火王制作道備當授漢也又春者歲之始能常法其始則無不終竟疏禮記禮運云故聖人作則必以天地為本以陰陽為端以四時為瑞以日星為紀月以為量鬼神以為從五行以為質禮義以為器人情以為田四靈以為畜注天地以至於五行其制作所取象也禮義人情其政治也四靈者其徵報也此則春秋始於元終於麟包之矣正義謂春秋元年以後獲麟以前包龍此天地陰陽四時星辰日月之等按春秋五始元者氣之始則天地也春者四時之始則四時也王者政教之始則禮義也公即位者一國之始亦禮義也熊氏云春秋書郊是天書地震是地書無冰是陽書雨雹是陰書春夏秋冬是四時又四時陰陽也書日是日書恆星是星書月是月書沙鹿崩梁山崩是鬼神又取郜大鼎是金雨木冰是木大水是水成周

宣謝火是火城諸及防是土金木水火土即五行也得禮則褒失禮則貶是禮義也桓書即位先君被弒而行即位安忍其喪其情惡莊不書即位文姜出不忍行即位之禮其情善此是人情也西狩獲麟是四靈爲畜也是亦即備義也蓋備即王道備是故文選注引元命包云孔子曰丘始于元終于靈王道成也○注人道浹王道備○繁露王道云孔子明得失差貴賤反王道之本譏天王以致太平刺惡譏微不遺大小善無細而不舉惡無細而不去進善誅惡絕諸本而已矣通義云上治隱桓而貶絕之法立下錄定哀而尊親之義著君君臣臣父父子子夫夫婦婦采毫毛之善譏纖芥之惡凡所以示後王經制者靡不具焉天之大數不過十二因而十之周而再之天道浹于上人事備于下史記十二諸侯年表孔子明王道干七十二君莫能用故西觀周室論史記舊聞與於魯而治春秋上紀隱下至哀之獲麟約其辭文去其煩重以制義王道備人事浹說苑至公篇夫子行說七十諸侯無定處意欲使天下之民各得其所而道不行退而修春秋采毫毛之善貶纖芥之惡人事浹王道備舊疏云浹亦有作而字者正以三代異辭因父以親祖以親曾祖以曾祖親高祖骨肉相親極于此故云人道浹也王道備者正以撥亂于隱公功成于獲麟懍懍治之至于太平故曰王道備也○注必止至效也○舊疏云必止於麟者正以獲麟之后得端門之命乃作春秋但孔子欲道從隱撥亂功成于麟是以終于獲麟以示義似若堯舜之隆制禮作樂之后簫韶九成鳳皇乃來止巢而乘匹之類也故麟於周爲異者即上傳云何以書記異也何異爾非中國之獸也是也春秋記以爲瑞者記亦有作託者今解從記也明太平以瑞應爲效者言若不爲致瑞者即太平無驗故春秋記麟爲太平之效也禮記疏引五經異義公羊說哀十四年獲麟此受命之瑞周亡失天下之異左傳疏引賈逵服

虔頴容等皆以爲孔子自衛反魯考正禮樂修春秋約以周禮三年文成致麟麟感而至取龍爲水物故以爲修母致子之應非何氏義詩疏引異義左氏說麟是中央軒轅大角之獸孔子作春秋者禮修母以致其子故禮來爲孔子瑞陳欽說麟是西方毛蟲孔子作春秋有立言西方兌兌爲口故麟來許慎謹案云議郎尹更始待詔劉更生等議以爲吉凶不並瑞災不兼今麟爲周亡天下之異則不得爲瑞以應孔子至元之聞也洪範五事二曰言言曰從從作乂乂治也言於五行屬金孔子時周道衰亡己有聖德無所施用作春秋以見志其言可從以爲天子法故應以金獸性仁之瑞賤者獲之則知將有庶人受命而得之受命之徵已見則於周將亡事勢然也興者爲瑞亡者爲災其道則然何吉凶不並瑞災不兼之有乎如此修母致子不若立言之說密也如鄭此說從陳欽之義以孔子有立言之教故致其方毛蟲故禮記疏引熊安生申鄭義云若人臣官修則修母致子之應左氏之說是也若人君修其方則當方來應孔子修春秋爲素王法以立言故西方毛蟲來應未知然否且具錄焉或以修母致子康成所不用也校勘記出鳳凰云鄂本鳳作皇何校本疏同又出效字云鄂本效作効按疏中引注同○注絕筆至漢也○疏舊疏云四時具然後爲年此乃春秋之常今不書下三時者欲起木應之君將亡欲別起爲王是以此處不得記之且獲麟既記制作之道已備當欲以之授于漢帝使爲治國之法是以不得錄下三時矣○注又春至終竟○舊疏云所以然者始正則僖十六年傳云朔有事則書晦有事不書也義亦通此

君子曷爲爲春秋注据以定作五經疏

姚氏範援鶉堂筆記云爲春秋如女爲周南召南之類舊疏云君子謂孔子曷爲今日始爲春秋乎嫌其大晚於諸典之後○注据以定作五經○舊疏云何氏以爲孔

子領緣五經皆在獲麟之前故言此何氏知然者正以論語云孔子曰吾自衛反魯然後樂正雅頌各得其所按孔子自衛反魯在哀十一年冬則知料理舊經不待天命者皆在獲麟之前明矣而論語直言樂正雅頌文不備矣言料理五經在獲麟之前何故作春秋獨在獲麟之後乎故据五經以難之

撥亂世〔注〕撥猶治也〔疏〕注撥猶治也○廣雅釋詁撥治也詩商頌長發云元王桓撥傳撥治也楚辭懷沙孰察其撥正注撥治也後漢明帝紀梁統傳陳元傳注並云撥理也避治諱也說文手部亦云撥治也詩大雅雲漢序云宣王承厲王之烈內有撥亂之志孟子章指言桓文之事譎正相紛撥亂反正聖意弗珍

反諸正莫近諸春秋〔注〕得麟之后天下血書魯端門曰趨作法孔聖沒周姬亡彗東出秦政起胡破術書記散孔不絕子夏明日往視之血書飛為赤烏化為白書署曰演孔圖中有作圖制法之狀孔子仰推天命俯察時變却觀未來豫解無窮知漢當繼大亂之后故作撥亂之法以授之〔疏〕史記太史公自序云夫春秋上明三王之道下辨人事之紀別嫌疑明是非定猶豫善善惡惡賢賢賤不肖存亡國繼絕世補敝起廢王道之大者也是故禮以節人樂以發和書以道事詩以達意易以道化春秋以道義撥亂世反之正莫近於春秋文成數萬其指數千萬物之聚散皆在春秋春秋之中弒君三十六亡國五十二諸侯奔走不得保其社稷者不可勝數察其所以皆失其本己故易曰失之豪釐差以千里故曰臣弒君子弒父非一旦一夕之故也其漸久矣夫

不通禮義之旨至於君不君臣不臣父不父子不子夫君不君則
犯臣不臣則誅父不父則無道子不子則不孝此四行者天下之
大過也以天下之大過予之則受而弗敢辭故春秋者禮之大宗
也夫禮禁未然之前法施已然之後法之所爲用者易見而禮之
所爲禁者難知壺遂曰孔子之時上無明君下得任用故作春
秋垂空文以斷禮義當一王之法孟子盡心無義戰章指言春
秋撥亂時多爭戰事實違禮以文反正征伐誅討不自王命故曰
無義戰也通義云子曰我欲託之空言不如見之行事之深切著
明也蓋理不窮其變則不深事不當其勢則不切高論堯舜之道
而無成敗之效則不著不明故近取諸春秋因亂世之事季俗之
情斷裁以正道庶賢者易勉不肖者易曉亦致治太平之所由基
也史記自序又曰上大夫壺遂曰昔孔子何爲而作春秋哉太史
公曰余聞董生曰周道衰廢孔子爲魯司寇諸侯害之大夫壅之
孔子知言之不用道之不行也是非二百四十二年之中以爲天
下儀表貶天子退諸侯討大夫以達王事而已矣子曰吾欲見之
空言不如行事之深切著明也孔子世家云上至隱公下訖哀公
十四年十二公據魯親周故殷運之三代約其文辭而指博故吳
楚之君自稱王而春秋貶之曰子踐土之會實召周天子而春秋
諱之曰天王狩於河陽推此類以繩當世貶損之文後有王者舉
而開之春秋之義行則天下亂臣賊子懼焉舊疏云孔子未得天
命之時未有制作之意故但領緣舊經以濟當時而已既獲麟之
後見端門之書知天命已制作以俟後王于是選理典籍欲爲撥
亂之道以爲春秋者賞善罰惡之事若欲治世反歸于正道莫近
于春秋之義是以得天命之後乃作春秋矣卽上云治世之要務
義亦通於此校勘記云浦鏜云詩序及爾雅序疏引何注有莫近
猶莫過之也七字疑今本脫○注得麟至之狀○疏舊疏以爲演孔

圖文類聚白帖引演孔圖孔不絕下有此魯端門血書十三年冬有星孛東方十五字演孔聖全書引演孔圖云孔子曰某作春秋天授演孔圖中有大玉刻一版曰璿璣一低一昂是十期驗敗毀滅之徵也趙氏在翰云端門今在孔廟東南十一里類聚引說題辭云孔子謂子夏曰得麐之月天當有血書魯端門子夏至期往逢一郎言門有血書往寫之血飛爲赤爲化爲帛爲消書出署曰演孔圖與此所引大同舊疏云秦始皇名正秦本紀云秦皇爲無道周人以舊典非之乃用李斯之謀欲以愚黔首於是燔詩書云然則始皇燔詩書而言胡破術者謂始皇燔之不盡胡亥亦燔之按御覽引演孔圖云驅除名正顛倒吾衣裳坐吾曲牀濫長九州滅六王至於沙丘亡是其事也舊疏又云疾作王者之法孔氏聖人將欲沒矣周王姬氏將亡是以十三年冬彗星出於東方矣秦始皇方欲起爲天子其子胡亥破先王之術當爾之時書契紀綱盡皆散亂唯有孔氏春秋口相傳者獨存而不絕孔子聞之使子夏往視其血書其血乃飛爲赤鳥其書乃化爲白書署之曰演孔圖中義理乃有訓作之象制法之形狀矣校勘記出赤鳥云蜀大字本閩監毛本同誤也鄂本鳥作烏當據正○注孔子至授之○御覽引演孔圖云孔胸文曰制作定世符繁露符瑞云有非力之所能致而自致者西狩獲麟受命之符是也然後託乎春秋正不正之間而明改制之義一統乎天子而加憂於天下之憂也御覽引考靈耀云邪金出軫握命孔符鄭注邪金劉字之別軫楚分野之星符圖書所握天命孔子制圖書文選注引春秋緯云麟出周亡故立春秋制素王授當興也隱元年疏引春秋說云伏羲作八卦丘合而演其文讀而出其神作春秋以改亂制又云某覽史記援引古圖推集天變爲漢帝制法陳敘圖籙又云某水精制法爲赤制功後漢書郅惲傳漢曆久長孔爲赤制注言孔某作緯書著曆

運之期爲漢家立制漢火德尚赤故云爲赤制卽春秋感精符云
墨孔生爲赤制是也又蘇竟傳夫孔丘祕經爲漢赤制越絕書云
見孔子刪書作春秋定王制賢者嗟歎又云道獲麟周晝證也故
作春秋以繼周也此時天地一清日月一明弟子欣然相與太平
舊疏云孔子仰推天命謂仰尋天命卽端門之命是也俯察時變
卽螽蟲冬踊彗星埽旦之象也卻觀未來豫解無窮知漢當繼大
亂之後故作撥亂之法以授之者謂知其承大亂之後天下未醇
故作治亂之法以授之矣若欲託之春秋卽所傳聞之世是也故
桓三年傳近正也注善其近正似於古而不相背故書以撥亂是也則未知其爲是與疏舊疏云爲音于僞反
公羊子謙不敢斥言孔子作春秋故依違云則未知其爲此春秋可以撥亂世而作之與其諸君子樂道堯舜
之道與注作傳者謙不敢斥夫子所爲作意也堯舜當古曆象日
月星辰百獸率舞鳳凰來儀春秋亦以王次春上法天文四時具
然后爲年以敬授民時崇德致麟乃得稱太平道同者相稱德合
者相友故曰樂道堯舜之道疏舊疏云其諸辭也卽桓六年公羊子曰其諸以病桓與注其諸辭也
是君子謂孔子不知爲是孔子愛樂堯舜之道是以述而道之與
繁露兪序云荀能述春秋之法致行其道豈徒除禍哉乃堯舜之
德也孟子滕文公云知我者其惟春秋乎史記注○引劉熙孟子注
云知者行堯舜之道者也是也○注作傳至意也○姚氏範援鶉
堂筆記云蓋聖人制春秋以俟後聖則君子樂後之知己亦猶孔
子之志也傳者自云所以爲傳者不敢必其爲得聖人經意而要

爲樂堯道舜之徒也○注堯舜至來儀○校勘記云何校本鳳作皇疏同漢書李尋傳書曰曆象日月星辰○此言仰觀天文俯察地理觀日月消息候星辰行伍揆山川變動參人民繇俗以制法度考禍福舉錯悖悖逆咎敗將至徵兆爲之先見史記五帝本紀曆象作數法大戴禮五帝德云帝嚳曆日月而迎送之蓋謂曆象彼日月星辰也史記曆書云方士唐都分其天部而巴落下閎運算轉曆則落下閎之徒即所謂曆如周馮相氏所掌今之推步是也唐都之徒即所謂象如周禮保章氏之法今之占驗是也百獸率舞鳳皇來儀見堯典皋陶謨史記注引鄭注云百獸服不氏所養者也率舞音和焉謂聲音之道與政通焉是也夏本紀云於是夔行樂祖考至羣后相讓鳥獸翔舞簫韶九成鳳皇來儀百獸率舞百官倍諧與崇德致麟之義合宋書禮志高堂隆引尙書傳舜定鐘石論人聲乃及鳥獸咸變于前故定四時改堯正○注春秋至民時○史記三代世表孔子因史文次春秋紀元年正時月日蓋其詳哉隱六年秋七月杜云雖無事而書首月具四時以成歲敬授民時堯典文舊疏云欲似堯舜當古曆象日月星辰以敬授人時也○注崇德至太平○舊疏云欲似堯舜百獸率舞鳳皇來儀也禮運注云呂氏說月令而謂之春秋事類相近也孔疏言此一經初以天地爲本終以四靈爲畜是當春秋始於元年終於獲麟也呂氏說十二月之令爲呂氏春秋事之倫類與孔子所修春秋相近月令亦載天地陰陽四時日月星辰五行禮義之屬也○注道同至之道○舊疏云謂孔子之道同於堯舜故作春秋以稱述堯舜是也友者同志之名言孔子之德合於堯舜是以愛而慕之乃作春秋與其志相似也禮記中庸云仲尼祖述堯舜憲章文武上律天時下襲水土鄭注此以春秋之道述孔子之德孔子曰吾志在春秋行在孝經二經固足以明之孔子祖述堯舜之道而制

春秋而斷以文王武王之法度春秋傳曰君子曷爲爲春秋撥亂世反諸正莫近諸春秋其諸君子樂道堯舜之道與末不亦樂乎堯舜之知君子也又曰是子也繼文王之體守文王之法度文王之法無求而求故譏之也又曰王者孰謂謂文王也皆取其相稱相友也彼正義引合誠圖云黃帝立五始以制天道此春秋元年卽當堯典欽若昊天也春秋四時卽當堯典日中星鳥日永星火宵中星虛日短星昴也春秋獲麟卽當益稷百獸率舞鳳皇來儀是也

末不亦樂乎堯舜之知君子也

注末不亦樂后有聖漢受命而王德如堯舜之知孔子爲制作

疏中庸疏云末謂終末謂孔子末聖漢之初豈不愛樂堯舜之知君子也經傳釋詞云末蓋發聲末不亦不亦也也猶邪字言不亦樂乎後世堯舜之知君子邪下文制春秋之義以俟後聖以君子之爲亦有樂乎此也正申明此句之義禮記中庸云苟不固聰明聖知達天德者其誰能知之鄭注引春秋傳曰末不亦樂乎堯舜之知君子明凡人不知也○注末不至制作○孔子之道既與堯舜雅合故得與堯舜相對爲首末然則孔子言不亦也堯舜之時預知有己而制道術預知有己而爲君子慕之己亦預制春秋授劉帝是孔子亦慕堯舜之知君子而效之

制春秋之義以俟後聖

注待聖漢之王以爲法

疏舊疏云制作春秋之義謂制春秋之中賞善罰惡之義也禮記疏引鉤命決云某爲制作之王黑綠不代蒼黃書疏引王愆期注公羊以爲春秋制文王指孔子耳非周昌也文王世子稱武王對文王云西方有九國焉君王其終撫諸呼文王爲王是後人追爲之詞亦本緯書爲說其意以春秋制以文王爲卽孔子所謂制作之王也繁露俞序云仲尼之作春秋也上探正天端

王公之位萬民之所欲下明得失起賢才以待後聖又左氏疏引六藝論云孔子既西狩獲麟自號素王爲後世受命之君制明王之法漢書王莽傳孔子作春秋以爲後王法至於哀之十四年而一代畢後漢書班固傳典引云故先命元聖使綴學立制禮記中庸注云此孔子兼包堯舜文武之盛德而著之春秋以俟後世者孔子世家云子曰弗乎弗乎君子病没世而名不稱焉吾道不行矣吾何以自見於後世哉乃因史記作春秋後有王者舉而開之春秋之義行則天下亂臣賊子懼焉

以君子之爲亦有樂乎此也注樂其貫於百王而不滅名與日月並行而不息

疏舊疏云君子謂孔子所以作春秋者亦樂此春秋之道可以永法故也論語學而篇人不知而不慍不亦君子乎劉氏逢祿論語述何云禮中庸曰君子依乎中庸遯世不見知而不悔惟聖者能之又曰苟不固聰明聖知達天德者其孰能知之傳曰末不亦樂乎堯舜之知君子也制春秋之義以俟後聖以君子之爲亦有樂乎此也蓋夫子述詩書禮樂文辭有與人共者不獨有也至於作春秋筆則筆削則削游夏之徒不能贊一辭故曰莫我知也又曰知我者其惟春秋也此解最得通義云言君子豈不樂當世有聖帝如堯舜者知君子而用之也既不可得退修春秋以俟後世王者復起推於春秋之義以治天下則亦君子之所樂也左氏恥聘於文辭穀梁圉固於詞例此聖人制作之精意二家未有言焉知春秋者其惟公羊子乎

南菁書院

句容陳立卓人著

春秋公羊經傳解詁序

漢司空掾任城樊何休序【疏】阮氏元校勘記云唐石經同釋文秖作春秋公羊序五字何校本閩本監本毛本此題及下序並傳皆低一格惟春秋經文始頂格通書並然蓋後人以意爲之非也此本從唐石經題序經傳皆頂格阮氏重刊本卷首有中書門下牒校勘記云此本及閩本監本卷首皆載此牒文係景德二年也毛本始刪去此牒文下兩敕字中書字俱跳行頂格閩監本改牒文皆低一格牒字跳行亦低一格兩敕字始頂格阮氏本又有監本附音春秋公羊注疏序校勘記云何煌校宋監本公羊下有傳字是也此脫閩監毛本改此爲春秋公羊傳注疏七字閩本於此下署何休學原闕四字疏另行署明御史李元陽提學僉事江以達校刊監本改署皇明朝列大夫國子監祭酒會朝節等奉敕重校刊毛本但存漢何休學四字其實亦不當有也漢者舊疏云巴漢之閒地名也秦二世元年諸侯叛秦沛人共立劉季以爲沛公二年八月沛公入秦秦相趙高殺二世立子嬰冬十月爲漢元年其年十二月項羽更立沛公爲漢王王巴漢之閒四十一縣都南鄭五年十二月斬羽六年二月即皇帝位遂取漢爲天下號司空者舊疏云漢三公官名淩先生曙公羊問答云問徐疏漢三公官何也曰言漢以別於周也周以太師太傅太保爲三公冢宰司徒宗伯司馬司寇司空是爲六卿漢則不然史記公孫宏以春秋白衣爲三公漢初因秦置丞相而宏爲之則

丞相爲三公矣續漢書百官志太尉公一人掌四方兵事功課歲盡則奏其殿最而行賞罰世祖即位爲大司馬謝靈運晉書云秦有太尉掌兵漢仍脩之或置或省是故司馬之官主九伐之職是漢初無司馬而有太尉天文錄曰三公星在北斗柄南主宣德化和陰陽若今之太尉司空之象應劭漢官儀曰沖帝冊書曰三公國之楨榦朝廷取正以成斷之今大司農李固公族之苗忠正不撓有史魚之風其以固爲太尉是以太尉爲三公矣漢書曰成帝綏和元年始更名御史大夫曰大司空又曰彭宣爲大司空宣上書曰三公鼎足承君一足不任則覆亂矣實臣老病願上印綬是以司空爲三公矣漢官儀曰王莽時議以漢無司徒官故定三公之號曰大司馬大司徒大司空世祖即位因而不改此後漢三公之制而又不同於前代者也故唐六典云漢承秦制不置三公漢末以大司馬大司徒大司空爲三公師傅之官位在三公上後漢因之師傅尊號曰上公置府僚是也掾者舊疏云郎其下屬官也若今之三府掾是也校勘記云掾字从手釋文唐石經何校本並同閩監毛本改从木旁非公羊問答云掾屬有別否曰漢書蕭何爲沛主吏掾音義正曰掾副曰屬崔寔政論曰上三公天子之股肱掾屬則三公之喉舌天子當恭己南面於三公三公亦委策以答天子干寶司徒儀曰掾屬之職敦明教義肅厲清風非禮不言非法不行以訓羣吏以貴朝望各掌其所治之曹漢舊注東西曹掾比四百石餘掾比三百石屬比二百石故曰公府掾者古元士三命者也通典後漢司空屬官長史一人掾屬二十九人令史及御屬三十二人掾史辟皆上言之故有秩皆比命士其所不言則爲百石屬其後皆自辟除故通爲百石又云何謂三府曰漢有三府四府五府三府則三公府之府也漢官典職曰司徒本丞相官哀帝改爲大司徒衆劇五品府與蒼龍闕對厭於尊者不敢稱府也漢

官儀曰河閒相張衡說明帝以爲司徒司空府已治更治太尉府府公南陽趙熹安帝元初六年詔三輔選掾屬高第承宮傳建武三府更辟注太尉司徒司空李雲傳三府注三公是也按續漢志云司空公一人本注曰掌水土事凡營城起邑浚溝洫修隄防之事則議其利建其功凡四方水土功課歲盡則奏其殿最而行賞罰世祖即位爲大司空建武二十七年去大注引應劭漢官儀曰綏和四年罷御史大夫官法周制初置司空議者又以縣道官獄司空故覆加大爲大司空亦所以別大小之文考漢前止丞相御史大夫哀帝元壽二年更丞相爲大司徒成帝綏和二年更御史大夫爲大司空哀帝建平二年復舊名元壽二年又爲大司空官名雖有更替終漢之世不廢太尉不常置武帝建元二年省元狩四年置大司馬冠將軍之號宣帝地節三年置大司馬不冠將軍亦無印綬官屬亦不常置成帝綏和元年初賜大司馬印綬置官屬比丞相哀帝建平二年復去印綬官屬將軍如故元壽二年復賜大司馬印綬置官屬去將軍位在司徒上後漢因之終漢世三公常設不改也志又云屬長史一人千石掾屬二十九人令史及御屬四十二人說文手部掾緣也緣者衣領袂口之飾引申爲凡物緣邊之稱此掾爲三公翼輔故亦得有緣義又考後漢書本傳凡太傅陳蕃辟之黨禁解後又辟司徒拜議郎再遷諫議大夫卒未知爲司空掾何時也任城樊者續漢書郡國志兗州刺史部任城國有桃聚亢父樊後漢書本傳注樊縣故城在今兗州瑕丘縣西南是也按樊於前漢屬東平國爲今兗州府滋陽縣地何休者後漢書儒林傳本傳云何休字邵公任城樊人也父豹少府休爲人質朴訥口而雅有心思精研六經世儒無及者以列卿子詔拜郎中非其好也辭病而去不仕州郡進退必以禮太傅陳蕃辟之與參政事蕃敗休坐廢錮迺作春秋公羊解詁覃思不闚門十有七

年又注訓孝經論語風角七分皆經緯典讖不與守文同說又以春秋駁漢事六百餘條妙得公羊本意休善曆算與其師博士羊
弼追述李育意以難二傳作公羊墨守左氏膏肓穀梁廢疾黨禁解又辟司徒羣公表休道術深明宜侍帷幄倖臣不說之迺拜議
郎屢陳忠言再遷諫議大夫年五十四光和五年卒拾遺記云何休木訥多智三墳五典陰陽算術河洛讖緯及遠年古諺歷代圖
籍莫不成誦門徒有問者則爲注記而口不能說作左氏膏肓公羊墨守穀梁廢疾謂之三闕言理幽微非知幾藏往不可通焉京
師謂之學海序者釋名釋言語云敘抒也抒撰其實宣見之也爾雅釋詁云敘緒也說文攴部敘次第也書不空作皆有所由緒錄
其作書之由使其意指抒發故謂之敘也敘正字序段借也孔子爲易序卦傳又作書序子夏作詩序作序之始也舊疏二十八卷
相傳爲徐彥作文獻通考作三十卷四庫全書總目云或彥本以經文併爲二卷別冠於前後人又散入傳中故少此二卷亦未
可知也彥疏唐志不載崇文總目始著錄稱不著撰人名氏或云徐彥董逌廣川藏書志亦稱世傳徐彥不知時代意其在貞元長
慶之後校勘記序云徐彥疏唐志不載崇文總目亦無撰人名氏宋董逌云世傳徐彥所作其時代里居不可得而詳矣光
祿寺卿王鳴盛云郎北史之徐遵明也不爲無見也蓋其文章似六朝人不似唐人所爲者郡齋讀書志不錄解題並作三十卷世
所傳本乃止二十八卷其參差之由亦無可考也按舊疏名氏迄無定據故今所引但稱舊疏也

昔者孔子有云**疏**舊疏云孝經云昔者明王鄭注昔古也禮記檀弓云予疇昔之夜注昔猶前也何氏言前古孔
子有此言也史記孔子世家云孔子生魯昌平鄉陬邑生而首上圩頂故因名曰丘云字仲尼姓孔氏孔子之時周室微而禮樂廢

詩書缺追迹三代之禮序書傳古者詩三千餘篇孔子去其重取可施於禮義三百五篇禮樂自此可述以備王道成六藝晚而好易弟子蓋三千焉身通六藝者七十二人大野獲麟乃因史記作春秋上至隱公下訖哀公十四年貶損之義後有王者舉而開之春秋之義行亂臣賊子懼焉筆則筆削則削子夏之徒不能贊一辭弟子受春秋孔子曰後世知丘者以春秋罪丘者亦以春秋卒年七十三以魯哀公十六年四月己丑卒葬魯城北泗上

吾志在春秋行在孝經

疏 禮記中庸注引鉤命決云吾志在春秋行在孝經彼疏引鉤命決又云聖人不空生必有所制以顯天心丘爲木鐸制萬世法舊疏引鉤命決云孔子在庶德無所施功無所就志在春秋行在孝經是也事文類聚引鉤命決又云以春秋屬商以孝經屬參石臺孝經敘引孝經緯云孔子曰欲觀我褒貶諸侯之志在春秋崇人倫之行在孝經白虎通五經云已作春秋復作孝經欲專制正蜀志秦宓傳宓曰孔子發憤作春秋大乎居正復制孝經廣陳德行杜衛防萌預有所抑是春秋孝經相輔而行也故禮記中庸云唯能經綸天下之大經立天下之大本鄭注大經春秋也大本孝經也論語學而篇君子務本本立而道生孝弟也者其爲仁之本與劉氏逢祿論語述何云本立道生謂始元終麟仁道備矣堯舜之行則本乎孝弟夫子志在春秋行在孝經二經相爲表裏也孔子世家云孔子之去魯凡十四歲而反乎魯然魯終不能用孔子孔子亦不求仕乃因史記作春秋繁露俞序云孔子曰吾因其行事而加乎王心焉以爲見之空言不如行事博深切明史記自序及趙岐孟子序亦云仲尼有云我欲託之空言不如載之行事之深切著明舊疏云所以春秋言志在孝經言行在春秋者賞善罰惡之書見善能賞見惡能罰乃是王侯之事非孔子所能行故但言志在而已孝經者尊祖

愛親勸子事父勸臣事君理關貴賤臣子所宜行故曰行在孝經也

此二學者聖人之極致

疏 舊疏云二學者春秋孝經也極者盡也致之言至也言聖人作此二經之時盡己至誠而作之故曰聖人之極致也初學記云春秋經文備三聖之度北堂書鈔引援神契曰孔子作春秋制孝經既成使七十二弟子向北辰星磬折而立使弟子抱河洛事北向孔子齋戒簪縹筆衣絳單衣向北辰而拜

治世之要務也

疏 舊疏引春秋說云作春秋以改亂制孟子滕文公云孔子成春秋而亂臣賊子懼太平御覽引說題詞云孝經者所以明君父之尊人道人人業天地開闢皆在孝也是爲治世要務也舊疏云凡諸經藝等皆治世所須但此經或是懲惡勸善或是尊祖愛親有國家者最所急行故云治世之精要急務矣祭統云凡治人之道莫急於禮禮者謂三王以來也若大道之時禮於忠信爲薄正以孔子修春秋祖述堯舜故言此校勘記云唐石經諸本同疏云考諸舊本皆作也若作世字俗誤已行按也作世則屬下讀曰世傳春秋者非一俗本是

傳春秋者非一

疏 舊疏云孔子至聖卻觀無窮知秦無道將必燔書故春秋之說口授子夏度秦至漢乃著竹帛故說題詞云傳我書者公羊高也按廣韻一東公複姓子夏門人齊人公羊高作春秋傳初學記引演孔圖云公羊全孔經宋均注公羊公羊高也經指謂春秋是也舊疏引戴宏序云子夏傳與公羊高高傳與其子平平傳與其子地地傳與其子敢敢傳與其子壽至漢景帝時壽乃共弟子齊人胡毋子都著於竹帛與董仲舒皆見於圖讖又引六藝論云治公羊者胡毋生董仲舒仲舒弟子嬴公嬴公弟子眭孟眭孟弟子莊彭祖顏安樂安樂弟子陰豐劉向王彥故曰傳春秋者非一按後漢書鍾離意傳注引意別傳云意於孔子教授堂下得素書云後世修吾書董

仲舒史記儒林傳董仲舒廣川人也以治春秋孝景時爲博士下帷講誦弟子傳以名次相受業或莫見其面公孫宏治春秋不如董仲舒而宏希世用事位至公卿董仲舒居家至卒終不治產業以修學著書爲事故漢興至於五世之閒唯董仲舒名爲明於春秋其傳公羊氏也又平津侯列傳丞相公孫宏者齊菑川國薛縣人也年四十餘乃學春秋雜說建元元年天子初卽位招賢良文學之士是時宏年六十徵以賢良爲博士儒林列傳又云胡毋生齊人也孝景時爲博士以老歸教授齊之言春秋者多受胡毋生公孫宏亦頗受焉漢書儒林傳云董生自有傳弟子遂之者蘭陵褚大東平嬴公廣川段仲溫呂步舒唯嬴公守學不失師法授東海孟卿魯眭孟又嚴彭祖東海下邳人也與顏安樂俱事眭孟孟弟子百餘人唯彭祖安樂爲明質問疑義各持所見孟曰春秋之義在二子矣孟死彭祖安樂各顓門教授由是公羊春秋有嚴顏之學彭祖授琅邪王中中授同郡公孫文東門雲顏安樂魯國薛人授淮陽泠豐次君淄川任公由是顏家有泠任之學始貢禹事嬴公成於眭孟疏廣事孟卿廣授琅邪筦路禹授楨川堂谿惠惠授泰山冥都都與路又事顏安樂故顏氏復有筦冥之學路授孫寶豐授馬宮琅邪左咸咸徒衆尤盛後漢書儒林傳引前書以嬴公孟卿眭孟以下皆爲胡毋子都弟子據六藝論則皆董仲舒弟子范氏誤以前書弟子遂之者綴於胡毋子都下誤仍爲胡毋弟子其寶彼文自承董生爲江都王相自有傳連綴之爾惟胡毋子都弟子不見諸史何氏之學出於李育育多據胡毋生條例故與董生等說往往不同齊氏召南注疏考證云陰豐當作泠豐前書儒林傳顏安樂授淮陽泠豐及淄川任公由是顏家有泠任之學是也又按劉向始學公羊後受穀梁又按前書有王亥而無王彥卽與尹更始劉向周慶丁姓同以穀梁議石渠者後漢賈逵傳兼

通穀梁五家之說注云五家之說注云五家尹更始等又作王彥未知孰是惠氏棟九經古義云劉子政從顏公孫受公羊春秋本傳不載然封事多用公羊說又按漢書藝文志有公羊外傳五十篇公羊章句三十八篇公羊雜記八十三篇公羊顏氏記十一篇公羊董仲舒治獄十六篇蓋皆當時傳公羊者各述所受故何氏云非一也舊疏又引舊云傳春秋者非一者謂本出孔子而傳五家故曰非一據漢書藝文志有左氏傳公羊傳穀梁傳鄒氏傳夾氏傳公羊穀梁立於學官鄒氏無師夾氏無師故云非一然此下何氏傳論公羊家學未必牽涉餘四家也

本据亂而作

疏 史記太史公自序上大夫壺遂曰昔孔子何為而作春秋哉太史公曰余聞董生曰周道衰微孔子為魯司寇諸侯害之大夫壅之孔子知言之不用道之不行也是非二百四十二年之中以為天下儀表貶天子退諸侯討大夫以達王事而已矣又曰春秋之中弒君三十六亡國五十二諸侯奔走不得保其社稷者不可勝數察其所以皆失其本已故易曰失之毫釐差以千里故曰臣弒君子弒父非一旦一夕之故也其漸久矣越絕書德序外傳記夫子作經攬史記憤懣不泄兼道事後覽承傳說厥意以為周道不敝春秋不作舊疏云孔子本獲麟之後得端門之命乃作春秋公取十二則天之數是以不得取成王周公之史而取隱公以下故曰據亂而作謂據亂世之史而為春秋也按據亂蓋兼兩義

其中多非常異義可怪之論

疏 舊疏云由亂世之史故有非常異義可怪之事也非常異義者即莊四年齊襄復九世之仇而滅紀僖二年實與齊桓專封是也此即是非常之異義言異於文武時何者若其常義則諸侯不得擅滅諸侯不得專封故曰非常異義也其可怪之論者即昭三十一年邾婁叔術妻嫂而春秋善之是也包氏慎言條釋云春秋貶纖芥

之惡祭仲出君而許以行權齊襄禽獸之行無善可紀而以復遠祖之仇見褒宋襄喪師辱國而稱爲文王叔術蔑倫通嫂而以讓國通其子孫於列國周王守府而新之等於宋稱爲二王後衞輒拒父而以尊王父是數者皆所謂異義可怪之端也爲業左氏者所舌

口說者疑惑疏繁露兪序云史記十二公之閒皆衰世之事故門人惑舊疏云此說者謂胡母子都董仲舒之後莊彭祖顏安樂之徒見經傳與奪異於常理故致疑惑

至有倍經任意反傳違戾者疏舊疏云此倍讀如反背之背非倍畔之倍也言由疑惑之故雖解經之理而反背於經即成二年逢丑父當左以免其主春秋不非而說者非之是背經也任意者春秋有三世異辭之言顏安樂以爲從襄二十一年之後孔子生訖即爲所見之世是任意任意者凡言見者目覩其事心識其理乃可爲見故演孔圖云文宣成襄所聞之世也而顏氏分張一公而使兩屬是其任意也反傳違戾者宣十七年六月癸卯日有食之按隱三年傳云某月某日朔日有食之者食正朔也其或日或不日者或失之前或失之後失之前者朔在前也謂二日乃食失正朔於前是以但書其日而已失之後者朔在後也謂二晦日食失正朔於後是以又不書日但書其月而已即莊十八年三月日有食之是也以此言之則日食之道不過晦朔與二日即宣十七年言日不言朔者是二日明矣而顏氏以爲十四日日食是反傳違戾也

其勢雖問不得不廣疏校勘記云唐石經諸本同疏云一說其勢維適畏人問難故曰維問維誤爲雖耳按維當作惟言其形勢惟問難者多是以不得不廣爲說也故下云講誦師言至於百萬云云按舊疏云言說者疑惑義雖不足但其形勢已然故曰其勢雖復致問不得不廣引外文望成其說故曰不得不廣也一說謂顏莊之徒以說義

疑惑未能定其是非致使倍經任意反傳違戾是以何氏觀其形勢故曰其勢維適畏人問難故曰維問遂恐己說窮短不得不廣引外文望成己說故曰不得不廣也按作雖字亦通言雖倍經任意反傳違戾然既窮相問詰不得不廣引以證成己說也援鶉堂筆記云雖疑難字之譌而誤強解為維字之誤謬矣亦不必改讀難字古人文義不必如後世之平順也

是以講誦師言至於百萬猶有不解【疏】舊疏云此師謂胡董之前公羊氏之屬也言由莊顏之徒講義不是致他問難遂爾謬說至於百萬言其言雖多猶有合解而不解者按此蓋何氏自謂講誦師言至於百萬猶有未解者也繁露俞序云孔子曰吾因其行事而加乎王心焉以為見之空言不如行事博深切明故子貢閔子公肩子言其切而為國家資也故衞子夏言有國家者不可不學春秋不學春秋則無以見前後旁側之危則不知國之大柄君之重任也故曾子子石盛美齊桓安諸侯尊天子又故子夏言春秋重人故子池言魯人莊築臺丹楹刻桷晉厲之刑刻意者皆不得以壽終是七十子言人人殊故漢書藝文志云口授弟子弟子退而異言焉

時加釀嘲辭【疏】校勘記云諸本同唐石經缺按釋文作讓嘲讓相責讓也嘲嘲笑也言時加責讓嘲笑之辭作釀誤當據正按葉鈔本徐本釋文本釀作讓如作釀陸當有音然今本釋文亦作釀矣舊疏云顏安樂等解此公羊苟取頑曹之語不顧理之是非若世人云兩雪其雱臣助君虐之類是也

援引他經失其句讀【疏】舊疏云三傳之理不同多矣羣經之義隨經自合而顏氏之徒既解公羊乃取他經為義猶賊黨入門主人錯亂故曰失其句讀

以無為有【疏】舊疏云公羊經傳本無以周王為天因之義而公羊說及莊顏之徒以周王為天因故曰以無為有也

甚可

閔笑者【疏】舊疏云欲存公羊者閔其愚闇欲毀公羊者笑其謬妄也校勘記云唐石經同閩監毛本作笑非不可勝記也【疏】舊疏云言其可閔可笑者多不可勝負不可具記也按不可勝記者言記不勝記也言其多也勝記猶言遽數之悉數之也是以治古學貴文章者謂之俗儒【疏】舊疏云左氏先著竹帛故漢時謂之古學公羊漢世乃興故謂之今學是以許慎作五經異義云古者春秋左氏說今者春秋公羊說也按易書詩禮春秋孝經皆有今文古文今文立於學官當時所習古文或出孔壁或出民閒往在蝌蚪文故無師傳因皆目爲古文也後漢書范升傳尚書令韓歆上疏欲爲左氏春秋立博士升對曰左氏不祖孔子而出於丘明師徒相傳又無其人乃奏左氏之失凡十四事時難者以太史公多引左氏升又上太史公違戾五經謬孔子言及左氏春秋不可錄三十一事按春秋當漢代公羊爲今文左氏爲古文劉歆欲建左氏春秋及毛詩逸禮古文尚書列於學官諸博士或不肯故劉歆遺書太常博士責讓之中有抑此三學以尚書爲不備謂左氏不傳春秋之語明當時以治古學貴文章爲譏也史記十二諸侯年表太史公曰儒者斷其義馳說者騁其詞不務綜其終始曆人取其年月數家隆於神運譜牒獨記世謚其詞略欲一觀諸要難於是譜十二諸侯自共和訖孔子表見春秋國語學者所譏盛衰大指著于篇而成學治古文者要刪焉按史記所謂儒者斷其義謂公羊先師胡毋生董仲舒能得春秋之義馳說者騁其詞卽謂貴文章左氏春秋但務事實也舊疏云謂之俗儒者卽繁露云能通一經曰儒生博覽羣書號曰洪儒則言乖典籍辭理失所名之爲俗教授於世謂之儒鄭賈之徒謂公羊雖可教授於世而辭理失所矣按鄭衆賈逵皆治古文者也至使賈逵緣隙

奮筆以爲公羊可奪左氏可興【疏】後漢書賈逵傳建初元年詔逵入講北宮白虎觀南宮雲臺帝善逵說使出左氏傳大義長於二傳者逵於是具條奏之曰臣謹摘出左氏三十事尤著明者斯皆君臣之正義父子之紀綱其餘同公羊者十有七八或文簡小異無害大體至如祭仲紀季伍子胥叔術之屬左氏義深於君父公羊多任於權變其相殊絶固已甚遠而寃抑積久莫可分明又云凡所以存先王之道者要在安上理民也今左氏崇君父卑臣子強幹弱枝勸善戒惡至明至切至直至順且三代異物損益隨時故先帝博覽異家各有所採易有施孟復立梁丘尙書歐陽復有大小夏侯今三傳之異亦猶是也又五經家皆無以證圖讖明劉氏爲堯後者而左氏獨有明文五經家皆言顓頊代黃帝而堯不得爲火德左氏以爲少昊代黃帝卽圖讖所謂帝宣也如令堯不得爲火則漢不得爲赤其所發明補益甚多陛下若復留意廢學以廣聖見庶幾無所遺失矣書奏帝嘉之令逵自選公羊嚴顏諸生高才者二十人教以左氏與簡紙經傳各一通舊疏云賈逵者卽漢章帝時衞士令也言緣隙奮筆者莊顏之徒說義不足故使賈逵得緣其隙漏奮筆而奪之遂作長義四十二條云公羊理短左氏理長意望奪去公羊而興左氏矣鄭衆亦作長義十九條十七事專論公羊之短左氏之長在賈逵之前何氏所以不言之者正以鄭衆雖扶左氏而毀公羊但不與讖合帝王不信毀公羊處少與左氏不强故不言之豈如賈逵作長義四十二條奏御于帝帝用嘉之乃知古之爲眞也賜布及衣將欲存立但未及而崩耳然則賈逵幾廢公羊故特言之按春秋序正義云賈逵上春秋大義四十以抵公羊後漢書本傳則云出左氏傳大義長者摘三十事以上玉海引疏亦作四十一條是宋世本作一餘不作二也恨先師觀聽不

決多隨二創【疏】舊疏云此先師戴宏等也戴宏作解疑論難左氏不得左氏之理不能以正義決之故解云觀聽不決按戴宏不知何時人休本傳云休善曆算與其師博士羊弼追述李育義以難二傳作公羊墨守左氏膏肓穀梁廢疾又李育傳云李育扶風漆人也少習公羊春秋沈思專精博覽書傳知名太學深爲同郡班固所重嘗讀左氏傳雖樂文采然謂不得聖人深意以爲前世陳元范升之徒更相非折而多引圖讖不據理體於是作難左氏義四十一事建初四年詔與諸儒論五經於白虎觀育以公羊義難賈逵往返皆有理證最爲通儒然則先師或亦指李育之難左氏義有未盡故何氏如此云與多隨二創者舊疏云上文云至有背經任意反傳違戾者與公羊爲一創又云援引他經失其句讀者又與公羊爲一創今戴宏作解疑論多隨此二事故曰多隨二創也而舊云公羊先師說公羊義不著反與公羊爲一創賈逵緣隙奮筆奪之與公羊爲二創非也援鶡堂筆記云二創疑斥上文詆爲俗儒及公羊可奪左氏可與爲二創疏解非也此世之餘事【疏】舊疏云何氏言先師解義雖曰不是但有己在公羊必存故曰此世之餘事餘末也言戴氏專慮公羊未申此正是世之末事猶天下閑之事也舊云何氏云前世之師說此公羊不得聖人之本旨而猶在世之末說故曰世之餘事也援鶡堂筆記云餘事疑同多事言其議論紛紜滋多而未已也當時三家互相排擠豈得云閑事也疏解非是斯豈非守文持論敗績失據之過哉【疏】舊疏云守文者守公羊之文持論者執持公羊之文以論左氏卽戴宏解疑論之流矣敗績者爭義似戰陳故以敗績言之失據者凡戰陳之法必須據其險勢以自固若失所據卽不免敗績若似公羊先師欲持公羊以論左氏不閑公羊左氏之義反爲所窮己業破散是

失所依據故以喻焉余竊悲之久矣疏舊疏云何邵公精學十五年專以公羊爲己業見公羊先師失據敗績爲他左氏先師所窮但在室悲之而已故謂之竊悲非一朝一夕故謂之久後拜爲議郎一舉而起陵羣儒之上己業得申乃得公然歎息往者略依胡毋生條例多得其正疏漢書儒林傳胡毋生字子都齊人治公羊春秋爲景帝博士與董仲舒同業仲舒著書稱其德年老歸教於齊齊之言春秋者宗事之公孫宏亦頗受焉舊疏云胡毋生本雖以公羊經傳傳授董氏猶自別作條例故何氏取之以通公羊也雖取以通傳意猶謙未敢言已盡得胡毋之旨故言略依而已何氏本著作墨守以距敵長義以強義爲廢疾以難穀梁造膏肓以短左氏蓋在注傳之前猶鄭君先作六藝論訖然後注書故云往者也何氏謙不言盡得其正故言多爾惠氏棟九經古義云公羊有嚴顏二家蔡邕石經所定者嚴氏春秋也何邵公所注者顏氏春秋也何以知之以石經知之石經載公羊云桓公二年顏氏有所見異辭所聞異辭云云是嚴氏春秋已見於隱元年於此不復發傳也今何本有之又云卅年顏氏言君出則己入此僖三十年傳也又云顏氏無伐而不言圍者非取邑之辭也今何氏本亦無以此知何所注者蓋顏氏春秋爲鄭康成注三禮引隱五年傳云登戾之又引桓十一年傳還鄭焉而鄙留又引隱二年傳放於此乎與石經同與何氏異蓋所據者嚴氏本也藝文志云公羊顏氏記十一篇後漢張伯饒又減定爲二十萬言顏氏說經以襄公二十一年之後孔子生訖卽爲所見之世又以爲十四日日食周王爲天因之類倍經違戾皆何氏所不取按何氏亦不必爲顏氏學其本或偶與石經所記顏氏說合耳故遂隱括使就繩墨焉疏舊疏云隱謂隱審括謂檢括繩墨猶規矩也何氏言

己隱審檢括公羊使就規矩也而舊云善射者隱括令審射必能中何氏自言己隱括公羊能中其義也云公羊問答云故遂隱括此何義也曰說文櫽括也括櫽也荀子大山之木示諸櫽括又拘木必待櫽括烝矯然後直淮南子其曲中規櫽括之方櫽段借作隱漢書刑法志隱之以勢臣瓚注隱括其民栝段借作括經傳中多作括邪曲之器揉曲者曰櫽正方者曰括舊云隱括令審射必能中迂遠不可從按段氏玉裁注說文云櫽與栝互訓亦段借作隱括尚書大傳櫽栝之旁多曲木貭醫之門多疾人荀子大略示諸櫽栝櫽栝者矯制衺曲之器也方言所以隱擢謂之籰郭云搖櫓小橛也按擢以索繫於籰而後可行是籰者所以櫽其擢也如許云矢櫽弦處謂之矢括矢括所以控弦也般庚尚皆隱哉某氏注云相櫽栝共爲善政公羊序隱括使就繩墨焉孫卿書劫之以勢隱之以阸皆讀爲櫽注志注臣瓚曰秦政急峻隱括其民於隘狹之法是也凡古云安隱者皆謂櫽栝之而安也俗作安穩形聲皆變也按段說是也韓詩外傳外寬而內直自設於隱括之中直己不直人善廢而不悒悒蘧伯玉之行也亦卽矯之義也凡多衺曲臃腫不中繩墨故須隱括之而後就繩墨之直何氏自謂矯正倍經任意反傳違戾者一規矩之於正也

公羊義疏七十六

西元二〇二四年三月一日重製一版

公羊義疏　冊四　（清陳立撰）

平裝四冊基本定價參仟元正
（郵運匯費另加）

發行人　張敏君
發行處　中華書局
臺北市內湖區舊宗路二段一八一巷八號五樓（5FL., No 8, Lane 181, JIOU-TZUNG Rd., Sec 2, NEI HU, TAIPEI, 11494, TAIWAN）
客服電話：886-8797-8396
公司傳真：886-8797-8909
匯款帳戶：華南商業銀行西湖分行
179100026931
印　刷：維中科技有限公司
海瑞印刷品有限公司

No. N0032-4

國家圖書館出版品預行編目(CIP)資料

公羊義疏/(清)陳立撰. -- 重製一版. -- 臺北市 : 中華書
局, 2024.03
冊 ; 公分
ISBN 978-626-7349-04-5(全套 : 平裝)

1.CST: 公羊傳 2.CST: 研究考訂

621.717 113001464